GESTÃO DE ESTOQUES

Dados Internacionais de Catalogação na Publicação (CIP)
(Câmara Brasileira do Livro, SP, Brasil)

Gestão de estoques: fundamentos, modelos matemáticos
e melhores práticas aplicadas / Hugo Ferreira Braga
Tadeu (org.). -- São Paulo: Cengage Learning, 2017.
Vários autores.

3. reimpr. da 1. ed. de 2010.
ISBN 978-85-221-0875-6

1. Estoques 2. Estoques - Gerenciamento 3. Logística
(Organização) 4. Logística integrada - Apoio
5. Modelos matemáticos I. Tadeu, Hugo Ferreira Braga.

10-04376   CDD-658.787

Índices para catálogo sistemático:

1. Cadeia de logística integrada: Gestão de estoques: Administração
   de empresas   658.787
2. Estoques: Gestão: Cadeia de logística integrada: Administração
   de empresas   658.787

GESTÃO DE ESTOQUES

FUNDAMENTOS, MODELOS MATEMÁTICOS E MELHORES PRÁTICAS APLICADAS

Hugo Ferreira Braga Tadeu (Org.)
Fábio Rodrigues do Nascimento
Felipe Melo Rocha
Gerson Luís Caetano da Silva
Jersone Tasso Moreira Silva
Jurema Nery
Poueri do Carmo Mário
Regina Célia Nazar Fialho
Rivadávia Correa Drummond de Alvarenga Neto
Tiago Cançado Diniz
Weslley Monteiro Pereira

Austrália • Brasil • Japão • Coreia • México • Cingapura • Espanha • Reino Unido • Estados Unidos

Gestão de estoques – Fundamentos, Modelos Matemáticos e Melhores Práticas Aplicadas

Hugo Ferreira Braga Tadeu (org.)

Gerente Editorial: Patricia La Rosa

Editora de Desenvolvimento: Danielle Mendes Sales

Supervisora de Produção Editorial: Fabiana Alencar Albuquerque

Copidesque: Maria Alice da Costa

Revisão: Miriam dos Santos e Daniela Santos

Diagramação: Alfredo Carracedo Castillo

Capa: Absoluta Publicidade e Design

Pesquisa Iconográfica: Bruna Benezatto

© 2011 Cengage Learning Edições Ltda.

Todos os direitos reservados. Nenhuma parte deste livro poderá ser reproduzida, sejam quais forem os meios empregados, sem a permissão, por escrito, da Editora. Aos infratores aplicam-se as sanções previstas nos artigos 102, 104, 106 e 107 da Lei nº 9.610, de 19 de fevereiro de 1998.

Esta Editora empenhou-se em contatar os responsáveis pelos direitos autorais de todas as imagens e de outros materiais utilizados neste livro. Se porventura for constatada a omissão involuntária na identificação de algum deles, dispomo-nos a efetuar, futuramente, os possíveis acertos.

A Editora não se responsabiliza pelo funcionamento dos links contidos neste livro que possam estar suspensos.

Para informações sobre nossos produtos, entre em contato pelo telefone **0800 11 19 39**
Para permissão de uso de material desta obra, envie seu pedido para **direitosautorais@cengage.com**

© 2011 Cengage Learning. Todos os direitos reservados.

ISBN-13: 978-85-221-0875-6
ISBN-10: 85-221-0875-7

Cengage Learning
Condomínio E-Business Park
Rua Werner Siemens, 111 – Prédio 11 – Torre A – Conjunto 12 – Lapa de Baixo
CEP 05069-900 – São Paulo – SP
Tel.: (11) 3665-9900 – Fax: (11) 3665-9901
SAC: 0800 11 19 39

Para suas soluções de curso e aprendizado, visite **www.cengage.com.br**

Impresso no Brasil.
Printed in Brazil.
1 2 3 4 5 6 7   15 14 13 12 11

Sumário

Introdução XIII

Capítulo 1 – Fundamentos da gestão de estoques 1
Hugo Ferreira Braga Tadeu e Felipe Melo Rocha

Objetivo do capítulo 1
Introdução 1
Apresentação 1
Breve histórico da abordagem sobre os estoques 4
Introdução à gestão de estoques 6
Balanceamento de custos e volume de estoque para
  determinação do nível de serviço eficiente 25
Noções sobre *Supply Chain Management* (SCM): conhecendo o
  gerenciamento da cadeia de suprimentos 38
Considerações finais 41
Referências bibliográficas 42

Capítulo 2 – Métodos quantitativos aplicados na gestão de estoques: um estudo de caso prático para as organizações 45
Hugo Ferreira Braga Tadeu

Objetivo do capítulo 45
Introdução 45
Revisão bibliográfica 46
Considerações finais e recomendações 61
Referências bibliográficas 62

Capítulo 3 – Decisões sobre política de estoques e o modelo do lote econômico de compras 63
Hugo Ferreira Braga Tadeu e Felipe Melo Rocha

Objetivo do capítulo 63
Introdução 63
Sistemas de gestão de estoques: fundamentos e metodologias 65
A complementaridade das metodologias 80
Estudo de caso 83
Considerações finais 92
Referências bibliográficas 94

Capítulo 4 – Modelos de previsão de demanda aplicados na gestão de estoques 95
Hugo Ferreira Braga Tadeu e Felipe Melo Rocha

Objetivo do capítulo 95
Introdução 95
Revisão bibliográfica 96
Estatística aplicada à previsão de demanda 98
Estudo de caso 101
Considerações finais e recomendações 107
Referências bibliográficas 107

Capítulo 5 – Adoção de modelos financeiros para a gestão de estoques: um estudo de caso aplicado para as organizações 109
Hugo Ferreira Braga Tadeu e Felipe Melo Rocha

Objetivo do capítulo 109
Introdução 109

Previsão de demanda e a gestão de estoques 111
Gestão colaborativa e a integração na cadeia de suprimentos 112
Adicionando valor às operações e o custo financeiro dos estoques 115
Métodos quantitativos aplicados 118
Considerações finais 125
Referências bibliográficas 126

Capítulo 6 – Métodos quantitativos aplicados na gestão de estoques: controle para itens de baixo giro 127

Gerson Luís Caetano da Silva

Objetivo do capítulo 127
Introdução 127
Demanda para itens de baixo giro 129
Classificação dos itens de estoque 132
Previsão de demanda 137
Sistemas de estoque 141
Políticas de estoque e distribuições estatísticas teóricas 142
Custos de estoque 147
Medidas de nível de serviço 149
Modelagem da demanda durante o *lead time* 151
Implantação do sistema de estoque 154
Implicações gerenciais 165
Referências bibliográficas 166

Capítulo 7 – Modelos de simulação de Monte Carlo aplicados à gestão de estoques 169

Jersone Tasso Moreira Silva

Objetivo do capítulo 169
Introdução 169
Métodos de simulação 170
Fator risco e simulação de Monte Carlo 178

POLÍTICA DE REVISÃO PERIÓDICA DE ESTOQUE (R, S)
E SIMULAÇÃO DE MONTE CARLO 190
CONSIDERAÇÕES FINAIS 199
REFERÊNCIAS BIBLIOGRÁFICAS 200

CAPÍTULO 8 – GESTÃO DE RISCOS NO GERENCIAMENTO DE ESTOQUES 203

HUGO FERREIRA BRAGA TADEU E FELIPE MELO ROCHA

OBJETIVO DO CAPÍTULO 203
INTRODUÇÃO 203
CENÁRIO ATUAL E SUAS EXIGÊNCIAS 204
O PLANEJAMENTO E A PREVISÃO DE DEMANDA 207
GESTÃO DE RISCOS APLICADA NA PREVISÃO DE DEMANDA 209
CONSIDERAÇÕES FINAIS 223
REFERÊNCIAS BIBLIOGRÁFICAS 223

CAPÍTULO 9 – ANÁLISE DOS PROCESSOS DE S&OP (*SALES AND OPERATION PLANNING*): UM ESTUDO DE CASO NA VALE LOGÍSTICA 225

HUGO FERREIRA BRAGA TADEU E FÁBIO RODRIGUES DO NASCIMENTO

OBJETIVO DO CAPÍTULO 225
INTRODUÇÃO 225
BREVE HISTÓRICO DOS PROCESSOS DE GERENCIAMENTO DA PRODUÇÃO 227
REVISÃO BIBLIOGRÁFICA 228
O CONCEITO DE PLANEJAMENTO 229
A HIERARQUIA DO PLANEJAMENTO 230
OBJETIVOS DO *SALES AND OPERATION PLANNING* (S&OP) 233
O PROCESSO DE *SALES AND OPERATION PLANNING* (S&OP) 234
DESAGREGAÇÃO PARA O *MASTER PRODUCTION SCHEDULE* (MPS)
OU PLANEJAMENTO MESTRE DA PRODUÇÃO (PMP) 236
ANÁLISE DO PROCESSO DE S&OP NA VALE LOGÍSTICA 236
CONSIDERAÇÕES FINAIS 243
REFERÊNCIAS BIBLIOGRÁFICAS 244

SUMÁRIO

Capítulo 10 – Gerenciamento de armazéns 247
Hugo Ferreira Braga Tadeu

Objetivo do capítulo 247
Introdução 247
Desenvolvimento 248
Aspectos contemporâneos 253
Considerações finais 254
Referências bibliográficas 255

Capítulo 11 – Gerenciamento de armazéns: estatística aplicada ao recebimento de estoques 257
Hugo Ferreira Braga Tadeu e Felipe Melo Rocha

Objetivo do capítulo 257
Introdução 257
Evolução do gerenciamento de armazéns 258
A estatística como modelagem 264
A aplicabilidade da estatística nos modelos de gestão ... 270
Estudo de caso 272
Considerações finais e recomendações 278
Referências bibliográficas 280

Capítulo 12 – Manuseio de materiais e equipamentos ... 281
Jurema Nery

Objetivo do capítulo 281
Introdução 281
Embalagem 282
Conteinerização 292
Mariner-slings 292
Big-bag 293
Armazenagem 293
Manuseio de materiais 302
Considerações finais 318
Referências bibliográficas 319

Capítulo 13 – Código de barras aplicado à gestão de estoques 321

Hélio Alessandro Ribeiro

Objetivo do capítulo 321
Introdução 321
Aspectos gerais 322
Tipos de código de barras 324
Benefícios da utilização dos códigos de barras 326
Impressão das etiquetas e rótulos 328
Uso da internet 329
O uso dos códigos de barras na gestão interna das organizações ... 330
Código 39 – Códigos de uso específicos 330
Radiofrequência RFID (*Radio Frequency Identification Data*) 331
Considerações finais 336
Referências Bibliográficas 337

Capítulo 14 – Tecnologia da informação aplicada à gestão de estoques 339

Regina Célia Nazar Fialho e Weslley Monteiro Pereira

Objetivo do capítulo 339
Introdução 339
Acuracidade no gerenciamento dos estoques 340
Automação na gestão de estoques 342
Leitores de códigos de barra 342
WMS (*Warehouse Management System*) 342
Impactos do uso da automação no gerenciamento de estoques 348
Referências bibliográficas 350

Capítulo 15 – Análise financeira em contratações de obras públicas 351

Hugo Ferreira Braga Tadeu, Poueri do Carmo Mário e Tiago Cançado Diniz

Objetivos do capítulo 351

Introdução 352
A teoria da regulação aplicada à contratação de obras públicas 355
Índices financeiros como critério para a avaliação da situação
    econômico-financeira de empresas 359
A avaliação de empresas por meio da técnica de índices-padrão 361
A técnica de análise discriminante como instrumento para a previsão
    da insolvência de empresas 362
A experiência de entes federativos brasileiros na avaliação
    da capacidade financeira das licitantes 366
Anexo 374
Referências bibliográficas 376

Capítulo 16 – Gestão do conhecimento e a identificação de conhecimentos para o setor de estoques 379
Rivadávia Correa Drummond de Alvarenga Neto

Objetivo do capítulo 379
Introdução 379
Gestão do Conhecimento: proposta de mapeamento
    conceitual integrativo 381
Implementação de GC: uma proposta de desenho de processo 389
Um estudo de caso único: a experiência brasileira do ONS
    (Operador Nacional do Sistema Elétrico) com a
    implementação de GC 393
Considerações finais 399
Referências bibliográficas 400

Introdução

É crescente a importância da gestão de estoques, tanto para as organizações públicas quanto para as privadas, como fator decisivo para a redução de custos, ganhos por qualidade e redução do tempo de serviço.

Para a moderna gestão da cadeia de suprimentos, os estoques devem ser definidos como produtos acabados ou matéria-prima circulante, demandando estes uma ótima gestão, que envolva o controle de preços, quantidades ótimas, demandas de consumo e giro operacional.

Logo, torna-se importante compreender que o lucro é muito bem-vindo, passando então a administrar os recursos materiais, com técnicas quantitativas e qualitativas associadas, da curva ABC para o estabelecimento de prioridades, pelos cálculos de ressuprimento, à abordagem estatística para previsão de demanda.

Assim sendo, quanto menor for a quantidade de itens estocados e maior for o seu giro, a probabilidade para auferir lucros é maximizada, com a escolha de fornecedores previamente cadastrados e qualificados.

Portanto, a proposta deste livro é a apresentação de uma abordagem moderna e abrangente sobre a importância da função dos estoques para as organizações. Os textos aqui apresentados são o resultado de inúmeros esforços dos autores em grupos de pesquisa, que se juntam a uma centena de artigos sobre logística empresarial e projetos técnicos aplicados em todo o Brasil.

Este trabalho representa uma importante contribuição ao desenvolvimento prático dos conceitos sobre gestão de estoques para as empresas nacionais, carentes de modelos regionais.

Hugo Ferreira Braga Tadeu
Organizador

Capítulo 1
Fundamentos da gestão de estoques

Hugo Ferreira Braga Tadeu
Felipe Melo Rocha

> **Objetivo do capítulo**
>
> O objetivo deste capítulo está em demonstrar a importância do controle de estoques para as organizações, desvendando o histórico do tema e funções de controle de quantidade, de fluxos de recursos e de técnicas operacionais aplicadas pelas organizações empresariais.

Introdução

Ainda que o estoque sempre tenha representado um ponto significativo dentro da administração de qualquer empresa ou organização, foi a partir do início da segunda metade do século XX que o devido foco esteve voltado para essa área. Com relativa margem de segurança, atualmente, podemos verificar como a evolução das mudanças nos padrões de mercado do período pós--guerra sinalizava os primeiros reflexos da chegada de novos tempos para a produção industrial e o início de um novo movimento no mercado global em torno de um conceito: competitividade.

Apresentação

Quando se questiona quais são os conceitos atualmente compartilhados por empresas de todos os portes e campos de atividade, o de competitividade tem-se destacado como aquele difundido com maior intensidade nos últimos tempos.

Apesar da dimensão do uso desse conceito, foi somente a partir da consolidação da área de logística, como campo de conhecimento gerencial tão importante quanto a produção, compras (aquisições) ou qualidade, que a devida atenção passou a ser dedicada à gestão (e não mais ao controle) de estoques como instrumento efetivo de competição de mercado.

A transição do controle de estoques para gerenciamento (ou gestão) de estoques foi acompanhada de uma mudança de mentalidade empresarial sobre a forma com que se tratavam os insumos e materiais estocados. Hoje, ouvimos dizer que, para uma empresa ser competitiva, deve operar com níveis mínimos de estoques de produtos para atender prontamente à demanda de seu mercado. Mas nem sempre foi esta a ideologia que prevaleceu.

Em um passado não tão remoto – cerca de cinquenta ou setenta anos atrás, ou seja, uma geração – a imagem de poder que se difundia das grandes empresas estava associada a estoques gigantescos, armazéns e depósitos lotados e pilhas e mais pilhas de produtos estocados, prontos para serem escoados ao mercado, inundando-o com mercadorias. Entretanto, a capacidade do mercado de absorver essa produção era (e ainda é assim) limitada e, o que costumava representar o poderio produtivo de grandes empresas, acabou revelando-se como um desastroso "cavalo de Troia". Os colossais volumes de estoques reverenciados como símbolo de imponência das grandes organizações acabaram ocultando as principais causas da ruína dessas empresas.

Em meio a essa transição turbulenta, um novo modelo de produção edificou-se com base em uma gestão marcada por uma mentalidade mais enxuta, cíclica e dinâmica. Enxuta, porque considerava que os estoques deveriam corresponder à necessidade de consumo do mercado e não à conveniência da empresa; cíclica, pois aquilo que estava sendo feito de forma eficiente deveria ser validado e replicado pela empresa, e o que não era eficiente deveria ser corrigido para se tornar então eficiente e replicável; e, por fim, dinâmica, pois muitos dos preceitos baseavam-se na alta rotatividade de estoque e pronta capacidade de resposta da empresa diante das variações de mercado.

Alguns costumam chamar essa nova mentalidade de *modelo de produção enxuto*, *Lean Production* ou *Sistema Toyota de Produção*. Seja qual for a denominação escolhida para esse novo modelo de gestão, que mudou a forma de produção convencional, foi a sua introdução no mercado pelos japoneses que alterou profundamente os parâmetros de mensuração de qualidade e eficiência das empresas.

A preocupação dada à gestão dos estoques, e não mais apenas ao seu controle, contribui para que os problemas de se trabalhar com elevados níveis de estoques fossem revelados e combatidos. Em alusão à analogia que os japoneses gostavam de usar quando se referiam aos problemas dos estoques volumosos, temos um lago no qual flutua, à deriva, um *iceberg*. O lago é a representação simbólica do nível de estoque, enquanto o *iceberg* representa os riscos e problemas desse estoque. Quando o nível de estoque é elevado, o nível do lago também aumenta e isso faz com que grande parte do *iceberg* seja encoberta pela água, tornando visível apenas uma pequena parte que flutua sobre a água. Essa metáfora é utilizada para mostrar que elevados níveis de estoques escondem boa parte dos problemas da própria cadeia produtiva da empresa. É somente quando o nível do lago diminui que conseguimos ver realmente o tamanho do *iceberg* em nossa frente. Da mesma forma, foi reduzindo o volume de estoques ociosos que os japoneses conseguiram identificar, focalizar e combater as principais causas de problemas produtivos em suas empresas.

Quando se fala, portanto, em competitividade ou mercado competitivo dentro da área de gestão de estoques, a primeira ideia que se deve associar é a de que a eficiência na administração do estoque está em balancear o seu nível com a capacidade de absorção do mercado, ou seja, sua necessidade real de consumo.

A eficiência dessa gestão, porém, não se resume apenas em encontrar o nível de estoque que supre a necessidade de consumo. É preciso ainda estabelecer análises de custo do estoque, isso porque os produtos e os insumos armazenados representam não apenas recursos físicos estocados, mas também recursos financeiros imobilizados na forma de ativos para a empresa e que, por isso mesmo, representam quantias expressivas de dinheiro. Indo mais além em nossa análise, se recursos financeiros são utilizados para a compra de insumos ou na produção, surge então um *tradeoff* composto por duas decisões: quanto investir em estoques (imobilizar recursos em produtos que serão armazenados) e quanto direcionar de recurso para outro tipo de investimento? O *tradeoff* é exatamente esse dilema ou dúvida em que os gestores se colocam nos momentos de tomada de decisão. E este não é um *tradeoff* trivial, pois, muitas vezes, não é tão simples construir algumas bases de comparação entre investimentos tomando como referência uma taxa de retorno conhecida, *a priori*, ou mesmo um custo de oportunidade desse investimento em dado lugar e momento.

Toda essa diversidade que envolve o cenário de uma nova metodologia de gestão de estoques que tem sido construída tem-se mostrado como um propulsor de novos trabalhos em um instigante e prolífero campo do conhecimento que tem crescido significativamente nos últimos anos devido à sua relevância no sucesso das organizações e empresas. Estudar sobre eficiência na gestão de estoques não se trata, portanto, de um novo "modismo" e sim de uma necessidade plena e reconhecida para se alcançar o êxito em um mercado regido pela lógica da competitividade cada vez mais acirrada.

Breve histórico da abordagem sobre os estoques

A evolução da administração voltada para o gerenciamento dos estoques pode ser (de início) aproximada da evolução do gerencialismo de materiais do ponto de vista da logística, embora ambos os termos (estoques e logística) não representem o mesmo conceito. Estoque, como será visto adiante neste capítulo, é uma das partes que integra um todo maior e que representa recursos físicos e financeiros imobilizados na forma de ativos para a produção e/ou venda para o consumidor. Já esse conjunto maior, que abrange também a área de estoque, conjuga-se como a rede logística (ou logística empresarial, como alguns preferem chamar). Tem como objetivo buscar a forma otimizada de gerir os recursos de suprimento (matéria-prima), estoques e a distribuição tanto de produtos quanto serviços, a fim de suprir o mercado consumidor com um nível de serviço que permita a empresa equilibrar seus custos e sua margem de lucratividade.

Esse conceito de rede logística (ou logística empresarial) é, entretanto, algo relativamente novo para o mercado, se compararmos o período que se transcorreu da evolução industrial e da criação das primeiras fábricas e indústrias têxteis na Inglaterra aos dias de hoje. Essa visão é baseada em fundamentos como integração entre empresas e seus fornecedores, planejamento sólido dos processos produtivos e um dos mais novos aspectos no gerencialismo empresarial: a gestão da informação e do conhecimento.

Antes, porém, de se chegar a esse conceito de logística, a realidade de mercado da segunda metade do século XX era outra: os mercados eram basicamente locais e restritos, a concorrência de mercado era escassa e, em função dessa mesma restrição de mercado, a qualidade era sinônimo de ausência de falhas na produção e o lucro era função exclusiva do volume de vendas. Além disso, a distribuição hierárquica do comando nas empresas coloca em constante choque as áreas vitais como marketing, compras, produção e estoques.

O carro-chefe para o desenvolvimento da logística (e, nesse sentido, converge aqui o foco e o trato que são dados à área de estoques) foi, sem dúvida, balizado pelo aprimoramento de estratégias militares de logística de materiais e de suprimentos de guerra. O planejamento militar, principalmente para as áreas de estocagem e distribuição de materiais e suprimentos, foi, posteriormente, adaptado para as firmas e empresas no intuito de se obter semelhante sucesso àquele alcançado pelos militares na Segunda Guerra Mundial.

O sucesso do pós-guerra conferiu aos Estados Unidos uma posição privilegiada na economia mundial, desfrutando de um cenário de opulência no qual se dizia que "tudo que se produz, vende", um reflexo da política de produção norte-americana de escoar/empurrar a produção para o mercado. Como os lucros nesse período eram elevados, a utilização de altos níveis de estoques era suportada pela receita advinda das vendas, porém esses altos níveis de estoques escondiam vários problemas, entre eles as falhas de produção, extensos períodos de *setup* (preparação da produção), atrasos dos fornecedores, problemas de distribuição, entre outros.

Esse cenário, entretanto, começou a ser abalado já a partir da década de 1970, quando o próprio pensamento de administração empresarial estava passando por uma revolução paralela às mudanças econômicas e tecnológicas que foram se estruturando ao longo do período. Somando-se à difusão da influência do planejamento militar nas questões de logística, as alterações nos padrões de consumo, a pressão por redução dos custos nas indústrias e o avanço tecnológico foram ímpares na alteração do foco da gestão logística. Isso, por sua vez, refletiu diretamente na maneira como os estoques eram administrados, impulsionando a busca de novas técnicas de gestão que priorizassem análises qualitativas e quantitativas sobre o estoque. Dentre estas as mais notórias são: a curva de Pareto (curva 80-20 ou classificação pela curva ABC), a determinação do lote econômico de compras (LEC) – que busca, em síntese, equilibrar os custos de armazenamento com os custos de estocagem – e alguns cálculos mais complexos como de custos de oportunidades. Custos estes que se incorre toda vez que recursos financeiros são imobilizados na forma de ativos de produção ou mercadorias prontas para a distribuição ao consumidor final.

Os últimos vinte anos, por sua vez, foram indubitavelmente valiosos para a gestão de estoques, sendo marcados por incrementos tecnológicos de ponta, com destaque para a expansão da capacidade e o uso computacional. Esse aprimoramento técnico foi acompanhado de perto pelo desenvolvimento e implementação de técnicas como simulações avançadas, modelagem matemática (em especial a programação linear) e sistemas de codificação e identificação de materiais como a identificação por radiofrequência (RFID).

Enquanto mudanças intensas no cenário mundial ocorreram, como a crise do petróleo de 1973 (elevação dos custos do barril de petróleo) e a expansão da disputa de mercado internacional (acirramento da concorrência), as atividades de administração de estoques desenvolveram-se e incorporaram aspectos de um pensamento gerencial que transitava do interesse com a geração de lucros para o gerenciamento de custos, qualidade e tempo. Essa base de gerenciamento é que articula, segundo Ballou (1993), a gestão de estoques atual em busca de prover níveis de serviço adequados aos clientes de forma que se alcance uma margem razoável entre retorno dos serviços e seus respectivos custos.

Introdução à gestão de estoques

A área de estoques de uma empresa é responsável, de forma geral, pelo controle do fluxo de materiais internamente, devendo, portanto, equilibrar as necessidades e as disponibilidades de recursos da organização, sejam eles recursos humanos, de materiais, de espaço físico e financeiros, entre outros.

Uma analogia que é recorrentemente feita por aqueles que trabalham ou estudam essa área pode ser descrita pela comparação entre os setores de uma empresa e as partes integrantes do corpo humano. Como um organismo vivo, uma empresa também é movida por seus estímulos vitais que seriam sua função/objetivo de geração de receita e lucro. Para que isso seja possível, entretanto, ela necessita que suas partes operem de forma harmônica e integrada: o *coração* da empresa seria como a área de produção; o *pulmão*, a área de estoques; e o *cérebro*, a sua área de planejamento.

Essa analogia é bastante útil para entendermos a íntima relação que se estabelece entre essas três áreas de uma organização: planejamento, produção e estoques. Em uma situação hipotética, imagine que o organismo é afetado por alguma disfunção que acelere o ritmo de trabalho do coração. Caso o organismo não se prepare e planeje formas de remediar essa disfunção, o equilíbrio de todo o sistema está sujeito a ser afetado; o coração pode disparar em uma frequência de trabalho excessiva, o pulmão entra em um ritmo de trabalho semelhante para se ajustar ao coração e o cérebro ineficazmente envia mensagens para as partes do sistema que agora estão fora de controle e não respondem aos estímulos enviados.

Situação semelhante se reflete perfeitamente em uma empresa quando suas áreas componentes não estão em sintonia e algum fator, seja ele endógeno (interno) ou exógeno (externo), altera o estado-padrão do comportamento da empresa no mercado, retirando-a de sua inércia gerencial.

Em um choque de demanda, por exemplo, em que a necessidade de consumo do mercado se expanda bruscamente, caso a área de produção aumente seu ritmo de operação de forma não planejada, muito provavelmente ela vá impor à área de estoques um novo ritmo de trabalho com exigências as quais o estoque não está preparado a responder eficientemente. Um quadro de colapso pode ser instaurado caso o planejamento não intervenha em tempo hábil para refrear esse ritmo e implantar outro mais sustentável e equilibrado.

A utilização dessa analogia se ajusta de forma simples e verdadeiramente representativa da relação entre planejamento, produção e estoques, como comentado anteriormente.

Como todo ser humano, as empresas têm suas limitações, algumas prontamente tangíveis, como recursos físicos, financeiros, tempo e recursos humanos disponíveis, e, outras, de reduzida e complexa tangibilidade, como a própria cognição, raciocínio lógico e planejamento; capacidade de lidar com situações de pressão e de exposição/aversão a riscos.

Apesar de dispensável por ser praticamente de domínio geral (senso comum) o reconhecimento dessas limitações, uma ponderação ainda é bastante válida quando nos adentramos nesse campo de limitações e nos envolvemos, invariavelmente, com as análises sobre incertezas e riscos: a informação e seu valor para a empresa, como afirma Simchi-Levi et al. (2003).

Talvez o único (e por isso mesmo o melhor) remédio contra as incertezas e riscos seja a informação. Em função disso, especial atenção tem sido direcionada para o gerenciamento de informações e a geração de conhecimento para as empresas. Conhecer não apenas o mercado em que se atua, mas também a própria organização, suas características e necessidades, tem-se revelado um conhecimento indispensável para o sucesso das empresas. E quando se trata de informações, ressalta-se sempre seu aspecto qualitativo e não quantitativo. Muita informação não é sinônimo de vasto conhecimento e, pior, pode ser a tradução para desperdício de tempo e dinheiro e incapacidade de gerência e de manter-se focalizado (ser objetivo). Portanto, não apenas para a área de gestão de estoques, mas para a organização como um todo, a informação de qualidade é informação útil, aplicável e que retorne conhecimento prático para a empresa e seus administradores.

Por isso mesmo, tem-se exigido tanto um saber sistêmico dos membros de uma organização, devido ao fato de ela operar de forma conjunta entre seus componentes. Reconhecer e saber gerenciar de forma integrada as três áreas-chave (planejamento, produção e estoques), como viemos destacando, é um dos passos para os atuais modelos de gerenciamento. Nesse sentido, para entender a gestão de estoques como um corpo coeso de conhecimento dentro da gestão empresarial, é preciso conhecer suas partes e como elas se relacionam e integram o todo.

O QUE É ESTOQUE?

A gestão de estoques, como o próprio nome deixa bastante evidente, lida com a administração dos estoques de dada empresa ou organização. Antes de adentrar o campo dessa gestão, é necessário, pois, definir seu objeto de análise, ou seja, é preciso deixar claro o que tratamos como estoque.

As conceituações sobre estoque são tão diversificadas quanto amplas. O conceito que adotaremos para estoque é uma complementação das ideias de Slack et al. (1997), Dias (1993) e Moura (2004) para a definição de estoques como um conjunto de bens físicos acumulados pela empresa e tratados como ativos, pois são fruto de um investimento da empresa e, portanto, possuem valor atrelado, características próprias e são conservados durante algum tempo, e, de alguma forma, atendem uma ou mais necessidades da empresa.

O conceito de estoque também está ligado, em grande parte, à finalidade dada na utilização desses materiais. Nesse sentido, Viana (2000) ressalta o caráter elástico do conceito de estoque e o conceitua de forma tradicional, considerando estoque como o conjunto de matérias-primas, produtos semiacabados, componentes para montagem, sobressalentes acabados, materiais administrativos e suprimentos variados acumulados para utilização posterior. Com base nessas diferentes empregabilidades do estoque, estes podem ser classificados em diferentes conjuntos, sendo os mais comuns:

- ◆ **Estoques de matéria-prima:** entende-se como a estocagem dos insumos básicos que servirão como material necessário para algum tipo de processo de transformação dentro de uma cadeia de operações e se destina à fabricação do produto final característico desse processo.
- ◆ **Estoques de produtos em processo:** esses estoques também recebem outros nomes como estoques de componentes, de peças em processos ou WIP – sigla inglesa que representa *Work In Process* – que traduz a ideia de subprodutos (ou conjunto de peças desagrupadas) que **ainda passarão por um processamento** até virem a ser incorporados ao produto final.
- ◆ **Estoques de materiais auxiliares:** correspondem ao estoque daqueles materiais que não são *destinados à* produção diretamente. Também chamados estoques de materiais indiretos, auxiliares ou não produtivos, são aqueles materiais que não são fisicamente incorporados ao produto final, embora alguns possam ser imprescindíveis ao processo de fabricação.
- ◆ **Estoques de produtos acabados:** é o estoque do resultado final da produção, ou seja, dos produtos já prontos, devidamente embalados e que já podem ser disponibilizados ao comércio.

Associadas à questão do estoque, diversas atividades somam-se à problemática da gestão eficiente de estoques que será vista adiante, entre elas estão as análises de giro de estoque, níveis adequados de estocagem, análises financeiras de custos e retorno de capital, entre outras que compõem as atividades de administração e controle dos estoques.

Estendendo um pouco mais o conceito de estoques, vemos que esses mesmos estoques podem ser enxergados como uma forma de investimento de recursos pelas empresas. Para se ter um controle efetivo sobre os estoques, é preciso não só monitorar o volume destes, mas também os custos envolvidos e que são atrelados à aquisição e manutenção desses estoques. Para isso, é necessário estar atento à atividade de inventariar os estoques cuja finalidade baseia-se na determinação e registro das quantidades e valores dos materiais estocados para fins de avaliação física e financeira de investimentos (valor real imobilizado sobre a forma de estoques), além dos cálculos para pagamentos de impostos (como ICMS, IPI e IR[1]), observadas as devidas prescrições fiscais exigidas.

Segundo Greco et al. (2006), inventário é o levantamento dos estoques de mercadorias para revenda (nas empresas comerciais), de matérias-primas e produtos elaborados e em elaboração (nas empresas industriais). É uma providência integrante dos procedimentos para a elaboração de Balanços e apuração dos resultados das pessoas jurídicas.

Elucidado o conceito de estoque com o qual será trabalhado neste livro, passemos então para a modelagem de que trata o conceito da gestão ou gerenciamento desses estoques, propriamente dito.

Entendendo a gestão de estoques

Gerenciar os estoques, portanto, é uma tarefa muito maior e mais complexa do que o controle de materiais dentro de uma organização. E, para buscar compreender a cadeia de atividades dentro desse gerenciamento, é preciso ter em mente como se processam os diferentes estágios do ciclo de um material, iniciando-se a partir da demanda, encerrando-se quando essa necessidade de consumo é suprida (Figura 1.1).

A gestão ou gerenciamento de estoques é, portanto, maior que o controle físico dos materiais em uma empresa ou instituição. Representa a interligação de setores-chave como planejamento, produção, estoques, compra e logística para o compartilhamento de informações e estratégias de negócio que envolvam os recursos físicos que circulam, determinação de níveis eficientes de operação e investimentos na busca de maximização de rentabilidade. A atividade gerencial está sempre relacionada a munir-se de informações de qualidade, que são indispensáveis para a efetiva integração entre as áreas de uma empresa e dela para com os demais envolvidos na cadeia de suprimentos.

O conceito de cadeia de suprimentos será visto mais à frente, mas, por enquanto, para compreender melhor o envolvimento desses elos da cadeia na determinação do gerenciamento de estoques, é preciso entender como se desenvolve

---

[1] Os impostos transcritos anteriormente sob a forma de sigla são, respectivamente: Imposto sobre Circulação de Mercadorias e Serviços, Imposto sobre Produtos Industrializados e Imposto de Renda.

CAPÍTULO 1 – FUNDAMENTOS DA GESTÃO DE ESTOQUES

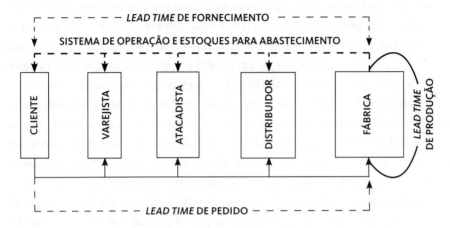

Figura 1.1 – Representação do ciclo de materiais na cadeia de suprimento.

o processo que Pozo (2008) estabelece de conversão da necessidade dos clientes em materiais e produtos, e qual o impacto desse processo na gestão de estoques.

O *start* desse processo é dado no momento da manifestação da necessidade por produtos, proveniente de qualquer elemento dessa cadeia, pois o que se trata como consumidor não se restringe apenas ao cliente – pessoa física, como normalmente é considerado – dentro da cadeia de suprimentos. Todos os demais agentes também são, em alguma medida, consumidores dos serviços e produtos de um segundo agente nessa cadeia. Essa necessidade é então convertida em sistemas de compra, produção e operação para que seja realizada a distribuição dos materiais solicitados e, consequentemente, transformada também em estoques. Porém, até essa informação chegar ao fornecedor, leva algum tempo – *lead time* de pedido – e, mesmo após o seu processamento, os materiais e produtos requisitados não chegam imediatamente ao consumidor, necessitando também de um *lead time* de fornecimento até o seu recebimento efetivo pelo cliente.

Um volume significativo de informações flui entre os diversos agentes da cadeia, e algumas dessas informações são de grande relevância para a gestão de estoques como o *lead time* de fornecimento, os volumes de produtos solicitados e os preços praticados. Para mensurar a eficiência desse gerenciamento de estoques, busca-se então avaliar uma série de parâmetros, entre os quais se destacam:

- **Custos:** uma das primeiras e mais utilizadas visões sobre a análise de estoques está associada à ideia de custo total envolvido. Como será abordado adiante, existem diversos desdobramentos da análise de custos, porém, para as análises de custos que geralmente são empregadas, os custos envolvidos são os de aquisição do material e de armazenagem e manuseio destes.
- **Recursos humanos e de maquinário:** dentro do volume de materiais e produtos que se pretende armazenar, é preciso calcular qual será a necessidade do número de operadores, além de quais e quantas máquinas serão essenciais para o manuseio do estoque. Esse estudo permite comparar a disponibilidade desses recursos pela organização com sua real necessidade e, a partir disso, avaliar possíveis custos decorrentes das tomadas de decisão a exemplo de se os funcionários da área de estoque serão contratados ou terceirizados; a mesma ponderação vale para o maquinário.
- **Recursos físicos:** outra questão a ser verificada diz respeito à disponibilidade de espaços físicos da organização e qual é a necessidade de utilização desses espaços, tais como galpões, depósitos, armazéns e centros de distribuição. Caso não sejam observados espaços apropriados voltados para a expansão física, a empresa pode incorrer em problemas de grande impacto no tocante ao gerenciamento de sua logística.
- **Atendimento da demanda:** também chamado "nível de serviço", trata-se da tradução de uma das estratégias que as empresas podem lançar mão e que objetiva atender às necessidades dos clientes em termos de disponibilidade e prazo de entrega dos produtos solicitados. Expresso em porcentagem, esse parâmetro indica que, quanto maior for o nível de serviço desejado, tanto maior serão os investimentos em estoques.

Todos esses parâmetros são condicionantes para a determinação do grau de eficiência na gestão de estoques, estando indissociavelmente ligados à disponibilidade de recursos financeiros da organização. No entanto, mais do que variáveis de mensuração dessa eficiência, esses parâmetros nos revelam ainda a importância do autoconhecimento, complementando o que bem afirma Moura (2004), não apenas das reais necessidades da empresa, mas também de suas características intrínsecas de capacidade e disponibilidade de recursos. Por isso mesmo, reafirmamos que o saber sistêmico citado anteriormente é de fundamental importância e valor dentro das organizações.

Sendo indissociável a ligação existente entre os conceitos de estoques e finanças, é igualmente importante que esse autoconhecimento das organizações se estenda também para as áreas financeira e de planejamento, pois, quando se opera com orçamentos empresariais, toda tomada de decisão deve ser acompanhada por uma análise de investimentos, contribuindo para a execução de gastos mais eficientes e retornos mais lucrativos.

POR QUE PLANEJAR OS ESTOQUES

Como vem sendo discutido, o estoque é uma área-chave dentro das organizações, uma vez que se configura como um dos principais elos entre duas outras áreas: produção e planejamento. Dessa forma, preocupar-se com a questão da manutenção dos níveis adequados de materiais estocados é apenas um dos pontos que devem ser observados para uma gestão eficiente dos estoques.

Para alcançar níveis operacionais de excelência nessa área, é preciso criar um ambiente organizacional capaz de propiciar a integração efetiva, e não tão somente formal, das diversas áreas e setores que compõem uma empresa. Nesse sentido, os esforços direcionados atualmente para a construção de uma cadeia logística integrada, ou *supply chain*, como é conhecido internacionalmente esse modelo de gestão, têm contribuído significativamente para a efetiva integração entre as áreas de compras, estoque, produção e distribuição.

Essa eficiência operacional, por sua vez, também está condicionada à estruturação de um sólido e estratégico planejamento da organização. Caso contrário, essas áreas tendem a se confrontar internamente por apresentarem interesses e pontos de vistas heterogêneos[2] – e muitas vezes conflitantes – sobre a utilização dos estoques, como nos lembra Dias (1993).

---

[2] A ideia de interesses conflitantes segundo o autor pode ser ilustrada pelo seguinte dilema decisório: para a produção, o volume ideal de estoques a serem mantidos para garantir a continuidade das operações de forma segura é de "W" unidades; para compras, é possível negociar descontos em volumes maiores de compra, portanto, é melhor adquirir e estocar "X" unidades; para a distribuição, a capacidade de transporte dos produtos em tempo hábil restringe sua capacidade de movimentação do estoque em "Y" unidades. Por fim, para o financeiro, a quantidade ideal de produtos a se comprar e estocar é de "Z" unidades. Como então ponderar essas diferentes visões e necessidades é o grande dilema decisório nas empresas e organizações dos mais variados portes e mercados de atuação.

Os diferentes pontos de vistas sobre os estoques podem ser entendidos quando se busca compreender quais são as funcionalidades atreladas aos produtos e materiais diversos armazenados.

Funcionalidades do estoque

Quando este capítulo foi iniciado e introduziu-se a ideia de competitividade dentro do campo da gestão de estoques, nesse momento, buscava-se orientar os primeiros passos até a construção do princípio de que é o estoque que impulsiona o desempenho de uma organização. Portanto, é o seu gerenciamento que definirá se está sendo impulsionado da forma correta ou não, se a empresa está sendo direcionada para níveis de operação mais eficientes e competitivos ou não.

E é no desenvolver das atividades das empresas que seus gerentes deparam com a complexa tarefa de projetar as demandas futuras e prever suas flutuações ao longo do tempo. Pelo empirismo empresarial, esses gerentes sabem que a tarefa de gerar projeções sobre a demanda futura efetiva a partir de informações prévias é praticamente impossível, como ressalta Pozo (2008), e, portanto, é preciso utilizar de algum mecanismo para minimizar essas incertezas que afetam o processo de decisão para a área de materiais.

Nesse sentido, a funcionalidade básica dos estoques centra-se na aquisição e na armazenagem de materiais na tentativa de garantir, em um futuro próximo, a disponibilidade necessária tanto de matérias-primas e insumos para a produção quanto de produtos finais para o atendimento às demandas de mercado.

Como veremos a seguir, a utilização de estoques na busca de minimização de alguns riscos e incertezas relacionados à disponibilidade de materiais é resultado do planejamento de materiais para que não falte ou sobre materiais armazenados e se incorra em custos significativos para a organização.

A utilização de estoques sempre foi uma questão amplamente discutida e analisada no meio empresarial, pois constitui parte vital dos negócios. Dessa forma, entender por que as empresas precisam dos estoques é compreender a sua utilização, ou seja, quais suas principais funções (Stevenson, 1996), ou seja:

◆ atendimento da demanda prevista em função da antecipação da disponibilidade de materiais e produtos para suprir uma demanda projetada;

- tornar as necessidades de produção mais regulares, por exemplo, em função de sazonalidades nos padrões de demanda;
- desacoplar as operações de produção e distribuição, servindo o estoque como um "amortecedor" ou "buffer" entre os processos;
- tirar proveito dos ciclos de pedidos e aproveitar descontos concedidos para comprar em função do volume dos pedidos;
- viabilizar as operações de produção, balanceando questões como custos fixos, tempo e volume de produção.

Apesar de vitais para as operações em organizações de todos os tipos, seja no setor privado ou público, deve-se atentar para evitar a confusão entre fins e meios quando se trata da empregabilidade dos estoques. O estoque não é, por si próprio, um fim a ser buscado pelas empresas para manter seu nível de operação. Pelo contrário, é o meio utilizado para possibilitar que se estabeleça um nível de serviço rentável, dentro das condições e capacidades da organização, para a consecução das atividades realmente finalísticas – aquelas que compõem a missão da empresa e, portanto, seu *core business* – sejam elas de produção, distribuição ou prestação de serviços, em quaisquer ramos e de qualquer natureza jurídica.

Vantagens e desvantagens da utilização de estoques

Como toda decisão gerencial incorre em um *tradeoff*, a opção pela estocagem de materiais e produtos também tem seus aspectos positivos e negativos. Mais do que a atenção no binômio análise/comparação desses aspectos, é vital que os gestores e administradores que lidam com a área de estoques tenham ciência das necessidades, capacidades e restrições reais da empresa, ou seja, sua condição atual de operação. Isso porque, *a priori*, os estoques não podem ser considerados como bons ou ruins sem que seja analisada a situação específica.

Para a gestão de materiais e estoques, uma das grandes questões que são colocadas diz respeito à necessidade de se manter estoques e quais os níveis adequados de utilização destes. Wanke (2008) apresenta diversos modelos – tema que será abordado em capítulo específico adiante neste livro – e filosofias para o tratamento dos estoques.

O referido autor ressalta ainda a metodologia *Just-in-Time* (JIT) e o pensamento japonês – ideologia que fundamenta a metodologia – como instrumental relevante para a resolução dos problemas de níveis de estoques elevados. Quando se caracteriza como problemático o elevado volume dos estoques, busca-se salientar a possibilidade de esses estoques estarem sendo utilizados para encobrir as ineficiências tanto de produção quanto de distribuição. Este é também o posicionamento de Shingo (1996), que atribui aos estoques um "efeito narcotizante" exatamente por serem soluções não definitivas para os problemas de produção/distribuição e que, analogamente aos efeitos dos entorpecentes, tornam seus usuários dependentes de doses cada vez maiores. Isto é, os estoques acabam por tornar os gestores reféns de níveis de produtos armazenados cada vez mais elevados em troca da "falsa sensação de segurança" sobre a produção/distribuição de sua empresa.

A busca pela redução dos níveis de estoques, segundo a metodologia oriental, não deve ser entendida como a simplificação e generalização do modelo do JIT. Mais do que interessada na busca da redução dos níveis de materiais e produtos estocados, é necessário compreender a importância dessa redução, quais são seus benefícios para a empresa e, principalmente, quais são os reais problemas que os estoques encobrem (Pozo, 2008; Shingo, 1996; Wanke, 2008).

Apesar da intensidade de trabalhos e esforços que continuamente são direcionados para a redução dos estoques, é preciso deixar claro que os estoques são de suma importância para as empresas, pois são eles que movem toda a cadeia produtiva, contribuindo para a segurança quanto à falta de material nas linhas de produção e funcionam ainda como um fundo de reserva/emergência, dando margem de manobra às decisões de produção--venda-distribuição.

A sensação de segurança que a utilização de estoques passa aos gestores dessa área é justificada, em parte, pelas incertezas tanto internas quanto externas à empresa, e a análise da utilização desses estoques aponta para uma convergência dessas justificativas em dois eixos de objetivos: primeiro, busca-se justificar sua utilização visando o atendimento à demanda; e, segundo, centra-se na questão dos custos incorridos.

Assim, a acumulação de estoques é estimulada em virtude de alterações nas condições normais do ambiente, mudanças quanto à percepção de incertezas ou de sensibilidade/aversão à exposição a eventuais riscos, a exemplo de:

- atrasos ou elevação do *lead time* de entrega dos fornecedores;
- aumento dos preços de alguns insumos e/ou produtos no mercado;
- falta de insumos para abastecimento;
- falta de materiais nas operações de produção/transformação devido a quebra de máquinas e pausas de manutenção;
- falhas de planejamento e previsão de demanda;
- maior capacidade de negociação de descontos para a aquisição de materiais em grandes volumes.

Deve-se ter claro em mente que todo este debate acerca dos estoques e sua utilização dentro das organizações não tem o intuito de chegar a um julgamento final do tipo: estoques são bons ou estoques são ruins; tampouco se almeja afirmar ao fim deste trabalho sobre a necessidade ou não de se operar com estoques. Não é o escopo desta obra nem se deve esperar que exista um guia prático gerencial que vá resolver essa questão.

O fato é que, desde que foram construídas as primeiras e mais rudimentares formas de produção, a acumulação de estoques sempre esteve associada ao processo produtivo. De lá para cá, um intervalo de tempo praticamente incalculável transcorreu, e, com essa evolução temporal, mudou-se não apenas a forma de se produzir, mas também de se pensar a produção.

Se em tempos passados o estoque era tido como uma necessidade para a garantia da continuidade da produção e das vendas, chegando mesmo a se pôr como um símbolo de poder para as grandes empresas, a mentalidade de hoje tem-se revelado mais crente em modelos de gestão mais enxutos e sustentáveis para o alcance de maior rentabilidade. Nessa nova linha de pensamento, o estoque seria um ponto-chave a ser trabalhado e seu gerenciamento sistemático, uma saída para esse problema.

Fundamentos da gestão de estoques

A referência constante e praticamente paralela feita às ideias de custos e nível de atendimento da demanda (ou nível de operação), quando se trata da temática de administração de materiais e gestão de estoques, não são injustificadas.

Grande parte dos gestores dessa área já se deparou (ou ainda vai se deparar) com algumas perguntas críticas desse processo decisório: *o que* comprar/produzir? *Quanto, quando* e, por fim, ainda, *de quem* comprar? A solução para essa decisão está justamente em balancear esses dois aspectos – nível de atendimento e custos totais – levando-se em conta os aspectos particulares da empresa que definem sua capacidade econômica de viabilizar e implantar uma decisão e as características externas como situação do mercado e relacionamento com os fornecedores.

A gestão de estoques envolve-se, portanto, com a busca de se obter vantagem competitiva em suas decisões de compra, armazenagem, venda e distribuição de produtos. Isso é alcançado quando a organização opera focada no tripé QCT (qualidade, custo e tempo).

Esse mesmo foco corresponde ainda à ideia de integração da cadeia logística a partir do gerenciamento dos estoques, objetivando prover o material certo, no local e momento certos, e, ainda, em condições de plena utilização; tudo isso a um custo total incorrido mínimo na busca do atendimento ao cliente e sua satisfação. Satisfazendo seu cliente a partir de um custo operacional mínimo, a organização visa garantir uma margem de lucro satisfatória em suas operações, atendendo também aos interesses de seus acionistas e patrocinadores.

Para materializar esse objetivo, algumas atividades são indispensáveis na execução e apoio do processo de gerenciamento de estoques como veremos a seguir.

Atividades dentro da gestão de estoques

Cabe ao gerenciamento de estoques projetar os níveis adequados de materiais e, para tanto, deve buscar manter o equilíbrio entre estoque e consumo e, consequentemente, entre custos e nível de atendimento. Esse equilíbrio deve ser fundamentado no dimensionamento dos estoques em níveis convenientes, conforme as características da própria empresa.

Estes são alguns dos objetivos fundamentais e diretrizes para as ações que permeiam da gestão de estoques, como afirma Davis et al. (2001), mas, ainda assim, trata-se de ideias abstratas se não puderem ser implementadas, ou seja, serão apenas conceitos vagos, caso não sejam possíveis de ser aplicados na rotina de trabalho das empresas e organizações.

Para tornar esse objetivo aplicável e converter seus conceitos em retornos efetivos para as empresas, uma série de atividades é ligada ao gerenciamen-

CAPÍTULO 1 – FUNDAMENTOS DA GESTÃO DE ESTOQUES

to de materiais; algumas dessas atividades diretamente associadas a esse gerenciamento e outras, de forma indireta, auxiliando e apoiando as atividades principais. A metodologia utilizada para essa distinção entre as atividades da gestão de estoques segue a estrutura proposta por Pozo (2008) e adicionadas às devidas complementações consideradas relevantes (Figura 1.2).

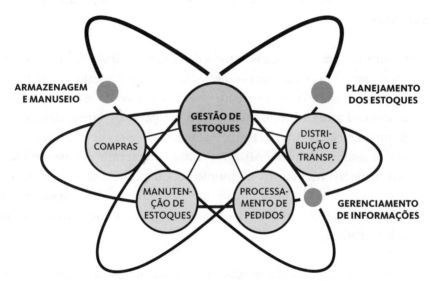

Figura 1.2 — Representação das principais atividades envolvidas na gestão de estoques.

Cabe ainda lembrar que a gestão de estoques não se encontra encerrada apenas dentro dos círculos dessas atividades primárias e secundárias, existindo ainda outras atividades na empresa que impactam diretamente na determinação da eficiência dos modelos de gerenciamento de materiais, mas, por pertencerem a diferentes áreas e funções na organização, não foram incluídas nesse grupo de atividades. É o caso, por exemplo, da produção, que, por pertencer à função específica de planejamento e controle dos processos produtivos, não foi inserida internamente à gestão de estoques, entretanto, é fundamental na definição, inclusive, do modelo de gerenciamento que será adotado, visto que o ritmo de produção é peça-chave na determinação dos volumes dos níveis de materiais estocados.

Atividades primárias

As atividades tratadas como primárias são aquelas diretamente responsáveis pela efetiva execução dos interesses do gerenciamento de estoques. Outro fator que caracteriza essas atividades como primárias trata da devida importância destas em termos da composição dos custos operacionais registrados nos balanços contábeis da organização. Assim, podemos identificar as seguintes atividades:

- ◆ **Compras:** apesar de alguns autores defenderem a ideia de que a área de compras, assim como a de produção, não deve ser inserida na gestão de estoques, neste trabalho, defende-se a proposição do esforço conjunto dessas três áreas – produção, estoques e compras – integradas a partir de um planejamento estratégico da empresa. Nesse contexto, as atividades de compra são primordiais no sentido de garantir a disponibilidade dos materiais necessários no momento, quantidade, local e condições corretos para sua utilização com um planejamento de desembolso de caixa sustentável e ponderado pela estratégia de estoque desenvolvida pela organização.

Dentro do setor público, a questão do gerenciamento das compras é uma área de atividade que tem recebido expressiva atenção dos administradores públicos. Isso porque a realidade dos volumosos gastos com estoques de produtos e materiais armazenados que afetam ainda muitas empresas do setor privado também afetam com intensidade igual ou mesmo superior, em alguns casos mais extremos, a administração pública.

Em função dessa realidade, o papel das compras é vital para o setor público, no qual as regras de contabilidade, orçamento e administração de natureza jurídica pública trazem implicações particulares ao setor, pois o gerenciamento das compras possibilita apontar pontos e alternativas para a redução de custos.

CAPÍTULO 1 – FUNDAMENTOS DA GESTÃO DE ESTOQUES

> **APLICAÇÃO NO SETOR PÚBLICO**
> *Reflexão sobre um exemplo prático*
>
> Entre tantos conceitos e ideias que caracterizam o setor público, um dos mais citados e conhecidos é o do orçamento público, que, como se sabe, não possui a flexibilidade do orçamento de uma empresa do setor privado, por exemplo. Para ilustrar o desafio de melhoria da gestão dos estoques no setor público e como o papel das compras é relevante nesse ponto, pensemos na seguinte hipótese:
>
> ◆ Uma fundação estadual pretende, para o primeiro trimestre de 2010, aumentar seu lucro bruto advindo da receita de vendas e prestação de serviços em 45% em relação ao mesmo trimestre de 2009. Extraindo-se um resumo de seu balanço financeiro, sabe-se que no primeiro trimestre de 2009:
> • suas vendas totais e prestação de serviços corresponderam a R$ 750.000,00;
> • o preço médio de sua prestação de serviço foi de R$ 6.250,00;
> • foram prestados cerca de 120 serviços;
> • as compras representaram um custo de R$ 425.000,00;
> • os pagamentos de salários representaram um custo de R$ 130.000,00;
> • as despesas fixas operacionais da fundação foram de R$ 70.000,00;
> • o lucro bruto auferido foi de R$ 125.000,00.
>
> ◆ Para que a fundação estadual alcance seu objetivo, ela pode então:
> • aumentar os preços de seus produtos e serviços ou nível de operação em 7,5%;
> • reduzir os custos com salários em pouco mais de 43%;
> • diminuir as despesas fixas operacionais em aproximadamente 80%;
> • reduzir os custos de compras em aproximadamente 13%.
>
> ◆ Em função dos impactos negativos da elevação dos preços na demanda por serviços e das dificuldades de se reduzir os gastos com pessoal e despesas fixas operacionais, a busca de redução de custos de compras se mostra como a alternativa mais viável!

◆ **Manutenção dos estoques:** é a atividade finalística do gerenciamento de materiais que se ocupa da busca do nível de atendimento de demanda (ou nível de serviço) a partir da disponibilidade de produtos a um custo mínimo para a organização. Sabe-se que grande quantidade de recursos é gasta no financiamento da necessidade de capital de giro das empresas em decorrência, principalmente, aos elevados volumes de estoques, sendo indispensável prestar-se a devida atenção a essas atividades para a redução dos custos de operação.

- **Processamento dos pedidos:** é uma das atividades logísticas que se tem revelado como um campo potencial de melhoria e, consequentemente, de ganho de competitividade para as empresas. Um dos principais pontos a serem atacados nas empresas é o chamado *lead time* de entrega ou fornecimento composto, basicamente, pelos *lead times* de processamento dos pedidos, produção ou separação do material (conforme a disponibilidade no momento) e expedição. Um processamento de pedidos mais eficiente colabora para a elevação da qualidade do atendimento ao cliente, uma vez que possibilita a redução do intervalo de tempo entre a manifestação da necessidade de consumo e a satisfação dessa necessidade, ou seja, atendimento de sua demanda inicial. É essa demanda inicial expressa pelo pedido de bem ou serviço que, ao ser processada, dá início a toda movimentação de materiais na área de estoque da empresa.

- **Distribuição e transportes:** com o avanço do campo da logística, os estudos sobre a distribuição e o deslocamento dos produtos dentro da cadeia de suprimentos, isto é, do seu fornecedor primário ao cliente final, evoluíram de forma significativa e confirmam, hoje, a importância dos cuidados com o tratamento logístico já que essa atividade pode chegar a representar até 60% dos custos em uma organização, com variações relevantes decorrentes do setor de atuação específico da empresa (Tabela 1.1).

ATIVIDADES DE SUPORTE

Essas atividades, que também podem receber a denominação de atividades auxiliares ou de apoio, são derivadas da ação primária. Essas mesmas atividades não devem ser consideradas como secundárias no sentido de apresentar menor relevância que as primárias citadas anteriormente. A diferença básica, portanto, entre ambas as atividades está no fato de que as de suporte decorrem das primárias no sentido de complementar o seu objetivo e criar as condições propícias para que esses mesmos objetivos possam ser alcançados.

CAPÍTULO 1 – FUNDAMENTOS DA GESTÃO DE ESTOQUES

Tabela 1.1 – Atividades primárias relacionadas com a gestão de estoques.

C Compras	**P** Processamento dos pedidos
• Especificação correta dos pedidos de compra. • Avaliação, seleção e monitoramento dos fornecedores. • Definição das condições de compras: momento (quando), quantidade (quanto) e local de entrega (onde). • Definição das formas e prazos de pagamento. • Acompanhamento do comportamento da demanda juntamente com o estoque.	• Registro do pedido/ordem de compra ou prestação de serviço. • Verificação da disponibilidade dos produtos requeridos no estoque. • Conferência do produto separado com ordem do pedido solicitado antes de seu processo de expedição/distribuição. • Rastreamento e acompanhamento do pedido até o momento da entrega ao cliente.
M Manutenção dos estoques	**D** Distribuição e transportes
• Cálculo dos níveis ideais de estoque. • Definição dos parâmetros de ressuprimento do estoque. • Monitoramento e controle dos níveis de estoques, bem como inventário físico-financeiro. • Classificação dos materiais (curva ABC). • Monitoramento da saída e da entrada de materiais. • Definição de indicadores gerenciais.	• Definição do modal de transportes em função das disponibilidades e custos. • Estudos de viabilidade de transporte intermodal. • Definição das melhores rotas e trajetos a partir de cálculos de minimização de distância, tempo e custos. • Cálculo dos custos de frete e tempo de transporte.

A título de exemplo, vamos pegar o caso da construção de uma obra de engenharia: um engenheiro civil resolve iniciar uma empreitada para a construção de um edifício. Este é o seu objetivo fundamental e que guiará as demais atividades para que seja possível, dentro do prazo estipulado e do orçamento previsto, concluir a edificação do prédio. Portanto, a construção do edifício constitui sua atividade primária. No entanto, para que esse objetivo seja alcançado, o engenheiro deve munir-se de uma série de atividades de suporte para que ele materialize seu objetivo, isto é, seja capaz de transformar o seu projeto inicial no papel em realidade. Dessa forma, ele precisará ser apoiado por uma equipe para fazer a terraplanagem do local, outra responsável pela fundação da obra, outra para estrutura em alvenaria, rede elétrica e hidráulica, e tantas outras partes que assessorarão a obra que não cabe enunciar a todas.

Assim, para possibilitar a consecução dos objetivos da gestão de estoques, outras atividades auxiliam o desempenho das atividades primárias descritas anteriormente, a saber:

- ◆ **Planejamento dos estoques:** por detrás de toda atividade deve haver uma finalidade. Cabe ao planejamento alinhar as atividades de gestão de estoque ao seu escopo específico. E mais ainda, cabe ao planejamento o tratamento das informações e dos dados gerados nas áreas operacionais, como de manutenção de estoques, compras e processamento de pedidos para a formação de conhecimento gerencial para a tomada de decisão. O planejamento é também a área responsável pela intercomunicação das funções compras, estoques e produção para o compartilhamento de informações necessárias a estas.
- ◆ **Armazenagem e manuseio de materiais:** essa área é onde ocorrem simultaneamente as atividades de armazenagem, manuseio e movimentação de materiais e que pode ser considerada o verdadeiro "pulmão" na gestão de estoques. As atividades desenvolvidas nesse setor são, principalmente: guarda momentânea dos materiais; movimentação horizontal e vertical nos armazéns, depósitos e áreas correspondentes; cálculo do espaço físico necessário e disponível; definição das estruturas de armazenagem necessárias, conforme as características dos produtos e materiais a serem estocados; identificação e registro dos materiais armazenados de forma padronizada; e separação dos materiais após processamento do pedido. Como grande parte do investimento de uma empresa pode estar imobilizado na forma de estoques, os gastos com a armazenagem, tratamento e segurança nessa área podem chegar a representar cerca de 20% dos custos logísticos de uma empresa.
- ◆ **Gerenciamento de informação:** o avanço tecnológico criou as condições favoráveis para acelerar o fluxo de informações por toda a cadeia de suprimentos, do fornecedor do insumo básico ao cliente final. Um dos grandes problemas dessa celeridade no fluxo de informações é exatamente o volume de informações que circulam por essa rede e que necessitam ser processadas, filtradas e transformadas em conhecimento gerencial para a tomada de decisão. Uma das formas de tentar driblar esse problema é a utilização dos chamados SIGs (Sistemas de Informação Gerenciais), que

são sistemas responsáveis pelo gerenciamento do fluxo de informações que transitam pela empresa. O avanço tecnológico permitiu ganhos de tempo e custos nos fluxos de informação, porém são os bancos de dados bem estruturados desses sistemas de gerenciamento que dão o suporte necessário à tomada de decisão dos gestores de estoques. É válido ainda ressaltar que, quando se trabalha com a gestão de informações, o parâmetro-chave a ser observado não é o quantitativo, e sim o qualitativo, ou seja, um banco de dados eficiente não necessariamente é um banco de dados extenso, com grande volume de informações, mas sim com informações relevantes sobre o processo. Para a gestão de estoques, informações com o *lead time* de fornecimento dos insumos, os níveis dos estoques e as ordens de compra e produção são alguns exemplos de informações de suma importância para o gerenciamento eficiente dos materiais em uma organização. Complementando as funcionalidades dos SIGs, o uso do *Eletronic Data Interchange* (EDI)[3] tem sido voltado para a eliminação do excesso de papéis, além de reduzir o tempo das transações nos negócios, enquanto paralelamente busca eliminar erros causados por processamento manual de dados (Tadeu, 2008).

BALANCEAMENTO DE CUSTOS E VOLUME DE ESTOQUE PARA DETERMINAÇÃO DO NÍVEL DE SERVIÇO EFICIENTE

Muito se tem comentado, na literatura da área de logística, materiais e estoques, sobre os impactos financeiros das decisões de estoques e noções de custos envolvidos com o gerenciamento de materiais. Expressões como necessidade de capital de giro, custo de capital, custo de "fidelização" – conquistar a fidelidade de um mercado ou consumidor – e de perda de cliente, custos logísticos entre tantos outros. Porém, quais desses custos são significativos para a gestão de estoques? Ou mesmo, quais entre eles são mensuráveis e quais não são?

---

[3] *Eletronic Data Interchange,* que, traduzido, significa Intercâmbio Eletrônico de Dados, é um sistema direto de transmissão eletrônica de dados capaz de trocar dados, na forma de documentos de negócios, entre usuários (Tadeu, 2008).

O fato é que, quando a problemática na qual se opera torna-se financeira ou repercute em impactos financeiros para a organização, a tomada de decisão fica indubitavelmente mais complexa – ou pelo menos cercada de maior pressão por retornos maiores ou em um intervalo de tempo mais curto.

Como já mencionado na introdução do capítulo, muitas vezes, os gestores e responsáveis pela área de materiais e estoques já se viram diante do *tradeoff* nada trivial de decisão sobre a alocação de recursos financeiros da empresa entre os estoques e outra forma de investimento. Para que o gestor tome sua decisão de forma eficiente, ele precisa avaliar e ponderar todas as variáveis interferentes possíveis e viáveis de serem calculadas para basear sua escolha em critérios objetivos, evitando-se o risco de cair na armadilha do subjetivismo ou empirismo gerencial.

Não que o conhecimento prático dos gestores não seja importante, não é dessa forma que o enunciado anterior deve ser entendido. Até mesmo porque um dos quesitos mais observados para a contratação de gestores nas empresas é fundamentalmente o tempo que já trabalham em determinada área e, consequentemente, a experiência acumulada nesse setor de atuação. O que o enunciado propõe é que, para decisões que envolvam a destinação de volume considerado de recursos, o uso somente do conhecimento prático acumulado – o que chamamos empirismo gerencial – pode não servir como embasamento suficiente para a tomada de decisão.

Em um momento financeiro, que tanto se fala sobre redução de custos como a alternativa mais viável para a conquista de competitividade em um mercado que foi recentemente atingido por uma crise de dimensão global, conhecer as principais fontes de custos e como poder trabalhar em cima delas para minimizá-las é vital para a sobrevivência das empresas no mercado e para a adequação financeira e orçamentária de instituições públicas nesse novo cenário.

Para embasar o processo decisório dos gestores de materiais é preciso, então, conhecer quais os principais custos incorridos, direta e indiretamente, da decisão de investimento de recursos em estoques para a empresa.

- ◆ **Custo de capital de giro (ou necessidade de capital de giro)**: às vezes, a empresa tem uma fortuna guardada no estoque e nem sabe disso! Apesar de alarmante, esse quadro é uma realidade que aflige as MPEs (micro e pequenas empresas) e até mesmo a algumas gigantes do mercado. Isso porque grande parte do capital de giro[4] da empresa acaba ficando dentro do estoque e, quando este não é convertido em vendas para gerar receita para a empresa, o resultado desse investimento não é nada satisfatório, ou seja, o investimento não tem um retorno desejável. Quando isso acontece, está-se incorrendo em elevado custo de investimento na imobilização de ativo financeiro para financiar as atividades da empresa e, portanto, em um elevado custo de capital de giro para esta.

◆ **Custo de capital:** outro custo relativo ao capital, porém, de modo geral, a ser considerado é o custo do próprio dinheiro. Para muitos que estudam ou operam com o mercado de capital, a maior invenção de todos os séculos foram os juros compostos. O poder de capitalização dos juros compostos pode trazer tanto expressões de felicidade quanto dor de cabeça; é como costumam traduzir a ideia, dependendo da extremidade em que você se encontra: tomador ou financiador de crédito. O juro alto representa um aumento do custo do dinheiro e, se você precisa dele agora e não o tem, quer dizer que aceitará pagar mais caro para tê-lo no momento. Com a deflagração da crise em 2008, o risco e a incerteza do mercado geraram um problema de liquidez de crédito, que, somado às altas taxas dos juros, tornava ainda mais elevado o custo do dinheiro para as empresas financiarem, por exemplo, o seu capital de giro. Outro exemplo aplicável à gestão de estoques é o caso do financiamento do capital de giro em instituições financeiras para a compra de estoques. Com as altas taxas de juros e material parado em estoque, o custo elevado do capital e o pagamento de juros sobre juros desse financiamento elevam ainda mais os custos de operação das empresas.

◆ **Custo de pedido:** para a requisição de produto ou emissão de pedido, muitas vezes estão envolvidos custos fixos e variáveis que são compostos basicamente pelo pagamento de pessoal da área de pedido, material

---

[4] O capital de giro – ou necessidade de capital de giro – representa o aporte financeiro necessário a uma empresa ou instituição (seja ela privada ou pública) para alavancar seu processo produtivo, prestação de serviços ou execução de suas atividades finalísticas em geral. Como grande parte deste capital de giro é composto pelos ativos em estoque como insumos e produtos acabados, quanto maior for o volume dos estoques, maior será a necessidade de recursos financeiros para garantir a compra e manutenção desses materiais e, portanto, maior a necessidade – e custo – de capital de giro para essa empresa/instituição.

circulante e de gerenciamento das informações que são transmitidas, constituindo um custo administrativo para a empresa. Os valores correspondentes aos custos fixos e variáveis são determinantes na decisão dos volumes dos pedidos a serem feitos.

◆ **Custo de manutenção do estoque:** representa a maior parcela dos recursos alocados nos estoques das empresas. Os custos de manutenção dos estoques podem ser desdobrados em uma série de custos que, de forma agregada, corresponde ao que chamamos custos de manutenção. Entre eles, podemos citar: o custo dos juros que se paga por parte do dinheiro estar imobilizado sobre a forma de estoques; custo de aluguel de depósitos ou espaços físicos sobressalentes para a guarda de material e produtos; custo de pessoal e equipamentos, como maquinários e sistemas informatizados que são utilizados para movimentar, armazenar e monitorar os materiais estocados; custos de seguros que são realizados para a proteção e a segurança dos estoques contra roubo e perda destes e contra incêndio ou desastre natural no local de armazenagem; por fim, existe ainda o custo de inventariar físico e financeiramente o estoque.

◆ **Custo de obsolescência do estoque:** esse custo é uma consequência natural decorrente da própria utilização de estoques, pois, uma vez que um material esteja armazenado – seja matéria-prima, insumo de produção ou produto final – ele está sujeito à depreciação e à deterioração. As condições do ambiente de armazenagem podem até favorecer a redução do custo de deterioração do material até próximo de sua eliminação, porém a depreciação é decorrente não só de características físicas intrínsecas, mas também da evolução do próprio ciclo de vida dos produtos. Quando se observa o estágio de desenvolvimento tecnológico atual, percebe-se como os ciclos de vida de alguns produtos – principalmente na linha de eletrônicos – têm sido reduzidos significativamente, o que pode ser verificado pela alta rotatividade no mercado, rapidez de lançamento de novas linhas de produtos e concorrência acirrada. Este é mais um motivo para se evitar os elevados níveis de estoques.

Cabe lembrar ainda que *custo* do estoque é diferente do *valor* do estoque. Normalmente, o valor do estoque é calculado a partir do somatório de todos os preços de aquisição (compra) dos insumos, matérias-primas, componentes ou produtos adquiridos pela organização. Já o custo do estoque é consequência da relativização entre o valor do estoque e outra forma de investimento paralelo, ou seja, decorre em função de uma oportunidade de utilização financeira do montante de recursos referente ao valor do estoque em uma opção diversa de investimento que não a imobilização em estoque. O problema de mensuração desse custo de oportunidade é a dificuldade de estimar qual a taxa de retorno dessa oportunidade, sendo muitas vezes utilizadas taxas de juros como Selic ou CDI (Moura, 2004).

Assim como o custo de oportunidade, existem outros custos de difícil mensuração e que também afetam diretamente as decisões sobre o gerenciamento de estoques como: *custos de ineficiência de operação* – geralmente representados pelos custos de conserto e/ou substituição de equipamentos e máquinas envolvidos nos processos de controle e distribuição dos produtos; além dos *custos pela falta de estoque e custos de perda de cliente*. Esses dois últimos custos, apesar de serem pouco tangíveis, são determinantes nas decisões do nível de material a ser armazenado, uma vez que estão fortemente atrelados à política de estoque da empresa e, consequentemente, ao nível de serviço[5] em que opera.

Esses dois custos podem ainda estar associados, visto que os custos pela falta de estoques podem se apresentar com diferentes dimensões – do ponto de vista de seu impacto para o gerenciamento de estoques –, pois podem ser representados desde a margem de lucro não retornada pela perda de venda devido a indisponibilidade de estoque para atendimento até alcançar proporções de difícil mensuração quando levam a perda do cliente para a concorrência. Além disso, a falta de estoque de material para ser processado – insumos e matérias-primas – também tem significativo impacto, porque, nos estoques, podem resultar na paralisação do processo produtivo, o que acarreta outros custos também pouco tangíveis, por exemplo, custos por tempo de produção perdido. O caso das indústrias de transformação em geral são exemplos tradicionais do elevadíssimo custo por hora de produção perdida.

Dentro ainda do custo por falta de estoque, pode ser que a empresa ou instituição esteja vinculada a penalidades contratuais, caso não entregue o material

---

[5] O nível de serviço, muitas vezes tratado como Taxa de Atendimento de Pedido ou *Order Fill Rate*, é o nome atribuído ao indicador calculado com base estatística na probabilidade de falta de determinado produto no atendimento de sua demanda, considerando a distribuição estatística dessa mesma demanda representada por uma curva de distribuição normal.

no prazo acertado. Nesses casos, a indisponibilidade do produto pode incorrer em custos por quebra de contrato, multas por atraso e outros similares (Stevenson, 1996).

Como se pode verificar, o planejamento do estoque é indispensável para que não falte ou mesmo sobre materiais e produtos nas linhas de operação da organização, incorrendo-se – em ambos os casos – em custos elevados. Porém, não se trata de uma tarefa trivial.

Calculados – ou estimados – os devidos custos, ponderando-os pelas características da empresa e do ramo de atividade em que se insere, a organização tem posse de informações essenciais para auxiliar nas decisões de minimização de custo total do estoque e do nível de serviço com o qual pretende operar.

Na decisão de minimização de custo total incorrido, as empresas buscam agregar os principais custos que influem na gestão de seus serviços – geralmente são os custos de manutenção de estoques, os de pedido ou transporte e aqueles por falta de produtos – e analisar o ponto de custo ideal, em que a soma desses custos atinge o menor valor (Gráfico 1.1).

Existe também a decisão quanto à escolha do nível de serviço eficiente – o nível de atendimento à demanda com o qual a organização visa operar, mantendo níveis adequados de estoques de produtos e, consequentemente, um valor de estoque considerado sustentável pela empresa. Por exemplo, uma organização pode ter como objetivo o atendimento de 95% da demanda dentro

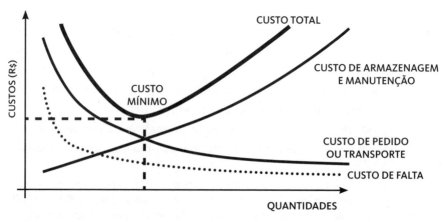

Gráfico 1.1 – Gráfico para determinação do custo mínimo ou ideal a partir do custo total.

CAPÍTULO 1 – FUNDAMENTOS DA GESTÃO DE ESTOQUES

do prazo solicitado por seus clientes, e, para tanto, deve calcular seus estoques para garantir essa disponibilidade de material.

O cálculo do nível de serviço é baseado na probabilidade de não faltar estoque durante o *lead time* de distribuição dos fornecedores (Simchi-Levi et al., 2003). Por isso mesmo, seu cálculo é realizado por meio de dados como demanda diária média, desvio-padrão dessa mesma demanda e o *lead time* de abastecimento pelo fornecedor – ressaltando, portanto, o valor do gerenciamento das informações para a eficiência na gestão de estoque. Esses dados são ponderados pelo fator de nível de serviço que pode ser obtido na estatística da área sob a curva normal padronizada, ou seja, considera-se que a demanda possui uma distribuição estatística normal.

Como o aumento dos custos de armazenamento tendem a ser exponenciais à medida que se aproxima de um nível de serviço de 100% (Pozo, 2008), os gestores de estoques devem estar cientes dos impactos financeiros das decisões sobre o nível de atendimento de demanda desejado, bem como resultado dessa decisão nas condições de espaço físico para armazenamento, manuseio e movimentação dos materiais nas áreas de estoques da empresa, pois, como os custos, os volumes de materiais necessários para dar suporte à elevação do nível de serviço – atendimento à demanda – também aumentam na mesma ordem de grandeza.

Para se ter uma ideia do que se trata essa decisão, observe o Gráfico 1.2, a seguir, e o exemplo ilustrativo proposto para o setor público.

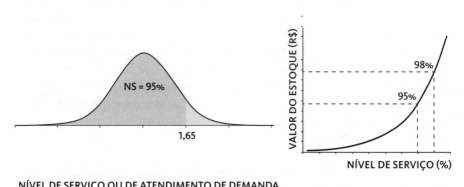

NÍVEL DE SERVIÇO OU DE ATENDIMENTO DE DEMANDA

NÍVEL DE SERVIÇO (NS)	85,00%	90,00%	92,00%	94,00%	96,00%	98,00%	99,00%	99,90%	99,99%
FATOR DE NÍVEL DE SERVIÇO (Z)	1,04	1,29	1,41	1,56	1,75	2,05	2,33	3,08	3,49

Gráfico 1.2 – Nível de serviço (NS), fator de NS e impacto no valor dos estoques.

APLICAÇÃO NO SETOR PÚBLICO
Reflexão sobre um exemplo prático

Controlar os níveis de estoques ideais sempre foi uma questão-chave para o sucesso das empresas no setor privado. Para a administração pública não é diferente! Em função da necessidade de racionalização constante dos gastos e sobre potenciais ameaças de cortes de orçamento, as instituições do setor público devem evitar ao máximo os desperdícios, principalmente no que se refere à manutenção de estoques elevados de produtos e a materiais sob seu patrimônio que são gerenciados de forma muito precária, incorrendo muitas vezes em excessos altamente penosos.

Ilustremos essa discussão com uma instituição pública hipotética que trabalha com o desenvolvimento e a manipulação de medicamentos que são distribuídos e utilizados em diversos postos de saúde da cidade. Apesar de essa instituição não vender seu produto – como o que ocorre nas empresas privadas –, distribuindo-o gratuitamente pela rede de postos, ela tem seus próprios custos para o desenvolvimento desses medicamentos, basicamente compostos pelas compras de materiais e componentes necessários para a preparação dos medicamentos.

Como esses materiais e componentes não são entregues pelos seus fornecedores imediatamente após a solicitação, a instituição deve previr-se contra as possíveis faltas desses produtos e, portanto, ela necessita estocá-los em alguma quantidade suficiente para atender à demanda dos postos de saúde, enquanto o novo carregamento de produtos dos fornecedores não chega.

Analisando o volume de demanda médio dos postos de saúde e o tempo médio de entrega (*lead time*) dos fornecedores, a instituição chegou aos seguintes resultados e conclusões sobre um medicamento "X": (a) possui atualmente um estoque mínimo para suportar a demanda dos postos de saúde de 500 unidades; (b) esse volume de estoque permite operar com uma eficiência de 85% de atendimento na demanda, ou seja, de nível de serviço; (c) para atender a 90% e 95% da demanda, a instituição precisará aumentar seus estoques de "X" para 625 e 775 unidades, respectivamente; e (d) para esses mesmos níveis de atendimento – 90% e 95% – ela elevará os volumes dos estoques em 25% e 55%, incorrendo em aumento dos custos de aquisição de suprimentos, armazenamento e manutenção dos estoques.

◆ A questão que se coloca é: valeria o investimento para aumentar o atendimento dos postos de saúde de 88% para 90% ou 95%, sabendo-se que os impactos para os estoques representam aumentos de 25% e 55%, respectivamente, dos volumes de medicamentos armazenados e, consequentemente, a elevação dos custos desses estoques?

Como se pode perceber, as decisões que envolvem não apenas a determinação do nível de serviço, mas todo o processo de gestão de estoques são mais complexas do que poderia parecer no primeiro momento quando se iniciou este capítulo.

O número e a diversidade de variáveis envolvidas nesse processo decisório implicam que o estoque seja observado, compreendido e gerenciado sobre os seus mais diversos aspectos, sejam eles físicos ou financeiros, por questões de necessidade ou oportunidade.

Nesse sentido, alguns indicadores gerenciais são construídos para apoiar as decisões dos gestores, permitindo análises e comparações – qualitativas e quantitativas – entre modelos de gerenciamento e mesmo entre diferentes instituições em setores de atividade diversos, a exemplo do retorno de capital e o giro de estoque.

Retorno de capital e giro de estoque

Como vimos, existem certas características que são comuns a todos os problemas de controle de estoque, não importando se eles são de matéria-prima, material em processo ou produtos acabados. Um desses traços básicos refere-se aos custos associados aos estoques (Ching, 2007).

Essa ideia de Ching (2007) pode ser estendida também para as análises sobre os indicadores do gerenciamento dos estoques em qualquer tipo de empresa. Dessa forma, seja qual for a natureza da organização que se esteja analisando, indiferentemente de ela ser pública ou privada, ambas têm a necessidade de conhecer qual é o retorno obtido sobre os investimentos imobilizados na forma de estoques.

Um indicador que é amplamente usado para mensurar de desempenho gerencial está relacionado com a rentabilidade ou retorno sobre o investimento – também conhecido pela sigla ROI[6], do inglês, *Return on Investment* – e é obtido dividindo-se o lucro anual do pós-vendas pelo investimento realizado em estoques durante o mesmo ano-base.

---

[6] O ROI – *Return on Investment*, da sigla em inglês, retorno sobre investimento ou simplesmente retorno de capital – é a razão entre o lucro pós-tributação das vendas anuais e o ativo total desse mesmo ano, ou seja, o capital investido em estoques. Como os estoques geralmente representam parte significativa do investimento de capital de giro da empresa, uma redução nos níveis de estoques tende a produzir aumentos consideráveis nesse indicador (Stevenson, 1996).

Embora no setor público, diferentemente da iniciativa privada, alguns produtos – bem como a prestação de serviços – não sejam vendidos ou fornecidos em troca da contraprestação de algum repasse monetário e sim distribuídos gratuitamente para seus consumidores, ainda assim é possível estimar o retorno do capital nesses casos a partir de comparações com os preços de mercado na iniciativa privada, buscando observar no mercado produtos ou serviços similares de alguma forma e, a partir destes, estimar algo que se aproximasse de um potencial substituto para o "lucro de vendas".

Para ilustrar os conceitos descritos anteriormente, observe o exemplo prático representado logo a seguir.

APLICAÇÃO NO SETOR PÚBLICO
Reflexão sobre um exemplo prático

Garantir índices de eficiência na gestão de estoques no setor público é essencial para que as instituições desse setor – bem como para as empresas da iniciativa privada – tenham retornos significativos sobre os investimentos, principalmente sobre o capital de giro. Quando analisamos o caso das instituições públicas, esse índice pode ser mensurado quando comparado em termos relativos com os preços de mercado de alguns produtos ou serviços, uma vez que algumas dessas instituições não vendem seus produtos/serviços para a população, distribuindo-os gratuitamente ou a preços de custos.

Para os dois casos prováveis – quando a instituição vende seus produtos no mercado e quando os distribui gratuitamente – é possível calcular o retorno de capital ou ROI das instituições, lembrando que, para as instituições que não vendem seus produtos/serviços, isso é feito estimando-se um "valor de mercado médio". Peguemos como exemplo o caso em que a instituição opera com vendas no mercado.

◆ Caso hipotético: cálculo do ROI ou retorno de capital

Apurado o Balanço contábil anual de uma instituição, verificou-se uma receita final de vendas (RV) no valor de R$ 1.500.000,00, sendo apurado ao fim do ano um lucro líquido (LL) pós-tributação de R$ 175.000,00. Nesse mesmo ano, o Balanço contábil apontou um investimento em estoques (IE) no valor de R$ 340.000,00, utilizados para a compra e armazenagem de materiais e produtos em geral.

CAPÍTULO 1 – FUNDAMENTOS DA GESTÃO DE ESTOQUES

> Para o cálculo do retorno de capital, divide-se o lucro líquido (LL) pelo investimento feito em estoques (IE). A razão entre esses dois componentes nos dá um retorno de capital (RC) ou ROI aproximadamente igual a 0,5147.
> Esse indicador – RC ou ROI – sinaliza qual a proporção do lucro que está sendo obtido em cima dos investimentos imobilizados sob a forma de estoques de produtos e materiais. Como o valor de RC/ROI calculado é menor que 1 (um), a instituição está tendo um retorno menor que seus investimentos em estoque, o que não é satisfatório.
>
> ◆ Como já dito anteriormente, o estoque é um ponto-chave a ser analisado e trabalhado a fim de se buscar índices mais expressivos de gerenciamento. A análise do ROI ou retorno de capital é uma forma simples e direta de verificarmos essas considerações!

O outro indicador muito utilizado na gestão de estoques e suprimentos diz respeito à rotatividade dos estoques dentro da área de armazenagem das empresas. Esse indicador, também chamado giro de estoque, rotatividade do estoque, índice de alcance ou *turnover*, trata da relação entre o custo da mercadoria vendida ou consumida em um período e o estoque médio verificado nesse mesmo período (Machline, 1981).

A utilização desse indicador é voltada para fins de análise da movimentação e cobertura dos volumes de estoques e expressa a intensidade com que o valor de estoque gira ao ano, referindo-se, portanto, ao valor investido em estoque – ou ainda a quantidade de produtos – que cobrirá determinado intervalo de tempo ou período de vendas (Pozo, 2008).

O giro de estoque ou rotatividade é calculado a partir da razão entre o custo da mercadoria consumida no período e o valor do estoque médio desse mesmo período. Uma segunda forma de cálculo possível para esse mesmo indicador é a utilização de unidades físicas – quantidade de produtos – tanto de vendas quanto do volume médio estocado. Nesse caso, o índice ou indicador é calculado pela razão entre o número de produtos vendidos no ano e o número médio de produtos em estoque.

A partir do cálculo desse indicador, é possível avaliar também a capacidade de cobertura do estoque, ou seja, o intervalo de tempo em que o estoque suporta atender à demanda de determinado produto.

Para a utilização correta desse indicador, alguns cuidados devem ser bem observados para que os resultados das análises a partir desse instrumento não sejam distorcidos ou impliquem decisões sustentadas em informações errôneas; os dois principais são:

- ◆ Utilizar sempre a mesma valorização para o numerador e o denominador, ou seja, se estiver sendo utilizado o custo da mercadoria vendida (ou consumida) no numerador, no denominador deve ser empregado o valor do estoque médio; valendo o mesmo no caso de se usar o volume em unidades de produto. Lembrando-se sempre de equilibrar também numerador e denominador quanto à tributação ou taxa de câmbio, quando este for o caso (Machline, 1981).
- ◆ A interpretação desse indicador deve ser acompanhada de análises sobre a situação dos estoques quanto a frequência e intensidade das faltas de materiais e produtos. Isso se deve ao fato de ser possível que uma empresa apresente um giro de estoque elevado, sem que isso necessariamente represente uma vantagem. O elevado valor do índice, nesse caso, pode ser em razão de estoques insuficientes e que, frequentemente, incorra em falta de produtos para o atendimento da demanda. Nesse sentido, é conveniente complementar a análise desse indicador com outras sobre as faltas de materiais e o não atendimento da demanda, a fim de se conhecer a situação real das políticas de estoque (Machline, 1981).

Outra possibilidade para aproveitar a utilização do giro do estoque como um indicador do gerenciamento de materiais em uma organização é a de avaliá-lo comparativamente com outras empresas do mesmo ramo/setor de atividade. Essa comparação pode auxiliar os administradores de materiais e estoques a avaliar a eficiência de sua gestão em relação a outras organizações e empresas, seja ela da iniciativa privada ou dentro do próprio ambiente público.

Para entender o conceito desse indicador, observemos o exemplo a seguir.

CAPÍTULO 1 – FUNDAMENTOS DA GESTÃO DE ESTOQUES

APLICAÇÃO NO SETOR PÚBLICO
Reflexão sobre um exemplo prático

Evitar o acúmulo desnecessário de produtos e materiais armazenados é uma das metas mais buscadas no gerenciamento de estoques. No entanto, mais importante que reduzir os níveis de estoques é conseguir programá-los para atender eficientemente a demanda sem empatar significativa parcela dos investimentos e do capital disponível da organização.
Nesse sentido, a utilização do giro de estoque pode ser bastante útil na hora de calcular a rotatividade dos estoques – seja a partir dos valores ou das quantidades investidos – e avaliar qual é o desempenho desse estoque e, consequentemente, qual é o desempenho de seu gerenciamento.
Assim, peguemos novamente o caso da instituição pública que opera com medicamentos para distribuição em postos de saúde.

◆ Caso hipotético: gestão dos medicamentos e cálculo de giro de estoque

A partir dos dados coletados na instituição, observou-se que em determinado ano ela distribuiu (NP) cerca de 15.750 medicamentos para os diversos postos de saúde da cidade, e, nesse mesmo período, manteve um estoque médio (EM) de 2.700 medicamentos. Com base nesses dados, deseja-se saber a rotatividade (giro de estoque) e a cobertura do estoque.
Assim, para calcular o giro de estoque (GE) faz-se a razão entre o número de produtos distribuídos (NP) (equivalente às vendas em uma empresa privada) e o estoque médio (EM), achando o valor de 5,8 aproximadamente. Esse valor indica que o estoque de medicamentos gira perto de 5,8 vezes ao ano.
Para encontrar a cobertura do estoque, ou seja, o intervalo de tempo durante o qual o estoque é capaz de atender à demanda, basta dividir o intervalo de tempo desejado pelo giro de estoque (GE) calculado anteriormente, por exemplo:

- **Cobertura em semanas:** Como o ano tem 52 semanas, basta dividir 52 pelo GE calculado. Dessa forma, encontra-se um índice de cobertura de 8,91, que representa uma cobertura de aproximadamente nove semanas.
- **Cobertura em dias:** Da mesma forma, divide-se o total de dias do ano, ou seja, 365, pelo valor do GE encontrado. Nesse caso, obtém-se o valor de 62,57, que indica uma cobertura de quase 63 dias.
- **Cobertura em dias úteis:** Caso o interesse seja achar a cobertura em dias úteis, basta dividir o valor do GE por 240, que representa o número de dias úteis em um ano. Para essa base, o valor encontrado é de 41,14, que representa uma cobertura de aproximadamente 41 dias úteis.

→

> ◆ Como se pode ver, o giro ou rotatividade do estoque é um indicador capaz de extrair informações valiosas para o gerenciamento de materiais em uma organização, seja ela do setor público, como no caso hipotético apresentado, ou da iniciativa privada. Porém, lembre-se sempre de tomar os devidos cuidados – no tratamento dos dados – quando se trabalha com indicadores para não partir de informações distorcidas!

Noções sobre *Supply Chain Management* (SCM): conhecendo o gerenciamento da cadeia de suprimentos

Ao se tratar da questão do gerenciamento de estoques, inevitavelmente nos deparamos com conceitos como rede logística, rede de suprimentos, cadeia de suprimentos ou *supply chain*. Esses conceitos se fundem para representar um modelo de gestão baseado na intercomunicação das empresas que se relacionam com os diferentes estágios do processo de produção e prestação de serviços, interligados para atender o consumidor final e compartilhando ganhos em eficiência entre os componentes/elos dessa cadeia (Simchi-Levi et al., 2003; Slack et al., 1997).

Nessa cadeia de suprimentos, busca-se a integração de fornecedores, distribuidores e fabricantes por meio de sistemas de planejamento e compartilhamento do fluxo de informações e produtos, ampliando a gestão de estoque como se costuma tratar – um conjunto de atividades internas a uma única empresa ou organização – para um modelo de gerenciamento de cadeia, propriamente dito. Algo que se assemelha a uma abordagem holística que ultrapassa as limitações de uma organização e estende-se para toda uma rede (Figura 1.3).

Nessas cadeias, a gestão de estoques ganha ainda mais importância, em especial, devido os volumes de produtos e materiais com que se opera, além, é claro, do número de participantes nessa rede que funcionam tanto como consumidores quanto como fornecedores, em função das ligações a montante e a jusante que se estabelecem.

Como o conceito de gestão de estoque originou-se da função de compras em empresas que compreenderam a importância de integrar o fluxo de materiais a suas

CAPÍTULO 1 – FUNDAMENTOS DA GESTÃO DE ESTOQUES

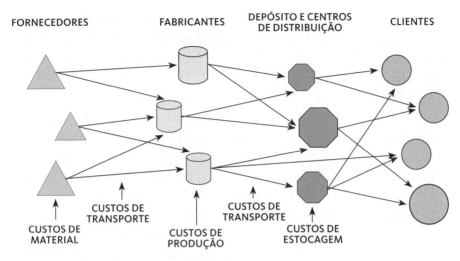

Figura 1.3 – Esquema ilustrativo de uma rede logística.
Fonte: Adaptação de Simchi-Levi et al., 2003.

funções de suporte (Slack et al., 1997), como consequência, essa função também teve seu papel ressaltado dentro das cadeias de suprimento, visto que é essa função que une a empresa a seus fornecedores pela preparação dos pedidos de compra e especificação para os pedidos de licitação aos fornecedores, por exemplo.

Em busca do gerenciamento eficiente de estoques nessas cadeias, o Council of Supply Chain Management Professionals – Conselho dos Profissionais em Gestão da Cadeia de Suprimentos (CSCMP, 2009) – ressalta a necessidade não apenas de integração, mas de compartilhamento de valores como parceria e respeito entre os diversos colaboradores dessa rede para a constituição do que se chama *gestão colaborativa*.

Essa forma de gestão consiste em planejar toda a cadeia logística, incluindo os fornecedores, depósitos e clientes. Assim, os modelos colaborativos representam um avanço para a gestão de estoques, por considerarem elementos como a previsão de demanda em conjunto com análises de mercado, modelos estratégicos de distribuição física e avaliações de estoque e finanças ao longo de toda a rede.

O conceito de cadeia de suprimentos ou *supply chain*, bastante reconhecido e aplicado no meio empresarial da iniciativa privada, começou a ser adaptado e implementado também no setor público por meio de ações pioneiras de algumas administrações, embora ainda tenha muito mais a ser feito e haja, no setor público, um campo extenso para estudos e aplicações desse modelo gerencial. Haja vista que, tal qual uma empresa privada, o setor público enfrenta crescentes pressões por redução de custos, melhores resultados e muito, mas muito mais transparência (Inbrasc, 2009).

Um desses campos de aplicação no setor público é justamente na área de compras e diz respeito às decisões de contratação de fornecedores para o fornecimento dos materiais e insumos necessários. Alternativas de escolhas única ou múltipla, também tratadas na literatura como *single-sourcing* e *multi-sourcing*, respectivamente, são – ou pelo menos se espera que deveriam ser – questões prioritárias para as administrações públicas. Principalmente quando os resultados dessas escolhas vão impactar diretamente nas condições de vida de um número significativo de indivíduos, como é o caso de grandes obras públicas e o fornecimento de produtos e serviços ligados à área de saúde, notoriamente.

Em ambas as opções distinguem-se vantagens e desvantagens (Slack et al., 1997), cabendo aos gestores – públicos ou privados – à frente do processo decisório analisar e balancear suas escolhas em função das características do próprio setor e dos agentes e empresas envolvidos na prestação de serviços e fornecimento de bens e produtos. Algumas dessas vantagens e desvantagens estão resumidas na Tabela 1.2 a seguir.

Tabela 1.2 – Resumo das principais vantagens e desvantagens das opções de escolha de fornecedores.

	Single-sourcing	Multi-sourcing
VANTAGENS	• Relações mais próximas, fortes e duráveis. • Melhor comunicação entre as partes. • Maior confidencialidade das informações. • Potencializa as economias de escala. • Maior dependência mútua que favorece o comprometimento e esforço das partes.	• Maiores possibilidades de redução de preço em função da concorrência entre fornecedores. • Possibilidade de substituição de fornecedor em caso de problemas no fornecimento.
DESVANTAGENS	• Maior vulnerabilidade no fornecimento em caso de problemas e atrasos. • Fornecedor pode exigir renegociação para preços mais altos, caso não haja alternativas substitutas (outros fornecedores disponíveis).	• Dificuldades de estabelecer comprometimento com os fornecedores. • Maior esforço necessário para a comunicação. • Maiores dificuldades de sincronização e planejamento integrado.

Fonte: Slack et al., 1997.

CAPÍTULO 1 – FUNDAMENTOS DA GESTÃO DE ESTOQUES

Considerações finais

Em sua obra *A origem das espécies* (1989), o naturalista britânico Charles Robert Darwin – ou mais comumente conhecimento apenas como Darwin – escreveu:

> Alguns cometem o erro inveterado de considerar as condições físicas de uma região como as mais importantes para os seus habitantes; ao passo que não pode ser questionado, penso eu, que a natureza dos outros habitantes, com os quais cada um tem que competir, é geralmente um elemento bem mais importante de sucesso.

Conhecido mundialmente por sua teoria de seleção natural marcada pela competitividade como um dos vetores mais importantes para a evolução das espécies, esse inglês fascinou sua época e estabeleceu um novo paradigma sobre o pensamento vigente.

O que Darwin tem a ver com gestão de estoques? – você pode estar se perguntando a esta altura, já ao final deste capítulo. Por incrível que pareça, a ideia desse grande pesquisador é completamente aplicável ao pensamento atual sobre o gerenciamento de estoques e aos modelos de gestão, seja na iniciativa privada ou no setor público.

Como deve ter ficado claro durante todo o capítulo, os setores privado e público têm-se aproximado cada vez mais, estreitando as relações e intensificando a troca de informações e conhecimentos. Como consequência, essa proximidade permitiu ao ambiente público maior contato com modelos de gestão que se dinamizaram imensamente no campo privado dos negócios.

Atualmente, a tentativa de extrair esses modelos e adaptá-los coerentemente ao cenário público ganha força, pelo reconhecimento de algumas vantagens desses modelos e pela própria pressão por desburocratização e dinamização do setor público, impulsionados ainda por pressões de melhoria na gestão dos gastos, fornecimento de produtos e serviços de melhor qualidade e transparência na administração dos recursos que são, *a priori*, da sociedade e para a sociedade.

Nesse sentido, o aprimoramento da gestão de compras e suprimentos que abastecem à administração pública, permitindo exercer suas atividades, valida-se fortemente como meio na busca de maior eficiência na administração dos recursos públicos e melhor atendimento da sociedade.

Em função dessas noções e ideias é que as palavras de Darwin encontram apoio no pensamento que se buscou construir, neste capítulo, da fundamentação da gestão de estoques para o setor público. Esse setor não pode, pois, ficar limitado às experiências e conhecimentos restritos ao próprio cenário público, visto que ficaria sujeito a não se adaptar a novas forças e exigências do ambiente.

É fundamental que o setor público considere as diversidades dos conhecimentos disponíveis também no ambiente privado e busque incorporá-los, da melhor forma, ao seu próprio campo, a fim de estabelecer um novo modelo de gerência mais competitivo e preparado para o sucesso. Afinal, apesar de as instituições públicas não sofrerem com a "predatoriedade" da concorrência, como na iniciativa privada, o risco de se tornar ultrapassada – e de se extinguir – assola os dois ambientes, sem descriminação de espécie – para Darwin – ou de setor – para nós!

Referências bibliográficas

BALLOU, Ronald H. *Logística empresarial*: transportes, administração de materiais e distribuição física. São Paulo: Atlas, 1993.

CHING, Hong Yuh. *Gestão de estoques na cadeia logística integrada* – Supply Chain. 3. ed. São Paulo: Atlas, 2007.

DARWIN, Charles. *A Origem das espécies*. Rio de Janeiro: Ediouro, 1989.

DAVIS, Mark M. et al. *Fundamentos da administração da produção*. 3. ed. Porto Alegre: Bookman, 2001.

DIAS, Marco Aurélio P. *Administração de materiais*: uma abordagem logística. 4. ed. São Paulo: Atlas, 1993.

GRECO, Alvísio et al. *Contabilidade*: teoria e práticas básicas. São Paulo: Saraiva, 2006.

MACHLINE, Claude. Compras, estoque e inflação. *Revista de Administração de Empresas* – RAE. Rio de Janeiro: v. 21, n. 2, p. 7-15, abr./jun. 1981.

MOURA, Cássia. *Gestão de estoques*: ação e monitoramente na cadeia de logística integrada. Rio de Janeiro: Ciência Moderna, 2004.

POZO, Hamilton. *Administração de recursos materiais e patrimoniais*: uma abordagem logística. 5. ed. São Paulo: Atlas, 2008.

SHINGO, Shingeo. *Sistemas de produção com estoque zero*: o sistema Shingo para melhorias contínuas. Porto Alegre: Artes Médicas, 1996.

SIMCHI-LEVI, D. et al. *Cadeia de suprimentos*: projeto e gestão – Conceitos, estratégias e estudos de caso. Porto Alegre: Bookman, 2003.

SLACK, Nigel et al. *Administração da produção*. São Paulo: Atlas, 1997.

STEVENSON, William J. *Administração das operações de produção*. 6. ed. Rio de Janeiro: LTC, 1996.

TADEU, H. F. B. *Logística empresarial*: riscos e oportunidades. Belo Horizonte: Fundac, 2008. 300 p.

VIANA, João José. *Administração de materiais*: um enfoque prático. São Paulo: Atlas, 2000.

WANKE, Peter. *Gestão de estoques na cadeia de suprimento*: decisões e modelos quantitativos. 2. ed. São Paulo: Atlas, 2008.

Sites

CSCMP. Sítio eletrônico do Council of Supply Chain Management Professionals. Disponível em: <http://cscmp.org>. Acesso em: ago. 2009.

Inbrasc. Sítio eletrônico do Instituto Brasileiro de Supply Chain. Disponível em: <http:// www.inbrasc.org.br>. Acesso em: ago. 2009.

Capítulo 2

Métodos quantitativos aplicados na gestão de estoques: um estudo de caso prático para as organizações

Hugo Ferreira Braga Tadeu

> **Objetivo do capítulo**
>
> O objetivo deste capítulo está em evidenciar a importância de gestão de estoques, por meio da adoção de métodos quantitativos aplicados, demonstrando a sua eficiência em relação aos controles qualitativos geralmente empregados nas organizações públicas e privadas. Ao final, apresenta-se um estudo de caso prático aplicado ao setor industrial. Observa-se que os dados apresentados neste material são hipotéticos.

Introdução

A importância da gestão de estoques para as organizações públicas e privadas está associada ao valor financeiro e ao espaço físico utilizado pelos itens armazenados em seus depósitos. Considera-se estoque como qualquer recurso físico, do qual este tenha atrelado valores financeiros e atributos fiscais. Até o advento do Plano Real, em 1994, pelo então presidente da República, Fernando Henrique Cardoso, era comum verificar empresas com acúmulos de estoques, com justificativa para os problemas da inflação e pelas falhas associadas aos modelos de previsão de demanda.

A partir da estabilização econômica, tornou-se impraticável trabalhar com volumes elevados de estoques em armazéns, representando um risco para a saúde financeira de qualquer organização. Logo, a prática corrente para a época foi a redução das quantidades compradas e melhor gestão financeira associada a previsões de consumo ou vendas de mercadorias.

Atualmente, os gestores de materiais devem administrar seus estoques, considerando os seguintes critérios:

◆ redução do número de recursos estocados em depósito;
◆ redução do número de fornecedores cadastrados;
◆ melhoria dos processos de seleção, cadastro e supervisão de fornecedores, para ganhos de qualidade de estocagem;
◆ busca pela barganha, considerando uma conduta "ganha-ganha", por um relacionamento comercial saudável e de longo prazo;
◆ maior proximidade entre os fornecedores, depósitos e/ou fábricas para redução dos custos de transportes;
◆ adoção de métodos quantitativos para controle de estoques, uma vez que a compra pela intuição representa um risco para as operações logísticas;
◆ maior giro de estoques, com a redução temporal de itens em depósitos.

Dessa forma, torna-se possível para as organizações públicas e privadas a gestão eficiente dos recursos, na redução de riscos, perdas e possíveis desvios de estoques.

Revisão bibliográfica

Para Viana (2002), a correta gestão de estoques possui seus devidos fundamentos. Pode-se destacar a análise de mercado, com avaliações sobre fornecedores atuais, potenciais e sobre as demandas de mercado. Logo, entender a quantidade ótima a comprar para ressuprir os estoques é essencial. Todavia, os processos de contratação de fornecedores exigem a formulação adequada de contratos, compreendendo a adoção de gestores especialistas, para a supervisão dos custos operacionais, tempo de movimentação e qualidade implícita nas negociações.

Ressalta-se que a gestão orçamentária e tributária para a compra de estoques é um diferencial para a sobrevivência das empresas. O entendimento sobre custos, poder de barganha e a precificação das operações pode garantir a longevidade da gestão de estoques.

Logo, algumas perguntas devem ser levantadas e observadas como centrais para uma adequada gestão de estoques: o que deve ser comprado? Quais são

CAPÍTULO 2 – MÉTODOS QUANTITATIVOS APLICADOS NA GESTÃO DE ESTOQUES

as especificações de compras? Existe um procedimento adequado entre o setor de materiais e finanças, para a emissão dos pedidos e ordens de compra? Como os estoques devem ser comprados? Existem especificações técnicas que determinem a aquisição? Qual é a melhor época de reposição de estoques? Qual é o parâmetro de compra? Qual é o melhor fornecedor e qual é a sua localização adequada? Como avaliar corretamente o preço e as quantidades a serem compradas?

As perguntas anteriores são corriqueiras nas organizações contemporâneas. Porém, qual é a melhor forma de respondê-las?

Para Wanke (2006), uma das principais preocupações das empresas é a adoção de modelos quantitativos aplicados em processos gerenciais de estoques, em virtude do ambiente econômico instável atual, caracterizado pelo rápido avanço da globalização, pelo aumento da competição, pela inovação e por questões políticas, o que favoreceria ao bom desempenho para os setores responsáveis pela compra de estoques. Portanto, o desenvolvimento de modelos quantitativos sofisticados, paralelamente ao rápido desenvolvimento de sistemas computacionais, para o favorecimento da manipulação de dados seria favorável ao bom desempenho das atividades de planejamento e controle operacional de estoques. Para o autor, a adoção da intuição, como única ferramenta disponível para os gerentes de materiais, está praticamente sumindo, em razão da complexidade dos processos atuais de armazenagem e variação de itens em estoques.

Segundo Tadeu (2008), há a necessidade de redução dos custos de estocagem. Para isso, as organizações devem saber selecionar, cadastrar e contratar fornecedores que possuam ótimas qualificações e que atendam às necessidades de compras ou produção prontamente, reduzindo o tempo de entrega e volumes associados. Buscam-se entregas frequentes e em lotes reduzidos, para aumentar o giro de estoques. Consequente, cogita-se a redução de riscos, perdas, desvios e depreciação. Nesse caso, a adoção de modelos quantitativos em correlação às previsões de demanda é o essencial.

Já para o CSCMP (2008), a gestão eficiente de estoques perpassa os modelos quantitativos e de previsão de demanda. Devem-se entender os modelos da gestão colaborativa. Basicamente, a metodologia colaborativa consiste em planejar a cadeia logística, incluindo os fornecedores, os depósitos e as vendas. A partir dessas atividades programadas, o próximo passo está associado a análises de mercado e previsões de demandas. Em seguida, a execução do planejamento de distribuição e, como último passo, a reavaliação por adoção de indicadores de desempenho em todo o fluxo logístico. Portanto, os modelos colaborativos representam um avanço para a gestão de estoques, por considerarem a previsão de demanda, em conjunto com modelos estratégicos de distribuição e sua eficiência operacional. Um ponto em comum é a utilização de modelos quantitativos, quando considerado o emprego da avaliação de desempenho e eficiência por métricas adequadas.

Conclui-se que as metodologias quantitativas de estoques são importantes para um bom desempenho do setor de materiais. Para esse estudo, fundamenta-se a modelagem matemática, por intermédio de Viana (2001), conforme apresentado a seguir.

Métodos quantitativos aplicados

O gerenciamento de estoques visa, por meio de métodos quantitativos aplicados, o pleno atendimento às expectativas de produção ou de consumo das organizações, com a máxima eficiência, redução de custos e tempo de movimentação. Procura-se maximizar o capital investido, em busca de retornos satisfatórios sobre o investimento realizado.

Dessa maneira, os estoques não podem ser considerados como excesso de recursos, ou materiais ociosos, em virtude da representatividade financeira destes, da necessidade pelo índice de cobertura e das vendas. Portanto, os níveis estocados devem ser revistos continuadamente, evitando problemas de custos excessivos de armazenagem, movimentação interna e externa aos depósitos.

A adoção de cálculos para a verificação de parâmetros como estoque de segurança, nível de ressuprimento, estoque máximo, estoque virtual, quantidade a comprar, lote econômico de compras entre outros é uma tarefa vital. Gestores de estoques que permitem o acontecimento da ruptura, ou seja, estoque igual a zero, estão sujeitos a sérios problemas, passando pela ausência da barganha, o registro da ordem de compra emergencial, a não computação de vendas, os prejuízos associados e a possibilidade do fortalecimento da concorrência.

CAPÍTULO 2 - MÉTODOS QUANTITATIVOS APLICADOS NA GESTÃO DE ESTOQUES

Assim, existem razões para o pleno controle de estoques, sendo eles:
- propiciar níveis adequados de estoques em ambientes de incerteza;
- necessidade de continuidade em ambientes de produção e operações;
- capacidade de previsão de demanda futura, em função das variações de planejamento de materiais;
- disponibilidade de estoques nos fornecedores;
- adequação aos prazos de entrega, para evitar multas contratuais e quedas no nível de serviço proposto;
- economia de custos;
- redução de perdas, desvios de estocagem e depreciação;
- redução dos volumes de estoques e armazenagem.

Sendo os estoques recursos físicos com valor econômico associado, há a necessidade de evitar dispêndios desnecessários. Para tanto, as equações propostas no item "Equações" têm a finalidade de manter níveis adequados e permanentes de estoques.

Equações

A otimização de estoques passa por estimativas de cálculo que devem ser interpretadas e gerenciadas para o pleno gerenciamento da área de materiais. Todas as equações apresentadas são destinadas para a aplicação por item, respeitando o princípio da gestão por categoria de materiais, como se pode ver a seguir.

Como primeira etapa, a compreensão do gráfico dente de serra é primordial para o emprego de equações matemáticas. O Gráfico 2.1 apresenta-se como uma referência para a gestão de estoques, representando a situação atual de recursos. Flutuações das quantidades pelo tempo devem ser registradas, sendo, porém, objeto de análise do item "Estudo de caso prático" deste texto, mediante simulações dinâmicas em Excel.

Gráfico dente de serra (1): consiste na interpretação gráfica das flutuações de estoques, tornando a gestão de estoques visual e facilitada.

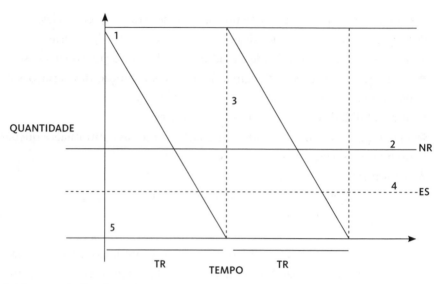

Gráfico 2.1 – Gráfico dente de serra.

onde:
Ponto 1 = estoque máximo;
Ponto 2 = nível de ressuprimento, ou estoque médio.
Ponto 3 = estoque virtual. Considera-se o estoque real armazenado e as encomendas.
Ponto 4 = estoque de segurança;
Ponto 5 = ponto de ruptura.

Estoque máximo – EM (2): refere-se à quantidade máxima permitida em estoques, para o item em análise. O nível máximo pode ser atingido pelo estoque virtual, quando da emissão da ordem de compra até a entrega das mercadorias. O registro de estoque máximo é dado por meio das demandas analisadas. É uma contradição ao modelo de estoque máximo, pelo maior volume possível em depósitos, conforme mostrado a seguir.

$$EM = NR + TU^*IC$$

CAPÍTULO 2 – MÉTODOS QUANTITATIVOS APLICADOS NA GESTÃO DE ESTOQUES

onde:
NR = nível de ressuprimento, ou estoque médio;
TU = taxa de utilização, sendo a quantidade prevista pelo consumo no tempo;
IC = índice de cobertura.

Índice de cobertura – IC (3): corresponde ao giro de estoques, sendo:

$$IC = QV/QC$$

onde:
QV = quantidade vendida;
QC = quantidade comprada.

Eficiência do índice de cobertura – IC (4): destacam-se os valores estatísticos para o índice de cobertura.

onde:
0% a 30% = índice de cobertura ruim;
30% a 70% = índice de cobertura bom;
70% a 100% = índice de cobertura ótimo.

Estoque de segurança – ES (5): considerado como estoque mínimo. Ou seja, é a quantidade mínima aceitável de estoques para suportar o tempo de ressuprimento. Indica a quantidade de estoques para iniciar os pedidos de encomendas. Vejamos:

$$ES = K*TR*CMM$$

onde:
K = fator de segurança;
TR = tempo de ressuprimento;
CMM = consumo médio mensal.

Fator K (6): consiste em um fator de segurança, em virtude da importância e da sazonalidade dos estoques. Observa-se que o fator "k" não deve ultrapassar a escala de 100%. Cada organização pode adotar o fator "k", em razão do processo de tomada de decisão gerencial.

Estoque real – ER (7): corresponde à quantidade real de estoques em depósito. Não existem estimativas matemáticas para esse critério. O recomendado para verificar a quantidade de estoques é a realização de inventários, para a redução de risco, perdas e depreciação de materiais.

Estoque virtual – EV (8): é o estoque real acrescido das quantidades encomendadas aos fornecedores, como mostra a equação a seguir:

$$EV = ER + Encomendas$$

onde:
ER = estoque real.

Nível de ressuprimento – NR (9): refere-se à quantidade a ser atingida pelo estoque real. Indica o nível médio de estoques em função das demandas de mercado. Seja:

$$NR = ES + CMM*TR$$

onde:
ES = estoque de segurança;
CMM = consumo médio mensal;
TR = tempo de ressuprimento.

Tempo de ressuprimento – TR (10): é o intervalo de tempo entre a emissão da ordem de compra e o recebimento de mercadorias oriundas dos fornecedores. É composto por tempos internos e externos de movimentação de estoques, conforme a equação:

$$TR = TPC + TAF + TT + TRR$$

onde:
TPC = tempo de preparação de compra;

CAPÍTULO 2 – MÉTODOS QUANTITATIVOS APLICADOS NA GESTÃO DE ESTOQUES

TAF = Tempo de atendimento do fornecedor;
TT = tempo transporte;
TRR = tempo de recebimento e regularização.

Ponto de ruptura – PR (11): indica que o estoque está nulo. Ocorre quando o consumo de materiais chega ao nível zero. Observa que a ocorrência do ponto de ruptura é negativo para a área de materiais, devido a compras emergenciais e sem a existência do poder de barganha com fornecedores.

Quantidade a comprar – QC (12): trata-se da quantidade solicitada em uma ordem de compras para a aquisição de estoques, conforme a equação a seguir:

$$QC = EM - EV$$

onde:
EM = estoque máximo;
EV = estoque virtual.

Pedido inicial – QC (13): refere-se à quantidade inicial de compras, sendo a primeira aquisição de estoques das organizações, como mostra a equação:

$$QC = CMM*TR*2*ES$$

onde:
CMM = consumo médio mensal;
TR = taxa de ressuprimento;
2*ES = duas vezes estoque segurança.

Lote econômico de compras – LEC (14): representa a quantidade ideal de estoques, para os quais os custos de compras sejam ótimos e sem perdas, conforme a equação:

$$LEC = \sqrt{\frac{2*CA*CC}{CPA*PU}}$$

onde:
CA = consumo anual em quantidades;
CC = consumo unitário do pedido de compra;
CPA = custo do produto armazenado;
PU = preço unitário do material.

Custo total (15): representa os custos totais da área de materiais. São consideradas todas as operações de estocagem em uma organização. Assim,

$$\text{Custo total} = \frac{CA}{LEC(\%)} * CC + \frac{LEC(\%)}{2} * PU * CPA$$

onde:
CA = consumo anual em quantidades;
LEC(%) = lote econômico de compras dividido por 100;
CC = consumo unitário do pedido de compra;
PU = preço unitário do material;
CPA = custo do produto armazenado.

Curva ABC (16): historicamente, a curva ABC foi desenvolvida pelo economista Vilfredo Pareto, em 1827, para classificar a sociedade em classes econômicas. Porém, desde a década de 90, a General Electric decidiu utilizar essa metodologia para organizar os seus estoques em prioridades.

Interpretando a curva ABC, pode-se afirmar que:

◆ **Estoques classe A:** representam o grupo de maior valor de consumo e menor quantidade de itens, que devem ser gerenciados com muita atenção.
◆ **Estoques classe B:** correspondem ao grupo com situação intermediária às classes A e C.
◆ **Estoques classe C:** representam o grupo com menor valor de consumo e maior quantidade de itens, portanto, financeiramente, menos importante e que justifica menor atenção no gerenciamento.

Para a elaboração da curva ABC, existem algumas fases que devem ser respeitadas: (a) levantamento dos itens em estoques, considerando a descrição destes, a quantidade e os valores financeiros associados; (b) organização dos estoques em uma tabela; (c) interpretação dos estoques, em função da tabela mestra, conforme mostra a Tabela 2.1 e Gráfico 2.2; e (d) análise dos resultados.

Tabela 2.1 – Tabela mestra da curva A.

	A	B	C
Ordenadas (y)	até 75%	até 30%	até 10%
Abscissas (x)	até 20%	até 35%	até 70%

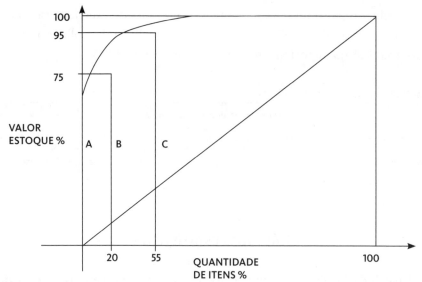

Gráfico 2.2 – Curva ABC.

Considerações finais (17): existem regras básicas de aproximação de grandezas de cálculo de materiais, para facilitar as equações apresentadas. Entre elas, destacam-se:

$NR = ER$ (modelo *Push Systems*, com a existência de estoques nos depósitos);
$NR = ES$ (modelo *Pull Systems*, sem a existência de estoques nos depósitos ou nos fornecedores);
$PU = TU$.

Estudo de caso prático

O estudo de caso relatado neste item é hipotético e foi realizado em uma organização empresarial durante o período de 2007 a 2008. Todos os parâmetros de cálculos apresentados têm como referência o item "Métodos quantitativos aplicados" deste texto. Sua aplicabilidade serve tanto para as empresas privadas e como para o setor público.

Levantamento de dados

O primeiro passo foi o levantamento de estoques do exercício fiscal anterior, ou seja, o ano de 2007. Porém, para este trabalho, foi escolhido um item classificado como importante para a organização em estudo.

Tabela 2.2 – Levantamento de dados.

Cálculos de ressuprimento – ano 2007												
Período – 2007	Jan.	Fev.	Mar.	Abril	Maio	Jun.	Jul.	Ago.	Set.	Out.	Nov.	Dez.
Consumo	25	27	26	23	24	25	26	24	23	26	25	23

Cálculos estatísticos

A partir da Tabela 2.2, tornou-se necessário avaliar pela estatística os dados em análise, conforme a Tabela 2.3. Os resultados alcançados são utilizados no item "Aplicações das equações de estoques".

Tabela 2.3 – Cálculos estatísticos.

Máximo	27,00
Consumo médio	24,75
Mínimo	23,00
Desvio-padrão	1,36

CAPÍTULO 2 – MÉTODOS QUANTITATIVOS APLICADOS NA GESTÃO DE ESTOQUES

ANÁLISE DE MATERIAIS

Aqui, são apresentados os valores de tempo de ressuprimento e custos associados à área de materiais. Observe que esses dados são levantados nos setores responsáveis pela contabilidade e relacionamento com fornecedores, em apoio às atividades de estocagem (Tabela 2.4).

Tabela 2.4 – Análise de materiais.

Consumo anual – CA	297,00
TR – Tempo de ressuprimento	3,00
CC – Custo de compra	130,00
CPA – Custo do produto armazenado	0,25
PU – Preço unitário	25,00
K (fator de segurança)	0,70
IC (giro de estoque)	9,00
Encomendas	0,00

APLICAÇÕES DAS EQUAÇÕES DE ESTOQUES

Essa etapa é importante em qualquer análise de estoques. São empregadas as equações evidenciadas no item "Equações", conforme a Tabela 2.5.

Tabela 2.5 – Aplicações das equações de estoques.

ES – Estoque de segurança	52		ES = K*TR*CMM	
NR – Nível de ressuprimento	126		NR = ES + CMM*TR	NR=ER=ES (quando JIT)
EV – Estoque virtual	130,00		EV = ER + EC	EC = Encomendas
Emax – Estoque máximo	351		Emax = NR + TU*IC	TU=PU
QC – Quantidade a comprar	225		LEC = (2*CA*CC)/(CPA*PU)*1/2	
LEC – Lote econômico de compras	111	111,15		
LEC (%) – Para Cálculo do CT	1,11		CT = (CA/LEC%)*(CC) + (LEC%)*(PU)*(CPA)	
CT – Custo total	R$ 34.787,25			

Gráfico dente de serra

Após a aplicação das equações propostas nos itens "Equações" e "Aplicações das equações de estoques", apresentam-se o gráfico dente de serra e as flutuações de estoques na empresa em estudo. Esse gráfico é hipotético, mas pode ser utilizado como referência para o processo de tomada de decisões envolvendo os pedidos de compra, quantidades de estoques e preços associados (Gráfico 2.3).

ES – Estoque de segurança	10	12	10	12	15	17	16	10	10	12	13	10
NR – Nível de ressuprimento	30	32	33	32	30	30	30	32	33	35	30	30
EV – Estoque virtual	30	32	33	32	30	30	30	32	33	35	30	30
Emax – Estoque máximo	50	55	52	55	50	53	54	50	50	54	48	49

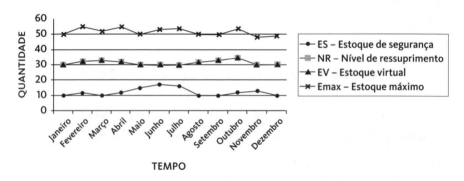

Gráfico 2.3 – Gráfico dente de serra.

Previsão de demanda

Após a apresentação do gráfico dente de serra, torna-se necessário calcular a previsão de demanda. Logo, a utilização da reta de tendência do Excel torna-se importante, para determinar o comportamento de estoques para o exercício fiscal seguinte e na adoção futura das equações apresentadas no item "Equações" (Gráfico 2.4).

CAPÍTULO 2 - MÉTODOS QUANTITATIVOS APLICADOS NA GESTÃO DE ESTOQUES

Período – 2007	Jan.	Fev.	Mar.	Abril	Maio	Jun.	Jul.	Ago.	Set.	Out.	Nov.	Dez.
Consumo	25	27	26	23	24	25	26	24	23	26	25	23
Desvio padrão observado em 2007	1,36	1,36	1,36	1,36	1,36	1,36	1,36	1,36	1,36	1,36	1,36	1,36

Considerando o período de 2007:

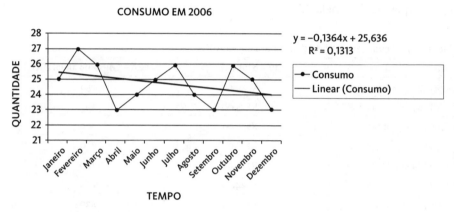

Gráfico 2.4 – Previsão de demanda.

Observe que a reta de tendência indica que os estoques têm um comportamento decrescente, quando avaliado o período de 2007. Logo, o ideal é a utilização do modelo de previsão de demanda, calculando os estoques para o período de 2008, levando-se em consideração a equação de tendência apresentada, conforme a Tabela 2.6.

Tabela 2.6 – Reta de tendência.

Considerando a previsão para 2008:												
Período – 2008	Jan.	Fev.	Mar.	Abril	Maio	Jun.	Jul.	Ago.	Set.	Out.	Nov.	Dez.
Consumo	25	27	26	23	24	25	26	24	23	26	25	23
Reta de tendência calculada	22	22	22	22	22	22	22	22	22	22	22	22

Curva ABC

Neste item, pretende-se verificar a importância do recurso material em análise. A proposta está em fundamentar se a organização em estudo deve reduzir as quantidades compradas, pelos resultados apresentados no item "Previsão de demanda". Seria o estoque em análise importante, em relação aos demais membros da sua família? A fundamentação para este tópico em análise é o item "Equações" (Tabela 2.7).

Tabela 2.7 – Levantamento de dados para curva ABC.

SKUs	Preço unitário ($)	CA – Consumo anual (Qt)
EAN 789 1234 12345-6	R$ 20,00	250
EAN 789 1234 12345-7 (P1)	R$ 25,00	297
EAN 789 1234 12345-8	R$ 12,00	900
EAN 789 1234 12345-9	R$ 18,00	450
EAN 789 1234 12345-1	R$ 14,00	700
EAN 789 1234 12345-2	R$ 24,00	200
EAN 789 1234 12345-3	R$ 12,00	420
EAN 789 1234 12345-4	R$ 28,00	800
EAN 789 1234 12345-7	R$ 14,00	180
EAN 789 1234 12345-5	R$ 16,00	130

Note que o item em análise é o segundo do Gráfico 2.4, considerando-se o preço unitário e o consumo anual utilizados em todo o item "Estudo de caso prático".

Por meio da Tabela 2.6, torna-se possível entender que o item em análise é classificado como "classe C", para a curva ABC. Logo, justificam-se as análises pela previsão de demanda, em que os modelos matemáticos indicam uma tendência de redução de participação do material. Ao mesmo tempo, a curva ABC apresenta esse item como de baixa importância, sendo passível de descarte.

Tabela 2.8 – Análise da curva ABC.

SKUs	Preço unitário ($)	CA – Consumo anual (Qt)	Vac	Somatório	%	
EAN 789 1234 12345-4	R$ 28,00	800	R$ 22.400,00	R$ 22.400,00	28,73	A
EAN 789 1234 12345-8	R$ 12,00	900	R$ 10.800,00	R$ 33.200,00	42,58	
EAN 789 1234 12345-1	R$ 14,00	700	R$ 9.800,00	R$ 43.000,00	55,15	B
EAN 789 1234 12345-9	R$ 18,00	450	R$ 8.100,00	R$ 51.100,00	65,54	
EAN 789 1234 12345-7 (P1)	R$ 25,00	297	R$ 7.425,00	R$ 58.525,00	75,07	
EAN 789 1234 12345-3	R$ 12,00	420	R$ 5.040,00	R$ 63.565,00	81,53	
EAN 789 1234 12345-6	R$ 20,00	250	R$ 5.000,00	R$ 68.565,00	87,94	C
EAN 789 1234 12345-2	R$ 24,00	200	R$ 4.800,00	R$ 73.365,00	94,10	
EAN 789 1234 12345-7	R$ 14,00	180	R$ 2.520,00	R$ 75.885,00	97,33	
EAN 789 1234 12345-5	R$ 16,00	130	R$ 2.080,00	R$ 77.965,00	100,00	

	A	B	C
Ordenadas (y)	até 75%	até 30%	até 10%
Abscissas (x)	até 20%	até 35%	até 70%

CONSIDERAÇÕES FINAIS E RECOMENDAÇÕES

Pode-se concluir que a adoção de métodos quantitativos de estoques é fundamental para que as organizações públicas e privadas obtenham resultados satisfatórios no processo de tomada de decisão gerencial na escolha de fornecedores e no desembolso de caixa para o setor de materiais. Em virtude do estágio avançado dos modelos apresentados e pela utilização de sistemas computacionais, os modelos qualitativos para a gestão de estoques não devem ser empregados, em virtude do risco de perdas, depreciação e possível movimentação inadequada de recursos. Fatores como qualidade, tempo e custos devem ser gerenciados para que as empresas tenham um nível de serviço adequado às demandas de mercado.

Referências bibliográficas

CSCMP – Council of Supply Chain Management Professionals. Disponível em: <http://cscmp.org>. Acesso em: ago. 2008.

TADEU, H. F. B. *Logística empresarial*: riscos e oportunidades. Belo Horizonte: Fundac, 2008. 300 p.

VIANA, João José. *Administração de materiais*: um enfoque prático. 1. ed. São Paulo: Atlas, 2002.

WANKE, Peter. *Previsão de venda:* processos organizacionais e métodos quantitativos e qualitativos. São Paulo: Atlas, 2006.

Capítulo 3

Decisões sobre política de estoques e o modelo do lote econômico de compras

Hugo Ferreira Braga Tadeu
Felipe Melo Rocha

Objetivo do capítulo

Este capítulo exprime os resultados da experiência acadêmica e prática sobre as vantagens da utilização da modelagem matemática conhecida como modelo do tamanho do lote econômico (ou simplesmente LEC – lote econômico de compras). Utilizado de forma correta, esse modelo funciona como ferramenta de apoio às decisões gerenciais da área de materiais e que, juntamente com o uso de outras metodologias, como a classificação pela curva ABC e modelos quantitativos para determinação dos níveis de estoque, dão suporte às decisões gerenciais para o alcance de maior competitividade pelas organizações.

Introdução

A temática sobre as decisões de compra foi e permanece sendo um constante questionamento para os responsáveis pela área de compras e materiais. Os responsáveis pelo gerenciamento de estoques sempre defrontaram com problemas de redução de custos de compra e armazenagem, tendo ainda de buscar garantir determinado nível de materiais para dar segurança e continuidade às atividades.

Assim, a necessidade de resolução de problemas dessa natureza impulsionou o desenvolvimento de trabalhos tanto na área acadêmica quanto de novas práticas de mercado em busca da redução dos custos incorridos na administração de materiais.

Exemplo dessas buscas por adequações do uso físico e financeiro dos estoques é o desenvolvimento de metodologias como: o modelo do lote econômico de compras (conhecido como LEC), citado anteriormente, a classificação de materiais pela curva ABC, a filosofia orçamentária conhecida como OBZ – orçamento base zero, entre outros. De modo complementar, surgiram ainda ferramentas de apoio para o cálculo e determinação dos níveis adequados de estoque, conforme as características de cada material como preço, fator de importância do material e o tempo de ressuprimento do fornecedor.

Com o desenvolvimento de um vasto número de metodologias, surge também uma questão: qual é o melhor modelo a ser utilizado? Ou então: qual modelo específico devo usar para determinado caso ou tipo de empresa?

Como na maioria dos questionamentos mais complexos que se fazem, não existe também, para essa demanda, uma resposta-padrão ou um conjunto genérico de passos a seguir. Porém, encontra-se à disposição uma considerável gama de ferramentas que, ao serem bem empregadas com foco e conhecimento, podem potenciar ganhos e benefícios para a empresa voltados para a área de materiais.

Logo, a proposta deste trabalho é apresentar, de forma correlata, a diversidade do ferramental disponível para a área de administração de estoques, demonstrando como o uso conjunto desses modelos pode trazer ganhos operacionais para a área de materiais, com a redução dos custos incorridos na compra e armazenagem dos produtos. Isso, por sua vez, propicia paralelamente uma adequação dos níveis dos produtos em estoque, promovendo ganhos por:

- ◆ mobilização de recursos físicos e financeiros estritamente necessários, evitando dispêndios;
- ◆ adequação dos níveis de estoque aos tempos de ressuprimento;
- ◆ melhor utilização dos espaços físicos e recursos (mão de obra, equipamentos etc.) da área de armazenagem;
- ◆ qualificação dos fornecedores e aumento do giro de estoque dos produtos.

Ao final deste artigo, é apresentado ainda um estudo de caso prático envolvendo uma empresa que opera com compra e venda de equipamentos de informática, demonstrando como a adoção conjunta de algumas das metodologias dispostas neste trabalho pode trazer benefícios para a empresa a partir de implementações de análises quantitativas na administração de materiais.

Sistemas de gestão de estoques: fundamentos e metodologias

A evolução dos estudos sobre os sistemas de administração de materiais tem como marco bastante característico a Revolução Industrial do século XIX. Desde a criação das grandes fábricas e indústrias, os níveis de materiais utilizados internamente já se configuravam como uma questão fundamental para as gerências avaliarem sobre a ótica da manutenção da lucratividade das operações – o que é verdade até hoje.

Mas foi a partir das necessidades advindas do período das grandes guerras que o tema ganhou novo impulso. Para alguns autores e estudiosos, nas contingências de suprimentos e armamentos figuravam a necessidade de racionalização do abastecimento para dar mais agilidade às tropas, em especial àquelas imersas nos confrontos na Segunda Guerra Mundial (1939-1945). A partir dos estudos e estratégias elaborados nesse período e dos avanços tecnológicos do pós-guerra, surge considerável conjunto de técnicas e metodologias, que foram acumuladas e aprimoradas.

Muito se evoluiu até chegarmos a uma economia mundialmente interligada pela globalização, mas os fundamentos basilares para o gerenciamento de estoques permanecem. Assim, podemos afirmar com consistência que se deve manter em níveis economicamente satisfatórios o atendimento às necessidades em material de qualquer empresa, sendo esta a finalidade mais abrangente desse sistema de administração. Alterações procedem!

Para Viana (2002), é da competência da área de gestão de estoques a busca pelo pleno atendimento das necessidades da empresa, com a máxima eficiência e o menor custo, o que deve ser alcançado por meio do maior giro possível para o capital investido – ou seja, maior giro de estoque. Logo, na busca do balanceamento entre estoque e consumo, alguns fundamentos e critérios devem ser observados:

- evitar a entrada de materiais desnecessários no estoque;
- calcular, para cada material, as quantidades a serem compradas de forma a ter sempre os menores custos de compra e armazenagem, por meio dos lotes econômicos;
- determinar, para cada material, os parâmetros para a gestão de estoque, definindo os níveis de ressuprimento, estoque máximo e de segurança;
- utilizar sistemas de classificação dos materiais conforme sua importância dentro da empresa, por meio da curva ABC;
- analisar e acompanhar frequentemente a evolução dos estoques, desenvolvendo estudos estatísticos sobre características de demanda, fornecedores e de mercado.

Para delinear melhor esses fundamentos e metodologias, estes serão descritos separadamente como segue.

Fundamentação do lote econômico

Em 1913, Ford W. Harris propôs uma forma de resolução do problema de estoques de materiais sobre a quantidade a ser comprada e os custos incorridos dessa decisão: custos de compra e armazenagem.

Harris observou que, ainda que as capacidades de armazenamento de cada local restrinjam o volume de materiais a ser estocado, as possibilidades de compra e reabastecimento dos estoques ainda eram numericamente elevadas. Isso, por sua vez, dificultava a resolução dessa questão em virtude da infinidade de combinações possíveis e de seus respectivos cálculos de custo. Mas, então, qual é a melhor forma de efetuar a compra de materiais e decidir quais são as quantidades e os intervalos (semanais, quinzenais, mensais etc.) mais apropriados para as entregas?

Para responder a esta e outras questões, Harris introduziu, em 1913, uma estruturação matemática que ficou conhecida como o clássico modelo do tamanho do lote econômico. Esse modelo estruturou, de forma simples, a questão da decisão de compra de materiais, tendo como parâmetro fundamental os custos envolvidos.

Como grande parte dessas decisões é caracterizada por *tradeoffs* de custos, Harris visou balancear os custos de pedido e os custos de armazenagem de

CAPÍTULO 3 – DECISÕES SOBRE POLÍTICA DE ESTOQUES E O MODELO DO LOTE ECONÔMICO DE COMPRAS

material de modo que, ao buscar o ponto de mínimo desses dois custos, se atingisse o menor custo total possível de obtenção e manutenção de estoque.

Esse ponto é alcançado quando os custos de aquisição (ou pedido) se igualam aos custos de estocagem. Como se pode ver pela Equação 3.1 a seguir, o lado esquerdo da equação representa os custos de pedido, enquanto o lado direito representa o custo de armazenagem em função do nível médio de estoque.

$$\frac{CC^*CA}{Q} = \frac{CPA^*PU^*Q}{2}$$

Equação 3.1 – Equação de igualdade para os custos envolvidos.

onde:
CC = Custo fixo de solicitação de pedido;
CA = Consumo anual em unidades do produto;
Q = Quantidade de compra do produto;
CPA = Custo da unidade do produto armazenado;
PU = Preço unitário do produto.

Por cálculos simples, e isolando a variável de quantidade em análise Q, chega-se à equação do modelo do lote econômico, como se observa na Equação 3.2.

$$Q = \sqrt{\frac{2^*CA^*CC}{CPA^*PU}}$$

Equação 3.2 – Equação do lote econômico de compras.
Fonte: Viana (2002).

Como se pode ver no Gráfico 3.1, as variações nas quantidades de compra promovem mudanças opostas nos custos de pedido e armazenagem. Assim, aumentando o tamanho do pedido (elevando a quantidade Q), os custos de pedido/compra diminuem, de um lado, porém os custos de estocagem aumentam, consequentemente, do outro. Onde esses custos se igualam, alcança-se o ponto ótimo de compra, conhecido de forma clássica pela denominação de lote econômico de compras.

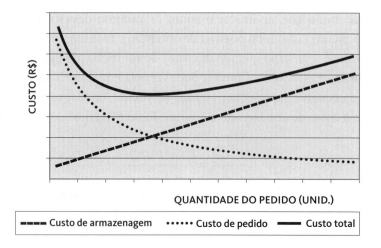

Gráfico 3.1 – Gráfico representativo do lote econômico de compras.

Esse modelo, apesar de ser uma simplificação da realidade, permite a simulação de cálculos dos custos para a administração de materiais compatíveis com valores reais. Pelo fato de ser uma simplificação, algumas críticas têm sido feitas a esse modelo.

CRÍTICAS AO MODELO DO LOTE ECONÔMICO

Estudos mais recentes sobre o modelo do lote econômico têm buscado inserir no modelo a questão dos juros de compra dos fornecedores. Dessa forma, quanto maior os juros contratualizados com os fornecedores, maior seria o custo individual de cada produto e, consequentemente, o custo médio de armazenamento desse produto também aumentaria.

Logo, a tendência seria a redução do lote de compra conforme aumentassem os juros praticados pelos fornecedores, uma vez que esses juros representam custos para a empresa e, por conseguinte, a redução do ativo. Outra análise que pode ser feita entre os modelos do LEC com e sem juros é que, como a existência de juros implica custos para a organização, mantidas as mesmas condições de *CA*, *CC*, *CPA* e *PU*, o aumento dos juros torna os lotes de compras cada vez menores, e o custo total incorrido é sempre maior quando se incidem os juros, ainda que o tamanho do LEC para os cálculos com juros sejam menores que o observado para o LEC sem juros (ver o Gráfico 3.2 adiante).

Tabela 3.1 – Simulação da variação dos custos de estocagem e total a juros de 4,5% a.m.

Tamanho do lote de compra (unidades)	Custo de estocagem		Custo total	
	LEC	LEC + juros	LEC	LEC + juros
50	R$ 1.312,50	R$ 2.225,84	R$ 18.112,50	R$ 19.025,84
100	R$ 2.625,00	R$ 4.451,69	R$ 11.025,00	R$ 12.851,69
:	:	:	:	:
300	R$ 7.875,00	R$ 13.355,07	R$ 10.675,00	R$ 16.155,07
350	R$ 9.187,50	R$ 15.580,91	R$ 11.587,50	R$ 17.980,91

Além do que foi comentado antes, pode-se verificar, conforme ilustra a Tabela 3.1, que os juros também afetam de forma diferente o custo total em função do tamanho do lote de compra. Por exemplo, a uma taxa prática de 4,5% a.m., como a utilizada anteriormente, os juros aumentam o custo total de um lote de 50 unidades em apenas 5,0% aproximadamente. Porém quando o tamanho do lote aumenta para 100 unidades, o custo sofre um acréscimo de pouco mais de 16,5%, comprovando que os juros também afetam o custo do lote de compra em função das quantidades compradas.

A equação adaptada para o LEC ficaria como o exposto na Equação 3.3, sendo ainda possível comparar as implicações da adição dos juros ao modelo do lote econômico no Gráfico 3.2.

$$Q = \sqrt{\frac{2 * CA * CC}{CPA * PU * i_j}}$$

Equação 3.3 – Equação do LEC com a adição dos juros dos fornecedores.

onde:
i_j = Taxa de juros praticada em função do tempo dada por: $i_j = (1 + \text{taxa de juros}(\%))^{\wedge} n$, sendo n o número de períodos transcorrido (intervalo previsto no contrato firmado).

Embora novos estudos estejam sendo realizados, no sentido de verificar a eficácia dessa adaptação do modelo do lote econômico, algumas críticas permanecem pertinentes ao modelo mais geral. Entre elas, a mais comum feita ao modelo, segundo Viana (2002) e Simchi-Levi et al. (2003), é que este não é sensível a alterações nas quantidades do pedido, ou seja, mesmo que haja significativas variações nas quantidades do tamanho do lote, as variações nos custos totais são mínimas.

Outras críticas são lançadas diretamente aos pressupostos do modelo, sendo questionadas, principalmente, as seguintes considerações ao modelo: a demanda é considerada como razão constante, as quantidades dos pedidos são fixas em Q unidades por pedido e, por fim, o *lead time* transcorrido entre um pedido e seu recebimento é igual a zero. A não correspondência desses pressupostos com a realidade prática vivenciada nas empresas e indústrias sustenta algumas dessas críticas.

No Gráfico 3.2, os índices (i) e (n) são utilizados para indicar, respectivamente, as curvas de custos que envolvem os juros – índice (i) – e as curvas que não envolvem os juros – índices (n). Como os juros estão ligados aos preços dos produtos e não aos custos de solicitação, as curvas de custos de pedidos para os índices (i) e (n) são coincidentes, sendo ainda a diferença entre as

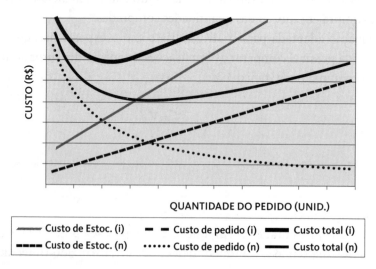

Gráfico 3.2 – Variação do modelo do lote econômico após adição dos juros.

inclinações nas retas de custos de estocagem explicada pela adição – ou não – das taxas de juros. Deve-se ainda atentar para que a taxa de juros utilizada tenha sua unidade correspondente à unidade de tempo utilizada.

Equacionando os níveis de estoque

Na busca de se gerenciar de forma mais eficiente os estoques, foram sendo elaborados, ao longo do tempo, estudos para parametrizar os níveis de estoque em função das características de cada produto e dos tempos de ressuprimento.

Por sua vez, o gerenciamento de estoques visa, por meio de métodos quantitativos, o atendimento às expectativas de demanda dos produtos sem que existam excessos ou faltas de materiais armazenados. Dessa maneira, busca-se o alcance da eficiência, tanto na racionalização dos espaços físicos e mão de obra disponíveis nos armazéns quanto da utilização dos recursos financeiros com desembolsos de caixas programados para compras exatas de materiais para o ressuprimento dos estoques.

A importância da gestão dos produtos e materiais armazenados está tanto no seu aspecto de garantir a continuidade dos serviços/produção, seja por meio de seu consumo ou enquanto material no aguardo de ser utilizado e/ou vendido, quanto na sua representatividade financeira e seu valor como ativo imobilizado, representado por um investimento da empresa que espera ter retorno sobre o mesmo.

Assim, determinar os parâmetros para um modelo de gestão de materiais é indispensável para que sejam estabelecidos os níveis adequados para o estoque ajustados em função da demanda/consumo dos produtos ou materiais. Como salienta Viana (2002), esse nivelamento do estoque é ainda ajustado conforme especificidades do fornecimento e do próprio material, tais como tempo de ressuprimento, importância operacional e valor de cada tipo de material armazenado. A modelagem matemática e a caracterização proposta por esse autor são apresentadas a seguir, com as devidas caracterizações e conceituações.

Considerações iniciais: Para a determinação dos níveis adequados de estoque, o modelo parte do pressuposto de que a demanda pelo produto/material é constante dentro do período analisado. Apesar de não corresponder à realidade vivenciada pelas empresas, trata-se de uma simplificação que não descaracteriza o modelo. O Gráfico 3.3 ilustra essa comparação entre o gráfico dente de serra adotado pelo modelo e um consumo hipotético possível.

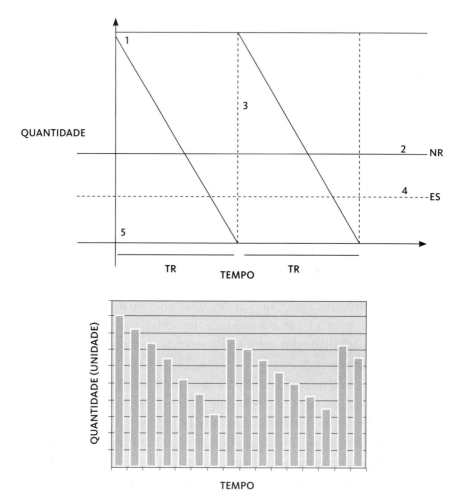

Gráfico 3.3 – Gráfico dente de serra e de um consumo hipotético do estoque.

Nível de estoque máximo – EM (1): representa a quantidade máxima permitida para o material no estoque. Pode ser alcançado em função de encomendas programadas, caracterizando um estoque virtual. Lembre-se de que não é desejável operar com estoque constantemente nesse nível, em decorrência dos elevados custos de manutenção e estocagem dos materiais. Assim,

$$EM = NR + TU*IC$$

onde:
NR = Nível de ressuprimento do estoque;
TU = Taxa de utilização do material;
IC = Intervalo de cobertura do material.

Nível de estoque de segurança – ES (2): constitui o nível mínimo recomendado para que, em caso de necessidade, um possível aumento no consumo ou um atraso no tempo de ressuprimento seja amortecido por um estoque de reserva. Caso esse nível seja atingido, medidas imperativas são necessárias para que o estoque seja realimentado e não haja ruptura (nível de estoque nulo). O uso correto do fator "k" é a chave para a determinação de um nível de estoque de segurança eficaz, como mostra a equação:

$$ES = k*TR*CMM$$

onde:
K = Fator de segurança do material;
TR = Tempo de ressuprimento do material pelo fornecedor;
CMM = Consumo médio mensal do material.

Nível de reposição ou ressuprimento do estoque – NR (3): indica o nível que, ao ser alcançado, se configura como momento de providenciar as solicitações de pedido de compra para a reposição do material em estoque. Dessa forma, temos:

$$NR = ES + CMM*TR$$

Fator de segurança – K (4): como o próprio nome antecipa, o "k" é um fator de segurança que visa regular (para mais ou para menos) o nível do estoque de segurança em consequência de possíveis falhas como atrasos de fornecimento ou picos de demanda/consumo. A importância da utilização correta desse fator está descrita no item "Metodologia da curva ABC", juntamente com a metodologia de classificação de materiais da curva ABC.

Intervalo de cobertura – IC (5): é o intervalo de tempo calculado para que seja possível cobrir a demanda do material armazenado com a quantidade de uma aquisição. Representa, portanto, o período compreendido entre duas aquisições consecutivas. Em função disso, esse intervalo deve levar em consideração, para seu cálculo, as especificidades de cada tipo de material, como valor do desembolso financeiro, capacidade de armazenamento e perecibilidade.

Tempo de ressuprimento – TR (6): constitui o período entre a emissão do pedido de aquisição do material até o seu efetivo recebimento físico e a validação físico-fiscal. Portanto,

$$TR = TPC + TAF + TT + TRR$$

onde:
TPC = Tempo de preparação do pedido de compra/aquisição;
TAF = Tempo de atendimento do fornecedor;
TT = Tempo de transporte (fretagem ou distribuição);
TRR = Tempo de recebimento e regularização do material até sua efetiva armazenagem.

Estoque real – ER (7): é a quantia real de produtos armazenados. Para manter registros confiáveis do nível real do estoque, é aconselhado que sejam feitos inventários regulares, reduzindo possíveis perdas de materiais.

Estoque virtual – EV (8): constitui o somatório entre o nível de estoque real e as solicitações de encomendas (pedidos realizados) já processadas no período, como mostra a equação a seguir:

$$EV = ER + Encomendas$$

Quantidade a comprar – QC (9): indica a quantidade de material a ser adquirida em uma ordem de compra de forma que, atingido o nível de reposição do estoque, essa quantia resguarde o consumo/demanda do material durante o intervalo de cobertura do material. Assim,

$$QC = EM - EV$$

Pedido inicial – PI (10): trata-se da primeira aquisição a ser feita de determinado material. Logo, essa aquisição deve ser feita com uma margem de segurança (fator de duplicação do estoque de segurança – ES) em virtude das possíveis divergências que possam surgir nas estimativas de consumo do material. Dessa forma,

$$PI = CMM^*TR^*2ES$$

Lote econômico de compras – LEC (11): configura-se como o tamanho do lote de compra em que os custos de aquisição e estocagem são minimizados. A equação e a fundamentação desse modelo encontram-se no item "Fundamentação do lote econômico".

Custo total (12): representa o somatório dos custos incorridos para as compras de materiais realizadas conforme o modelo do tamanho do lote econômico de compras (LEC) e todas as operações de armazenamento do produto para a empresa. Logo,

$$\frac{Custo}{total} = \frac{CA^*CC}{LEC(\%)} + \frac{LEC(\%)}{2} {}^*PU^*CPA$$

onde:
LEC(%) = Quantidade do lote econômico de compras, em unidades, dividido por 100.

Considerações finais: para que o uso das modelagens matemáticas expressas anteriormente seja satisfatório, alguns cuidados devem ser observados, valendo-se ressaltar:

- ◆ para fins práticos do modelo, é feita a aproximação: $TU = PU$;
- ◆ $NR = ER$: para os casos em que se emprega o modelo *Push Systems*, com a existência de estoques nos depósitos e armazéns;

- *NR = ES*: para quando o modelo empregado for o *Pull Systems*, JIT (*Just-in-Time*) ou *Kanban*, nos quais não há formação de estoque nos depósitos ou fornecedores;
- deve-se ainda observar as medidas e unidades utilizadas para que haja correspondência entre os termos. Exemplo: unidade de tempo padrão = mês.

Paralelamente à modelagem matemática apresentada, é aconselhada a utilização de metodologias auxiliares no sentido de complementar a eficácia dos modelos apresentados. Vale dizer que, para que a utilização dos modelos seja satisfatória, seus parâmetros devem ser bem definidos, em especial dois deles que, às vezes, não são mensurados com o devido rigor: o fator "k" de segurança e o custo do produto armazenado (CPA), que representa o custo unitário por tempo de estocagem.

Para introduzir o questionamento sobre o fator de segurança "k", apresenta-se a metodologia de classificação dos materiais por meio da curva ABC.

Metodologia da curva ABC

A curva ABC foi elaborada por Vilfredo Pareto (por isso é também conhecida como curva de Pareto) ao final do século XIX, para estudar a distribuição de renda da população italiana. As bases dessa metodologia foram sendo adaptadas já na década de 1930, pela General Electric, até se alcançar a forma que atualmente é denominada como a clássica curva de distribuição/classificação ABC, ou simplesmente curva ABC.

Adaptada para o uso na classificação de materiais na área de gestão de estoque, essa metodologia tornou-se uma importante ferramenta de análise que permite identificar aqueles materiais que exigem maior atenção no seu gerenciamento.

Na área de materiais, a curva ABC, desenvolvida por Pareto, também é comumente conhecida como curva 80-20, pela constatação da desproporção entre o valor das vendas e o número de produtos. Ballou (2006) relembra que o conceito 80-20 remete às observações de que 80% das vendas são provenientes de 20% dos produtos, e que, apesar de se encontrar variações nessas proporções, a diferença entre vendas e quantidade ainda é, na maioria das observações, significativamente contrastantes.

Consequentemente, a classificação dos materiais pela curva ABC (ou curva 80-20) permite a análise dos materiais armazenados em virtude de suas amplitudes de vendas, ressaltando-se o fato de que os diferentes produtos estocados em uma empresa merecem uma gestão diferenciada, organizada a partir da importância atribuída a cada tipo ou grupo de produtos.

Assim, para a classificação dos materiais em classes de importância/valor de consumo e, posteriormente, a construção da curva ABC, deve-se seguir os parâmetros que delimitam cada classe de itens, respeitando-se limites de valor e quantidade para os produtos. Os parâmetros estabelecidos na Tabela 3.2, a seguir, representam um exemplo ilustrativo, sendo representado graficamente no Gráfico 3.4 como se segue.

Tabela 3.2 – Parâmetros para construção da curva ABC.

Eixo	Classe A	Classe B	Classe C
Ordenadas (y)	até 75%	até 30%	até 10%
Abscissas (x)	até 20%	até 35%	até 70%

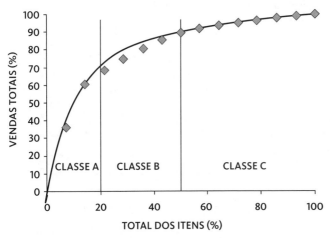

Gráfico 3.4 – Gráfico representativo de uma curva ABC.
Fonte: Adaptado de Ballou, 2006.

Para a construção da curva ABC, alguns passos devem ser seguidos até ser possível a classificação dos materiais em classes, conforme o valor de consumo do grupo de materiais armazenados. Esses passos são:

Passo 1: recolher as informações sobre preço unitário e consumo anual de cada material.

Passo 2: determinar o valor do consumo acumulado, que representa o produto entre preço unitário e consumo anual.

Passo 3: organizar os materiais em ordem decrescente de valor de consumo acumulado.

Passo 4: determinar a coluna de somatório dos valores de consumo acumulados.

Passo 5: calcular o percentual da coluna somatório de cada material em relação ao valor final calculado da coluna somatório.

Passo 6: realizar a análise ABC dos materiais.

Observando esses passos, e realizandos os devidos cálculos, chega-se a uma tabela mestra, como a que se apresenta na Tabela 3.3, que é a tabela que permite a classificação dos materiais em classes de consumo, conforme a importância de seu valor de consumo.

Tabela 3.3 – Exemplo de uma tabela para a classificação de materiais.

SKUs	Preço unitário ($)	Consumo anual	Valor consumo acumulado	Somatório	%	
Produto 01	R$ 29,00	850	R$ 24.650,00	R$ 24.650,00	30,51	A
Produto 02	R$ 11,00	1020	R$ 11.220,00	R$ 35.870,00	44,40	
Produto 03	R$ 13,00	750	R$ 9.750,00	R$ 45.620,00	56,46	B
Produto 04	R$ 16,00	480	R$ 7.680,00	R$ 53.300,00	65,97	
Produto 05	R$ 23,00	315	R$ 7.245,00	R$ 60.545,00	74,94	
Produto 06	R$ 13,00	450	R$ 5.850,00	R$ 66.395,00	82,18	
Produto 07	R$ 21,00	250	R$ 5.250,00	R$ 71.645,00	88,68	C
Produto 08	R$ 22,00	200	R$ 4.400,00	R$ 76.045,00	94,12	
Produto 09	R$ 15,00	175	R$ 2.5625,00	R$ 78.670,00	97,37	
Produto 10	R$ 17,00	125	R$ 2.125,00	R$ 80.795,00	100,00	

Importância do fator "k"

Como mencionado anteriormente, o fator de segurança "k" é um componente utilizado para dimensionar, complementarmente, o nível do estoque de segurança e/ou corrigir eventuais distorções no suprimento de determinado material.

Em razão de características próprias de cada material como valor, categoria e disponibilidade no mercado, e outras ligadas a riscos como dificuldades de precisão da previsão de demanda/consumo e sazonalidades, sugere-se a adoção de um componente a fim de corrigir essas distorções. Logo, em razão do fundamento de sua utilização, ressalta-se a importância da escolha correta de bom fator de segurança. Mas como definir o que é um bom fator "k"?

Não existem fórmulas matemáticas que predigam qual é o fator ideal a se utilizar, mas existem algumas considerações que, ao serem observadas, elucidam o processo de escolha desse componente. Uma delas, em especial, é vincular a classificação por valor de consumo às análises de importância operacional dos materiais.

Isso se faz necessário, visto que as classificações baseadas em consumos históricos e tempos de reposição do estoque não diferenciam os materiais armazenados entre si, desconsiderando as características destes. Dessa maneira, podem existir aqueles materiais que, apesar de representarem um valor de consumo pouco significativo em relação ao estoque total, são de vital importância para a empresa e sua falta poderia gerar um ônus mais elevado que o custo do investimento em sua imobilização como ativo do estoque.

Da mesma forma, o inverso também é possível de ocorrer. Para a empresa, é imprescindível, portanto, resguardar-se dessas falhas, que ocasionalmente poderiam ocorrer, caso não fosse observada a importância operacional de cada material constante no estoque. Na análise de importância operacional, ou seleção XYZ (ver exemplo da Tabela 3.4), os materiais são identificados conforme os graus de sua necessidade para a manutenção dos serviços e das atividades da empresa, e seguem, portanto, esta classificação:

◆ **Materiais "X"**: são aqueles materiais, cuja importância é muito pequena para a organização, que possuem similares disponíveis a serem utilizados e podem ser fácil e rapidamente repostos no estoque pela empresa, em caso de necessidade.
◆ **Materiais "Y"**: representam aqueles materiais de importância intermediária, que podem ou não possuir similares em estoque na empresa.

♦ **Materiais "Z"**: compreendem aqueles materiais de suma importância para a empresa, cuja falta provocaria paralisação das atividades ou um custo expressivo para a organização, como a perda de um cliente de porte ou a danificação de um equipamento de elevado valor.

Tabela 3.4 – Exemplo de uma tabela com estimação do fator "k".

Importância operacional do material	Valor de consumo	Fator K aproximado
Z	A	0,5
Z	B	0,7
Z	B	0,9
Y	A	0,3
Y	B	0,4
Y	C	0,8
X	A	0,1
X	B	0,2
X	C	0,6

Fonte: Viana (2002).

A COMPLEMENTARIDADE DAS METODOLOGIAS

Uma ideia que, apesar de conhecida, ainda é pouco difundida refere-se à complementaridade entre os modelos e metodologias existentes para a área de gestão de estoques e administração de materiais. Os métodos propostos transcritos neste trabalho não representam metodologias isoladas para a resolução do problema de decisão sobre qual política de estoque adotar. Trata-se, na verdade, de modelos complementares e correlatos, os quais devem ser empregados de forma conjunta a fim de permitir que se extraia a máxima utilidade de cada um para a administração de materiais e estoques.

Dessa forma, fica mais claro observar as inter-relações que se estabelecem entre as diferentes metodologias, valendo-se destacar (apenas ilustrativamente para fins de análise) dois conjuntos de inter-relações em função das aplicações e análises principais das ferramentas apresentadas:

♦ **Grupo 1 – Nível de estoque**: representa a importância e a aplicabilidade dos modelos da curva ABC, análise de importância operacional do material juntamente com a estimação do fator de segurança "k" para a determinação dos níveis de estoque.

◆ **Grupo 2 – Custos:** engloba principalmente as análises de custos de estoques e cálculos das taxas de armazenagem (ou CPA – Custo do Produto Armazenado) para projetar o desembolso de caixa ótimo.

Para o **grupo 1**, observemos as seguintes relações que se estabelecem: para fins de classificação dos materiais em função de sua importância de venda/demanda, os materiais são classificados, pela curva ABC (ou curva de Pareto), em função de seu valor de consumo. Sendo essa classificação feita da forma correta, acrescenta-se ao material uma segunda análise/classificação, conforme sua importância operacional dentro da empresa por meio da seleção XYZ. Ao material, agora bem classificado em decorrência de seu uso, valor e importância dentro da empresa, pode-se estimar mais facilmente um valor para o fator "k", aquele fator de segurança mencionado nos itens "Sistemas de gestão de estoques: fundamentos e metodologias" e "Fundamentação do lote econômico". Esses valores, estimados de forma satisfatória, permitem, consequentemente, que sejam determinados os níveis adequados de estoque de segurança, nível de reposição e estoque máximo, o que traz expressivos benefícios para a gestão de estoques.

Para o **grupo 2**, observemos o seguinte: para a determinação dos custos de armazenagem, é indispensável que se calculem todos os custos envolvidos na estocagem de dado material. O cálculo desse custo envolve: (a) a quantidade de material em estoque, por período de análise; (b) o preço do material; (c) o tempo considerado de armazenagem; e (d) a taxa de armazenagem.

Não é do escopo deste trabalho explicitar as equações que compõem o cálculo da taxa de armazenagem, cabendo, por enquanto, apenas citá-las. Logo, essa taxa de armazenagem corresponde ao somatório das seguintes taxas de: retorno do capital; armazenamento físico; seguro; movimentação e manuseio; obsolescência do material; e outras despesas envolvidas.

Assim, calculada de forma confiável a taxa de armazenagem (ou CPA – Custo do Produto Armazenado), é possível com mais segurança simular os custos envolvidos na estocagem e armazenagem do material. Além disso, com o valor confiável para o CPA, pode-se agora calcular o tamanho do lote econômico de compras (LEC) do produto de modo a minimizar os custos incorridos na compra e armazenagem deste.

Como consequência, a análise financeira para desembolso de caixa torna-se mais fidedigna, permitindo aos gestores tomadas de decisão para investimento em imobilização de ativo para o estoque de forma ótima, sustentadas em análises mais seguras.

Vê-se, portanto, que as metodologias são complementares no sentido de permitir um exame sistêmico para a área de gestão de estoques e materiais. E mais além, o sucesso da utilização de um desses modelos está diretamente ligado ao uso correto de um segundo e terceiro modelos para dimensionar com confiabilidade os parâmetros do primeiro.

É importante ainda mencionar que as metodologias e as modelagens matemáticas apresentadas neste trabalho não são determinísticas. Logo, os resultados apresentados para cada uma delas para determinada situação/condição atual de uma empresa podem não permanecer satisfatórios ao longo de um período extenso. Em síntese: os resultados satisfatórios para os níveis de estoque de hoje podem não ser os recomendados para o próximo semestre.

Isso ocorre porque as metodologias mencionadas neste trabalho são modeladas em função de parâmetros que podem variar em função do tempo. Dessa forma, as variações no ambiente de negócios podem afetar (e geralmente o fazem) as condições e fatores anteriormente mensurados, tornando as previsões desses modelos destoantes do que de fato ocorre na área de administração de estoques e materiais.

Para um exemplo ilustrativo desse fato, imagine a seguinte hipótese: um distribuidor de determinado tipo de produto decide investir em sua área de logística e distribuição. Para tanto, realiza contratações de novos funcionários, promove treinamentos, adquire novos equipamentos e financia a compra de mais um caminhão para transporte. Embora esses fatores não sejam internalizados e previstos nos modelos de um cliente desse distribuidor, um avanço no processo de logística e distribuição afeta positivamente esse cliente que pode ter seus estoques supridos em um intervalo de tempo menor que o anterior a um custo igual ou menor. Logo, é possível realizar mais reposições, com quantidades menores, reduzindo os níveis de reposição e segurança do estoque.

Assim, o fato de esses modelos não internalizarem essas variações não nos leva a concluir, porém, que os modelos são desnecessários. Tanto são necessários que continuam sendo empregados de forma cada vez mais intensiva e extensiva. A questão é que, para trazer os benefícios pretendidos, esses modelos devem ser regularmente revisados e comparados com a realidade prática da área de gestão de estoques, fazendo-se os ajustes necessários em função das mudanças no próprio ambiente e nos colaboradores da rede de cada empresa, como seus fornecedores e distribuidores. Dessa maneira, tão importante quanto a adoção dos modelos é a manutenção de informações sobre os fornecedores e colaboradores, análises e estudos, para verificar as comparações entre os modelos e as prováveis evoluções de demanda/consumo, internalizando as diferenças entre as flutuações reais e previstas dos níveis de materiais armazenados e as características de mercado, tanto do ponto de vista econômico quanto dos produtos e materiais específicos estocados pela empresa.

Estudo de caso

O estudo de caso apresentado a seguir corresponde a uma análise para a área de gestão de estoque de uma empresa de informática que trataremos, para fins representativos, como "MeuPC". A referida empresa encontrava-se com problemas em sua área de estoques, registrando um aumento crescente de seus volumes de produtos armazenados, incorrendo em custos cada vez maiores de estocagem, conforme foi registrado em balanços contábeis e relatórios demonstrativos da área de materiais.

Com o objetivo de tornar mais eficiente a gestão dos materiais estocados, a "MeuPC" incentivou o aprimoramento das atividades desenvolvidas na área de gestão de estoque da empresa, buscando maior competitividade no mercado mediante a redução de custos, mas sem comprometer seu nível de serviço e de atendimento aos clientes. Os dados empregados neste estudo de caso encontram-se disponíveis a seguir, ressaltando-se que, para fins didáticos, as análises levantadas neste estudo são de um único produto da empresa, identificado aqui como *Equipamento 1* ou apenas *EQUIP1*. Essas análises devem ser estendidas para os demais produtos de determinada área para uma gestão completa do setor de estoques e materiais.

Dados recolhidos sobre o EQUIP1

Foi coletado nas áreas responsáveis da "MeuPC" uma série de dados correspondentes ao consumo histórico do produto EQUIP1 (Tabela 3.5) e os custos envolvidos na compra/pedido desse produto, seu preço unitário pelo qual vem sendo comercializado e o seu custo de armazenagem por período (Tabela 3.6).

Tabela 3.5 – Registros do consumo mensal e trimestral do produto EQUIP1 nos três últimos anos.

Período	Consumo por período					
	2008		2007		2006	
Janeiro	125		145		110	
Fevereiro	160	430	135	395	130	385
Março	145		115		145	
Abril	100		85		95	
Maio	95	305	95	285	85	260
Junho	110		105		80	
Julho	140		115		125	
Agosto	120	400	125	375	105	355
Setembro	140		135		125	
Outubro	180		195		140	
Novembro	200	545	155	520	160	490
Dezembro	165		170		190	

Tabela 3.6 – Informações gerais sobre o produto EQUIP1 levantadas no ano de 2008

Consumo anual do produto	1.680 unids.
Custo de armazenagem por produto	R$ 0,75
Custo unitário do pedido de compra	R$ 500,00
Preço unitário do produto	R$ 70,00
Política de lote de compra atual	280 unids.
Nº de pedidos de compra da política adotada	6 pedidos

De posse dos dados levantados, é possível então determinar o tamanho ideal do lote de compra do produto EQUIP1 de forma a minimizar os custos de pedido de compra e os custos de armazenagem. Utilizando a equação do LEC constante da Equação 3.2 encontra-se o resultado de aproximadamente 180 unidades.

CAPÍTULO 3 – DECISÕES SOBRE POLÍTICA DE ESTOQUES E O MODELO DO LOTE ECONÔMICO DE COMPRAS

Isso significa que, a fim de minimizar os custos incorridos, a política ideal seria a adoção de compras regulares com nove pedidos anuais de 180 produtos por pedido, conforme se verifica na Tabela 3.7 de simulação e no Gráfico 3.5 a seguir.

Tabela 3.7 – Simulação para determinação do tamanho do lote de compra em unidades do produto EQUIP1.

Tamanho do lote	Nº de pedidos	Custo de estocagem	Custo de pedido	Custo total
30	56	R$ 787,50	R$ 28.000,00	R$ 28.787,50
60	28	R$ 1.575,00	R$ 14.000,00	R$ 15.575,00
90	19	R$ 2.362,50	R$ 9.333,33	R$ 11.695,83
120	14	R$ 3.150,00	R$ 7.000,00	R$ 10.150,00
150	11	R$ 3.937,50	R$ 5.600,00	R$ 9.537,50
180	9	R$ 4.725,00	R$ 4.666,67	R$ 9.391,67
210	8	R$ 5.512,50	R$ 4.000,00	R$ 9.512,50
240	7	R$ 6.300,00	R$ 3.500,00	R$ 9.800,00
270	6	R$ 7.087,50	R$ 3.111,11	R$ 10.198,61
300	6	R$ 7.875,00	R$ 2.800,00	R$ 10.675,00

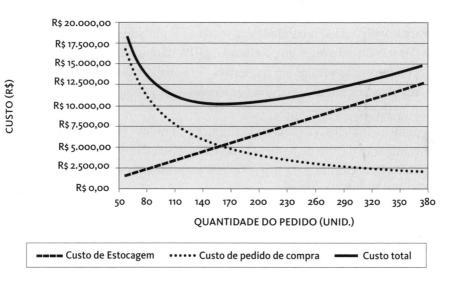

Gráfico 3.5 – Gráfico da simulação para o cálculo do LEC do EQUIP1.

Dessa forma, temos então a simulação de qual a melhor política de compra a ser adotada do ponto de vista da compra e da estocagem do material. Mas é preciso saber ainda qual é a tendência para o consumo do produto EQUIP1 para os próximos períodos de 2010.

Será em função do consumo esperado para o ano seguinte que será balanceado o nível de estoque para o produto EQUIP por meio das compras de lotes de tamanhos ideais calculados mediante a modelagem do LEC. Assim, vamos comparar os resultados obtidos anteriormente com as previsões para 2010 e sua tendência e previsão de consumo.

Assim, o setor comercial propôs que fossem feitas previsões combinadas, baseadas em dois modelos diferentes. O primeiro modelo estabelecido no crescimento esperado para as vendas do produto EQUIP1, com base nas expectativas levantadas pelo próprio setor, e o segundo fundamentado em análises de tendências de consumo em função da sazonalidade das vendas.

Em estudos feitos pelo próprio setor comercial, observou-se que: (a) as vendas cresceram 5,70%, em 2007, em relação a 2006; e (b) em 2008, as vendas cresceram 6,67% em relação a 2007. Em função dos efeitos da crise na economia nacional, as expectativas para o crescimento em 2010 foram ajustadas para aproximadamente 1,75% em relação ao ano anterior. Isso significa que a quantidade de vendas esperada para o ano de 2010 para o produto EQUIP1 é de aproximadamente 1.709 unidades.

Para a análise da sazonalidade das vendas, foi plotado o gráfico dos consumos dos três últimos anos do produto EQUIP1 (Gráfico 3.6) e, posteriormente, separaram-se as vendas em trimestres para analisar quais foram os consumos reais e quais são as tendências esperadas, a fim de se calcular o índice de sazonalidade de cada período.

Por meio de análises de regressão simples e da utilização de simulações para a determinação da reta de tendência no Excel, observou-se que a tendência de consumo era crescente para todos os três anos quando analisados separadamente, concluindo-se este quando o consumo foi analisado em um *continuum* (feixe contínuo).

Utilizando as análises de regressão para cada ano, foi calculada a reta de tendência de cada período (ano), estimados os valores para a tendência de consumo mensal e, então, foram agrupados em tendências trimestrais para cada ano. Isso permitiu que fossem analisadas as vendas de cada trimestres e

CAPÍTULO 3 – DECISÕES SOBRE POLÍTICA DE ESTOQUES
E O MODELO DO LOTE ECONÔMICO DE COMPRAS

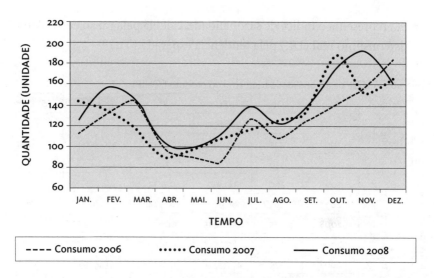

Gráfico 3.6 – Gráfico de consumo do produto EQUIP1 dos últimos três anos.

identificados os índices de sazonalidade trimestrais, uma vez que se percebeu que os consumos acumulados nesse período tinham proporções semelhantes.

As equações da reta de tendência de cada ano são: (2008) $y = 4,7203x + 109,32$; (2007) $y = 4,5557x + 100,23$; e (2006) $y = 4,5902 + 93,03$. E, nessas equações, a variável y representa a quantidade esperada em função da variável x que representa o tempo (por exemplo, janeiro = 1, fevereiro = 2 e assim, sucessivamente).

Agrupados os dados observados mais os cálculos das tendências de consumo acumulado em trimestres, observou-se o seguinte resultado, conforme exposto pela Tabela 3.8 a seguir.

Na Tabela 3.8, cabe ainda explicar a denominação utilizada, fazendo-se saber que:

◆ Dt.: indica a demanda real (consumo) trimestral do produto EQUIP1;
◆ Tt.: corresponde à tendência esperada de consumo trimestral calculada pela reta de tendência;

◆ St.: representa o índice de sazonalidade, calcula pela razão entre a demanda/consumo real (Dt.) pela tendência esperada (Tt.).

Tabela 3.8 – Análise da sazonalidade trimestral do produto EQUIP1

	Período	Ano	Dt.	Tt.	St.	Tt. méd.	St. méd.
Sazonalidade trimestral	1º trim.	2006	385	306,6312	1,2556	330,3064	1,2222
		2007	395	328,0062	1,2042		
		2008	430	356,2818	1,2069		
	2º trim.	2006	260	347,943	0,7472	371,8960	0,7615
		2007	285	368,9805	0,7724		
		2008	305	398,7645	0,7649		
	3º trim.	2006	355	389,2548	0,9120	413,4856	0,9111
		2007	375	409,9548	0,9147		
		2008	400	441,2472	0,9065		
	4º trim.	2006	490	430,5666	1,1380	455,0752	1,1393
		2007	520	450,9291	1,1532		
		2008	545	483,7299	1,1267		

Como se pode notar, comparando os diferentes índices de sazonalidade (St.), calculados para cada trimestre dos anos, esses índices são bem semelhantes quando agrupados trimestralmente, o que comprova a existência de uma sazonalidade trimestral (analisar a relação entre os "St." e "St. méd.").

Partindo para uma nova etapa, calcularemos agora a previsão para a demanda futura de 2009, levando-se em consideração a existência da sazonalidade já verificada. Para isso, faremos dois cálculos, sendo o primeiro uma média corrigida pelo fator de sazonalidade e o segundo baseado no crescimento esperado pelo setor comercial, também corrigido pelo mesmo fator de correção sazonal.

Dessa forma, temos que a previsão trimestral para 2009 corresponde ao produto entre a tendência média observada "Tt. méd." e o índice de sazonalidade trimestral do período imediatamente anterior, ou seja, do ano de 2008.

De maneira semelhante, para calcular a previsão baseada na expectativa de crescimento, devemos dividir o consumo anual esperado (no nosso caso, 1.709 unidades) pelo somatório dos índices de sazonalidade de 2008 (igual a 4,0050) e multiplicar pelo índice de sazonalidade de 2008 correspondente ao

CAPÍTULO 3 – DECISÕES SOBRE POLÍTICA DE ESTOQUES E O MODELO DO LOTE ECONÔMICO DE COMPRAS

trimestre que se está calculando. Esses resultados são apresentados na Tabela 3.9 a seguir.

Tabela 3.9 – Previsões com fator de correção sazonal para média e crescimento esperado

	Período	Tt. méd.	Previsão por média	Previsão por crescimento
Sazonalidade trimestral	1º trim.	330,3064	398,6500	515,1347
	2º trim.	371,8960	284,4493	326,4595
	3º trim.	413,4856	374,8335	386,9226
	4º trim.	455,0752	512,7158	480,8832

Com esses cálculos prontos, monta-se um gráfico (ver o Gráfico 3.7) no qual são plotados os dados constantes das Tabelas 3.8 e 3.9 referentes à demanda real observada (Dt.), previsão por tendência média (Tt.) e previsão em função do crescimento esperado de 1,75% em relação ao ano de 2008.

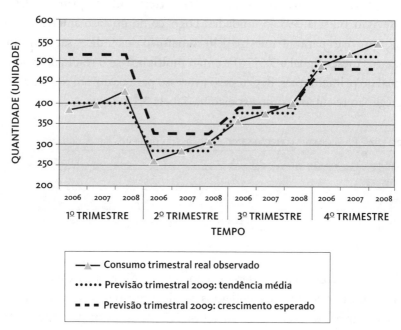

Gráfico 3.7 – Gráfico com consumo real e previsões de demanda de EQUIP1 para 2009.

A mesma linha de raciocínio, montada para os cálculos de previsão com correção sazonal para os trimestres, pode ser estendida para a previsão do consumo mensal destinada aos três primeiros meses de 2009. Para tanto, usa-se o ano de 2008 como base para a previsão, calculando-se o índice de sazonalidade da mesma forma como exposto anteriormente. Com a utilização dos dados da Tabela 3.3 de consumo em 2008 e da equação da reta de tendência para o mesmo ano ($y = 4,7203x + 109,32$), calcula-se o índice de sazonalidade, dividindo-se a demanda real observada pela tendência esperada.

Calculado esses índices, resta saber qual é a base trimestral que será dividida para previsão mensal: se a da previsão por tendência média ou a de crescimento esperado.

Como se pode observar na figura anterior e levando em consideração o contexto de crise que a empresa "MeuPC" e toda economia perpassa, a direção da empresa optou por repensar sobre a possibilidade de crescimento de 1,75%, decidindo pela adoção da previsão por tendência média corrigida pelo fator sazonal para o planejamento dos níveis de estoque.

Uma vez que a empresa optou pela previsão por tendência média, a base para a previsão dos três primeiros meses corresponde ao primeiro trimestre da previsão, ou seja, 398,65 unidades. Logo, como no caso anterior, divide-se o valor previsto para o trimestre pelo somatório dos índices sazonais dos três primeiros meses (igual a 3,6176) e então multiplica-se o resultado pelo índice sazonal do primeiro mês. Repete-se o processo para os dois meses seguintes até se chegar ao resultado como exposto na Tabela 3.10.

Tabela 3.10 – Previsão com correção sazonal para os três primeiros meses de 2009.

Mês	Dt.	Tt.	St.	Previsão
Janeiro	125	114,0403	1,0961	120,7870
Fevereiro	160	118,7606	1,3472	148,4623
Março	145	123,4809	1,1743	129,4007

Uma vez escolhida a previsão de tendência média como base para o nivelamento dos estoques futuros, podemos verificar que o consumo anual previsto (soma dos trimestres calculados na Tabela 3.7) de aproximadamente 1.570 unidades de EQUIP1 não provoca alterações significativas no tamanho do lote econômico (LEC) que antes era de 178,88 e com a nova previsão passa a ser 172,93. Isso pode ser verificado alterando-se o valor de CA (consumo anual) de 1.680 para 1.570. Dessa forma, optamos pela seleção do valor de 175 unidades como tamanho do lote de compra do EQUIP1 para planejar o nível de estoque.

Para o planejamento do estoque, devem-se observar as equações descritas no item "Equacionando os níveis de estoque" para a determinação dos níveis de estoque como estoque máximo, mínimo ou de segurança e nível de reposição. Além das equações descritas no referido item, algumas informações devem ser levantadas sobre o fornecimento e as características do próprio produto EQUIP1. Essas informações foram levantadas nas áreas de compra e de estoque e se encontram na Tabela 3.11 a seguir.

Tabela 3.11 – Informações e características do produto EQUIP1.

Consumo anual do produto previsto	1.570 unids.
Consumo médio mensal	130,83 unids.
Custo de armazenagem por produto	R$ 0,75
Custo unitário do pedido de compra	R$ 500,00
Preço unitário do produto	R$ 70,00
Política de lote de compra adotada	175 unids.
Tempo de ressuprimento (TR)	1 mês
Fator de segurança "k"	0,8
Giro de estoque (IC)	9
Encomendas a receber	0 unid.

A partir do uso das equações do item "Equacionando os níveis de estoque" e das informações presentes na Tabela 3.11, é possível determinar quais os níveis de estoques a serem mantidos em função do tempo de fornecimento, importância do produto EQUIP1 para a empresa "MeuPC" e do consumo para esse produto.

Com base nos níveis estipulados e com conhecimento sobre como realizar a previsão de demanda do produto EQUIP1 para os demais meses do ano de 2009, é possível montar um plano de demanda para o produto juntamente com uma análise de volume de estoque calculado – levando-se em conta o tempo de ressuprimento do fornecedor, o tamanho do lote de compra de cada pedido (LEC) e o número de pedidos anuais –, dividindo-se o consumo anual previsto (1.570 unidades) pelo tamanho do lote de compras (LEC = 175 unidades aproximadamente).

Tabela 3.12 – Resultados para os níveis de estoque do produto EQUIP1

Estoque máximo (EM)	866 unids.
Estoque de segurança (ES)	105 unids.
Nível de reposição do estoque	236 unids.
Estoque virtual (EV)	236 unids.
Quantidade a compra (QC)	630 unids.
Lote econômico de compras (LEC)	173 unids.

O consumo do produto EQUIP1 e o nível do estoque são simulados no Gráfico 3.8.

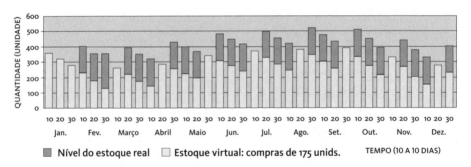

Gráfico 3.8 – Simulação dos níveis de estoque real e estoque virtual para EQUIP1.

Considerações finais

O cerne deste artigo firmou-se em demonstrar a importância do uso conjunto de um grupo de ferramentas conhecidas na área de gestão de estoques e materiais, como a modelagem do lote econômico de compras, o sistema de classificação de materiais pela curva ABC – conhecida também como curva de Pareto ou 80-20 – e as equações para determinar os níveis adequados de materiais a serem armazenados.

CAPÍTULO 3 – DECISÕES SOBRE POLÍTICA DE ESTOQUES E O MODELO DO LOTE ECONÔMICO DE COMPRAS

Utilizadas de forma correlacionadas, essas metodologias potencializam as chances de a empresa operar com um grau de eficiência e competitividade de mercado elevado, realizando economias de recursos que podem ser revertidas em investimentos para setores estratégicos da empresa, e não se configurando como um custo imobilizado na forma de níveis de estoques elevados e desnecessários.

Assim, o estudo de caso proposto na empresa "MeuPC" foi uma abordagem prática escolhida para demonstrar como as decisões gerenciais da área de gestão de estoques e materiais devem ser balizadas levando-se em conta análises internas (custos e níveis de estoque) e externas (momentos de mercado e seus impactos na economia e nas expectativas da empresa), fundamentadas em modelos quantitativos.

Como exposto nas Tabelas 3.6 e 3.7, a empresa "MeuPC" executava uma política de compra não eficiente enquanto comprava 280 unidades e fazia seis pedidos anuais de compra. A política adotada posteriormente pela empresa (lote de 175 unidades e nove pedidos anuais realizados) mostrou-se a mais viável do ponto de vista de redução de custos. Posteriormente, foram feitas análises e previsões de demanda para o ano de 2009 e, por fim, planejado o nível de estoque do produto EQUIP1 para o referido ano.

Essa abordagem usada tem o caráter fortemente quantitativo, no sentido de expor como a fundamentação matemática tem importância no planejamento dos níveis de estoques e nas análises de demanda e custos, em detrimento a modelos de gestão subjetivos e empíricos, que, pela falta de planejamento e estudos de custos e viabilidades, têm-se mostrado de elevado risco e pouca eficiência na utilização de recursos.

Assim, todo e qualquer gestor responsável pela área de materiais e estoques de uma organização deve ter em mente que, por meio de uma base quantitativa e de um planejamento bem estruturado, é possível construir um modelo de gestão sustentável e eficiente na utilização de seus recursos, contribuindo para a maturidade e longevidade dos negócios.

Referências bibliográficas

BALLOU, R. H. *Gerenciamento da cadeia de suprimentos/logística empresarial*. 5. ed. Porto Alegre: Bookman, 2006.

FIGUEIREDO, K. F. et al. *Logística e gerenciamento da cadeia de suprimentos*: planejamento do fluxo de produtos e dos recursos. 1. ed. São Paulo: Atlas, 2006.

SIMCHI-LEVI, D. et al. *Cadeia de suprimentos*: projeto e gestão – Conceitos, estratégias e estudos de caso. Porto Alegre: Bookman, 2003.

VIANA, J. J. *Administração de materiais*: um enfoque prático. 1. ed. São Paulo: Atlas, 2002.

Capítulo 4

Modelos de previsão de demanda aplicados na gestão de estoques

Hugo Ferreira Braga Tadeu
Felipe Melo Rocha

Objetivo do capítulo

O objetivo deste capítulo está em evidenciar a importância da previsão de demanda, por meio da adoção dos modelos de regressão linear da estatística, demonstrando a sua eficiência em relação aos controles qualitativos geralmente empregados nas organizações. Ao longo do texto, apresenta-se um estudo de caso prático aplicado ao setor industrial. Observa-se que os dados apresentados aqui são hipotéticos.

Introdução

Segundo Tadeu (2008), a importância da gestão de estoques para as organizações está associada ao valor financeiro e ao espaço físico utilizado pelos itens armazenados em seus depósitos. Considera-se estoque como qualquer recurso físico, do qual este tenha atrelado valores financeiros e atributos fiscais. Mais ainda, os estoques representam desembolsos destinados à satisfação das necessidades dos consumidores e sua formação despende capital de giro da empresa. Logo, seu gerenciamento em níveis adequados é essencial para equilibrar consumo e demanda, evitando dispêndios de recursos físicos e financeiros que poderiam ser mais bem alocados em outros segmentos da empresa sob a forma de investimentos.

Até o advento do Plano Real, em 1994, pelo então presidente da República Fernando Henrique Cardoso, era comum verificar, nas organizações, acúmulos de estoques como justificativa para os problemas da inflação e pelas falhas associadas aos modelos de previsão de demanda.

A partir da estabilização econômica, tornou-se impraticável trabalhar com volumes elevados de estoques em armazéns, representando um risco para a saúde financeira de qualquer organização. Logo, a prática corrente para a época foi a redução das quantidades compradas e melhor gestão financeira associada a previsões de consumo ou vendas de mercadorias.

Atualmente, os gestores de materiais devem administrar os seus estoques considerando-se os seguintes critérios:

- redução e adequação do número de recursos estocados à capacidade de processamento, movimentação e de giro de estoque (redução temporal de itens em depósitos) desses recursos físicos;
- seleção criteriosa dos fornecedores, tendo em vista a necessidade de certificar a credibilidade dos prazos, volume e qualidade das entregas; devendo-se ainda buscar maior proximidade entre os fornecedores, depósitos e/ou fábricas para a redução dos custos de transportes;
- estabelecer, ainda, com os fornecedores, relações comerciais estáveis (conduta "ganha-ganha") e contratos de longo prazo para assegurar o fornecimento dos insumos necessários;
- avaliar previsões de demanda por meio de análises de mercado e a adoção de modelos quantitativos para o controle de estoques, evitando a compra pela intuição que representa um risco às operações logísticas.

Dessa forma, torna-se possível para as organizações a gestão eficiente dos recursos, na redução de riscos, perdas e possíveis desvios de estoques.

Revisão bibliográfica

Para Viana (2001), a correta gestão de estoques possui seus devidos fundamentos. Pode-se destacar a análise de mercado, com avaliações sobre fornecedores atuais, potenciais e sobre as demandas de mercado. Logo, entender a quantidade ótima a ser comprada para ressuprir os estoques é essencial. Todavia, os processos de contratação de fornecedores exigem a formulação adequada de contratos, compreendendo a adoção de gestores especialistas, para a supervisão dos custos operacionais, tempo de movimentação e qualidade implícita nas negociações.

Ressalta-se que a gestão orçamentária e tributária para a compra de estoques é um diferencial para a sobrevivência das organizações. O entendimento sobre custos, poder de barganha e a precificação das operações pode garantir a longevidade da gestão de estoques.

Portanto, algumas perguntas devem ser levantadas e observadas como centrais para uma adequada gestão de estoques, por exemplo: o que deve ser comprado? Quais são as quantidades ótimas para o ponto do pedido? Existe algum modelo estatístico que evidencie as quantidades a serem compradas? Tais perguntas são corriqueiras nas organizações contemporâneas. Porém, qual é a melhor forma de respondê-las?

Para Wanke (2006), umas das principais preocupações das organizações é a adoção de modelos quantitativos aplicados em processos gerenciais de estoques, em virtude do ambiente econômico instável atual, caracterizado pelo rápido avanço da globalização, aumento da competição, inovação e questões políticas, o que favoreceria ao bom desempenho dos setores responsáveis pela compra de estoques. Portanto, o desenvolvimento de modelos quantitativos sofisticados, paralelamente ao rápido desenvolvimento de sistemas computacionais, beneficia a manipulação de dados e potencializa a atuação das atividades de planejamento e controle operacional de estoques. Para o autor, a adoção da intuição como base das tomadas de decisão dos gerentes de materiais está praticamente sumindo, em razão da complexidade dos processos atuais de armazenagem e do volume de movimentação e da variação de itens em estoques.

Segundo Ballou (2006), gerenciar estoques representa equilibrar a disponibilidade dos produtos (ou serviço ao cliente), de um lado, com os custos de abastecimentos que, do outro lado, são necessários em função da manutenção de determinado grau dessa disponibilidade. Como é provável que exista mais de uma maneira de se operar para atender à demanda de consumo ou serviço de um cliente, a excelência dessa gestão está em buscar minimizar os custos relativos a estoques envolvidos nas operações.

Isso é corroborado por Tadeu (2008), que reforça a necessidade de redução dos custos de estocagem. Para tanto, as organizações devem saber selecionar, cadastrar e contratar fornecedores que possuam ótimas qualificações e que atendam às necessidades de compras ou produção prontamente, reduzindo o tempo de entrega e volumes associados. Buscam-se entregas frequentes e em lotes reduzidos, de forma a aumentar o giro de estoques dos materiais. Consequentemente, cogita-se a redução de riscos, perdas, desvios e depreciação. Nesse caso, a adoção de modelos quantitativos em correlação às previsões de demanda é o essencial.

Há ainda outro aspecto a ser observado, conforme salienta o CSCMP (2008), de que a gestão eficiente de estoques perpassa os modelos quantitativos e de previsão de demanda. Devem-se entender os modelos da gestão colaborativa. Basicamente, a metodologia colaborativa consiste em planejar a cadeia logística, incluindo os fornecedores, depósitos e vendas. A partir dessas atividades programadas, o próximo passo está associado às análises de mercado e às previsões de demandas. Em seguida, a execução do planejamento de distribuição e, como último passo, a reavaliação por adoção de indicadores de desempenho em todo o fluxo logístico. Portanto, os modelos colaborativos representam um avanço para a gestão de estoques, por considerarem a previsão de demanda em conjunto com modelos estratégicos de distribuição e sua eficiência operacional. Um ponto em comum é a utilização de modelos quantitativos, quando considerado o emprego da avaliação de desempenho e de eficiência por métricas adequadas.

Conclui-se que as metodologias quantitativas de estoques são importantes para um bom desempenho do setor de materiais. Para este estudo, fundamenta-se a modelagem matemática para a previsão de demanda, segundo Stevenson (1981) e os modelos da reta de tendência. As simulações apresentadas foram desenvolvidas em planilhas em Excel.

Para um processo ótimo de previsão de demanda, utilizando a regressão da estatística, recomenda-se a realização de reuniões periódicas entre as unidades de produção, materiais, comercial e vendas para a validação do planejamento logístico, uma vez que o modelo considerado é determinístico

Estatística aplicada à previsão de demanda

Segundo Ballou (2003), previsões acerca das quantidades de produtos que os clientes demandarão no mercado são um dos aspectos fundamentais para a construção de todo o planejamento empresarial. Ser capaz de projetar esse

CAPÍTULO 4 – MODELOS DE PREVISÃO DE DEMANDA APLICADOS NA GESTÃO DE ESTOQUES

consumo, adequando os estoques para suprir essas prováveis demandas, é uma medida essencial para sustentar o planejamento e assegurar a continuidade das operações.

Dessa forma, o gerenciamento de estoques visa, por meio de métodos quantitativos aplicados, ao pleno atendimento às expectativas de produção ou consumo das organizações, com a máxima eficiência, redução de custos e de tempo de movimentação. Busca-se maximizar o capital investido, alcançando taxas de retornos satisfatórios sobre o investimento realizado.

Assim, os estoques não podem ser considerados como excesso de recursos, ou materiais ociosos, em virtude da representatividade financeira destes, à necessidade de sustentação do índice de cobertura em níveis de eficiência e consecução das vendas. Portanto, os níveis estocados devem ser revistos continuadamente, evitando problemas de custos excessivos de armazenagem, movimentação interna e externa aos depósitos.

A adoção de cálculos para a verificação de parâmetros de consumo futuro envolve, inicialmente, a utilização dos modelos de regressão da estatística, sendo uma tarefa vital para o planejamento logístico.

Portanto, existem razões para o pleno controle de estoques e a adoção dos modelos de previsão de demanda, sendo elas:

- propiciar níveis adequados de estoques em ambientes de incerteza;
- necessidade de continuidade em ambientes de produção e operações;
- capacidade de previsão de demanda futura, em função das variações de planejamento de materiais;
- evitar excessos ou faltas de estoques, incorrendo em custos desnecessários;
- adequação aos prazos de entrega, para evitar multas contratuais e quedas no nível de serviço proposto;
- economia de custos;
- redução de perdas, desvios de estocagem e depreciação;
- redução dos volumes de estoques e armazenagem.

Sendo os estoques recursos físicos com valor econômico associado, há a necessidade de evitar dispêndios desnecessários. Para tanto, o modelo proposto no item "Modelo de regressão linear" tem a finalidade de manter níveis adequados e permanentes de estoques.

Modelo de regressão linear

A otimização de estoques passa por estimativas de cálculo que devem ser interpretadas e gerenciadas para o pleno atendimento da área de materiais. Todas as equações apresentadas são destinadas à aplicação por item, respeitando o princípio da gestão por categoria de materiais.

Já sobre a técnica, o modelo de regressão linear relaciona uma variável dependente à outra variável independente. Nesse caso, para a gestão de estoques, pode-se considerar como variável dependente y e a independente x. O modelo é considerado linear nos parâmetros que correlacionam x e y.

A estimação do modelo geralmente é realizada pelo método dos mínimos quadrados ordinários e os resultados obtidos por esse algoritmo são ótimos, de acordo com o teorema da Gauss e Markov, segundo Santos (2000).

Os objetivos do modelo de regressão linear são estudar as relações entre as variáveis indicadas e testá-las por meio das análises de cenários e com a utilização dos diagramas de dispersão.

De início, a adoção do modelo de regressão linear está associada à interpretação da variável explicativa, conforme a Equação 4.1.

$$Y = \beta_0 + \beta_1 \cdot x$$

Equação 4.1 – Variável explicativa.

Para a utilização da Equação 4.1, há a necessidade de se conhecer os fatores da equação para estimar o valor de y, em detrimento a x. Logo, deve-se empregar o método dos mínimos quadrados, sendo os valores calculados pela soma das diferenças entre os valores observados e estimados pela regressão mínima.

$$b_1 = \frac{\sum x_i y_i - \dfrac{\sum x_i \sum y_i}{n}}{\sum x_1^2 - \dfrac{(\sum x_1)^2}{n}}$$

Equação 4.2 – Valores observados.

CAPÍTULO 4 - MODELOS DE PREVISÃO DE DEMANDA APLICADOS NA GESTÃO DE ESTOQUES

$$b_0 = \overline{y} - b_1\overline{x}$$

Equação 4.3 - Valores observados.

Estudo de caso

Neste capítulo, assume-se que determinada empresa aplica o modelo de regressão linear para ajustar os seus estoques para o ano de 2009, em relação à série histórica observada em 2008, para um produto hipotético em análise.

Na Tabela 4.1 e no Gráfico 4.1, é apresentada a série histórica anual do consumo para o material P1. No item "Aplicação prática", a previsão de demanda é executada com a utilização das equações apresentadas no item "Modelo de regressão linear", para validar a metodologia proposta. Na Figura 4.1, utiliza-se o Excel como uma ferramenta dinâmica e útil para um processo de tomada de decisões operacionais (ver também a Figura 4.2).

Aplicação prática

Tabela 4.1 - Série histórica em 2008.

Período - 2008	Jan.	Fev.	Mar.	Abril	Maio	Jun.	Jul.	Ago.	Set.	Out.	Nov.	Dez.
Consumo	110	120	120	90	90	85	70	75	80	190	210	290

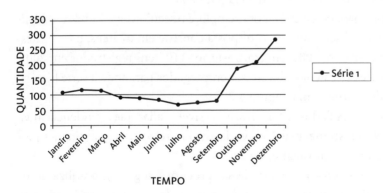

Gráfico 4.1 - Série histórica em 2008.

GESTÃO DE ESTOQUES

Estatística				
xi (tempo)	yi (qt)	xy	x^	y^
1	110	110	1	12100
2	120	240	4	14400
3	120	360	9	14400
4	90	360	16	8100
5	90	450	25	8100
6	85	510	36	7225
7	70	490	49	4900
8	75	600	64	5625
9	80	720	81	6400
10	190	1900	100	36100
11	210	2310	121	44100
12	290	3480	144	84100
78	1530	11530	650	245550

Figura 4.1 – Tabela mestra para 2008.

Utilizando as equações propostas no item "Modelo de regressão linear", tem-se a seguinte reta de tendência: $y = 11,084x + 55,45$ e o $R^2 = 0,3481$. Mas qual é a interpretação desse resultado? Qual seria a análise para a gestão de estoques? Para responder a essas questões, deve-se adicionar, na reta de tendência calculada, a análise mensal (em x) para compreender as respostas de y, considerando-se, nesse caso, a tendência para 2009.

O cálculo para janeiro de 2009, por exemplo, é o seguinte: $y = 11,084x + 55,45$, sendo x o mês 1, ou seja, janeiro. A resposta consiste em 67 itens, para o mesmo período, porém, em 2009, em contraste aos 110 itens registrados em 2008. Observa-se que esses cálculos devem ser empregados para toda a série histórica analisada, de acordo com a Figura 4.2.

De acordo com os dados anteriores, é possível avaliar que a tendência ajustada para 2009 é crescente, mas com variações em relação às quantidades percebidas aos períodos equivalentes de 2008.

Para facilitar o desenvolvimento dessas previsões, sugere-se a utilização de sistemas especialistas ou, em escala mais simples, das planilhas do Excel, conforme o item "Aplicação prática com o Excel".

CAPÍTULO 4 – MODELOS DE PREVISÃO DE DEMANDA APLICADOS NA GESTÃO DE ESTOQUES

Estatística					
xi (tempo)	yi (qt)	xy	x^	y^	2009
1	110	110	1	12100	67
2	120	240	4	14400	78
3	120	360	9	14400	89
4	90	360	16	8100	100
5	90	450	25	8100	111
6	85	510	36	7225	122
7	70	490	49	4900	133
8	75	600	64	5625	144
9	80	720	81	6400	155
10	190	1900	100	36100	166
11	210	2310	121	44100	177
12	290	3480	144	84100	188
78	1530	11530	650	245550	

Figura 4.2 – Tabela mestra calculada para 2008.

Aplicação prática com o Excel

O emprego de planilhas do Excel é favorável aos ganhos por agilidade e na maior facilidade das operações de controle de estoques. O mesmo exercício proposto no item "Aplicação prática" é executado neste item (Tabela 4.2).

Tabela 4.2 – Série histórica em 2008.

Período – 2008	Jan.	Fev.	Mar.	Abril	Maio	Jun.	Jul.	Ago.	Set.	Out.	Nov.	Dez.
Consumo	110	120	120	90	90	85	70	75	80	190	210	290

No Excel, após a seleção da série histórica, deve-se solicitar o gráfico de linha, para o desenvolvimento da reta de tendência, como na Figura 4.3.

GESTÃO DE ESTOQUES

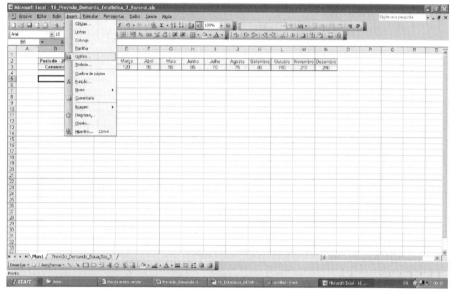

Figura 4.3 – Gráfico de linha.

De acordo com a Figura 4.4, a opção deve ser pelo gráfico de linha, para a inserção da reta de tendência.

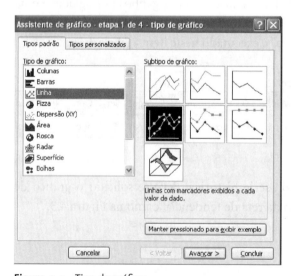

Figura 4.4 – Tipo de gráfico.

CAPÍTULO 4 – MODELOS DE PREVISÃO DE DEMANDA APLICADOS NA GESTÃO DE ESTOQUES

Após a escolha do tipo de gráfico, devem-se analisar os resultados e o gráfico gerado pelo Excel, solicitando a reta de tendência. Para isso, basta selecionar a linha evolutiva de demanda/consumo com o botão direito do mouse, solicitar a reta de tendência, como mostrado no Gráfico 4.2.

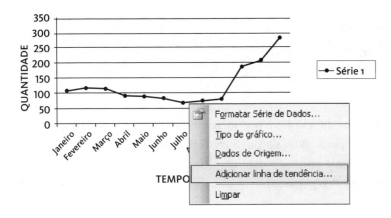

Gráfico 4.2 – Adicionar reta de tendência.
Fonte: Autores.

Em resposta à solicitação ao Excel, apresenta-se a reta de tendência, como se pode ver no Gráfico 4.3, em que, em alguns meses, registra-se excesso ou falta de estoques, tendo como referência a tendência central para a projeção dos níveis de material armazenado.

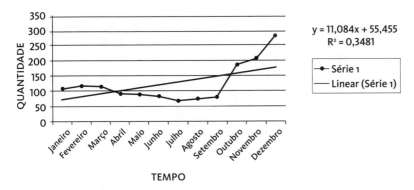

Gráfico 4.3 – Reta de tendência.

Observa-se que os valores calculados para 2009 estão ajustados, considerando o mesmo consumo anual, segundo a Tabela 4.3.

Tabela 4.3 – Série histórica em 2009

	Jan.	Fev.	Mar.	Abril	Maio	Jun.	Jul.	Ago.	Set.	Out.	Nov.	Dez.
Período – 2008 (x)	1	2	3	4	5	6	7	8	9	10	11	12	CA
Consumo – 2008 (y)	110	120	120	90	90	85	70	75	80	190	210	290	1530
Tendência – 2009 (y)	66,53	77,62	88,70	99,79	110,87	121,95	133,04	144,12	155,21	166,29	177,37	188,46	1529,952

Comprovam-se na Tabela 4.3 e por meio do Gráfico 4.4 os ajuste das tendências de estoques para 2009, sem as variações das quantidades observadas ao longo de 2008, o que pode ser visto na última coluna da Tabela 4.3 para o consumo anual (CA) dos períodos.

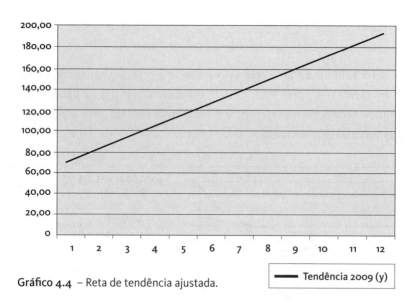

Gráfico 4.4 – Reta de tendência ajustada.

O Gráfico 4.4 está ajustado, sem excessos ou falta de estoques. Nesse caso, a organização em estudo pode economizar seus recursos financeiros e evitar perdas, depreciações desnecessárias e prejuízos decorrentes de estoques não vendidos.

Considerações finais e recomendações

Pode-se concluir que a adoção dos modelos estatísticos de regressão linear é fundamental para que as organizações obtenham resultados satisfatórios na tomada de decisão para as políticas de estocagem, evitando prejuízos, depreciação e possíveis prejuízos por vendas perdidas. Observa-se que esses modelos são determinísticos, devendo ser revisados com frequência, para evitar falhas de planejamento nas operações.

Referências bibliográficas

BALLOU, R. H. *Logística empresarial*: transportes, administração de materiais e distribuição física. São Paulo: Atlas, 2003.

BALLOU, R. H. *Gerenciamento da cadeia de suprimentos/logística empresarial*. 5. ed. Porto Alegre: Bookman, 2006.

CSCMP – Council of Supply Chain Management Professionals. Disponível em: <http://cscmp.org>. Acesso em: ago. 2008.

SANTOS, R. J. *Geometria analítica e algebra linear*. Belo Horizonte: Imprensa Universitária da UFMG, 2000.

STEVENSON,W. J. *Estatística aplicada à administração*. Rio de Janeiro: Harbra, 1981.

TADEU, H. F. B. *Logística empresarial*: riscos e oportunidades. Belo Horizonte: Fundac, 2008. 300 p.

VIANA, João José. *Administração de materiais*: um enfoque prático. 1. ed. São Paulo: Atlas, 2002.

WANKE, Peter. *Previsão de venda*: processos organizacionais e métodos quantitativos e qualitativos. São Paulo: Atlas, 2006.

Capítulo 5

Adoção de modelos financeiros para a gestão de estoques: um estudo de caso aplicado para as organizações

Hugo Ferreira Braga Tadeu
Felipe Melo Rocha

Objetivo do capítulo

Entender os fundamentos sobre a gestão integrada da cadeia de suprimentos e evidenciar a importância da adoção de modelos quantitativos e financeiros para a área de gestão de estoques é o objetivo deste artigo, demonstrando os ganhos por competitividade nas operações com níveis ótimos de recursos materiais para as organizações.

Introdução

A importância de gerir eficientemente os estoques de uma organização está diretamente relacionada à capacidade de pronta resposta às necessidades de consumo do mercado, adequando, simultaneamente, o nível de operação e custos totais envolvidos.

Um dilema empresarial recorrente é o balanceamento entre o volume de estoques, a ponto de sustentar um nível de serviço eficiente, com a capacidade e disponibilidade de investimentos da organização, visto que, para todo material, tem-se atrelado o seu respectivo valor financeiro.

Portanto, garantir o giro de estoques em toda a cadeia de suprimentos corresponde a transformar um produto em recursos financeiros por meio dos processos de venda. Por outro lado, o acúmulo indesejado desses recursos em estoques evidencia um problema para as organizações, pois, ao não concluírem seu ciclo normal, que seria da venda e a geração de receitas, estes permanecem parados em estoque, incorrendo em custos de manutenção, movimentação, depreciação e risco de perda.

Dessa forma, esse acúmulo desnecessário de estoques configura-se como custo de oportunidade mal aproveitado pelas organizações, que poderiam usufruir dos recursos financeiros gastos com a geração desses estoques para financiar investimentos voltados diretamente para o *core business* da empresa, seja ela direcionada para a produção ou para a prestação de serviços.

Em vista dessa necessidade de ordenação e adequação dos estoques, os gestores responsáveis pela área de materiais devem atentar para a eficiência nos modelos de gestão, de acordo com os seguintes critérios:

- ◆ adequação do número de materiais estocados à capacidade de processamento, movimentação e de giro de estoque desses recursos físicos;
- ◆ seleção criteriosa dos fornecedores, tendo em vista a necessidade de certificar a credibilidade dos prazos, volume e qualidade das entregas;
- ◆ estabelecer ainda, junto aos fornecedores, relações comerciais estáveis e contratuais de longo prazo para assegurar o fornecimento dos insumos necessários;
- ◆ avaliar constantemente as previsões de demanda mediante análises de mercado e pela adoção de modelos quantitativos aplicados para a gestão de estoques.

Atualmente, verifica-se que o mercado de bens e serviços tem-se mostrado em notória dinamicidade, formado por uma série de agentes envolvidos em todas as etapas do processo, o que tem tornado o gerenciamento das cadeias de suprimentos uma tarefa complexa.

Em função dessa crescente complexidade das relações de mercado, o uso de métodos quantitativos aplicados de forma sistêmica para toda a cadeia de suprimentos é um passo necessário para a melhoria da gestão de estoques, em detrimento a aplicação de métodos qualitativos baseados na experiência prática. Esse empirismo utilizado na tomada de decisão vem perdendo força, em decorrência de sua demonstração de ineficiência diante da dinamicidade e do volume de relações comerciais estabelecidas na economia atual.

CAPÍTULO 5 – ADOÇÃO DE MODELOS FINANCEIROS PARA A GESTÃO DE ESTOQUES

A busca por melhores índices de eficiência de estoques é, portanto, uma tarefa crucial no mercado moderno, com implicações na sustentabilidade competitiva ou não das organizações, servindo como uma ponte para o equilíbrio entre nível de operações e finanças.

Previsão de demanda e a gestão de estoques

Segundo Ballou (2003), as previsões acerca da quantidade de produtos que os consumidores finais demandarão no mercado é uma questão fundamental para a construção de todo o planejamento empresarial, justificando, por sua vez, o grande esforço empregado pelas organizações ao desenvolvimento de métodos de previsão mais eficientes.

Ainda, de acordo com o autor, para os métodos de controle de estoques, a projeção de vendas a partir da base de dados histórica é a técnica mais utilizada pelas organizações empresariais. Apesar da aparente simplicidade dessa técnica, cabe, neste ponto, uma consideração. Assim como no mercado financeiro, rendimentos passados não são garantias de rendimentos futuros, da mesma forma, demandas passadas (quando analisadas isoladamente) não implicam certezas absolutas para o futuro. Entretanto, esses históricos de movimentações de estoques formam uma base de sustentação para a tomada de decisão futura.

Para dar mais solidez a esses conceitos, é preciso ainda complementá-los com outros fundamentos ligados a observância da realidade do ambiente externo à organização, podendo-se destacar análises de mercado, com a avaliação de fornecedores atuais, potenciais e sobre as demandas de mercado para os produtos e materiais de gênero semelhante. A estabilidade política, a inflação e outras variáveis macroeconômicas também devem ser incorporadas a essa análise para aprimorar a eficiência do modelo.

Visto isso, fica claro como a previsão da demanda é parte indispensável para as atividades de planejamento e controle de uma organização. No entanto, este é apenas um ponto quando observamos as organizações separadamente. No mercado atual, as empresas não se encontram isoladas, operando de forma interligada em suas cadeias de suprimentos.

Para que as organizações continuem a operar de forma viável no mercado através dos anos, elas necessitam desenvolver uma infraestrutura de rede às suas operações, especializando-se em processos ou atividades distintas.

Desse modo, foram-se desenvolvendo cadeias cada vez mais complexas que ligam fornecedores, fabricantes e depósitos até as demandas consumidoras. Assim, prever a demanda por um recurso material tornou-se uma etapa de um processo de planejamento mais amplo: a gestão das cadeias de suprimento.

Para coordenar o atendimento de possíveis demandas, passou-se então a levar em consideração às seguintes questões: o que deve ser comprado e em qual quantidade? Quando ressuprir o estoque e qual é o tempo de ressuprimento envolvido? Quais são os níveis ideais de estoque? Como economizar nas compras, minimizando os custos de armazenagem?

Essas questões são uma constante na realidade das organizações de todo o mundo. E, para entendê-las melhor, é preciso compreender como se desenvolvem as relações na cadeia de suprimentos.

Gestão colaborativa e a integração na cadeia de suprimentos

Observar a realidade do mercado atual nos remete, necessariamente, ao reconhecimento de estruturas complexas de redes de logísticas integradas e como o gerenciamento dessas cadeias de suprimentos, ou *Supply Chain Management* (SCM), tem evoluído e incorporado uma série de agentes envolvidos nos processos de produção e prestação de serviços.

Conforme Simchi-Levi (2003), a definição para a *Supply Chain Management* (SCM) é de um conjunto de abordagens integradas de forma eficiente, compreendendo a escolha de fornecedores, fabricantes, depósitos e armazéns, a fim de que a mercadoria seja produzida e distribuída na quantidade necessária, para a localização certa e no prazo exato. Deve ser promovida a minimização dos custos globais incorridos do sistema, ao mesmo tempo em que se alcança um nível de serviço satisfatório.

Estruturar um controle e planejamento dessa cadeia é mais que a soma das gestões independentes de cada unidade, confirmando a ideia de que o somatório dos ótimos locais não correspondem a um ótimo global, conforme exposto na Figura 5.1.

Essa afirmação, oriunda das resoluções de modelagens matemáticas e problemas de otimização em geral, faz transparecer a ideia básica de que uma solução local ótima, apesar de poder ser a mais eficiente para um agente isolado,

CAPÍTULO 5 – ADOÇÃO DE MODELOS FINANCEIROS PARA A GESTÃO DE ESTOQUES

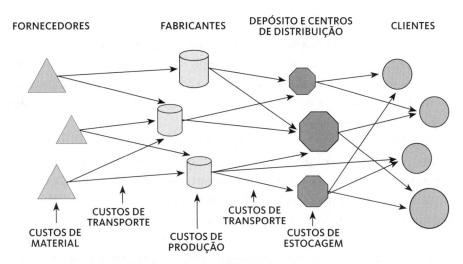

Figura 5.1 – Esquema ilustrativo de uma rede logística.
Fonte: Adaptação de Simchi-Levi et al., 2003.

quando é inserida no contexto de todo o sistema pode não corresponder a solução ótima global.

Da mesma forma, gestões independentes podem ser eficientes para fornecedores quando analisados separadamente, mas, quando incorporados à cadeia (e ao contexto do ambiente sistêmico), podem se configurar como modelos de gestão ineficientes em razão das interações estabelecidas com os fabricantes e suas características próprias, como a capacidade de movimentação e a armazenagem dos materiais, por exemplo.

Esse problema é apenas uma variação do conceito de *tradeoff* sobre o dimensionamento da produção entre as áreas marketing, produção e vendas, estendido agora para um contexto maior da cadeia de suprimentos.

Logo, sendo a ênfase da eficiência de gestão dessa cadeia voltada para a minimização dos custos totais incorridos em todo o sistema, faz-se necessária uma abordagem sistêmica para a gestão de toda a rede de suprimentos, uma vez que é indispensável considerar as inúmeras interações que se estabelecem entre os componentes e as suas decisões sobre a política de estoque utilizada.

Nesse sentido, compreender a previsão de demanda como um processo integrado é enxergar um sistema mais amplo, que se inicia da capacidade de estimar os tempos de ressuprimento dos fornecedores, perpassando os tempos de entrega e movimentação desses materiais até a sua disponibilização para o processamento e posterior distribuição, interligando cada componente da cadeia.

Quanto a esse ponto, o Council of Supply Chain Management Professionals (CSCMP, 2008) entende que uma gestão eficiente de estoques perpassa os modelos quantitativos e de previsão de demanda, devendo estender seu modelo para a chamada gestão colaborativa.

Essa forma de gestão consiste em planejar toda a cadeia logística, incluindo os fornecedores, depósitos e clientes. Assim, os modelos colaborativos representam um avanço para a gestão de estoques, por considerarem a previsão de demanda, em conjunto com análises de mercado, modelos estratégicos de distribuição e avaliações de estoque e finanças.

Assim, gerir de forma integrada essa cadeia é administrar suas inter-relações, incorporando ao planejamento e controle de cada componente as características referentes ao fluxo de informação e de materiais de toda a rede.

Para a administração do fluxo de materiais, deve-se entender que o gerenciamento de estoques visa, por meio de métodos quantitativos aplicados, balancear capacidade de processamento das organizações e atendimento às expectativas de venda, com a máxima eficiência, redução de custos e tempo de movimentação e distribuição. Busca-se, paralelamente, maximizar a eficiência do uso do capital investido, no intuito de alcançar retornos satisfatórios sobre o investimento realizado.

Como consequência, os estoques não podem ser planejados para operar com excessos de recursos, ou materiais ociosos, em virtude de sua representatividade financeira e dos custos de oportunidades que incorrem de cada decisão gerencial.

Assim, na busca de se atingir competitividade no mercado, a redução dos custos globais do sistema representa uma abordagem conjunta de relevância, uma vez que os custos envolvidos na cadeia de processos abrangem custos de aquisição de material, transporte e movimentação, produção, estocagem e distribuição.

Como se, por si só, já não fosse uma tarefa complexa gerir os recursos físicos em estoque de toda essa cadeia integrada, é preciso ainda administrá-los também do ponto de vista financeiro, uma vez que se considera estoque como qualquer recurso físico, do qual este tenha atrelado valores financeiros e atributos fiscais.

CAPÍTULO 5 – ADOÇÃO DE MODELOS FINANCEIROS PARA A GESTÃO DE ESTOQUES

Percebe-se então que a abordagem sobre as áreas de materiais e estoques abrange, necessariamente, considerações do ponto de vista de custos envolvidos e, portanto, de finanças.

Assim, é de grande importância administrar materiais pelas abordagens que permitam uma visão dos estoques como recursos físicos do processo produtivo, mas também como ativos financeiros da empresa que, se não empregados de forma eficiente, podem incorrer em custos sem sua posterior transformação em receita.

Em função disso, os modelos quantitativos aplicados para a gestão de estoques e materiais devem levar em conta esses três aspectos explorados até então como variáveis: previsão de vendas, características próprias da cadeia de suprimentos como tempo de ressuprimento dos fornecedores e capacidade de movimentação e armazenagem dos depósitos e, por fim, análises financeiras envolvendo estoque e opções de pedidos de compra e desembolso de caixa.

Com esses pontos, é possível lançar mão de modelos matemáticos para apoiar as decisões gerenciais quanto ao nivelamento dos estoques, paralelamente à redução dos custos incorridos, agregando valor aos produtos e processos devido a melhor desempenho operacional e financeiro da organização.

ADICIONANDO VALOR ÀS OPERAÇÕES E O CUSTO FINANCEIRO DOS ESTOQUES

A realidade vivida, tanto pelo lado dos mercados quanto das próprias economias globais, tem revelado um importante aspecto aparentemente relegado ao segundo plano nas decisões gerenciais: a necessidade de planejamento integrado e de longo prazo.

A crise de crédito oriunda dos Estados Unidos em 2008 fez emergirem duas questões centrais para compreender melhor os efeitos para uma estratégia de longo prazo.

◆ **Redução de juros:** nos Estados Unidos, a redução dos juros pelo então presidente do Federal Reserve (Fed), o economista Alan Greespan, tinha como objetivo estimular o consumo das famílias e, assim, o crescimento da economia. Essa medida, porém se mostrou uma armadilha com consequências como a redução das taxas de poupança, endivi-

damento das famílias e aumento da inadimplência, comprometendo o setor imobiliário.
- ◆ **Prejuízos no Brasil:** a deflagração dessa crise salientou os problemas incorridos das negociações com derivativos no mercado financeiro. Empresas registraram prejuízos de bilhões de reais devido às operações no mercado cambial.

Esses fatos salientam como a tomada de decisão na busca de resultados eficientes no curto prazo pode comprometer seriamente a sustentabilidade de um modelo de gestão. E mais ainda, o *tradeoff* entre o planejamento de curto e de longo prazos é um fator essencial a ser considerado por todos os modelos de gestão, do mercado financeiro às organizações que integram as cadeias produtivas em geral.

Nesse sentido, gerir a área de materiais implica, necessariamente, reconhecer que estoques representam materiais no aguardo para serem processados ou distribuídos, no curto prazo, mas também recursos financeiros que são desembolsados pela organização e que tem um valor futuro e um custo de oportunidade no longo prazo.

Adicionar valor às operações de gestão de estoque é possível, então, quando se consegue estabelecer níveis de estoques que sustentem a demanda despendendo a quantidade mínima necessária de material armazenado, disponibilizando recursos físicos e financeiros para a empresa utilizar em suas atividades fins e na geração de caixa.

O atendimento ao cliente em tempo hábil, dentro do prazo estipulado, e despendendo a quantidade mínima de recursos em estoque para o atendimento, garante à empresa receita e clientes satisfeitos, de um lado, e redução dos custos e a disponibilização de capital para novos investimentos, do outro. Este é o fundamento central da geração de valor para as organizações.

Reconhecendo que fornecedores, fábricas e depósitos se relacionam como clientes e consumidores, é possível estender essa geração de valor para toda a cadeia de suprimentos, com a busca de eficiência global.

Para Brealey (2005), as decisões que um gestor da produção deve tomar acerca dos níveis de material em estoque são similares às decisões de administradores financeiros quanto ao fluxo de caixa, em virtude da questão da liquidez. Assim como empresas necessitam manter em caixa quantias consideráveis na forma de capital de giro para sustentar suas atividades (liquidez de caixa), gerentes de

CAPÍTULO 5 – ADOÇÃO DE MODELOS FINANCEIROS PARA A GESTÃO DE ESTOQUES

produção devem manter níveis de material em estoque no intuito de evitar que imprevistos venham a comprometer os processos de produção e venda.

Segundo o autor, trata-se, na verdade, de um mesmo *tradeoff*, já que os gerentes de produção não são obrigados a manter estoques de materiais. Porém, caso optassem pela compra diária de material, conforme necessário à produção, eles pagariam mais caro por lotes menores do material no mercado, além de colocar em risco a cadeia de produção com atrasos, caso o material não fosse entregue em tempo hábil. Por essa razão, opta-se pela estocagem acima das necessidades imediatas da organização.

Como toda opção dentro das empresas incorre em custos, existe um custo por se manter estoques. Esses custos englobam a armazenagem, movimentação, mão de obra dos funcionários, equipamentos de apoio (paletes, empilhadeiras, estantes, entre outros), possíveis estragos e desvios, depreciação e um importante fator que são os juros perdidos pelo estoque parado, que poderiam ser revertidos em aplicações financeiras.

Neste ponto, as análises de contabilidade gerencial de Atkinson et al. (2000) são relevantes para compreender melhor a dimensão de estoque como dinheiro e, portanto, valor no tempo.

Para os referidos autores, o dinheiro tem um custo, da mesma forma que todas as outras *commodities*, porém o custo de se usar o dinheiro não corresponde apenas ao seu desembolso, como o custo de compra de insumos ou pagamentos salariais. Segundo os autores, o custo de usar dinheiro é a oportunidade perdida por estar impossibilitado de investir o mesmo dinheiro em uma opção de investimento.

Dois conceitos surgem dessas ideias, sendo eles:

◆ **Valor do dinheiro no tempo**: advindo dos princípios de orçamento de capital, enuncia que o dinheiro pode ter um retorno, mas este é dependente do período transcorrido até seu recebimento efetivo.
◆ **Custo de oportunidade**: quantia de lucro potencial perdido quando a oportunidade proporcionada por uma opção é sacrificada pela escolha da alternativa concorrente.

Dessa forma, gestores devem procurar alcançar um equilíbrio sensível entre os custos de manter determinado nível de estoque que garanta a liquidez (entendida então como a segurança de continuidade) da produção e da distribuição dos produtos no mercado consumidor, e os custos de oportunidades que incidem quando o recurso financeiro é alocado em materiais a serem estocados.

Encontrar tal equilíbrio dinâmico e característico de cada empresa e organização é fundamental para se evitar dispêndios desnecessários e garantir a longevidade do modelo de gestão.

Métodos quantitativos aplicados

A impossibilidade de conhecer exatamente a demanda futura e a insegurança quanto à disponibilidade de suprimentos e insumos no mercado fazem que a estocagem de materiais seja uma opção necessária para os administradores.

Porém, esse nível de material armazenado deve ser estabelecido a ponto de cobrir eventuais falhas e atrasos nos tempos de suprimento e variações/incertezas de demanda. Como vimos, então, essa armazenagem incorre em custos para a organização que devem ser minimizados, administrando-se estoques de segurança.

Minimizando os custos totais incorridos, recursos físicos e financeiros podem ser disponibilizados para que a empresa invista em suas atividades diretamente ligadas a linha de atuação, seja ela a produção de bens, prestação de serviços ou uma confluência de ambos.

Assim, fica clara a necessidade de adotar medidas que possibilitem uma gestão mais eficiente da área de materiais, o que implica uma adequação de uso tanto de recursos físicos quanto financeiros, uma vez que é atrelado valor monetário aos estoques e sobre estes incorrem custos de oportunidades.

A aplicação da modelagem matemática para a gestão de materiais visa calcular os níveis eficientes de estoque em função de características do próprio material, de sua capacidade de suprimento e da demanda de mercado. Paralelamente, é possível ainda calcular as quantidades dos pedidos de compra de maneira a minimizar os custos de pedido e de armazenagem, integrando cálculos matemáticos a análises financeiras.

Por meio desses métodos, é possível ainda estipular qual é a quantidade a ser comercializada de determinado produto, de modo que a receita total da venda desse produto se iguale aos seus custos totais de processamento, ou seja, nesse ponto, conhecido como Quantidade no Ponto de Equilíbrio (Q_{PE}), a receita se iguala ao somatório do custo fixo e custo variável total do referido produto. A aplicação desses métodos está estruturada no estudo de caso apresentado no item "Estudo de caso".

Estudo de caso

A empresa "Hipotética" é uma organização que comercializa peças e acessórios para veículos automotivos nacionais e importados e que, para atender o mercado, administra um estoque de médio porte de seus produtos. A empresa tem verificado em seus balanços contábeis o aumento dos níveis de estoques e, consequentemente, dos custos de armazenagem.

Objetivando aprimorar a eficiência dos processos de compras e de desembolso de caixa, a empresa instaurou uma força-tarefa para analisar a gestão de materiais. O presente estudo de caso compreende a análise de um único recurso material para servir como modelo para os demais itens da companhia. Esse produto será identificado como produto "A", e os dados sobre sua demanda, outras informações sobre o produto e a empresa se encontram especificados a seguir (Tabela 5.1).

Tabela 5.1 – Dados do produto "A" e demanda em 2008.

Consumo anual do produto	1.029 SKUs	Período	Consumo	Período	Consumo
Custo de armazenagem por produto	R$ 0,50	Jan.	80	Jul.	127
Custo unitário do pedido de compra	R$ 150,00	Fev.	115	Ago.	77
Preço unitário do produto	R$ 75,00	Mar.	91	Set.	68
Custo variável do produto	R$ 45,00	Abr.	79	Out.	62
Custo fixo	R$ 25.000,00	Maio	69	Nov.	71
Política de Lote de Compra	125 SKUs	Jun.	96	Dez.	94

De acordo com os dados da Tabela 5.1, é possível aplicar os modelos quantitativos para calcular qual é o ponto de equilíbrio para a comercialização do produto "A" e, mais ainda, quais são as quantidades ótimas, de forma a reduzir os custos incorridos nos processos de compra e armazenagem dos produtos.

A Quantidade no Ponto de Equilíbrio – Q_{PE}

Calcular a quantidade no ponto de equilíbrio para o produto "A" significa avaliar a partir de que ponto (quantidade) as vendas do referido produto cobrem seus custos totais e a organização passa a registrar lucro sobre a comercialização desse produto. A modelagem matemática usada é:

$$Q_{PE} = \frac{CF}{P - CV}$$

onde:
CF = somatório dos custos fixos de processamento do produto;
P = preço de venda do produto;
CV = custos variáveis do produto.

Realizados esses cálculos, chega-se ao resultado de 834 unidades. Isso representa que, mantidas inalteradas as variáveis de custo fixo, preço de venda e custos variáveis, a empresa continuará operando com lucro enquanto comercializar, pelo menos, 834 unidades do produto "A" ao ano. Esse resultado pode ser visualizado a partir da análise do Gráfico 5.1.

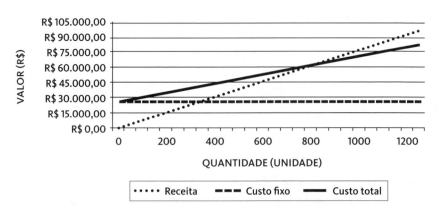

Gráfico 5.1 – Ponto de equilíbrio para o produto "A".

Tabela 5.2 – Lucro e prejuízo em função da demanda do produto "A".

Demanda	Receita	Custo total	Lucro/prejuízo
600	R$ 45.000,00	R$ 52.000,00	–R$ 7.000,00
800	R$ 60.000,00	R$ 61.000,00	–R$ 1.000,00
834	R$ 62.550,00	R$ 62.530,00	R$ 20,00
1.000	R$ 75.000,00	R$ 70.000,00	R$ 5.000,00
1.200	R$ 90.000,00	R$ 79.000,00	R$ 11.000,00

Otimizando as compras pelo lote econômico de compras (LEC)

O gestor da área de materiais da empresa "Hipotética" vinha adotando uma política de lotes de compra de 125 unidades para o produto "A". Em função do aumento no nível de estoque desse produto e, consequentemente, dos custos de armazenagem, a empresa decidiu rever suas políticas de compra a fim de estabilizar os estoques e realizar uma gestão de caixa mais eficiente, evitando dispêndio desnecessário de recursos financeiros. A modelagem utilizada para esse cálculo é:

$$LEC = \sqrt{\frac{2*CA*CC}{CPA*PU}}$$

onde:
CA = consumo anual em quantidades;
CC = consumo unitário do pedido de compra;
CPA = custo do produto armazenado;
PU = preço unitário do material (fonte: Viana, 2002).

Realizando simulações dinâmicas com o auxílio do Excel é possível estimar quais os custos de estocagem (custo de armazenagem do estoque médio), os custos dos pedidos de compras em função do número anual de pedidos e o somatório desses dois custos. Assim, feitos os cálculos, chegou-se à conclusão que o dimensionamento ideal para os lotes de compra deveriam ser de 91 unidades, sendo feitos então 12 pedidos de compras anuais. O Gráfico 5.2 representa os custos incorridos, juntamente com a tabela comparativa de políticas de lotes de compra (Tabela 5.3).

GESTÃO DE ESTOQUES

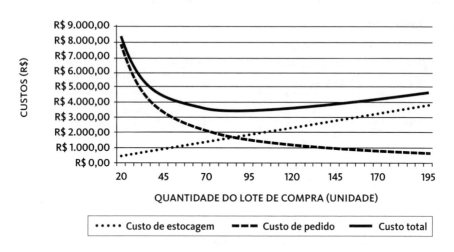

Gráfico 5.2 – Gráfico do ponto de equilíbrio para o produto "A".

Tabela 5.3 – Custos das políticas de compra por tamanho de lote.

Tamanho do lote	50 SKUs	75 SKUs	91 SKUs	100 SKUs	125 SKUs	150 SKUs
Número de pedidos anuais	20,58	13,72	11,31	10,29	8,23	6,86
Valor do estoque médio	R$ 1.875,00	R$ 2.812,50	R$ 3.412,50	R$ 3.750,00	R$ 4.687,50	R$ 5.625,00
Custo de estocagem	R$ 937,50	R$ 1.406,25	R$ 1.706,25	R$ 1.875,00	R$ 2.343,75	R$ 2.812,50
Custo de pedidos	R$ 3.087,00	R$ 2.058,00	R$ 1.696,15	R$ 1.543,50	R$ 1.234,80	R$ 1.029,00
Custo total	R$ 4.024,50	R$ 3.464,25	R$ 3.402,40	R$ 3.418,50	R$ 3.578,55	R$ 3.841,50

Observando os dados obtidos, podemos perceber que, embora a adoção da política de compra de lotes de 125 unidades adotada pelo gestor de materiais incorra em custos de pedidos menores, os custos de estocagem ainda são maiores. Como os gastos com armazenagem representam um dos maiores problemas a serem resolvidos pelas empresas, eles devem ser prioritariamente analisados.

CAPÍTULO 5 – ADOÇÃO DE MODELOS FINANCEIROS PARA A GESTÃO DE ESTOQUES

Realizados os cálculos para o dimensionamento do lote de compras e de identificação do ponto de equilíbrio, é preciso ainda realizar uma avaliação das demandas para observar qual é a tendência de consumo para o produto em questão e estruturar as previsões para os próximos horizontes de planejamento. Com base na demanda de 2008, observa-se como mostrado no Gráfico 5.3.

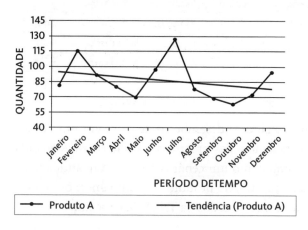

Gráfico 5.3 – Demanda do produto "A" no ano de 2008.

Assim, a tendência verificada ao longo do ano de 2008 é de redução das demandas pelo produto "A". Como consequência, o planejamento para as compras de ressuprimento do estoque desse produto para os próximos períodos deve ser calculado levando em conta a retração da demanda desse produto.

Desse modo, associando os cálculos para o dimensionamento do lote de compra à tendência de demanda do produto "A", podem-se estimar quais seriam os custos envolvidos quando a demanda planejada tende a diminuir no tempo, com a possibilidade de encerrar o próximo ano abaixo das 1.029 unidades demandada em 2008.

Tabela 5.4 – Previsão de demanda em queda e custos envolvidos nas compras.

N° de pedidos anuais	Lote de compra	Estoque médio	Custo do estoque	Custo do pedido	Custo total	Demanda
11	88	R$ 3.300,00	R$ 1.650,00	R$ 1.650,00	R$ 3.300,00	968
11	89	R$ 3.337,50	R$ 1.668,75	R$ 1.650,00	R$ 3.318,75	979
11	90	R$ 3.375,00	R$ 1.687,50	R$ 1.650,00	R$ 3.337,50	990
11	91	R$ 3.412,50	R$ 1.706,25	R$ 1.650,00	R$ 3.356,25	1.001
11	92	R$ 3.450,00	R$ 1.725,00	R$ 1.650,00	R$ 3.375,00	1.012
12	85	R$ 3.187,50	R$ 1.593,75	R$ 1.800,00	R$ 3.393,75	1.020

Após isso, é preciso agora analisar o desembolso de caixa em função dos cálculos de lote de compra eficiente e das previsões do cenário de demanda para o ano seguinte. Escolhendo como um cenário possível a quantidade de 1.012 unidades para a demanda futura do produto "A", estimam-se os desembolsos feitos pela empresa conforme os dados da Tabela 5.5 a seguir.

Tabela 5.5 – Previsão de demanda em queda e custos envolvidos nas compras.

	Política adotada	Cenário possível
Lote de compra (SKUs)	125	92
Número de pedidos anuais (SKUs)	9	11
Preço unitário (R$)	R$ 75,00	R$ 75,00
Valor presente da compra (R$)	R$ 84.375,00	R$ 75.900,00
Número de períodos para pagamento (meses)	9	9
Taxa de juros dos fornecedores (% a.m.)	3,00%	3,00%
Valor dos pagamentos mensais (R$)	(10.836,61)	(9.748,13)
Valor Futuro da compra (R$)	(110.090,24)	(99.032,28)

Dessa forma, considerando-se que a compra para o ano de 2009 será feita no mês de março e a empresa "Hipotética" terá nove meses para realizar o pagamento a uma taxa de 3% a.m., praticada pelos fornecedores, os valores calculados anteriormente demonstram que a adoção do modelo de compra eficiente estimado para o ano seguinte é a opção mais viável.

Isso se confirma tanto do ponto de vista da manutenção dos recursos físicos em estoques (já que os estoques serão ressupridos mais vezes ao ano e sob quantidades menores, reduzindo os custos de armazenagem) quanto do ponto de vista financeiro (visto que o desembolso de caixa para pagamento das parcelas mensais será menor, de aproximadamente R$ 1.088,00 a menos, a serem desembolsados por mês).

Assim, mostra-se que a empresa "Hipotética" deve alterar sua política de administração de materiais, adotando os métodos quantitativos expostos para adequar sua gestão de estoque e de caixa a níveis de maior eficiência quanto à utilização de seus recursos físicos e financeiros.

Considerações finais

Observe que, por meio da análise do estudo de caso, a decisão correta da administração de estoques traz implicações para toda a gestão física e financeira das organizações.

A partir da adoção de métodos aplicados para a previsão de demanda e a gestão de estoques e materiais, é possível determinar os níveis ideais a se manter de estoque a fim de reduzir sistemicamente os custos envolvidos com a compra e a armazenagem dos materiais.

Assim, as compras para a manutenção e o ressuprimento de estoques são baseadas no dimensionamento dos lotes de mercadorias, que, por sua vez, representam recursos financeiros a serem desembolsados pela empresa. Portanto, a análise de materiais está, necessariamente, atrelada a análises de custos e desembolso financeiro, a fim de se alcançar uma solução otimizada para todos esses aspectos abordados: materiais, custos e finanças.

Dessa maneira, deve-se atentar constantemente para o uso desses modelos, pois, segundo a dinâmica do mercado atual, as empresas são cobradas por níveis cada vez mais satisfatórios de gestão e isso envolve, necessariamente, aprimoramentos na gestão de custos, tempo e qualidade.

O fortalecimento do planejamento integrado dentro da cadeia de suprimentos, nesse sentido, busca veementemente alcançar níveis de garantia cada vez maiores para o fornecimento de materiais e produtos na quantidade necessária, no tempo e lugar certos, e, por conseguinte, um nível de operação sustentável e lucrativo para as empresas. O reconhecimento e fortalecimento dessa estrutura integrada em rede e o uso dos métodos quantitativos aplicados para a gestão de materiais são os primeiros passos na conquista de um modelo de gestão eficiente e do sucesso da empresa no mercado.

Referências bibliográficas

ATKINSON, A. A. et al. *Contabilidade gerencial*. São Paulo: Atlas, 2000.

BALLOU, R. H. *Logística empresarial*: transportes, administração de materiais e distribuição física. São Paulo: Atlas, 2003.

BREALEY, R. A. *Finanças corporativas*: financiamento e gestão de risco. Porto Alegre: Bookman, 2005.

GITMAN, L. J. *Princípios de administração financeira*: essencial. Porto Alegre: Bookman, 2001.

SIMCHI-LEVI, D. et al. *Cadeia de suprimentos*: projeto e gestão – Conceitos, estratégias e estudos de caso. Porto Alegre: Bookman, 2003.

Council of Supply Chain Management Professionals. Disponível em: <http://cscmp.org>. Acesso em: dez. 2008.

VIANA, João José. *Administração de materiais*: um enfoque prático. 1. ed. São Paulo: Atlas, 2002.

WANKE, Peter. *Previsão de venda*: processos organizacionais e métodos quantitativos e qualitativos. São Paulo: Atlas, 2006.

Capítulo 6

Métodos quantitativos aplicados na gestão de estoques: controle para itens de baixo giro

Gerson Luís Caetano da Silva

> ### Objetivo do capítulo
>
> O objetivo deste capítulo é contextualizar a administração de estoques nas empresas, como função essencial para a manutenção do nível de serviço para os consumidores finais. São abordados temas como previsão de demanda, classificação de item, quanto a sua importância e modelos estatísticos de controle de materiais de baixo giro.

Introdução

Contexto da administração de estoque nas empresas

A gestão de estoque de peças de reposição e materiais auxiliares à produção é essencial para a maioria das grandes empresas, dado o valor significativo desses itens mantidos em estoque para garantir um nível de serviço adequado aos clientes. Esses itens representam um custo bastante alto para muitas empresas, frequentemente excedendo o lucro anual. Uma típica empresa de manufatura mantém entre US$ 5 milhões e US$ 15 milhões em peças de reposição com um custo médio de oportunidade de 20% a 40% do valor de estoque (Sandvig e Allaire, 1998). Diferentemente dos estoques de produtos acabados, semiacabados e insumos, que são direcionados pelos processos de produção e demandas dos clientes, as peças de reposição e os materiais de consumo são mantidos em estoque para suportar operações de manutenção e proteger contra falhas nos equipamentos.

Em geral, muitos desses itens são estratégicos para a operação e a falta deles causa um impacto direto no processo produtivo, exigindo um nível de serviço alto no atendimento ao cliente. Embora essa função seja bem compreendida pelos gerentes de manutenção e suprimentos, muitas empresas enfrentam o desafio de evitar grandes estoques de peças com custos excessivos de manutenção e obsolescência (Porras e Dekker, 2008).

As políticas de estoque para a gestão de materiais de manutenção e operação são diferentes das que governam os estoques de produtos, matérias-primas e insumos para a produção. Os métodos usuais para o controle de estoque baseados na previsão de consumo não atendem plenamente, em virtude do padrão de consumo intermitente e do baixo giro da maioria desses itens (Botter e Fortuin, 2000). Demanda intermitente é uma demanda aleatória com uma grande proporção de valores nulos (Silver et al., 1971). Por exemplo, um típico conjunto de dados industriais compreende um histórico de demanda limitada com longas sequências de valores nulos e poucos valores de consumo (Willemain et al., 2004). Isso torna a estimativa das distribuições da demanda durante o *lead time* (LTD) muito difícil, que é essencial para obter os parâmetros de controle da maioria das políticas de estoque (Porras e Dekker, 2008).

Um aspecto fundamental da gestão da cadeia de suprimento é a assertividade da previsão de demanda (Hax e Candea, 1984), mas a natureza intermitente da demanda de muitos itens torna a previsão bastante difícil. Demanda intermitente possui um aspecto aleatório e há muitos períodos em que o consumo é nulo. Outro aspecto importante na previsão é que os dados históricos da demanda de itens de baixo giro são geralmente muito limitados. Essa dificuldade é ainda mais reforçada pela natureza intermitente da demanda. Portanto, é difícil estimar a distribuição de demanda durante o *lead time* para esses itens.

Por último, o nível de estoque de itens de baixo giro é uma função de como o equipamento é utilizado e como é mantido. Em razão da larga aplicação dos sistemas de informação em manutenção de equipamentos e gestão de estoque, mais informações e dados estão agora disponíveis para melhorar a acuracidade da previsão. Tais itens são frequentemente descritos como *slow-moving* ou de baixo giro. Porém, o termo *slow-moving* é muito restrito para descrever os diversos padrões de demanda a que estão sujeitos esses tipos de itens.

O objetivo deste capítulo é apresentar conceitos e técnicas para a gestão de estoque de itens de baixo giro, tais como, materiais de manutenção, reparo e operação, bem como técnicas estatísticas para classificar os itens de acordo com o comportamento da demanda. A previsão da demanda irregular e intermitente tem sido um desafio para pesquisadores e profissionais da área, em virtude da complexidade de se prever o comportamento da demanda para esses itens. Outra importante questão a ser discutida é sobre qual distribuição estatística deve-se usar para itens de baixo giro com demanda intermitente.

A premissa comumente utilizada de que a demanda para esses itens também é normalmente distribuída tem sido questionada em muitos trabalhos científicos, e outras distribuições têm sido investigadas com resultados superiores aos da distribuição normal. Dentre elas podemos destacar as distribuições de Poisson, Laplace, Log e Gama. Por fim, apresentaremos modelos de estoque aplicados a itens de baixo giro e demanda intermitente para a determinação dos parâmetros de estoque. Em decorrência da grande variabilidade da demanda e do tempo de fornecimento (*lead time*), exploraremos modelos sujeitos à demanda e *lead time* estocásticos, ou seja, processos que evoluem no tempo de forma probabilística (Hillier e Lieberman, 2001).

DEMANDA PARA ITENS DE BAIXO GIRO

A demanda para peças de reposição tem características bastante peculiares e muito diferentes das que encontramos normalmente nos produtos, matérias-primas e insumos para a produção. Enquanto os últimos apresentam um padrão de demanda de alto giro, regular e mais previsível, as peças de reposição possuem um padrão de demanda de baixo giro, errático e intermitente, caracterizado por demandas não frequentes, de tamanho variável, ocorrendo em intervalos irregulares. Itens de baixo giro são caracterizados por ocorrências irregulares, mas o tamanho da demanda é sempre baixo.

Em geral, é aceitável que itens de baixo giro se diferenciem de itens erráticos, principalmente pela pouca variabilidade no tamanho da demanda (Eaves, 2002). Um item com demanda errática é aquele que tem a maioria das ocorrências de pequenas demandas com transações ocasionais de demandas muito grandes (Silver, 1970). A demanda é dita intermitente se o tempo médio entre ocorrências consecutivas for consideravelmente maior que o intervalo de tempo de atualização da previsão (Silver et al., 1998).

Resumidamente, podemos conceituar demanda de baixo giro ou *slow-moving* como aquela que apresenta tamanho de demanda baixo e pouco variável, com ocorrências não frequentes. Demanda errática é aquela que possui alta variabilidade no tamanho e demanda intermitente é que apresenta alta variabilidade no tempo médio entre demandas. Padrões de demanda intermitente e errática são muito comuns entre as peças de reposição. Consequentemente, a modelagem desse tipo de demanda tem um apelo forte pela consideração dos elementos constituintes, isto é, o tamanho da demanda e o intervalo entre elas.

Para modelar a demanda de peças de reposição é necessário conhecer o seu comportamento e entender os fatores que levam a esses padrões específicos e aplicar uma metodologia para classificar esses itens.

Demanda errática e intermitente

Quando se introduz alguma variabilidade na demanda, significativos problemas são criados para as áreas de manufatura e na cadeia de suprimento. A variabilidade no tamanho da demanda de um item leva a um tipo de demanda conhecido como errático no qual as ocorrências de consumo podem ter um tamanho maior do que uma unidade.

A variabilidade do tempo médio entre demandas, em que a demanda oscila entre períodos de valores nulos e não nulos, introduz um padrão intermitente na demanda. Tais padrões de demanda afloram em materiais de manutenção e operação (peças de reposição), levando a uma dificuldade grande do processo de previsão de demanda e controle de estoque (Eaves, 2002).

Se um item tem ambos os padrões de demanda intermitente e errático, é conhecido na literatura como um item *lumpy*. A Figura 6.1 mostra exemplos de padrões de demanda de baixo giro (*slow-moving*) e *lumpy* baseados em histórico de demanda anual para duas peças de reposição usadas na indústria aeroespacial (Boylan e Syntetos, 2007).

Existem muitos processos diferentes relacionados a peças de reposição, por exemplo: peças de reposição para atender à demanda em instalações próprias da empresa, em instalações de clientes e peças para o mercado (Fortuin e Martin, 1999). Considerando as peças de reposição para atender à demanda gerada pelo processo de manutenção, algumas causas de intermitência e irregularidade das demandas podem ser identificadas. Uma vez conhecidas, elas podem

CAPÍTULO 6 – MÉTODOS QUANTITATIVOS APLICADOS NA GESTÃO DE ESTOQUES

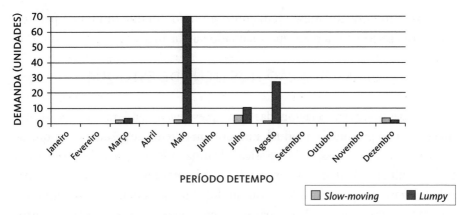

Figura 6.1 – Padrões de demanda intermitente e *lumpy*.

ser minimizadas com ações gerenciais das empresas, tais como: transferência de estoque do almoxarifado central a estoques avançados fora do sistema, levando à ocorrência de grandes picos de consumo com muitos períodos sem consumo; falhas geradas no equipamento influenciadas não somente pelo final da vida útil, mas também pelas condições diferenciadas de uso; diferentes padrões de consumo devido às diferentes técnicas de manutenção, preventiva, preditiva ou corretiva; consumo de materiais de estoque em projetos industriais. Durante o projeto esses itens têm um perfil de consumo totalmente diferente do padrão normal.

DEMANDA DE BAIXO GIRO

Peças de baixo giro são mantidas em estoque como segurança para evitar paradas prolongadas de equipamentos em virtude da indisponibilidade do item no estoque, ocasionando altos custos de perda de produção e não atendimento à demanda do cliente (Eaves, 2002). Qualquer política de controle de estoque para itens de baixo giro deve levar em conta os custos de ruptura do estoque.

O maior problema associado com a previsão e controle de estoque de peças de baixo giro é a falta de registros passados para determinar estimativas confiáveis de consumo histórico e características de falha (Mitchell et al., 1983). Itens de baixo giro frequentemente têm consumo nulo durante um longo período que normalmente seria mais que adequado para a análise.

Classificação dos itens de estoque

Decisões gerenciais relacionadas a estoques devem ser feitas no nível de um único item ou produto individual. Embora um sistema de gestão de estoque de itens de consumo ou peças de reposição de uma típica empresa de manufatura possua milhares de itens, um exame detalhado tem revelado uma útil regularidade estatística nas taxas de consumo dos diferentes itens, assim como nos montantes anuais gastos. Essa análise sugere que esses itens devam ser agrupados em diferentes classes, de acordo com critérios predefinidos, como comportamento da demanda, gasto anual. Para diferentes agrupamentos de itens com diferentes comportamentos devem ser aplicadas diferentes estratégias de controle de estoque. Várias abordagens têm sido utilizadas para classificar os materiais de consumo, das quais vamos detalhar duas delas: quanto à importância e quanto à demanda.

Classificação quanto à importância

Observações de um grande número de sistemas de estoque multi-item têm revelado que uma pequena fração dos itens responde por um alto percentual do montante anual cumulativo gasto, ao passo que um grande percentual dos itens representa somente uma pequena fração do montante total anual. Isso sugere a necessidade de classificar os itens em três categorias, chamadas A, B e C. Esse método de classificação dos itens por grau de importância é conhecido como Classificação ABC. Essa classificação consiste em colocarmos os itens em ordem decrescente de consumo anual em uma tabela com o percentual cumulativo do montante de cada item em relação ao montante total do consumo. Embora as fronteiras de cada classe sejam definidas de acordo com a necessidade de cada empresa, apresentamos, conforme Tabela 6.1, uma divisão comum para cada classe, de acordo com Hax e Candea (1984).

Se a fração cumulativa do montante de consumo total é representada contra um percentual cumulativo dos itens, os pontos seguem o gráfico de Pareto, como mostra a Figura 6.2.

CAPÍTULO 6 – MÉTODOS QUANTITATIVOS APLICADOS NA GESTÃO DE ESTOQUES

Tabela 6.1 – Valores de referência para classificação ABC.

Classe	Percentual dos itens	Percentual do montante de consumo total
A	5 – 15	50 – 60
B	20 – 30	25 – 40
C	55 – 75	5 – 15

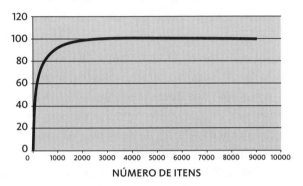

Figura 6.2 – Análise ABC do consumo por meio do gráfico de Pareto.

Os itens classe A representam aqueles mais importantes do sistema de estoque e deveriam receber a atenção mais personalizada dos gestores. De acordo com Silver et al. (1998), os custos totais de ressuprimento, manutenção e ruptura dos estoques desses tipos de itens são altos o suficiente para justificar um sistema de controle mais sofisticado do que um sistema de controle para itens menos importantes B ou C.

Os itens classe B são de importância secundária em relação à classe A. Esses itens, por causa do montante de consumo total ser representativo, requerem uma moderada, mas significativa, parcela de atenção.

Os itens classe C são os mais numerosos e representam a menor parte do investimento total em estoque. Para esses itens, sistemas de decisão devem ser mantidos o mais simples possível. Um objetivo da classificação ABC é identificar esse grande terceiro grupo de itens que pode consumir uma grande quantidade de entrada de dados e tempo gerencial. Tipicamente, segundo Silver et al. (1998), para itens de baixo valor, a maioria das empresas tenta manter relativamente um grande número de unidades em estoque para minimizar a quantidade de inconveniências que poderiam ser causadas por uma ruptura de estoque de itens insignificantes.

Classificação quanto à demanda

A demanda de itens de baixo giro apresenta características bastante peculiares que a diferencia de itens mais comuns na literatura. Normalmente, esses materiais apresentam um comportamento errático (alta variabilidade do tamanho da demanda) e intermitente (alta variabilidade do tempo médio entre demandas). Portanto, uma metodologia para classificar esses itens quanto à demanda deve considerar os três componentes da LTD, o tamanho da demanda, o tempo médio entre transações e o tempo de fornecimento ou *lead time*, pois os itens de baixo giro podem variar bastante quanto ao comportamento da demanda. A segregação dos itens de acordo com a demanda torna-se bastante útil, uma vez que a eficácia dos modelos de estoque pode ser avaliada na prática para cada uma das classes de demanda. As metodologias mais consistentes para a classificação da demanda levam em conta a variabilidade dos componentes da demanda. Williams (1984) desenvolveu um método analítico para classificar a demanda como regular (alto giro), baixo giro ou intermitente pela decomposição da variância da demanda durante o *lead time* em três partes: variabilidade do número de ocorrências por unidade de tempo, variabilidade do tamanho da demanda e variabilidade do *lead time*.

Silver et al. (1998) estabeleceram algumas fronteiras entre itens de baixo e alto giro, levando em consideração o tamanho da demanda para a aplicabilidade de diferentes distribuições estatísticas na modelagem da LTD. Baseados em resultados experimentais, eles propuseram um limite de 10 unidades para a média da LTD, abaixo do qual devemos considerar distribuições para itens de baixo giro, como Poisson ou Laplace. Para os valores de média maiores ou iguais a 10, devem-se considerar distribuições para itens de alto giro, como normal ou gama.

Baseados no trabalho de Williams (1984), Eaves e Kingsman (2004) desenvolveram uma metodologia de classificação da demanda e a adequaram aos tipos de itens estudados. Eles analisaram os dados de demanda da Royal Air Force (RAF) e concluíram que o conceito de classificação de Williams não descrevia adequadamente a estrutura de demanda observada. Em particular, esse conceito não foi considerado suficientemente para distinguir o padrão de demanda regular dos demais apenas pela variabilidade do número de transações. Foi proposto um esquema de classificação revisado (Tabela 6.2) que categoriza a demanda de acordo com as variabilidades da taxa de transações, do tamanho da demanda e do *lead time*. Esse esquema de classificação estratificou os itens em cinco classes de demanda: regular, irregular, baixo giro, intermitente e altamente intermitente.

Tabela 6.2 – Classificação da demanda durante o *lead time*.

Variabilidade do número de transações	Variabilidade do tamanho da demanda	Variabilidade do *lead time*	Classes da demanda
≤ 0,74	≤ 0,10		A – Regular
≤ 0,74	> 0,10		C – Irregular
> 0,74	≤ 0,10		B – Baixo giro
> 0,74	> 0,10	≤ 0,53	D1 – Intermitente
> 0,74	> 0,10	> 0,53	D2 – Altamente intermitente

Fonte: Eaves, 2002.

Silva (2009) desenvolveu uma metodologia híbrida para classificar os itens com base em dois aspectos importantes da demanda durante o *lead time* (LTD), a variabilidade dos componentes da demanda, similar ao modelo proposto por Eaves e Kingsman (2004), e o valor esperado da demanda, estabelecendo fronteiras entre itens de baixo e alto giro similar à abordagem de Silver et al. (1998). Em relação ao conceito de Eaves e Kingsman (2004), o esquema de classificação proposto utiliza tempo médio entre demandas, em vez da variabilidade da taxa de transações, que define a intermitência da demanda, e os valores-limites de cada categoria foram adequados aos dados experimentais do estudo. Foram criadas cinco classes de materiais, como se pode ver na Tabela 6.2, baseadas na variabilidade da demanda e do *lead time* definida pelo coeficiente de variação (CV), conforme Equação:

$$CV = (/Média$$

Equação 6.1

GESTÃO DE ESTOQUES

Tabela 6.3 – Classificação da demanda durante o *lead time*.

Variabilidade do tempo médio entre demandas	Variabilidade do tamanho da demanda	Variabilidade do *lead time*	Classes da demanda
≤ 0,74	≤ 0,30		1. Regular
≤ 0,74	> 0,30		2. Errática
> 0,74	≤ 0,30		3. Intermitente
> 0,74	> 0,30	≤ 0,70	4. *Lumpy*
> 0,74	> 0,30	> 0,70	5. Altamente *lumpy*

Fonte: Silva, 2009.

A Figura 6.3 ilustra o esquema de classificação dos itens com base na variabilidade dos componentes da LTD.

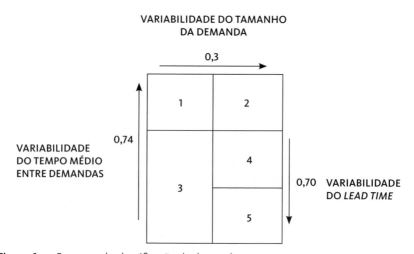

Figura 6.3 – Esquema de classificação da demanda.

Com relação ao valor esperado da LTD, foi proposto um modelo que considerasse não somente o valor de 10 unidades proposto por Silver et al. (1998), mas que estratificasse por faixas de demanda para avaliar o comportamento dos modelos de estoque nos diversos níveis da demanda e para estabelecer as fronteiras entre os itens de baixo e alto giros. Os itens foram divididos em faixas, de acordo com o valor esperado da LTD.

Previsão de demanda

A assertividade da previsão de demanda é um aspecto importante na gestão de estoque (Hax e Candea, 1984), mas a natureza intermitente da demanda torna a previsão especialmente difícil para itens de baixo giro. Vários trabalhos têm sido desenvolvidos para tratar a previsão de demanda de baixo giro e intermitente.

A maioria dos estudos empíricos, na literatura, relacionados a itens de baixo giro foca em testar métodos de previsão para a demanda de itens de baixo giro, em vez de implementar modelos de estoque. Esta é uma importante distinção, pois, enquanto os modelos de estoque focam em determinar os parâmetros de controle, tais como quantidade de pedido e ponto de pedido, os métodos de previsão objetivam as previsões pontuais precisas da demanda.

A maioria dos métodos de previsão presentes na literatura atende a itens de alto giro com padrão mais regular da demanda, como é o caso do amortecimento exponencial. Mais recentemente, vários trabalhos têm sido desenvolvidos com foco em itens de baixo giro. Alguns deles têm considerado a característica intermitente da demanda. Dois métodos de previsão importantes com foco em itens de baixo giro são o método de Croston e o método *bootstrap* de Willemain.

Amortecimento exponencial

Amortecimento exponencial tem provado ser um método de previsão robusto e, segundo Willemain et al. (2004), é provavelmente o mais utilizado nas abordagens estatísticas para a previsão de demanda intermitente.

Vamos exemplificar a utilização do método de amortecimento exponencial para estimar a esperança e a variância de uma demanda durante o *lead time* (LTD) que segue a distribuição normal. Naturalmente, a premissa de uma distribuição normal não é adequada para as demandas intermitentes, especialmente para tempos de fornecimento curtos. Considerando o *lead time* fixo e igual a L, calculamos a esperança e a variância da LTD normalmente distribuída como segue.

A média da demanda no tempo t, $M(t)$, é dada por:

$$M(t) = \alpha X(t) + (1 - \alpha)M(t-1), \quad t = 1 \ldots T,$$

Equação 6.2

onde α é uma constante de amortecimento entre 0 e 1. Para cada item de estoque, selecionamos o valor de α que minimiza a soma dos residuais quadrados

$$\sum (x(t) - M(t))^2, \quad t = 1 \ldots T.$$

Inicializamos o amortecimento usando a média das n primeiras demandas a ser definida de acordo com a série histórica disponível, conforme:

$$M(0) = \frac{x(1) + x(2) + \ldots + x(n)}{n}$$

Equação 6.3

A esperança das L demandas durante o *lead time* será dada por $L.M(t)$. A expressão da variância comum V é dada por:

$$V = \left(\frac{1}{T}\right) \sum [x(t) - M(t-1)]^2, \quad t = 1 \ldots T.$$

Equação 6.4

A variância da LTD pode ser estimada como o produto do *lead time* fixo pela variância comum $L.V$.

Método de Croston

Croston (1972) desenvolveu um método de previsão para atender a demandas intermitentes. Ele demonstrou que seu método era superior ao amortecimento exponencial ao assumir que: os intervalos entre ocorrências seguem uma distribuição geométrica (a demanda ocorre como um processo de Bernoulli), o tamanho da demanda é normalmente distribuído e os intervalos e os tamanhos da demanda são independentes entre si. O método de Croston foi desenvolvido com o objetivo de proporcionar uma estimativa mais precisa da demanda média por período. Estudos prévios de alguns autores, como Willemain (1994) e Johnston e Boylan (1996) concluíram que o método de Croston proporciona previsões mais precisas da demanda média por período do que o amortecimento exponencial.

O método de Croston estima a demanda média por período aplicando o amortecimento exponencial separadamente aos intervalos entre demandas não nulas e seus tamanhos. Seja $I(t)$ a estimativa amortecida do intervalo médio entre demandas não nulas e seja $S(t)$ a estimativa amortecida do tamanho médio de uma demanda não nula. Seja q o intervalo de tempo desde a última demanda não nula. O algoritmo do método é definido como a seguir:

Se $X(t) = 0$

então,
$S(t) = S(t-1)$
$I(t) = I(t-1)$
$q = q + 1$

senão,
$S(t) = aX(t) + (1-\alpha)S(t-1)$
$I(t) = \alpha q + (1-\alpha)I(t-1)$
$q = 1$

Combinando as estimativas do tamanho e intervalo, obtemos a estimativa da demanda média por período,

$$M(t) = \frac{S(t)}{I(t)}$$

Equação 6.5

Essas estimativas são somente atualizadas quando acontece a demanda. Quando ocorre demanda em todo intervalo de revisão, o método de Croston é idêntico ao amortecimento exponencial, com $S(t) = M(t)$. Para inicializar o método, consideramos o tempo até o primeiro evento e o tamanho do primeiro evento. Assim como o amortecimento exponencial, o método de Croston leva em conta a LTD como normalmente distribuída com esperança $LM(t)$ e variância LV.

Método *bootstrap* de Willemain

Willemain et al. (2004) propuseram um modelo para a previsão da distribuição acumulada de demanda durante o *lead time*, usando um novo tipo de séries temporais *bootstrap*. O método *bootstrap* utiliza amostras dos dados do histórico da demanda para criar repetidamente cenários realísticos que mostrem a evolução da distribuição de demanda durante o *lead time*. Esse método, quando comparado com a técnica de *bootstrap* tradicional, apresentada na literatura, tem a vantagem de capturar melhor as autocorrelações entre as ocorrências de demanda, especialmente quando lidamos com demandas intermitentes com alta proporção de valores nulos.

Primeiro, o método avalia as probabilidades de transição empíricas entre os estados de demanda nula e de demanda positiva (cadeia de Markov) para os diferentes itens. Com base nessas probabilidades de transição, geramos uma sequência de valores nulos e não nulos para todo o horizonte de previsão. Uma vez gerada a sequência de valores nulos e não nulos durante o *lead time*, precisamos dar valores numéricos específicos às previsões não nulas. Os valores não nulos devem ser determinados de forma a não ficar restritos somente aos valores numéricos históricos obtidos dos dados reais. Nesse caso, o resultado seria amostras *bootstrap* não realistas geradas de séries curtas.

Para evitar a repetição dos valores reais dentro das séries de previsão, utilizamos a técnica de Jittering, conforme descrito por Willemain et al. (2004). Em primeiro lugar, escolhemos de forma aleatória um valor não nulo da série histórica. Depois, ajustamos esse valor numérico, colocando uma variação aleatória de forma a permitir a utilização de um valor da vizinhança, em vez do próprio valor histórico. O processo de Jittering é projetado para permitir maior variação ao redor de valores maiores de demanda. Experimentos de Willemain revelaram que esse processo geralmente aumenta a precisão, especialmente para valores de *lead time* curtos. Vamos definir o processo de Jittering a ser utilizado para determinar o valor ajustado da demanda não nula.

Considere X^* como um dos valores históricos de demanda selecionados aleatoriamente e Z, o desvio aleatório da normal padrão. O valor não nulo ajustado S será dado pela expressão

$$S = \begin{cases} 1 + INT(X^* + Z\sqrt{X^*}) & \text{se } S > 0 \\ X^*, \end{cases}$$

caso contrário,

$$\text{onde, } \frac{-(X^* - \mu)}{\sigma} \leq Z \leq \frac{(X^* - \mu)}{\sigma}$$

Equação 6.6

CAPÍTULO 6 – MÉTODOS QUANTITATIVOS APLICADOS NA GESTÃO DE ESTOQUES

Somando os valores de previsão sobre cada período do *lead time* resulta em uma série de previsão da LTD. Um número grande de séries deve ser gerado para obter uma previsão mais consistente da demanda. Em seu estudo, os autores compararam o desempenho desse método com o amortecimento exponencial e com o método de Croston e demonstraram a superioridade do primeiro em relação aos dois últimos.

A Figura 6.4 mostra a sequência dos passos utilizados na abordagem *bootstrap* para gerar os valores de previsão para a LTD.

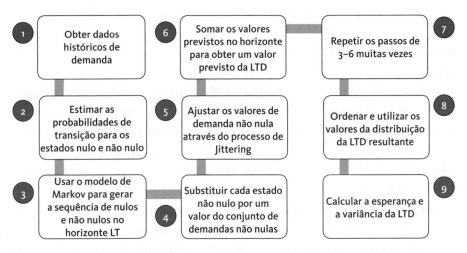

Figura 6.4 – Sequência dos passos para o método *bootstrap* de Willemain.

SISTEMAS DE ESTOQUE

De acordo com Silver et al. (1998), o objetivo fundamental de um sistema de controle de ressuprimento é resolver três questões fundamentais:

1. Com que frequência o *status* do estoque deve ser determinado?
2. Quando um pedido deveria ser colocado?
3. Qual deveria ser o tamanho do pedido?

A primeira definição que devemos fazer em um sistema de estoque é a frequência com que o *status* do estoque deve ser verificado, ou seja, se o sistema será baseado na revisão contínua ou periódica. De forma geral, um sistema de revisão contínua é aquele em que o *status* do estoque tem de ser sempre conhecido. Na prática, em vez de ficar checando continuamente o nível de estoque, uma abordagem equivalente é adotada: cada transação (receber ordens de clientes, expedir, receber estoque, colocar ordens nos fornecedores) dispara uma atualização imediata do *status* do estoque. Por essa razão, o sistema de revisão contínua é também conhecido como sistema de relatório de transações (Hax e Candea, 1984). O sistema de revisão contínua apresenta, em alguns casos, um custo mais alto devido ao maior volume de revisões de estoque. Isso é particularmente verdade para os itens de alto giro em que há muitas transações por unidade de tempo. Por outro lado, esse sistema é vantajoso quando os custos de manutenção de estoque são altos, pois requer menos estoque de segurança que o sistema de revisão periódica.

Em várias situações, a atualização do *status* do estoque de forma contínua não é uma boa escolha. Por exemplo, se o fornecedor de um tipo de item aceita pedidos somente uma vez por semana, não há razão por que deveríamos rever o *status* desses itens mais frequentemente, basta checarmos o estoque justamente antes de colocar o pedido. Esse tipo de sistema é conhecido como sistema de revisão periódica, pois o *status* do estoque é determinado periodicamente. O tempo entre duas revisões de estoque consecutivas é o período de revisão (R). A maior desvantagem desse sistema é que ele requer mais estoque de segurança (consequentemente, custos de manutenção mais altos) do que o sistema de revisão contínua.

Políticas de estoque e distribuições estatísticas teóricas

Para resolvermos as outras duas questões propostas por Silver et al. (1998), quando um pedido deve ser colocado e qual deve ser o tamanho do pedido, precisamos definir a forma da política de controle de estoque. Dentro da revisão contínua, podemos considerar duas políticas principais: (s, Q), ponto de pedido, quantidade de pedido e (s, S), ponto de pedido, estoque máximo. Para o sistema de revisão periódica, as duas políticas principais utilizadas são (R, S), período de revisão, estoque máximo e (R, s, S), período de revisão, ponto de pedido, estoque máximo (Silver et al., 1998).

Política (s, Q) – ponto de pedido, quantidade de pedido

É um sistema de revisão contínua em que uma quantidade fixa de Q é pedida assim que a posição de estoque ficar igual ou menor que o ponto de ressuprimento s. Nessa política, é utilizada a posição de estoque e não o estoque líquido para disparar um pedido. A razão é o fato de a posição de estoque incluir os pedidos de materiais que ainda não foram entregues pelo fornecedor.

Dentre as vantagens do sistema (s, Q) podemos citar a simplicidade de utilização, particularmente para o atendente de almoxarifado, erros são menos prováveis de ocorrer e os requerimentos da produção ou manutenção para o fornecedor são previsíveis. A desvantagem principal de um sistema (s, Q) é que, na forma pura, ele pode não ser capaz de cobrir as demandas individuais muito grandes; em particular, se uma transação que dispara o ressuprimento é grande o suficiente, então o ressuprimento de tamanho Q não elevará a posição de estoque acima do ponto de ressuprimento. Para evitar esse problema, utiliza-se a política (s, nQ) na qual os pedidos são disparados com quantidades iguais a múltiplos de Q para elevar a posição de estoque acima de s.

Política (s, S) – ponto de pedido, estoque máximo

Como o anterior, é um sistema de revisão contínua em que um ressuprimento é feito assim que a posição de estoque ficar igual ou menor que o ponto de ressuprimento s. Entretanto, diferentemente do sistema (s, Q), a quantidade de pedido é variável, suficiente para elevar a posição de estoque a um nível máximo S. Se todas as transações de demanda são unitárias, os dois sistemas são idênticos, porque as solicitações de ressuprimento serão sempre feitas quando a posição de estoque for exatamente igual a s, ou seja, $S = s + Q$. Nesse caso, o modelo é conhecido, na literatura, como $(S-1, S)$, em que $s = S - 1$ e $Q = 1$. Esse sistema é um caso particular do modelo (s, S) e se aplica muito bem para os modelos de estoque nos quais a demanda segue a distribuição de Poisson (Feeney e Sherbrooke, 1966).

Política (R, S) – período de revisão, estoque máximo

Esse sistema de revisão periódica é largamente utilizado, particularmente em empresas que não utilizam o controle de estoque por computador.

O procedimento de controle é como segue: a cada R unidades de tempo (período de revisão) uma quantidade suficiente é pedida para elevar a posição de estoque ao nível S. Entre as vantagens dessa política, podemos citar a sua operação simples e de fácil entendimento para os gestores de estoque e a programação computacional dos controles S e R mais simples do que em outras políticas de revisão periódica.

Política (R, s, S) – período de revisão, ponto de pedido, estoque máximo

Quando a colocação de um pedido tem custo alto, pode ser vantajoso não gerar um pedido em todo período de revisão, com o objetivo de reduzir os custos de pedido. Na política (R, s, S), que é uma combinação das políticas (s, S) e (R, S), a cada período de revisão R, a posição de estoque é comparada com o ponto de pedido s. Se ela estiver igual ou abaixo de s, dispara-se um pedido suficiente para elevá-la ao estoque máximo S. Se a posição estiver acima de s, nada é feito até ao menos a próxima revisão. A política (s, S) é um caso especial em que $R = 0$, e a política (R, S) é um caso especial no qual $s = S - 1$. De forma alternativa, pode-se pensar na política (R, s, S) como uma versão periódica da política (s, S).

Distribuições estatísticas teóricas para modelos de estoque

No contexto dos modelos teóricos, uma das políticas de estoque mais extensivamente estudadas é conhecida como modelo $(S - 1, S)$, um caso particular dos modelos (s, S), com uma distribuição de demanda baseada em Poisson (Feeney e Sherbrooke, 1966). Apesar de bastante aplicada para itens de baixo giro, essa política requer revisão contínua do sistema de estoque. Além do mais, a distribuição de Poisson assume aleatoriedade da demanda, com intervalos de tempo entre ocorrências de demandas de tamanho unitário, seguindo uma distribuição exponencial. Essa distribuição precisa, como informação da demanda, somente da demanda média. Quando o tamanho da demanda não é unitário, os autores têm proposto modelos compostos, como modelo de Poisson composto (Williams, 1984; Silver et al., 1971) ou modelo de Bernoulli composto (Janssen et al., 1998; Strijbosch et al., 2000). Entretanto, esses modelos são mais difíceis de serem aplicados na prática, pois eles precisam da determinação dos parâmetros de mais de uma distribuição para representar o comportamento da demanda durante o *lead time*. Por exemplo, Williams (1984) desenvolveu um método para identificar itens de demanda intermitente, em que três parâmetros são necessários: um para a distribuição exponencial do intervalo de tempo entre demandas e dois parâmetros da distribuição gama para o tamanho da demanda.

Uma premissa comum é que a LTD é normal, apesar de que, em circunstâncias de demanda esporádica ou de baixo giro, a premissa de normalidade pode ser inapropriada. Vários estudos têm sido realizados utilizando-se outras distribuições teóricas para representar a demanda durante o *lead time* (LTD). A distribuição gama tem sido a alternativa em muitos processos de estoque, nos quais a demanda não tem boa aderência à distribuição normal (Das, 1976; Yeh, 1997). Ela é particularmente indicada para itens de alto giro com maior variabilidade da demanda, em que os resultados da distribuição normal ficam deteriorados. Estudos têm demonstrado que a aplicabilidade das distribuições normal e de Poisson para itens de baixo giro com demanda intermitente, por exemplo, peças de reposição, é restrita devido a pouca aderência dessas distribuições a itens com grande variabilidade da demanda e *lead time*. Como alternativa a essas distribuições, devem-se utilizar as distribuições de Laplace e de Gama, mais aderentes a padrões de demanda irregulares. Ver, por exemplo, o estudo comparativo das distribuições normal, de Poisson, de Laplace e de Gama, em Silva (2009).

Diversos estudos para itens de baixo giro têm testado modelos alternativos à distribuição normal. Por exemplo, Strijbosch et al. (2000) examinaram o desempenho de dois diferentes modelos de estoque (s, Q), um simples e outro avançado, para peças de reposição em uma planta de produção na Holanda. A abordagem simples considera a normal como a distribuição da demanda durante o *lead time*. O modelo avançado utiliza a distribuição gama como distribuição da demanda. Ambos os modelos são alimentados com parâmetros estimados por um procedimento com base na previsão da demanda e do tempo entre ocorrência de falhas (demanda intermitente). Os modelos de estoque propostos são testados com dados gerados de simulação. Levén e Segerstedt (2004) propuseram um sistema de revisão periódica construído em função de um procedimento de previsão de Croston e distribuição Erlang para a demanda.

O modelo proposto foi testado com dados gerados de simulação e comparado a outro modelo baseado no amortecimento exponencial e na distribuição normal da demanda.

O estudo de simulação mostrou um desempenho melhor do método de Erlang em comparação com a distribuição normal. Porras e Dekker (2008) compararam o desempenho de diferentes métodos de ponto de ressuprimento utilizados para o controle do estoque de peças de reposição, motivados por um estudo de caso na maior refinaria de óleo da Holanda. Utilizando dados reais, são avaliadas diferentes técnicas de modelagem da demanda e políticas de estoque, $(S-1, S)$ para distribuição de Poisson e (s, nQ) para as demais técnicas, com o objetivo de definir qual é a melhor e em quais circunstâncias. Apesar de o perfil de demanda para peças de reposição não seguir uma distribuição normal, os resultados da otimização para os dados reais coletados mostraram um desempenho global melhor do que o modelo baseado na distribuição normal.

Em decorrência da grande variabilidade do tamanho da demanda e das ocorrências de consumo, vários autores têm estudado a decomposição da demanda de baixo giro nas suas partes constituintes. Porém, apesar de a decomposição da demanda ter sido um avanço em termos de modelagem da demanda, Krever et al. (2005) mostraram que a periodicidade do registro do histórico da demanda e a utilização do mesmo para a modelagem da LTD têm uma influência grande na determinação dos parâmetros da distribuição. Os autores desenvolveram um método baseado nas demandas individuais em que a determinação do valor esperado e da variância da LTD é feita em função das ocorrências individuais do consumo. Esse método se mostrou mais robusto, uma vez que ele reflete com maior precisão a variabilidade da demanda. Essa abordagem é detalhada no item "Modelagem da demanda durante o *lead time*" durante a modelagem da LTD.

Outra abordagem para os modelos de estoque é a combinação de distribuições estatísticas com otimização do custo de estoque por meio de métodos iterativos. Essa abordagem é mais complexa que as abordagens para a determinação dos parâmetros de estoque baseadas em níveis de serviço. Como veremos no item "Implantação do sistema de estoque", ela depende da determinação de todas as parcelas do custo de estoque e da aplicação de algoritmos de minimização do custo total. Pressuti e Trepp (1970) desenvolveram modelo para o cálculo da política ótima para o sistema (s, Q), utilizando distribuição de Laplace para a demanda, durante o *lead time*. Namit e Chen (1999) formularam um algoritmo para resolver o modelo (s, Q), considerando a distribuição gama (α, β) para a LTD. Quando α se torna grande, entretanto, o desempenho computacional fica comprometido. Os autores direcionaram essa dificuldade, inicialmente, observando que a aproximação com a normal da distribuição gama é razoável para $\alpha > 15$ e então criaram um segundo algoritmo baseado no procedimento iterativo para distribuição normal da LTD e uma terceira solução para o caso especial quando $\alpha = 1$, que é uma distribuição exponencial. Tyworth e Ganeshan (2000) apresentaram um algoritmo simples e eficiente para a distribuição gama da LTD. Os autores desenvolveram uma função de perda gama para calcular o número esperado de unidades com ruptura por ciclo. Essa expressão possibilita a utilização de métodos de otimização para resolver modelos (s, Q) diretamente para qualquer valor de α.

Custos de estoque

O objetivo de um sistema de estoque é a minimização dos custos envolvidos nas operações. De acordo com Hax e Candea (1984), os custos relevantes para um sistema de estoque podem ser agrupados em três categorias:

◆ custos associados à aquisição do item;
◆ custos associados com a existência de estoques (o fornecimento excede a demanda);
◆ custos associados à ruptura dos estoques (a demanda excede o fornecimento).

Os custos associados à aquisição do item podem ser compostos por duas partes: o custo pago ao fornecedor do item e o custo incorrido no processo de aquisição, também conhecido como custo de pedido. Para o propósito do nosso estudo, vamos agrupar esses custos em duas categorias: (1) o custo unitário do item, que depende do valor médio de estoque do item, e (2) o custo de pedido, dependente da estrutura de compras utilizada no processo e que será considerado independente do tamanho do pedido. Sendo K o custo por pedido e $\dfrac{D}{Q}$ o número de pedidos por ano, o custo anual de pedido é

$$\text{Custo de pedido} = K\frac{D}{Q}$$

Equação 6.7

onde:
D = taxa de demanda anual;
Q = quantidade de pedido.

Os custos associados à existência de estoques são devidos a vários fatores: estocagem e manuseio, impostos, seguro, obsolescência, furto, aluguel e custos de capital. De todos esses componentes do custo, somente aqueles que variam com a quantidade em estoque devem ser considerados na análise. Por exemplo, os valores gastos em aquecimento, energia elétrica e seguro para o almoxarifado tendem a ser invariáveis com o nível de estoque e, portanto, eles deveriam ser desconsiderados.

A diversidade nos componentes de custos de manutenção dos estoques cria sérias dificuldades na modelagem desses custos de maneira satisfatória. A premissa comum de simplificação feita na gestão de estoque é que os custos de manutenção são proporcionais ao tamanho do investimento em estoque. Portanto, se r é a taxa de oportunidade expressa como um percentual de retorno, caso o valor médio do estoque fosse investido no mercado financeiro, e C é o preço médio do item no estoque em reais, então o custo anual de manutenção do estoque h para o item, em reais por ano por unidade, é

$$h = rC$$

O custo de manutenção total anual será o custo unitário anual vezes o estoque médio. O estoque médio é igual a $\frac{Q}{2} + SS$. Portanto, o custo de manutenção anual é

$$\text{Custo manutenção} = h \left(\frac{Q}{2} + s - D_L \right)$$

Equação 6.8

onde:
s = ponto de ressuprimento;
D_L = valor esperado da demanda durante o *lead time*;
Estoque de segurança $SS = s - D_L$.

Os custos associados com a ruptura dos estoques aparecem todas as vezes que a quantidade em estoque não é suficiente para cobrir a demanda. Dependendo das circunstâncias, o custo de ruptura pode-se originar de diferentes condições, tais como, custo adicional de um pedido especial para atender à demanda, perda de produção devido à parada do equipamento por falta de peça no estoque (atraso no atendimento da demanda), perda de receita ocasionada por vendas perdidas (a demanda não é atendida).

O problema de quantificar o custo de ruptura tem sido uma questão difícil de resolver na teoria de estoque, especialmente por causa de componentes intangíveis. Uma abordagem comum na literatura é a de que o custo de ruptura é proporcional ao número de unidades demandadas não atendidas pelo estoque. Assim sendo, o valor esperado de itens com ruptura do estoque em um ciclo $n(s)$, considerando a variável aleatória da demanda X contínua, é dado pela expressão

$$n(s) = \int_s^\infty (x-s)f(x)dx$$

Sendo p o custo por unidade de ruptura e $\dfrac{D}{Q}n(s)$ o valor esperado de itens com ruptura por ano, o custo total de ruptura por ano é

$$\text{Custo de ruptura} = p\frac{D}{Q}n(s)$$

Equação 6.9

Custo total

Definimos $G(s,Q)$ a função do custo total anual médio esperado como a soma dos custos de pedido, manutenção e ruptura cujas variáveis são o ponto de ressuprimento s e a quantidade de pedido Q. Combinando as equações 6.7, 6.8 e 6.9 derivadas anteriormente, para cada um dos termos de custo, a função do custo total é dada por (Nahmias, 2004):

$$G(s,Q) = K\frac{D}{Q} + h\left(\frac{Q}{2} + s - D_L\right) + p\frac{D}{Q}n(s)$$

Equação 6.10

Medidas de nível de serviço

As medidas de nível de serviço estão associadas ao nível de atendimento às demandas de consumo definidas nos modelos de gestão de estoque. As duas principais medidas de serviço utilizadas na administração de estoque é o nível de serviço por ciclo e o *fill rate*. Embora a medida principal do desempenho das políticas de estoque seja o custo de estoque, medidas de nível de serviço são fundamentais, pois estão relacionadas ao atendimento ao cliente e complementam a avaliação do sistema de estoque.

Nível de serviço por ciclo

O nível de serviço por ciclo é a probabilidade de não ocorrer ruptura no estoque por ciclo de ressuprimento.

Considerando-se α como o nível de serviço desejado, então a probabilidade de não ocorrer ruptura por ciclo será

$$P\{D_L \leq s\} = F(s) = \alpha$$

Equação 6.11

onde:
D_L = variável aleatória que representa a demanda durante o *lead time*;
s = ponto de pedido;
$F(s)$ = probabilidade cumulativa de $f(s)$.

Fill rate

O *fill rate* é a fração da demanda que é atendida pelo estoque existente em prateleira.

Considerando-se que cada ressuprimento é de tamanho Q e que o número esperado de itens com ruptura do estoque em um ciclo seja $n(s)$, temos:

$$\text{Fração não atendida pelo estoque} = \frac{n(s)}{Q}$$

$$\text{Fração da demanda atendida (fill rate)} = 1 - \frac{n(s)}{Q}$$

Considerando-se o *fill rate* como um percentual β, temos que:

$$\text{(} = 1 \mid n(s)/Q \qquad n(s) = Q(1 - \text{()}$$

Equação 6.12

CAPÍTULO 6 – MÉTODOS QUANTITATIVOS APLICADOS NA GESTÃO DE ESTOQUES

MODELAGEM DA DEMANDA DURANTE O *LEAD TIME*

A demanda de peças de reposição e materiais de consumo, conforme descrito anteriormente, apresenta características que geralmente se distanciam dos modelos mais comumente utilizados na literatura, como baixo giro, irregular e intermitente. Portanto, os modelos para itens *fast-moving* não têm boa aderência para esses itens. Na maioria das vezes, a demanda e o *lead time* são estocásticos, e o padrão de consumo desses itens é bastante irregular, alternando períodos com demanda nula e não nula. Outro ponto importante é que, na maioria dos sistemas de estoque e aplicações práticas, os dados históricos são agrupados em períodos, normalmente, mensais. Quando essa demanda por períodos é baixa e irregular, a precisão da variância da LTD depende bastante da escolha do comprimento e do início dos intervalos de tempo, conforme ilustrado nas Figuras de 6.5 a 6.7 (Krever et al., 2005).

Os autores propuseram uma abordagem baseada em quantidades da demanda individual durante o *lead time*. Esse método é mais natural e tem muitas vantagens quando comparado com a abordagem da demanda por períodos. A média e a variância da LTD total são obtidas pela combinação das distribuições das quantidades da demanda individual, tempo médio entre demandas e do próprio *lead time*. Como perdemos menos informações de demandas passadas, quando observamos demandas individuais, em vez de demandas por períodos, a média e a variância estimadas da LTD são mais precisas, o que torna mais confiável a determinação dos parâmetros de estoque.

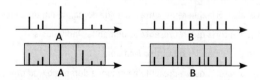

Figura 6.5 – Dois padrões de demanda A e B, que são muito diferentes, quando observados como demandas individuais (barras nos gráficos superiores), mas parecem iguais, quando observados como taxas de demanda (blocos nos gráficos inferiores).

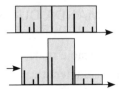

Figura 6.6 – Padrões idênticos de demanda individual (barras nos gráficos superiores e inferiores) mostram diferentes amostras periódicas (altura dos blocos), quando os períodos de medição são deslocados (seta) para a direita.

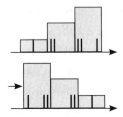

Figura 6.7 – Padrões idênticos de demanda individual (barras nos gráficos superiores e inferiores) mostram diferentes amostras periódicas (altura dos blocos), quando os períodos de medição são deslocados (seta) para a direita.

Antes de prosseguir com o detalhamento matemático, vamos introduzir as notações que serão utilizadas na modelagem da LTD, como na Tabela 6.4.

Tabela 6.4 – Notações para a modelagem da LTD.

Variável	Definição
L	Variável aleatória que representa o tempo de fornecimento (*lead time*).
s	Ponto de ressuprimento.
Q	Quantidade de pedido.
D	Variável aleatória que representa a taxa de demanda em unidades/unidade de tempo.
d	Variável aleatória que representa as demandas individuais.
N	Número de demandas durante o *lead time*.
D_L	Variável aleatória que representa a demanda durante o *lead time*.
NS	Nível de serviço durante o *lead time*.
λ	Número esperado de demandas individuais por unidade de tempo.
K	Custo de pedido (R$).
H	Custo unitário de manutenção (R$/unidade).
P	Custo unitário de ruptura (R$/unidade).

CAPÍTULO 6 – MÉTODOS QUANTITATIVOS APLICADOS NA GESTÃO DE ESTOQUES

De acordo com Krever et al. (2005), podemos dividir a modelagem da demanda durante o *lead time* em duas abordagens diferentes:

◆ Abordagem da demanda por períodos (*period demand approach* – PDA) – É baseada na observação do comportamento estocástico da demanda agrupada em períodos no passado.
Podem-se estimar o valor esperado e a variância da demanda durante um *lead time* estocástico L pela seguinte expressão (Tijms, 1994):

$$E(D_L) = E(D).E(L)$$
Equação 6.13

$$Var(D_L) = E(L).Var(D) + (E(D))^2.Var(L)$$
Equação 6.14

Essa abordagem se aplica muito bem para os itens de baixo giro classificados como não intermitentes, que apresentam baixa variabilidade do tamanho da demanda e do tempo médio entre demandas. Nesse caso, podem ser utilizadas diferentes distribuições estatísticas discretas para representar a demanda, considerando-se a característica de baixo giro dos itens de manutenção.

◆ Abordagem da demanda individual (*single demand approach* – SDA) – É baseada no registro individual de cada demanda e no número esperado de demandas individuais por unidade de tempo.
Nesse caso, o valor esperado e a variância da demanda durante um *lead time* estocástico L são dados pelas seguintes equações (Krever et al., 2005):

$$E(D_L) = \lambda.E(d).E(L)$$
Equação 6.15

$$Var(D_L) = |E(L)Var(d) + |E(L)E(d)^2 + |E(d)^2$$
Equação 6.16

Para efeito de simplificação, denotaremos o valor esperado $E(D_L)$ da LTD e o valor esperado $E(D)$ da demanda por unidade de tempo, respectivamente, D_L e D. O desvio-padrão da LTD denotaremos por σ_L, sendo

$$\sigma_L = \sqrt{Var(D_L)}$$

Para os itens de baixo giro classificados como intermitentes, além da variabilidade do tamanho da demanda e do *lead time*, a variabilidade do número de demandas também deve ser considerada. Para esses itens, a abordagem da demanda individual deve ser levada em consideração para a modelagem da demanda. O número esperado de demandas individuais por unidade de tempo será representado por uma distribuição de Poisson a uma taxa λ e a demanda durante o *lead time* pode assumir diferentes distribuições de acordo com o padrão de consumo.

Na maioria das vezes, a distribuição da demanda para itens de baixo giro apresenta uma inclinação para a direita, o que distancia da aderência de uma distribuição normal. De acordo com Silver et al. (1998), para itens A, em que os benefícios potenciais de se utilizar uma modelagem mais precisa são maiores, a distribuição normal deveria ser usada se a demanda média ou prevista durante o *lead time* fosse alta o suficiente (mínimo de 10 unidades). Caso contrário, uma distribuição discreta (como a de Poisson) ou mesmo a distribuição de Laplace seriam mais apropriadas.

Em particular, para as peças de reposição cuja demanda esteja acima de 10 unidades e a distribuição da demanda seja inclinada para a direita, ou se a relação σ_L/D_L for maior que 0,5, o uso da distribuição gama deve ser considerado.

Assumindo distribuições estatísticas conhecidas para representar a demanda, os parâmetros da distribuição devem ser estimados com base nos valores previstos da esperança e da variância da LTD. Os parâmetros de estoque, tais como quantidade de pedido e ponto de pedido, são determinados de acordo com a abordagem do sistema de estoque a ser implantado.

IMPLANTAÇÃO DO SISTEMA DE ESTOQUE

Para a implantação de modelos de estoque, diferentes abordagens podem ser utilizadas: abordagens baseadas em nível de atendimento da demanda ou baseadas em minimização do custo total do estoque.

MODELOS DE ESTOQUE BASEADOS EM NÍVEIS DE SERVIÇO

Em razão da dificuldade de implementação de modelos de minimização do custo total de estoque e de estimar o custo de ruptura de estoque, é prática comum nas empresas definir níveis de estoque para atender a níveis de serviço especificados como um critério de desempenho (métrica de satisfação do cliente). Os níveis de serviço fornecem restrições para obter os valores ótimos da quantidade de pedido e ponto de ressuprimento nas políticas de estoque (s, Q). As medidas de serviço mais comumente utilizadas são o nível de serviço por ciclo e o *fill rate*, como descritas no item "Medidas de nível de serviço", a saber:

♦ Nível de serviço por ciclo – é a probabilidade de não ocorrer ruptura por ciclo de ressuprimento. É conhecida como nível de serviço tipo 1. O valor de s é escolhido de modo que a probabilidade $P\{D_L \leq s\}$ de satisfazer às demandas com o estoque em prateleira dentro de um ciclo de ressuprimento seja igual a α, conforme Equação 6.11.

♦ *Fill rate* – é a fração da demanda atendida pelo estoque existente em prateleira. É conhecida como nível de serviço tipo 2.

Q e s são escolhidos tal que a proporção $1 - \frac{n(s)}{Q}$ de demandas atendidas pelo estoque em prateleira seja igual a um valor definido β. Então, podemos calcular o número esperado de itens com ruptura do estoque em um ciclo $n(s)$, utilizando a Equação 6.12 definida no item "Medidas de nível de serviço", como:

♦ Quantidade de pedido – para modelos não otimizados, é prática comum a utilização da expressão do lote econômico de compras (LEC), para a determinação da quantidade de pedido, como na Equação 6.17.

$$EOQ = \sqrt{\frac{2KD}{h}}$$

Equação 6.17

Apresentaremos a seguir a formulação do modelo de estoque baseado em nível de serviço por ciclo para as distribuições normal e de Poisson.

Modelo da distribuição normal

É a distribuição mais comumente utilizada na literatura, principalmente para itens de alto giro (*fast-moving*). Para obter os parâmetros dessa distribuição devemos, inicialmente, determinar o valor esperado e a variância da demanda durante o *lead time* (LTD), utilizando as Equações 6.15 e 6.16. O ponto de ressuprimento s, para uma distribuição de demanda definida pela normal, é dado pela expressão

$$s = D_L + ks_L$$
Equação 6.18

em que:
D_L = demanda durante o *lead time*;
k = fator de segurança;
σ_L = desvio-padrão da demanda durante o *lead time* igual a $\sqrt{Var(D_L)}$.

O fator de segurança "k" para determinado nível de serviço α é obtido diretamente das tabelas da distribuição normal padrão N(0,1), fazendo a probabilidade de não ocorrer ruptura igual ao nível de serviço, conforme a Equação 6.11.

$$P\{D_L \leq s\} = F(s) = \alpha$$

Modelo da distribuição de Poisson

Silver et al. (1998) sugerem que a distribuição de Poisson seja indicada para itens de demanda *slow-moving*, ou seja, itens com demanda de baixo giro. A distribuição de Poisson deve ser utilizada se:

$$0{,}9D_L \leq s_L \leq 1{,}1D_L$$

Se a relação dada anteriormente não for satisfeita, a distribuição de Laplace deve ser considerada.

A função massa de probabilidade da distribuição de Poisson é definida por

$$p(x) = \frac{e^{-\lambda}\lambda^x}{x!}$$
Equação 6.19

onde:
λ = parâmetro da distribuição de Poisson.

Considerando-se a LTD seguindo uma distribuição de Poisson, então o parâmetro λ será dado por

$$|_{LTD} = E(D_L)$$

onde:
$E(D_L)$ – valor esperado da LTD definido por 1.5.

O próximo passo é encontrar s resolvendo a Equação 6.11:

$$P\{D_L \leq s\} = F(s) = \alpha$$

Fazendo a probabilidade cumulativa de Poisson $F(s)$ igual ao nível de serviço α, obtemos o valor mínimo de s de modo que não ocorra ruptura de estoque.

Modelos de estoque baseados em otimização do custo

Os modelos baseados em minimização do custo de estoque possuem resultados melhores em termos de redução dos custos de estoque e de aumento dos níveis de serviço. A desvantagem desses métodos é a dificuldade de implantação na prática e a complexidade dos métodos de otimização do custo total de estoque, quando consideramos as três parcelas do custo, custo de pedido, manutenção e custo de ruptura.

A determinação dos parâmetros de estoque, como ponto de ressuprimento e quantidade de pedido, na maioria das vezes, é feita por procedimentos iterativos, partindo de um valor inicial da quantidade de pedido. Faz-se necessário avaliar para que tipos de itens se justifica utilizar sistemas de otimização mais elaborados. Procedimentos de classificação dos itens em estoque, tais como classificação ABC, são significativamente úteis para estratificar os itens de maior importância.

O ponto de ressuprimento s e a quantidade de pedido Q são determinados por um processo de otimização do custo total de estoque $G(s,Q)$ (Nahmias, 2004), sujeito a algumas restrições definidas no modelo a seguir.

Função objetivo → Minimizar $G(s,Q) = K\dfrac{D}{Q} + h\left(\dfrac{Q}{2} + s - D_L\right) + p\dfrac{D}{Q}n(s)$

Equação 6.20

onde:

$n(s)$ função do número esperado de unidades não atendidas por ciclo.

variáveis de decisão: s, Q

sujeito às restrições → $\begin{matrix} s \geq D_L \\ Q > 0 \end{matrix}$

Quantidade de pedido Q e ponto de ressuprimento s – os valores ótimos de s e Q, que minimizam $G(s, Q)$, são definidos pelas Equações 6.21 e 6.22, respectivamente (Nahmias, 2004). A solução dessas equações normalmente se faz por processos iterativos, estabelecendo um valor inicial para a quantidade de pedido, por exemplo, o valor do lote econômico de compras (LEC), definido pela Equação 6.17.

$$P(s) = \dfrac{Qh}{pD}$$

Equação 6.21

em que:

$P(s)$ = complemento da probabilidade cumulativa de $f(s)$, ou seja, probabilidade de ocorrer ruptura. Portanto, $P(s) = 1 - F(s)$

$$Q = \sqrt{\dfrac{2D[K + pn(s)]}{h}}$$

Equação 6.22

Para exemplificar a combinação de distribuições estatísticas com otimização do custo de estoque, apresentaremos os modelos de estoque para três distribuições diferentes da LTD, Poisson, Laplace e Gama. Os parâmetros de cada distribuição são obtidos da esperança e da variância da LTD estimada dos valores de previsão, conforme detalhado a seguir.

Modelo da distribuição de Poisson

Como vimos anteriormente, a função massa de probabilidade da distribuição de Poisson é definida por:

CAPÍTULO 6 – MÉTODOS QUANTITATIVOS APLICADOS NA GESTÃO DE ESTOQUES

$$p(x) = \frac{e^{-\lambda}\lambda^x}{x!}$$

Para iniciar o processo de solução iterativo, o valor da quantidade de pedido Q inicial será calculado utilizando-se a expressão do lote econômico de compras (LEC), definida na Equação (6.17).

$$Q = EOQ$$

O próximo passo é encontrar s resolvendo a Equação 6.21 da probabilidade de ruptura $P(s)$.

O ponto de ressuprimento para a distribuição de Poisson será obtido da probabilidade cumulativa $F(s)$, substituindo a função densidade de probabilidade $f(x)$ pela distribuição de Poisson com parâmetro.

$$|_{LTD} = E(D_L)$$

Com o valor de s, vamos determinar o número esperado de unidades não atendidas por ciclo $n(s)$, utilizando-se a Equação 6.23 para a distribuição de Poisson.

$$n(s) = D_L P(s) - sP(s+1)$$

Equação 6.23

O valor de Q considerando-se a minimização do custo total será determinado pela Equação 6.22.

Com o valor de Q, retorna-se à Equação 6.21 e continuam as iterações até que ocorra a convergência dos valores ótimos de s e Q.

A distribuição de Poisson se aplica muito bem a itens com demandas unitárias e, consequentemente, a premissa básica da distribuição de Poisson é satisfeita. O único parâmetro da distribuição de Poisson, a taxa média de demanda durante o *lead time*, é estimado dos dados de demanda utilizando-se a Equação 6.15. Para itens nos quais o tamanho da demanda não é unitário, o modelo baseado na distribuição de Poisson composta é mais apropriado, como será detalhado a seguir.

Modelo da distribuição de Poisson composta

Quando o tamanho da demanda não é unitário, diversos estudos têm proposto modelos compostos, que consideram distribuições distintas para o tamanho da demanda e para o tempo médio entre ocorrências. Detalharemos somente o modelo para Poisson composto (para saber mais sobre o modelo de Bernoulli composto, ver Janssen et al., 1998; e Strijbosch et al., 2000). Entretanto, esses modelos são mais difíceis de serem aplicados na prática, porque eles precisam da determinação dos parâmetros de mais de uma distribuição para representar o comportamento da demanda durante o *lead time* e dos dados individuais de cada ocorrência de demanda.

Considerando-se um processo no qual a demanda é de baixo giro e é gerada por um processo de Poisson com taxa de chegada λ, e cujo tamanho da demanda seja unitário, a distribuição de probabilidade pode ser definida conforme o teorema de Palm (Muckstadt, 2005).

Teorema de Palm

Suponha s o nível de estoque para um item cujas demandas são geradas por um processo de Poisson com taxa λ. Assuma também que o tempo de ressuprimento seja dado por uma variável aleatória com função densidade $g(t)$ e média μ_t. Admita ainda que os tempos de ressuprimento sejam independentes e identicamente distribuídos de um pedido para outro. Então, a probabilidade no estado estacionário de x unidades em ressuprimento é dada por:

$$\frac{e^{-|m_t}(|m)^x}{x!}$$

Em um processo de Poisson composto, as demandas de estoque chegam de acordo com um processo de Poisson. Mas o tamanho da demanda não é necessariamente igual a uma unidade, assumindo que as quantidades da demanda sejam independentes e identicamente distribuídas.

Portanto, considerando-se um processo de demanda intermitente de uma peça de reposição, temos:

- as demandas X_i chegam de acordo com um processo de Poisson; o tamanho da demanda é dado por uma variável aleatória D cuja média μ_d é igual ao valor esperado $E(D)$.

Seja W a variável aleatória do número total de unidades originadas de todas as demandas, então,

$$W = X_1 + X_2 + \ldots + X_N$$

A variável aleatória N é independente das variáveis aleatórias X_i. Considerando que o número de demandas é definido por um processo de Poisson com parâmetro λ, então a variável aleatória N é dada por:

$$p[N = n] = e^{-|m_t|} \frac{(|m_t|)^n}{n!}$$

Considere w_m a probabilidade de que o número total de unidades originadas de todas as demandas seja igual a m. Então,

$$W_m = \sum_{n=0}^{\infty} P[N = n] \cdot P[X_1 + X_2 + \ldots + X_N = m]$$

A generalização do teorema de Palm para a distribuição de Poisson composta (Muckstadt, 2005) é descrita a seguir.

Suponha demandas ocorrendo de acordo com o processo Poisson composto em que λ é a taxa de chegada da demanda. Admita também que os tempos de ressuprimento sejam independentes e identicamente distribuídos com função densidade $g(t)$ e média μ_t igual ao valor esperado $E[t]$. Assuma que, quando uma demanda chega, o tempo de ressuprimento para todas as unidades da demanda seja o mesmo e seja definido pela distribuição do tempo de ressuprimento. A probabilidade no estado estacionário de x unidades em ressuprimento é dada por uma distribuição de Poisson composta com média $\lambda \mu_t \mu_d$, em que μ_d é o tamanho médio da demanda.

Pela generalização do teorema de Palm, temos que a distribuição de probabilidade do número total de unidades originadas de todas as demandas é dada por:

$$p[w] = e^{-|m_t\,m_d} \frac{(|\mu_t \mu_d)^w}{w!}$$
Equação 6.24

Ou seja, se a variável aleatória N do número de demandas é representada por uma distribuição de Poisson, qualquer que seja a distribuição da demanda X, a variável aleatória W do número total de unidades originadas de todas as demandas será dada por uma distribuição de Poisson com parâmetro igual a $\lambda \mu_t \mu_d$.

Para a determinação do ponto de ressuprimento s e da quantidade de pedido Q pelo processo iterativo, basta utilizar o mesmo procedimento da distribuição de Poisson simples, substituindo a distribuição pela Poisson composta definida na Equação 6.24.

Modelo da distribuição gama

Como discutido por Burgin (1975), a distribuição gama tem um apelo intuitivo forte para representar a distribuição da demanda durante o *lead time*. Como vimos anteriormente, quando a distribuição da demanda é inclinada para a direita, ou se a relação $\frac{s_L}{D_L}$ é maior que 0,5, o uso da distribuição gama deve ser considerado (Silver et al., 1998).

A função densidade de probabilidade da distribuição gama é definida por:

$$f(x) = \frac{(\alpha x)^{\beta-1} \alpha e^{-\alpha x}}{(\beta - 1)!} \,,\, 0 \leq x \leq \infty \;\text{ e } \beta \text{ inteiro}$$
Equação 6.25

onde
α e β = parâmetros da distribuição gama.

Sendo X uma variável aleatória com distribuição gama de parâmetros α e β, então o valor esperado e a variância de X são dados por:

$$E(x) = \alpha\beta$$
$$Var(x) = \alpha\beta^2$$

Rearranjando as equações, obtemos as equações para a determinação dos parâmetros da distribuição gama:

CAPÍTULO 6 – MÉTODOS QUANTITATIVOS APLICADOS NA GESTÃO DE ESTOQUES

$$\alpha = \frac{E(x)^2}{Var(x)} \qquad \beta = \frac{Var(x)}{E(x)}$$

Semelhante ao processo de determinação dos parâmetros s (ponto de ressuprimento) e Q (quantidade de pedido) de uma política (s, Q) para a distribuição de Poisson, deve-se utilizar também, para a distribuição gama, um processo iterativo para o cálculo das variáveis s e Q na função objetivo do custo total definida pela Equação 6.20.

Para determinar o número esperado de unidades não atendidas por ciclo $n(s)$ para a distribuição gama, deve-se utilizar a Equação 6.26, dada a seguir, desenvolvida por Tyworth e Ganeshan (2000).

$$n(s) = \alpha\beta(1 - G_1(s)) - s(1 - G_0(s))$$

Equação 6.26

em que,
G_1 = função distribuição cumulativa (cdf) de gama $(\alpha + 1, \beta)$;
G_0 = cdf de gama (α, β).

MODELO DA DISTRIBUIÇÃO DE LAPLACE

Também conhecida como pseudoexponencial, a distribuição de Laplace é analiticamente bastante simples de utilizar e mais apropriada para itens de baixo giro.

A forma matemática da distribuição de Laplace é

$$f(x) = \frac{1}{2q} exp\left(\frac{-|x - m|}{q}\right) \quad para -\infty < x < +\infty$$

Equação 6.27

Pelo fato de a distribuição ser simétrica em torno do μ, a média corresponde a μ. A variância é de $2\theta^2$. A distribuição de Laplace não é somente um modelo indicado para itens de baixo giro, mas a alternativa à normal para itens *fast-moving*, quando há mais propagação nas caudas se distanciando do perfil da distribuição normal. Pressuti e Trepp (1970) perceberam que o cálculo da política ótima para o modelo (s, Q) fica significativamente simplificado.

Pode-se mostrar que, para qualquer valor de $s > \mu$, a distribuição cumulativa complementar $P(s)$ e a função do número esperado de unidades não atendidas por ciclo $n(s)$ são dadas por:

$$P(s) = 0{,}5 \exp\left(\frac{-|s-m|}{q}\right) \qquad n(s) = 0{,}5q \exp\left(\frac{-|s-m|}{q}\right)$$

Portanto, a razão $n(s)/P(s)$ é igual a θ. Esse fato resulta em uma solução muito simples para o modelo (s, Q). Do item "Modelos de estoque baseados em otimização do custo", temos que as duas equações que definem a política ótima são

$$Q = \sqrt{\frac{2D[K + pn(s)]}{h}} \qquad e \qquad P(s) = \frac{Qh}{pD},$$

sendo $P(s) = 1 - F(s)$

A simplificação é alcançada pelo uso da fórmula do lote de compras para nível de serviço SOQ[1] (*Service Level Order Quantity*), que é uma representação alternativa para Q e não inclui o custo unitário de ruptura do estoque p (Nahmias, 2004). Usando $P(s) = 1 - F(s)$, a fórmula SOQ é dada por:

$$Q = \frac{n(s)}{P(s)} + \sqrt{\frac{2KD}{h} + \left(\frac{n(s)}{P(s)}\right)^2}$$

$$Q = \theta + \sqrt{\frac{2KD}{h} + \theta^2}$$

Equação 6.28

independentemente do ponto de ressuprimento s. Como consequência, Q e s ótimos podem ser encontrados em um cálculo simples de um passo. Quando utilizamos um modelo de custo, primeiro, determinamos o valor de $P(s)$ através da equação $P(s) = Qh/pD$. Então, usando a representação $P(s) = 0{,}5 \exp(-[(s-\mu)/\theta])$ e considerando-se que a média μ seja igual ao valor esperado da LTD D_L, segue que

---

[1] Para mais detalhes da expressão do SOQ, ver: NAHMIAS, S. *Production and operations analysis*. 5. ed. McGraw-Hill College, chapter 5, 2004.

$$ln(2P(s)) = \frac{-(s-D_L)}{\theta}$$

então,

$$s = -\theta ln(2P(s)) + D_L$$

Equação 6.29

Implicações gerenciais

Neste capítulo, foi introduzida uma metodologia para o controle de estoque de itens de baixo giro, particularmente peças de reposição, contemplando técnicas de classificação dos itens, previsão de demanda, modelagem da demanda durante o *lead time* (LTD) e modelos matemáticos para o cálculo dos parâmetros de estoque. As peças de reposição, ao contrário de produtos e insumos do processo produtivo, são itens predominantemente de baixo giro cuja demanda possui um padrão irregular e intermitente e, portanto, difícil de prever. Na maioria dos itens, tanto a demanda quanto o *lead time* seguem processos estocásticos. Os itens com essas características necessitam de informações mais detalhadas e confiáveis e um controle individual das ocorrências de demanda e do *lead time* visando capturar melhor a variabilidade dos componentes da LTD e do *lead time*.

A utilização de uma metodologia mais sofisticada para controle de estoque se justifica principalmente para os itens A, de maior relevância e criticidade para as empresas cujo montante imobilizado em estoque é bastante significativo. Assim, o desenvolvimento de um modelo mais robusto para o controle de estoque de peças de reposição traz ganhos financeiros significativos para a empresa e garante maior qualidade no serviço entregue pela área de suprimentos aos clientes. Seguem algumas implicações gerenciais de um modelo efetivo de gestão de estoque descritas por Silva (2009):

◆ a principal é a redução do capital de giro aplicado para manter altos níveis de estoque dos itens críticos ao processo produtivo; o aumento do *fill rate* e a melhoria da gestão do estoque refletem em maior credibilidade do processo de ressuprimento, reduzindo estoques paralelos e consumos fora do controle do almoxarifado;

◆ a redução do número de ciclos com ruptura reduz o número de paradas do equipamento por falta de peças e, consequentemente, o custo da perda de produção;
◆ a falta de uma ferramenta que suporte uma análise mais criteriosa e calcule os parâmetros de estoque mais confiáveis leva a grandes retrabalhos manuais e a uma intervenção constante do gestor de estoque nos requerimentos de ressuprimento gerados pelos sistemas de controle de estoque.

Referências bibliográficas

BOTTER, R.; FORTUIN, L. Stocking strategy for service parts: a case study. *International Journal of Operations & Production Management*, v. 20, n. 6, p. 656-674, 2000.

BOYLAN, J.; SYNTETOS, A. *Complex system maintenance handbook*. Springer, 2007.

BURGIN, T. A. The gamma distribution and inventory control. *Operations Research Quarterly*, v. 26, p. 507-525, 1975.

CROSTON, J. D. Forecasting and stock control for intermittent demands. *Operational Research Quarterly*, v. 23, p. 289-304, 1972.

DAS, C. Approximate solution to the (Q, r) inventory model for gamma *lead time* demand. *Management Science*, v. 22, n. 9, p. 1043-1047, 1976.

EAVES, A. Forecasting for the ordering and stock-holding of consumable spare parts. *PhD thesis*. Lancaster University, Department of Management Science, 2002.

_____.; KINGSMAN, B. Forecasting for the ordering and stock-holding of spare parts. *Journal of the Operational Research Society*, v. 55, n. 4, p. 431–437, 2004.

FEENEY, G.; SHERBROOKE, C. The (s – 1, s) inventory policy under compound Poisson demand. *Management Science*, 12, p. 391–411, 1966.

FORTUIN, L.; MARTIN, H. Control of service parts. *International Journal of Operations & Production Management*, 1999.

HAX, A.; CANDEA, D. *Production and inventory management*. NJ: Prentice-Hall, Inc., 1984.

HILLIER, S.; LIEBERMAN, G. *Introduction to operations research*. 7. ed. New York: McGraw-Hill, 2001.

JANSSEN, F. et al. On the (R, s, Q) inventory model when demand is modelled as a compound Bernoulli process. *European Journal of Operational Research*, n. 104, p. 423-436, 1998.

JOHNSTON, F.; BOYLAN, J. Forecasting intermittent demand: a comparative evaluation of Croston's method. *International Journal of Forecasting*, n. 12, p. 297-298, 1996.

KREVER, M. et al. Inventory control based on advanced probability theory, an application. *European Journal of Operational Research*, n. 162, p. 342–358, 2005.

LEVÉN, E.; SEGERSTEDT, A. Inventory control with a modified Croston procedure and Erlang distribution. *International Journal of Production Economics*, n. 90, p. 361–367, 2004.

MITCHELL, C. et al. An analysis of Air Force EOQ data with an application to reorder point calculation. *Management Science*, v. 29, p. 440-446, 1983.

MUCKSTADT, J. *Analysis and algorithms for service parts supply chains*. Springer, 2005.

NAHMIAS, S. *Production and operations analysis*. 5. ed. McGraw-Hill College, 2004.

NAMIT, K.; CHEN, J. Solutions to the <Q, r> inventory model for gamma lead-time demand. *International Journal of Physical Distribution & Logistics Management*, v. 29, n. 2, p. 138-151, 1999.

PORRAS, E.; DEKKER, R. An inventory control system for spare parts at a refinery: an empirical comparison of different re-order point methods. *European Journal of Operational Research*, n. 184, p. 101-132, 2008.

PRESSUTI, V.; TREPP, R. More Ado about EOQ. *Naval Research Logistics Quarterly*, v. 17, p. 243-51, 1970.

SANDVIG, J.; ALLAIRE, J. Vitalizing a service parts inventory. *Production and Inventory Management Journal*, v. 39, n. 1, p. 67-71, 1998.

SILVA, G. L. *Modelo de estoque para peças de reposição sujeitas à demanda intermitente e lead time estocástico*. Belo Horizonte, 2009 (Tese de Mestrado).

Universidade Federal de Minas Gerais, Departamento de Engenharia de Produção.

SILVER, E. Some ideas related to the inventory control of items having erratic demand patterns. *Canadian Operational Research Journal*, n. 8, p. 87-100, 1970.

SILVER, E. et al. *Cost minimizing inventory control of items having a special type of erratic demand pattern.* Infor, v. 9, p. 198-219, 1971.

SILVER, E. et al. *Inventory management and production planning and scheduling.* 3. ed.). New York; London; Sidney: John Wiley & Sons, 1998.

STRIJBOSCH, L. et al. A combined forecast-inventory control procedure for spare parts. *Journal of the Operational Research Society*, v. 51, n. 10, p. 1184-1192, 2000.

TIJMS, H. Stochastic Models. *An algorithmic approach.* Chichester: John Wiley & Sons, 1994.

TYWORTH, J.; GANESHAN, R. A note on solutions to the Q_r inventory model for gamma lead time demand. *International Journal of Physical Distribution & Logistics Management*, v. 30, n. 6, p. 534-539, 2000.

WILLEMAIN, T. et al. A new approach to forecasting intermittent demand for service parts inventories. *International Journal of Forecasting*, n. 20, p. 375-387, 2004.

_____. Forecasting intermittent demand in manufacturing: a comparative evaluation of Croston's method. *International Journal of Forecasting*, n. 10, p. 529-538, 1994.

WILLIAMS, T. Stock control with sporadic and slow-moving demand. *Journal of the Operational Research Society*, v. 35, n. 10, p. 939-948, 1984.

YEH, Q. A practical implementation of gamma distribution to the reordering decision of an inventory control problem. *Production and Inventory Management Journal*, v. 38, n. 1, p. 51-57, 1997.

Capítulo 7

Modelos de simulação de Monte Carlo aplicados à gestão de estoques

Jersone Tasso Moreira Silva

> **Objetivo do capítulo**
>
> O objetivo deste capítulo é a adoção dos modelos de simulação de Monte Carlo para processos de tomada de decisão envolvendo estoques, em busca de soluções ótimas e risco reduzido.

Introdução

No âmbito dos negócios, os clientes mais exigentes, a competição mais acirrada, as inovações tecnológicas e os ciclos de vida dos produtos mais curtos são fatores, entre outros, que impõem às organizações diferenciais competitivos para manter as posições, construir caminhos para oportunidades e conquistar novos espaços.

A gestão de estoques é diferente da administração de outros ativos e obrigações. Esses ativos têm um teor físico, o que não se igualam aos ativos puramente financeiros. Porém como outros ativos, os estoques representam custos significativos para as empresas, e sua gestão eficiente torna-se fator essencial de competitividade.

O analista financeiro deve buscar minimizar as necessidades de investimentos em estoques, pois apesar de esses investimentos contribuírem para geração de lucro, o investimento em estoque, além de reduzir a rotação geral dos recursos comprometendo a rentabilidade geral da empresa, produz custos decorrentes de sua manutenção (Sanvicente, 1997).

As estratégias de gestão financeira de estoques relatadas nos manuais de finanças e de custos estão concentradas em quanto e quando adquirir estoques.

As estratégias clássicas de gestão de estoques, não levam em consideração o risco de estimativas que influenciam os diversos parâmetros das decisões em estoques. Na verdade, uma das hipóteses do modelo mais tradicional da gestão de estoques, o lote econômico de compra (LEC), considera que não existe risco nas variáveis que influenciam o modelo.

Porém, a crescente complexidade, instabilidade e rapidez com que as mudanças ambientais se operam, proporcionado principalmente pela globalização dos mercados, obriga à adoção de instrumentos mais eficientes de coleta e interpretação de dados e informações, que procurem incluir o risco nas análises organizacionais.

O presente capítulo propõem a aplicação do processo de simulação, especificamente a simulação de Monte Carlo (SMC), não apenas para a análise dinâmica de estoques, mas também nos problemas estáticos relacionados à gestão de estoques. Nesse sentido, a proposta de análise do LEC por meio da SMC surge como uma saída que busca superar as limitações desse modelo tradicional, principalmente àquelas relacionadas à demanda constante e à desconsideração do risco na análise.

Métodos de simulação

Simulação é a designação das situações nas quais se tenta compreender as características de um sistema pelo conhecimento de outro que lhe é similar. Aqui, trata-se da técnica de solução de problema pela análise de um modelo que descreve o comportamento do sistema usando um computador digital. Simulações de risco e probabilidades são vastamente usados em cálculos e projeções estimativas.

Modelos

O termo "modelo" é empregado para significar a representação de um sistema usada em inúmeras atividades. Por exemplo, podemos analisar as características de uma futura residência pela construção de uma maquete em escala reduzida.

Podemos construir um modelo analógico quando as propriedades do sistema são representadas por outras equivalentes. É o caso de representar um sistema mecânico pelo correspondente sistema elétrico ou um sistema econômico por um sistema hidráulico. Um modelo como este foi construído pela London School of Economics e tem sido usado para simular o efeito de modificações no sistema econômico, como desvalorização da moeda, aumento ou diminuição da taxa de juros ou da taxa de impostos.

Os modelos simbólicos, por sua vez, guardam semelhança conceitual ou simbólica com o sistema em estudo. Podem ser do tipo matemático, analisados por um conjunto de equações matemáticas (como um modelo de teoria das filas ou da programação linear), ou ser diagramáticos, se as características do sistema em estudo são representadas por um diagrama (fornecido ao computador).

Os programas de computador mais comuns permitem construir tais modelos, tornando possível visualizar na tela o funcionamento do sistema em estudo, como se estivéssemos em posição privilegiada no cenário em questão. Antes de efetuarmos alterações em uma fábrica real, por exemplo, pode-se interagir com uma fábrica virtual. A junção da tradicional teoria da simulação com técnicas modernas de computação e jogos (como *videogames*) tem possibilitado esses avanços.

LIMITAÇÕES DE HARDWARE E SOFTWARE

A simulação é uma técnica que necessita de intenso uso do ferramental computacional (tanto hardware como software). No início do uso das técnicas de simulação de Monte Carlo, na década de 1940, a pequena disponibilidade de recursos computacionais era a principal limitação do método. Esse fator tem deixado de ser limitante para a utilização da simulação, mas ainda traz problemas.

A precisão de um processo de simulação depende da quantidade de simulações executadas, ou seja, do número de repetições do experimento ou cálculo. Por outro lado, quanto mais repetições, maior o consumo do hardware. Quanto às limitações do software, pode-se citar a falta de conhecimento e acesso de estudantes e pesquisadores ao software Matlab®, que impossibilita maior penetração do trabalho (se comparado com o @Risk®, por exemplo).

JUSTIFICATIVAS PARA O USO DA SIMULAÇÃO

O que leva as pessoas a optar pelo uso da simulação em situações nas quais outras técnicas, como programação linear ou estatística, poderiam ser utilizadas?

É comum encontrar como resposta a afirmativa de que "é a técnica mais adequada". Por se tratar de uma técnica que, uma vez dominada, pode ser facilmente aplicada, é também possível justificativas do tipo: "é a única técnica que domino", clara demonstração de confiança no poderio da simulação. No entanto, uma vez identificado um cenário que necessita ser dimensionado (ou redimensionado), a simulação torna-se necessária por diferentes motivos:

◆ inviabilidade da interferência com o sistema real, situação em que tentar alterar o sistema existente sem uma certeza de que a alteração vai dar certo pode significar alto risco de prejuízo. Como exemplo, podemos citar o caso de alteração do layout de uma fábrica ou o fluxo do trânsito de uma cidade;
◆ inexistência do sistema em estudo, por exemplo: quando se estuda a construção de nova fábrica.

O método de Monte Carlo

A simulação é uma técnica de pesquisa operacional, que corresponde à realização de experimentos numéricos com modelos lógico-matemáticos. Esses experimentos envolvem grandes volumes de cálculos repetitivos, fazendo uso intensivo de recursos computacionais. A simulação de sistemas discretos repousa em uma técnica conhecida desde o século passado: o método de Monte Carlo, capaz de recriar o funcionamento de um sistema real dentro de um modelo teórico.

A origem do método de simulação de Monte Carlo

A origem do método de simulação de Monte Carlo deu-se durante a Segunda Guerra Mundial, nas pesquisas no Laboratório de Los Alamos, que resultaram na construção da primeira bomba atômica. O método foi proposto por Von Neumann e Ulam para a solução de problemas matemáticos cujo tratamento analítico não se mostrava viável (Saliby, 1989).

Primeiro, buscava-se a avaliação de integrais múltiplas para o estudo da difusão de nêutrons. Posteriormente, no entanto, verificou-se que ela poderia ser aplicada em outros problemas matemáticos mais complexos, de natureza determinística. O nome Monte Carlo, famoso cassino de Mônaco fundado em

1862, foi adotado por razões de sigilo das pesquisas e pelo fato de a presença da aleatoriedade lembrar os jogos de azar.

No final da década de 1940, os computadores começavam a se tornar realidade e era a grande limitação do método: a restrição de recursos computacionais acarretava baixa precisão nos resultados da simulação. Na década de 1950, com o desenvolvimento de computadores, programas e linguagens de simulação, a atenção dos pesquisadores voltou-se para a obtenção de resultados mais precisos, mas com o cuidado de não aumentar o tempo de processamento necessário.

O esforço desses pesquisadores deu origem às primeiras técnicas de redução de variância: variáveis antitéticas, amostragem por importância, amostragem estratificada, variável de controle, *Common Random Numbers* e outras (Saliby, 1980). O objetivo era um controle parcial do processo de amostragem dos valores aleatórios. Até então, a geração da amostra era totalmente aleatória, chamada abordagem tradicional ou amostragem aleatória simples. Apesar dos baixos ganhos de precisão, o principal motivo pelo qual as técnicas de redução de variância não foram muito utilizadas foi a concepção de que a amostragem deveria imitar o comportamento aleatório da realidade, ou seja, o controle do processo de amostragem significaria a introdução de um viés nos resultados.

No final da década de 1970 e início dos anos 1980, McKay et al. (1979) e Saliby (1980) desenvolveram o que pode ser caracterizado como uma segunda geração das técnicas de redução de variância. As técnicas de hipercubo latino e amostragem descritiva, diferentemente das primeiras, apresentaram resultados muito superiores à amostragem aleatória simples (Owen, 1992; Marins et al., 2003). É importante mencionar, também, que as barreiras impostas pela limitação de recursos computacionais estavam sendo ultrapassadas.

A ideia do hipercubo latino, apesar de impor um controle maior no processo de amostragem que as primeiras técnicas de redução de variância, ainda manteve vivo o paradigma de que a amostra deve possuir um componente aleatório em seus valores. Nessa técnica de amostragem, é proposta a estratificação da distribuição acumulada de probabilidade das variáveis de entrada do modelo de simulação em n partes de igual probabilidade e, em seguida, a escolha aleatória de um elemento dentro de cada estrato e a permutação desses valores. Assim, fica garantido que todos os estratos serão representados na amostra (McKay et al., 1979).

O paradigma da amostra aleatória só foi totalmente abandonado pela amostragem descritiva, proposta por Saliby (1990). Essa técnica utiliza os mesmos estratos do hipercubo latino, mas seleciona o valor central de cada estrato. A permutação na ordem dos valores centrais garante a aleatoriedade da amostra. As seções seguintes detalham as principais técnicas de redução de variância, dando maior ênfase à amostragem descritiva e à amostragem por importância.

O objetivo básico da simulação Monte Carlo (SMC) é simular diversos possíveis cenários a partir de um mecanismo gerador de dados (processo estocástico) para a variável aleatória de interesse (Jorion, 1998). A SMC é frequentemente usada para estudar as propriedades estatísticas de diversos métodos de estimação de parâmetros de população. É particularmente útil para entender o comportamento dos estimadores em amostras pequenas ou finitas (Gujarat, 1995).

Uma vez definidas as variáveis de interesse para a modelagem estocástica, a partir de suas distribuições empíricas de probabilidades, são sorteados valores para cada uma dessas variáveis, constituindo um cenário aleatório e novos cenários são sorteados até que se tenha as estimativas precisas (Melo et al., 1999).

O método de simulação de Monte Carlo apresenta diversas vantagens, como simplicidade conceitual (reaplicações de análises com o mesmo modelo utilizado nos métodos determinísticos); flexibilidade (facilidade de incorporação de modelagens complexas); obtenção de distribuições empíricas de probabilidades para os indicadores financeiros (Kleijnen, 1974). No entanto, como desvantagem, pode-se destacar a falta de critério para definir o intervalo da frequência acumulada cujo sorteio aleatório se baseia na distribuição uniforme definida.

Variáveis aritméticas

Essa técnica propõe a redução de variância pela introdução de uma correlação negativa entre as estimativas. Seja X_1 e X_2 variáveis aleatórias definidas como função da variável u e $-u$, respectivamente. Ou seja, $X_1 = f(u)$ e $X_2 = f(-u)$.

Observa-se que X_1 e X_2 possuem a mesma distribuição, sendo, porém, negativamente correlacionadas. Dessa forma, pode-se definir a variância da média aritmética entre os pares de X_1 e X_2 como:

$$Var(\overline{X}) = \frac{Var(X_1) + Var(X_2) + 2Cov(X_1,X_2)}{4} = \frac{Var(X)}{2}(1+\rho)$$

Equação 7.1

onde:
$Var(X) = Var(X_1) = Var(X_2)$; coeficiente de correlação entre X_1 e X_2.

A variância da média aritmética entre as duas variáveis é menor que a variância das variáveis aleatórias originais, devido à correlação negativa introduzida.

VARIÁVEL DE CONTROLE

A metodologia usual para o emprego dessa técnica é a substituição de um problema que não dispõe de solução analítica por um problema similar mais simplificado, que dispõe desse tipo de solução. A solução do problema simplificado é usada para aumentar a precisão da simulação do problema mais complexo.

Utiliza-se o erro de simulação, diferença entre o valor analítico e o valor estimado por simulação para o problema mais simples, como o controle na simulação do problema mais complexo. O coeficiente do erro de simulação que minimiza a variância da variável ajustada é o coeficiente angular da regressão entre o valor estimado por simulação do problema sem solução analítica e o valor estimado por simulação do problema com solução analítica (Bratley et al., 1983).

$$Var(X - kY) = Var(x) + k^2 Var(Y) - 2Cov(X,Y)$$
Equação 7.2

onde:
X: valor estimado por simulação do problema sem solução analítica;
Y: variável de controle (diferença entre o valor analítico e o valor estimado por simulação do problema com solução analítica);
k: coeficiente angular da regressão entre o valor estimado por simulação do problema sem solução analítica e o valor estimado por simulação do problema com solução analítica.

Um exemplo de aplicação dessa técnica é a precificação de contratos de opções do tipo asiáticas com média aritmética. Nesse caso, apresentado por Marins et al. (2003), utiliza-se a solução analítica das opções asiáticas com média geométrica como controle.

$$PA_{vc} = PA + \beta(C - PG)$$
Equação 7.3

onde:

PA_{VC}: prêmio aritmético estimado por variável de controle;
PA: prêmio aritmético estimado por simulação;
PG: prêmio geométrico estimado por simulação;
C: prêmio obtido pelo modelo de Black e Scholes para o caso geométrico;
β: coeficiente angular da regressão entre PA e PG.

Hipercubo latino

Consiste na estratificação da distribuição acumulada de probabilidade das variáveis de entrada da simulação em n partes de igual probabilidade. Em seguida, escolhe-se de forma aleatória um valor dentro de cada estrato. A amostra hipercúbica é composta por esses valores permutados aleatoriamente. A fórmula usada para a geração dos valores hipercúbicos, a serem depois permutados, é:

$$xh_i = F^{-1}\left(\frac{1 - Rand_i}{n}\right)$$

onde:
$i = 1, ..., n$; xh_i: valor que compõem a amostra hipercúbica;
n: tamanho da amostra;
F^{-1}: inversa da função de distribuição acumulada;
$Rand_i$: número aleatório entre 0 e 1.

Amostragem descritiva

Contemporânea e independentemente dos estudos que geraram o hipercubo latino, Saliby (1990) questionou a ideia de que a simulação deva ser uma simples imitação da realidade. Segundo o autor, a amostragem aleatória introduz uma variabilidade desnecessária nos problemas de simulação.

A amostragem descritiva baseia-se na ideia de uma seleção totalmente determinística e intencional dos valores de entrada do modelo de simulação. Como no hipercubo latino, propõe a estratificação da distribuição acumulada de probabilidade das variáveis de entrada do modelo de simulação em n partes de igual probabilidade. Porém, no lugar de uma seleção aleatória, seleciona-se o ponto médio em cada estrato. A permutação aleatória dos pontos médios dos estratos garante a aleatoriedade da amostra.

É importante ressaltar que os valores amostrais serão sempre os mesmos dado um número n de simulações. Ou seja, a amostra não varia mais entre diferentes corridas, fortalecendo o controle no processo de amostragem e enfatizando ainda mais a ruptura com o paradigma vigente.

Tanto na amostragem tradicional (amostra aleatória simples) quanto nas demais técnicas de redução de variância (incluindo o hipercubo latino), existem duas fontes de variabilidade: a variabilidade da seleção dos valores e a variabilidade da sequência dos valores. Por conter a seleção determinística, a amostragem descritiva só possui a variabilidade da sequência, devido à permutação aleatória dos pontos médios.

Segundo Moreira (2001), o ponto de maior dificuldade quando esse método é sugerido é demonstrar que, ao contrário da crença comum, não há a necessidade de haver seleção aleatória nas amostras de experimentos de simulação de Monte Carlo.

Saliby (1990) argumenta que, nos experimentos de simulação, as amostras são obtidas, por hipótese, de distribuições de probabilidade já conhecidas. Nesse caso, o propósito da amostragem é simular certo comportamento aleatório (já realizado pela permutação aleatória dos pontos médios na amostragem descritiva) e não realizar inferências sobre a população analisada. Outro bom argumento é a facilidade de implementação: pequeno incremento no tempo de programação e redução no tempo de processamento. A única exigência antes da implementação é conhecer o tamanho da amostra desejada (determinar o número n de estratos).

A fórmula proposta para a geração do conjunto único de valores descritivos, que serão posteriormente permutados é:

$$xd_i = F^{-1}\left(\frac{i-0,5}{n}\right)$$

em que:
$i = 1, ..., n$; xd_i: valor que compõe a amostra descritiva;
n: tamanho da amostra;
F^{-1}: inversa da função de distribuição acumulada;
$F^{-1}(R)$, $R \in (0,1)$.

Fator risco e simulação de Monte Carlo

A incerteza, no processo de tomada de decisão, implica que, em dada ação, as probabilidades são incertas; isto é, o tomador de decisão, por meio de uma árvore de decisão, estabelece probabilidades aos ramos que se originam de nós. Tal determinação é feita utilizando-se uma combinação de várias técnicas e procedimentos baseados em dados empíricos anteriores e alimentados com resultados de vários processos estocásticos e dinâmicos.

A árvore de decisão é um modelo prático de uma função recursiva que determina o valor de uma variável e, baseando-se nesse valor, executa-se uma ação. Essa ação pode ser a escolha de outra variável ou a saída. As árvores de decisão são treinadas de acordo com um conjunto de "exemplos previamente classificados" e, posteriormente, outros exemplos são classificados de acordo com essa mesma árvore. A construção de uma árvore de decisão parte da descrição de um problema do qual devem ser especificadas as variáveis, as ações e a sequência lógica para a tomada de decisão. Depois de construída, teremos uma visão gráfica da tomada de decisão.

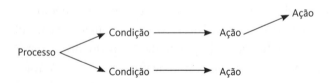

As variáveis são representadas pelas condições mostradas na estrutura anterior, as saídas são as ações a serem tomadas. A sequência lógica é a ordem em que serão dispostas as condições, em virtude do seu grau de relevância predefinido no início da criação do modelo. Os ramos da árvore correspondem a cada possibilidade lógica que levam à próxima possibilidade ou à ação a ser tomada. Nem sempre a combinação das condições descritas leva a uma ação definitiva; quando isso ocorre, o decisor tem o papel de optar pela ação a ser tomada.

A determinação das decisões sob incertezas está muitas vezes associada ao risco. O risco é derivado de uma situação na qual possíveis alternativas resultantes existem com probabilidade certa.

CAPÍTULO 7 – MODELOS DE SIMULAÇÃO DE MONTE CARLO APLICADOS À GESTÃO DE ESTOQUES

Pelo fato de grande parte das decisões administrativas estarem voltadas para o futuro, especificamente na gestão de estoques, que requer estimativas das demandas futuras, é imprescindível que se considere as variáveis que afetam o processo de análise como variando aleatoriamente, já que o exercício de previsão está composto pelo risco do resultado não se efetivar.

Para que o processo de simulação esteja presente em uma análise, basta verificar se alguma variável do problema assume a condição de aleatoriedade. No caso específico da gestão de estoques em situações de risco, a ferramenta de simulação torna-se uma técnica formal e eficiente que ajuda a fundamentar as decisões.

Para melhor interpretação da variável risco, devem-se discutir duas de suas características: (a) risco objetivo; e (b) risco subjetivo.

O risco é objetivo quando um indivíduo, ao jogar uma moeda, já conhece as chances. Mesmo que o resultado seja incerto, o risco objetivo pode ser descrito precisamente com base em uma teoria, em um experimento ou no senso comum. A descrição de um risco subjetivo pode ser feita ao se refinar a abordagem do problema com mais informações, mais estudos ou por meio de pesos baseados em outras informações.

O risco é a variável importante no processo de decisão do produtor rural, principalmente do pequeno, o qual é perseguido constantemente pelas adversidades de seu meio. Observa-se que entre esses agricultores as ações se desenvolvem segundo a *teoria bayesiana*, que atribui valores relevantes às preferências pessoais de tomadores de decisões e às suas estimativas de probabilidade.

A falta de habilidade de estimar as probabilidades e as atitudes com relação ao risco levam alguns tomadores de decisão a preferir posições mais altas na fronteira risco-renda, por exemplo. Visando conseguir a maximização da utilidade, tomam suas decisões submetendo-se a elevados níveis de risco. Outros, menos hábeis ou menos dispostos a operar sob alto risco, atingem pontos de pouca significação em sua curva de utilidade, preferindo baixos ganhos, mas com relativa segurança.

Observa-se do exposto que, apesar de uma aparente facilidade de se atar às duas discussões – incerteza e o risco –, as relações existentes entre os dois são complexas e envolventes.

O tomador de decisão pode aplicar as seguintes medidas de precaução contra as incertezas: (a) medidas que reduzem a variabilidade ou a dispersão da renda; (b) medidas para prevenir a queda da renda abaixo de um nível mínimo; e (c) medidas para aumentar a capacidade de enfrentar condições econômicas desfavoráveis. As duas primeiras medidas podem ser consideradas como tentativas de armar-se contra a variabilidade e a incerteza. A terceira está mais próxima da tentativa de colocar o empreendimento em condições de enfrentar a incerteza.

A análise das situações em que são considerados os riscos tem-se desenvolvido mais no sentido de se determinar as dispersões dos dados por meio de métodos estatísticos de variância e covariância, para depois empregá-los nas soluções dos problemas, mediante algum modelo de programação. A programação quadrática, por exemplo, tem sido considerada, por muitos autores, como um modelo realista, quando utilizada em empreendimentos agrícolas para avaliar a situação de risco.

Após a análise de algumas implicações de escolha sob risco e incerteza pode-se, então, examinar um pouco mais profundamente a teoria de escolha sob condições de incerteza.

Segundo Tobin (1958), os indivíduos se dividem em três tipos: (1) avessos ao risco; (2) indiferentes ao risco; e (3) propensos ao risco. Os indivíduos avessos ao risco são aqueles que, entre duas aplicações de mesmo rendimento médio esperado, preferem a menos arriscada.

As características de um indivíduo avesso ao risco podem ser resumidas em: (a) a primeira derivada é positiva e a segunda derivada será negativa; (b) o indivíduo se torna extremamente avesso ao risco quando as quantias envolvidas se tornam muito grandes; e (c) o indivíduo aplica a maior parte de seus recursos em oportunidades arriscadas quando estas se tornam rentáveis, sem aumento de riscos.

Os indivíduos indiferentes ao risco são aqueles que consideram indiferentes duas aplicações de rendimento médio esperado. A utilidade total dos ganhos é linear.

Para o indivíduo indiferente ao risco vale o procedimento convencional de tratar os valores esperados como as previsões seguras de um mundo em que o futuro fosse perfeitamente previsível. E que, pelo menos para os problemas econômicos relevantes, o tipo normal é avesso ao risco.

Os indivíduos propensos ao risco são aqueles que, entre duas aplicações do mesmo rendimento médio esperado, preferem a mais arriscada.

Para proceder a uma análise de riscos, é preciso reconhecer a necessidade de utilizá-la. De forma geral, a análise de risco é qualquer método, qualitativo ou quantitativo, para avaliar o impacto dos riscos sobre situações que requeiram uma tomada de decisão. A meta é auxiliar na escolha da melhor ação, demonstrando os efeitos das diversas alternativas e os possíveis resultados.

O procedimento usado pelo tomador de decisão, seja este avesso, indiferente ou propenso ao risco, para se fazer a análise de risco, pode ser sumariado como segue:

- desenvolvimento de um modelo, ou seja, da representação da situação real a partir de parâmetros predefinidos;
- identificação das incertezas, especificação do comportamento das variáveis, por meio da definição de suas distribuições de probabilidade;
- análise do modelo pela simulação;
- tomada de decisão.

SOFTWARE @RISK®

O procedimento utilizado pelo tomador de decisão para a análise de risco pode ser feito com o auxílio de uma instrumentação computacional, desenvolvida nos últimos anos, chamada de @Risk® (Winston, 1994). Esse instrumental computacional tem auxiliado na construção de modelos mais sofisticados e com recursos estatísticos poderosos, permitindo ponderar as incertezas e simular diferentes cenários. No entanto, a tomada de decisão depende, sobretudo, da experiência e das preferências pessoais mediante os resultados obtidos[1].

O @Risk® oferece alternativas de simulação ao tomador de decisão, mediante técnicas de amostragem, como de Monte Carlo e hipercubo latino, as quais diferem no número de iterações necessárias para que os valores amostrais se aproximem da distribuição de probabilidade dos valores de entrada selecionados.

A simulação é um processo de estruturação de modelos de um sistema real e condução de experimentos com a intenção de entender o comportamento do sistema ou de avaliar as várias estratégias (com limites impostos por critérios ou conjunto de critérios) para a operação do sistema.

---

[1] Palisade. *Risk analysis and simulation*. Palisade Corporation, 31 Decker Road, Newfield, NY USA 14867, (607)277.8000. Disponível em: <http://www.palisade.com>.

A simulação procura:

◆ descrever o comportamento do sistema;
◆ construir teorias ou hipóteses para o comportamento observado; e
◆ usar as teorias para prever comportamentos futuros, ou seja, os efeitos que serão produzidos por meio de mudanças no sistema ou no seu método de operação.

A amostragem de Monte Carlo requer, frequentemente, um grande número de amostras para aproximar os valores simulados da distribuição desejada, ao passo que o hipercubo latino faz essa aproximação mais rapidamente e com menor número de iterações.

Basicamente, há quatro etapas no método de simulação de Monte Carlo, que são:

a. identificação da distribuição de probabilidade de cada uma das variáveis aleatórias relevantes;
b. seleção ao acaso de um valor de cada variável, a partir de sua distribuição de probabilidade;
c. cálculo do valor do indicador de escolha cada vez que for feito o sorteio indicado no item (b); e
d. repetição do processo até que se obtenha uma confirmação adequada da distribuição de frequência do indicador de escolha.

Recursos disponibilizados pelo software @Risk®

O @Risk®, software desenvolvido pela empresa Palisade Corporation, foi projetado para funcionar em ambientes de planilhas eletrônicas como Microsoft Excel® e Lotus 1-2-3®. Esse software disponibiliza uma gama de ferramentas que permite montar e executar modelos que envolvem análises de risco em quatro passos, segundo Moura (2005):

1. desenvolvimento do modelo: estruturação do modelo, apresentado no formato de planilha eletrônica;
2. identificação de incertezas e riscos: por meio de análises de sensibilidade e/ou opinião de consultores, identificam-se, no modelo, as variáveis que

mais impactam os resultados e especificam-se, na planilha, as células que contêm essas variáveis (*input cells*). Para cada uma delas, estipula-se o modelo de distribuição a ser utilizado – o @Risk® disponibiliza 46 tipos. Para a seleção do tipo de distribuição mais aplicado, a Palisade Corporation oferece o software "Best Fit". Como procedimento final dessa etapa, o usuário define as células que contêm as variáveis de saída (*output cells*), para as quais serão avaliados os impactos;

3. realização de análise da simulação: o @Risk®, durante cada simulação, usa duas operações: (a) definição do conjunto de valores para as células de entrada, conforme as distribuições de probabilidade associadas, e (b) recalcula a planilha em uso. Esse procedimento ocorre até que seja atendida a condição de parada especificada pelo usuário. De posse das distribuições de frequência geradas para as variáveis de entrada (*input cells*) e de saída (*output cells*), são procedidas as análises, o que pode ser feito avaliando-se os parâmetros estatísticos (média, valor máximo, valor mínimo e desvio-padrão) e interpretando os gráficos. O @Risk® disponibiliza gráficos do tipo histogramas, curvas de acumulação e resumos de diversas rodadas de simulação, que podem ser transferidos aos ambientes do Microsoft Excel® ou do Lotus 1-2-3®;

4. tomada de decisão: toma-se a decisão com bases nos resultados gerados pelo software e nas preferências pessoais. O @Risk® auxilia no processo de tomada de decisão colocando o usuário em vários cenários, mas a escolha da melhor alternativa dependerá essencialmente da habilidade do usuário e de seu nível de aversão a riscos.

Funções de distribuição

As funções de distribuição de probabilidade são utilizadas pelo @Risk® durante uma simulação, resultando em um conjunto de amostras de valores possíveis. Cada interação de uma simulação utiliza um novo conjunto de valores, amostrados a partir de cada função de distribuição de probabilidade da planilha de dados. O Quadro 7.1, a seguir, apresenta os 28 tipos de distribuições de probabilidade.

Quadro 7.1 – Tipos de distribuições de probabilidade

Beta	Valor extremo	Binomial negativa
Binomial	Gama	Normal
Qui-quadrado	Geral	Pareto
Correlações	Geométrica	Pearson V
Cumulativa	Hipergeométrica	Pearson VI
Discreta	Gaussiana inversa	Poisson
Discreta uniforme	Logística	Rayleigh
Função de erro	Log-logística	T de Student
Erlang	Log-normal	Triangular
Exponencial	Log-normal (2)	Uniforme
		Weibull

Fonte: Adaptado do manual *Risk analysis and simulation* (Palisade, 2000).

O intervalo e a expectativa de ocorrência são diretamente relacionados ao nível de risco associado com dado evento. Por meio da dispersão e da expectativa de resultados possíveis, pode-se tomar uma decisão baseada no nível de risco que se dispõe a correr.

Tomadores de decisão avessos ao risco preferem uma dispersão menor dos resultados possíveis, com a maior probabilidade associada com os resultados desejáveis.

Caso os riscos sejam preferíveis, aceita-se maior dispersão ou uma possível variação na distribuição. Além disso, quem decide arriscar pode ser influenciado pela expectativa de resultados vantajosos, mesmo que isso tenha pouca probabilidade de ocorrer. Os Gráficos 7.1, 7.2 e 7.3, apresentam algumas probabilidades de distribuição dos tomadores de decisão mencionados anteriormente.

O processo de tomada de decisão, realizado de forma analítica, proporciona o aumento das chances de se encontrar soluções acertadas para o problema levantado. Contudo, não há garantia do sucesso da decisão, uma vez que dificilmente o tomador de decisão terá condições de levantar a totalidade de alternativas para a solução dos problemas administrativos da propriedade, e ter certeza quanto aos resultados advindos da implementação de qualquer uma delas, uma vez que existe um grau de incerteza no processo.

A suposição mais racional seria a de que os consumidores e os produtores tivessem alguma ideia do tamanho das possibilidades de resultados e opiniões

CAPÍTULO 7 - MODELOS DE SIMULAÇÃO DE MONTE CARLO APLICADOS À GESTÃO DE ESTOQUES

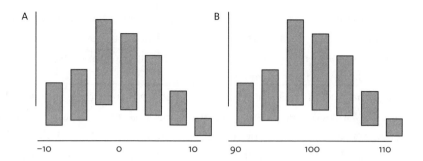

Gráfico 7.1 – A distribuição de probabilidade A representa maior risco que B, apesar das formas idênticas, porque o intervalo de A inclui resultados menos desejáveis. A dispersão relativa à média é maior em A do que em B.
Fonte: Palisade, 2000.

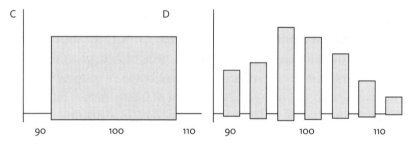

Gráfico 7.2 – A distribuição de probabilidade C representa maior risco que D devido à probabilidade de a ocorrência ser uniforme ao longo do intervalo de C, ao passo que, para D, fica concentrada ao redor de 98.
Fonte: Palisade, 2000.

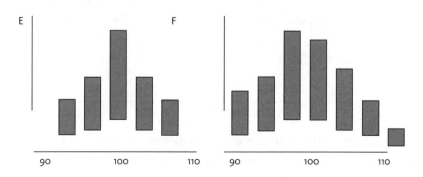

Gráfico 7.3 – A distribuição de probabilidade F representa maior risco que E devido ao fato do intervalo ser maior e a probabilidade de ocorrência ser "mais dispersa" do que em E.
Fonte: Palisade, 2000.

sobre determinados cenários. Em outras palavras, deve-se trabalhar com probabilidades de ocorrer, ou não, certo evento. A simulação, nesse sentido, aparece como a técnica com maior aplicação nas ciências administrativas para a análise e estudo de sistemas complexos.

A determinação e previsão de cenários são feitas por um processo chamado processo estocástico, ou seja, assume-se que valores para $y_1, y_2, ..., y_n$, em uma série, sejam retirados aleatoriamente de uma distribuição de probabilidade. Modelando-se tal processo, procura-se descrever as características de sua aleatoriedade. As técnicas analisadas no presente estudo, dentre as várias conhecidas, para simulações estocásticas, são: simulação de Monte Carlo e simulação hipercubo latino. Porém, antes de discutir os dois tipos de simulações estocásticas, deve-se antes debater a geração de números aleatórios[2].

A geração de números aleatórios uniformes se dá por funções matemáticas denominadas geradores de números aleatórios. A maioria dos geradores de números aleatórios usa alguma forma de relação de congruência. Exemplos de tais geradores incluem o gerador linear de congruência, gerador multiplicativo e gerador misto. O gerador linear de congruência é o mais utilizado (Winston, 1994).

Com esse método, pode-se gerar uma sequência de números inteiros $x_1, x_2, ..., x_n$, entre 0 e $m - 1$ de acordo com a seguinte relação recursiva:

$$x_{i+1} = (ax_i + c) \text{ módulo } m \ (i = 0, 1, 2, ..., n)$$
Equação 7.4

em que o primeiro valor de x_0 é chamado semente; a é o multiplicador constante; c é o adicional; e m é o módulo. Essas quatro variáveis são denominadas parâmetro do gerador. Utilizando-se essa relação, o valor de x_{i+1} será igual ao resto da divisão de $a_{x1} + c$ por m. O número aleatório entre 0 e 1 é então gerado usando-se a seguinte equação:

$$R_i = x_i/m$$
Equação 7.5

Cada número aleatório gerado usando o método anterior será um número decimal entre 0 e 1. Números aleatórios gerados a partir dos geradores de con-

---

[2] O processo estocástico pode ser, por exemplo, a variável aleatória representada pelo fato de um consumidor aderir ou não a uma marca.

gruência são chamados números pseudoaleatórios[3]; ou seja, não são números reais no sentido técnico, porque eles são completamente determinados, uma vez que a relação de recorrência é definida e os paramentos do gerador são especificados. Entretanto, selecionado-se os valores para a, c, m e x_0 cuidadosamente, os de números pseudoaleatórios podem ser feitos para satisfazer a todas as propriedades estatísticas de um número aleatório real.

Outro caso a ser discutido é a simulação com variáveis aleatórias contínuas. O princípio básico é o mesmo das distribuições de probabilidade discreta; isto é, como no método discreto, primeiro, gera-se um número aleatório entre 0 e 1 e, depois, o transforme em uma variação aleatória da específica distribuição. Existem vários métodos para a geração de números aleatórios contínuos.

A seleção de um algoritmo em particular dependerá da distribuição para o qual se quer gerar os números. Os dois algoritmos utilizados mais comuns são: o método de transformação inversa (MTI) e o método de aceitação e rejeição (MAR). Com esses dois métodos, passa a ser possível gerar variáveis aleatórias de quase todas as distribuições que são frequentemente utilizadas. O primeiro método é demonstrado na explanação do método de Monte Carlo e o segundo é demonstrado a seguir.

O MAR é o método empregado para a geração de números aleatórios para distribuições cujas funções distributivas acumulativas não existem de forma fechada e os domínios são definidos sobre intervalos finitos, por exemplo, a Erlang e a beta. Assim, o algoritmo de dada distribuição com função probabilidade densidade (fpd), $f(x)$, definida em um intervalo $a \leq x \leq b$, segue estas etapas:

Etapa 1 – Selecionar uma constante M na qual M é o maior valor de $f(x)$ no intervalo $[a, b]$.
Etapa 2 – Gerar dois números aleatórios r_1 e r_2.
Etapa 3 – Computar $x^* = a + (b - a)r_1$.
Etapa 4 – Avaliar a função $f(x)$ no ponto x^*. Fazer $f(x^*)$.
Etapa 5 – Se $r_2 \leq f(x^*)/M$, entregar x^* como uma variável aleatória da distribuição cuja (fpd) seja $f(x)$. Caso contrário, rejeitar x^* e retornar à etapa 2.

---

[3] Note que, apesar de ser possível gerar um valor zero, um número aleatório não poderá ser igual a 1.

A validade do MAR será apresentada a seguir:

Para qualquer número x, o MAR deverá estabelecer $P(x \leq X \leq x + \Delta) = f(x)$.
A probabilidade de o MAR gerar uma observação entre x e $x + \Delta$ é:

$$\sum_{i=1}^{i=\infty} \left(\left(1 - \frac{1}{M(b-a)}\right)^{1-i} f(x) \Delta \frac{1}{M(b-a)} \right) =$$
Equação 7.6

$$\frac{f(x)\Delta}{M(b-a)} \left(\frac{1}{1 - (1 - 1/(b-a))} \right) = f(x)\Delta$$
Equação 7.7

O método de Monte Carlo é um método tradicional aplicado no uso de amostras de números aleatórios e números pseudoaleatórios com função de distribuição cumulativa. Nesse sentido, o método de transformação inversa, mencionado anteriormente, passa a ser o mais indicado para a geração desses números aleatórios. A aplicação desse método pode ser observada em distribuições exponenciais e triangular.

Considerando-se x uma variável aleatória com função densidade probabilidade (fdp), $y = f(x)$ (**Equação 7.8**) sabe-se que a função de probabilidade acumulada é dada por[4]:

$$y = f(x) = \int_{-\infty}^{x} f(x)dx$$
Equação 7.9

Os Gráficos 7.4 e 7.5 mostram o comportamento das Equações 7.8 e 7.9, respectivamente.

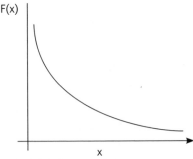

Gráfico 7.4 – Função de probabilidade acumulada.
Fonte: Palisade, 2000.

---

[4] Para variável contínua.

CAPÍTULO 7 – MODELOS DE SIMULAÇÃO DE MONTE CARLO APLICADOS À GESTÃO DE ESTOQUES

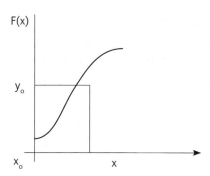

Gráfico 7.5 – Representação da função y = f(x).
Fonte: Palisade, 2000.

O método de Monte Carlo determina, a partir de um número aleatório y (0 –1), o valor da variável aleatória x, sendo $x = f^{-1}(y)$, a função inversa. O método permite a geração de n valores de qualquer variável aleatória desde que se tenha um gerador de números aleatórios e uma função densidade de probabilidade para aquela variável.

Contudo, no método de Monte Carlo, os valores gerados para a variável aleatória poderão estar muito próximos uns dos outros. O Gráfico 7.6, a seguir, ilustra tal situação:

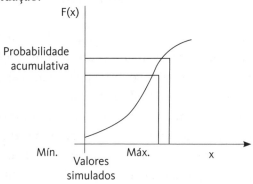

Gráfico 7.6 – Interações de Monte Carlo.
Fonte: Palisade, 2000.

Uma forma de evitar que os valores gerados para a variável aleatória fiquem muito próximos uns dos outros é utilizar o método hipercubo latino.

Esse método divide o espaço da probabilidade acumulada (0 –1) em *n* partes iguais (tanto quanto forem as variáveis aleatórias), ou seja, o método pega de início um número aleatório gerado e o considera como do primeiro intervalo. O Gráfico 7.7 apresenta tal situação.

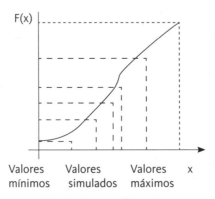

Gráfico 7.7 – Interações do método hipercubo latino.
Fonte: Palisade, 2000.

Política de revisão periódica de estoque (R, S) e simulação de Monte Carlo

A operacionalização da política de revisão periódica de estoque (*R*, *S*), em geral, poderá gerar custos mais altos de manutenção se comparado com uma política única de minimização de custos. Porém, a política de revisão periódica de estoque (*R*, *S*) é geralmente mais fácil de administrar do que uma política de revisão contínua. Pode-se, com a política (*R*, *S*), ao contrário da política contínua, estimar com certeza a quantidade de vezes que um pedido deverá ser colocado. A política (*R*, *S*) também permite à empresa coordenar reposições.

Para melhor entendimento, vamos assumir que a revisão interna *R* fosse estabelecida focando na determinação do valor de *S* que minimizará o custo anual esperado. Admite-se, ainda, que todas as faltas sejam *backlogged* e que a demanda seja uma variável contínua aleatória à qual a distribuição permaneça sem alteração ao longo do tempo. Por fim, supõe-se que o preço de aquisição unitário seja constante.

Isso significa dizer que o custo anual com aquisição não depende da escolha de R e S. Sendo assim, define-se:

R = tempo (em anos) entre revisões;
D = demanda (aleatória) durante o período de 1 (um) ano;
$E(D)$ = demanda média durante o período de 1 (um) ano;
K = custo de colocação do pedido;
J = custo de revisão do nível de estoque;
H = custo de manutenção de um item em estoque por um ano;
C_B = custo da falta por unidade em situação de *backlogged*;
L = *lead time* para cada pedido (constante);
D_{L+R} = demanda (aleatória) durante o período de intervalo $L + R$;
$E(D_{L+R})$ = média de D_{L+R};
$\sigma_{D_{L+R}}$ = desvio-padrão de D_{L+R};
$I(t)$ = nível do inventário no tempo t;
$OHI(t)$ = inventário atual no tempo t.

Dado um valor R, pode-se determinar o valor S que minimiza o custo anual esperado. Para certo valor escolhido de R e S, o valor esperado é dado por:

Custo esperado = (custo esperado de aquisição anual) + (custo de revisão anual) + (custo anual do pedido) + (custo esperado de manutenção anual) + (custo esperado da falta anual)

Levando em consideração a colocação de $1/R$ revisões por ano e o custo de revisões anuais dado por J/R, tem-se que, quando um pedido for colocado, o nível de estoque atual será S. A única maneira de um pedido não ser colocado no próximo ponto de revisão será quando o D_{L+R} for igual a zero. Tendo-se em conta que o D_{L+R} seja uma variável contínua aleatória, então ocorrerá uma probabilidade zero. Dessa forma, um pedido novo será colocado no próximo ponto de revisão. Isso implica que o custo anual do pedido é dado por $K(1/R)$ = K/R. Observa-se que, em ambos, o custo anual do pedido e custo da revisão, independem de S. Assim, o valor de S que minimiza o custo esperado anual será o valor de S que minimiza (custo esperado anual de manutenção) + (custo esperado da falta anual).

Para estipular o custo anual esperado de manutenção para dada política (R, S), deve-se inicialmente definir o ciclo de intervalo de tempo entre as chegadas dos pedidos. Determinando-se o valor esperado no nível de estoque médio após o ciclo, então o custo esperado de manutenção anual será o h.
Portanto:

$$\text{Valor esperado de } I(t) \cong \text{Valor esperado de } OHI(t)$$

considerando que antes de um pedido chegar tem-se que o nível de estoque máximo atual (S) terá uma redução por uma média de $E(D_{L+R})$. Sendo assim, o valor esperado de $I(t)$ antes de o pedido chegar será igual a $S - E(D_{L+R})$.

Levando em conta que $1/R$ pedidos sejam colocados anualmente e que a média de $E(D)$ unidades deverá ser solicitada a cada ano, tem-se, então, $E(D)R$ como o tamanho médio do pedido. Assim:

$$\text{Valor esperado de } I(t) \text{ assim que um pedido chegar} = S - E(D_{L+R}) + E(D)R$$

então, $I(t)$ durante o ciclo = $S - E(D_{L+R}) + E(D)R/2$

portanto,
Valor esperado de manutenção anual = $h[S - E(D_{L+R}) + (E(D)R/2)]$

Deve-se saber que a análise marginal implica que o valor de S minimizará a soma do custo anual esperado de manutenção e o custo da falta quando o valor de S *for* satisfeito:

$$h\Delta = \left(\frac{1}{R}\right)c_B \Delta P(D_{L+R} \geq S) \quad \text{ou} \quad D_{L+R} \geq \left(\frac{Rh}{c_B}\right)$$

Estudo de caso

Considere, hipoteticamente, que uma organização esteja apresentando uma demanda incerta por seus produtos. Essa empresa deverá tomar duas decisões-chave:

◆ **Reposição da quantidade:** quanto de pedido deverá ser colocado cada vez que um novo pedido for solicitado ao fornecedor?
◆ **Ponto de reposição:** quanto tempo a empresa deverá deixar seu estoque decrescer até o momento de colocar um novo pedido?

Leve em conta também um sistema de estoque de revisão periódica, ou seja, um sistema no qual uma companhia revisa seus estoques em intervalos periódicos (digamos, semanalmente).

Considere ainda que a empresa apresente quatro custos, sendo estes:

◆ **Custo fixo:** custos associados à colocação de um pedido externo ou de um pedido para a produção internamente. Esses custos são fixados por unidade produzida, pois a mesma despesa é realizada para iniciar o funcionamento de um equipamento, que será, então, utilizado tanto para produzir uma unidade como para fabricar 1.000 unidades. Custo unitário do item: custo associado à compra de cada item. Geralmente, esse custo é composto pela mão de obra, pela administração e pelo material associados com a compra ou com a produção do item.
◆ **Custo de manutenção de estoque:** custo de manter um item em estoque por unidade de tempo. Esse custo é composto por diversos itens, por exemplo: custo de armazenagem, seguro, impostos, obsolescência. Um dos custos mais significativos é o custo de oportunidade de capital, por manter um item em estoque.
◆ **Custo da falta do item:** custo incorrido quando um pedido é feito e não há condição de satisfazê-lo por escassez do item em estoque.

A organização tem a capacidade *backlog demand*, isto é, a demanda que não for atendida no período determinado poderá ser atendida no final do período posterior.

Consideremos, portanto, a seguinte situação:

A Delta adota o sistema de revisão periódica (semanalmente) em seus estoques para o produto. A empresa apresenta os seguintes custos: custo fixo de $ 200; custo de colocação do pedido, por unidade, de $ 4; custo de manutenção de $ 3; e custo de falta do item de $ 10. A demanda semanal para o produto segue uma distribuição normal, com média de 30 e desvio-padrão de 6. A Delta costuma colocar o pedido quando os estoques, no início da semana, chegam a níveis menores do que 50 unidades.

Levando-se em consideração o nível de estoque igual a x, e quando um pedido é colocado, então, a quantidade deverá ser $150 - x$. Os pedidos tendem a chegar em uma, duas ou três semanas depois de colocados. Vamos admtir que se um pedido está em trânsito, nenhum outro pedido será colocado. Usando a simulação, procurar-se-á estimar o custo médio semanal associado a essa política de estoque. Assume-se inicialmente um estoque de 100 unidades e serão simuladas 40 semanas.

Solução

Manteve-se, para cada semana, o seguinte registro:

- ◆ **Estoque inicial:** trata-se do estoque depois que um pedido é recebido, mas antes da demanda ser atendida.
- ◆ **Quantidade de pedido:** é igual a 0, se nenhum pedido for colocado. Caso contrário, será o tamanho do pedido a ser esperado.
- ◆ **Próximo pedido recebido:** se nenhum pedido estiver em andamento, então o valor será igual a 9999. Caso contrário, será o número de semanas durante o qual o pedido levou para chegar. A data da chegada do pedido é aleatória.
- ◆ **Demanda:** refere-se à demanda semanal para o produto. Demanda esta aleatória.
- ◆ **Final do estoque:** este será o estoque depois que toda demanda for atendida. Uma demanda negativa significa que ocorreu falha no atendimento desta.
- ◆ **Custo:** é a soma do custo fixo, custo unitário do item, custo de manutenção e custo da falha durante a semana.
- ◆ **Distribuição discreta:** gera-se a duração do *leadtime* com uma probabilidade discreta cada vez que um perdido for colocado.
- ◆ **Distribuição normal:** distribuição normal com média 30 e desvio-padrão de 6 para a semana 1.

Disposto esses valores em uma planilha eletrônica, com as suas relações de dependência, e com apoio de pacotes suplementares @Risk® versão 3.5, desenvolve-se facilmente o processo de simulação.

CAPÍTULO 7 – MODELOS DE SIMULAÇÃO DE MONTE CARLO APLICADOS À GESTÃO DE ESTOQUES

O Quadro 7.2, a seguir, indica os resultados da primeira simulação do modelo de estoque com *lead time* aleatório aplicado às 40 semanas analisadas no problema, assim como os dados necessários para o processo de tomada de decisão. Por uma questão de simplificação, serão apresentados os resultados referentes ao início e ao fim das 40 semanas.

Custo de falta	$ 10
Custo de manut.	$ 3
Custo fixo	$ 200
Custo de compra unitário	$ 4
Pedido acima de	150
Ponto de reordem	50

Semana	1	2	3	4	5	6	7	37	38	39	40
Início de estoque	100	70	40	10	90	60	30	90	60	30	0
Quantidade de ordem	0	0	110	110	0	0	120	0	0	120	120
Próxima ordem recebida	9999	9999	5	5	9999	9999	9	9999	9999	41	41
Demanda	30	30	30	30	30	30	30	30	30	30	30
Fim do estoque	70	40	10	-20	60	30	0	60	30	0	-30
Custo	210	120	670	200	180	90	680	180	90	680	300
Custo médio	311,25	-	-	-	-	-	-	-	-	-	-

Quadro 7.2 — Resultados da primeira simulação do modelo de estoque com *leadtime* aleatório.

Observa-se pelos resultados do Quadro 7.2 que o custo médio para as 40 semanas foi de $ 311,25. Com base nessa informação, pode-se então utilizar o método de Monte Carlo para avaliar o custo de estoque em uma política de *lead time* aleatório.

Adotando a variável de custo médio como variável de saída e aplicando a simulação de Monte Carlo com 100 interações para as 40 semanas analisadas, tem-se, assim, a nova configuração de resultados para análise. O Quadro 7.3 representa a segunda simulação do modelo de estoque com *lead time* aleatório.

O Quadro 7.3 apresenta o novo custo médio de $ 379 para a política de estoque com *lead time* aleatório. Observa-se também que houve variações em todas as variáveis de entrada simulada no modelo. A Tabela 7.1, a seguir, indica o desvio-padrão da média de lucratividade de $ 18, isto é, para um intervalo de 95% de confiança, tem-se que os custos semanais estão bem estreitos. A Tabela 7.1 indica também que o custo médio semanal simulado pelo método de Monte Carlo foi de $ 343.

Custo de falta	$ 10
Custo de manut.	$ 3
Custo fixo	$ 200
Custo de compra unitário	$ 4
Pedido acima de	150
Ponto de reordem	50

Semana	1	2	3	4	5	6	7	37	38	39	40
Início de estoque	100	63	31	4	-16	78	40	-35	61	27	-6
Quantidade de ordem	0	0	118	118	118	0	109	119	0	122	122
Próxima ordem recebida	9999	9999	6	6	6	9999	10	38	9999	42	42
Demanda	36	31	26	21	23	37	23	22	34	33	36
Fim do estoque	63	31	4	-16	-40	40	17	-57	27	-6	-42
Custo	189	94	688	164	400	122	688	579	82	752	425
Custo médio	379	-	-	-	-	-	-	-	-	-	-

Quadro 7.3 – Resultados da segunda simulação do modelo de estoque com *lead time* aleatório.
Fonte: Elaboração própria.

A Tabela 7.2 mostra os resultados da simulação estatística pelo método de Monte Carlo para a variável demanda para as 40 semanas analisadas. Observam-se pelos resultados as diversas variações de valores ao longo de todo o planejamento de estoque. O Gráfico 7.8 indica a distribuição probabilística do custo médio pelo método de Monte Carlo.

CAPÍTULO 7 – MODELOS DE SIMULAÇÃO DE MONTE CARLO APLICADOS À GESTÃO DE ESTOQUES

Tabela 7.1 – Resultados da simulação estatística da variável de custo médio pelo método de simulação Monte Carlo.

Estatística	Valores
Mínimo	310
Máximo	400
Média	343
Desvio-padrão	18
Variância	299

Fonte: Elaboração própria.

Tabela 7.2 – Resultados da simulação estatística da variável de demanda para as 40 semanas.

Estatística	Mínimo	Média	Máximo
Demanda semana 1	14,38577	29,29437	42,94627
Demanda semana 2	11,40754	30,37499	42,87823
Demanda semana 3	17,3921	29,76636	53,29764
Demanda semana 4	14,63024	29,33485	45,11606
Demanda semana 5	11,60519	31,01038	47,25935
Demanda semana 6	15,38964	30,6277	44,90909
Demanda semana 7	14,86964	28,99615	46,20485
Demanda semana 8	17,66846	30,48495	45,52208
Demanda semana 9	19,06152	30,15492	44,16271
Demanda semana 10	11,05673	30,53018	46,04235
Demanda semana 11	11,0357	29,46225	47,03114
Demanda semana 12	8,811415	29,86984	48,87532
Demanda semana 13	11,6493	30,43892	47,32614
Demanda semana 14	15,47131	30,2477	43,22057
Demanda semana 15	11,73025	29,03639	44,51771
Demanda semana 16	10,41076	30,0354	44,31965
Demanda semana 17	11,17216	30,65834	48,17183
Demanda semana 18	16,16114	30,83678	41,89214
Demanda semana 19	17,44459	28,90039	46,25648
Demanda semana 20	14,63098	30,8838	44,09272
Demanda semana 21	11,92441	30,19139	47,01316
Demanda semana 22	13,38955	30,29458	51,69671

(continua)

GESTÃO DE ESTOQUES

Demanda semana 23	15,80399	30,01758	41,79158
Demanda semana 24	17,97514	30,39218	46,17154
Demanda semana 25	19,11522	31,32578	44,83042
Demanda semana 26	12,70158	29,40387	54,96788
Demanda semana 27	16,57324	29,48983	43,3107
Demanda semana 28	8,569443	29,6035	44,3086
Demanda semana 29	17,89227	29,24928	47,73282
Demanda semana 30	14,80243	29,20905	44,8589
Demanda semana 31	12,789	29,7071	41,12669
Demanda semana 32	14,03534	30,31135	41,88696
Demanda semana 33	17,92172	30,06536	42,92811
Demanda semana 34	16,04692	30,07235	43,58865
Demanda semana 35	16,57019	30,96138	47,80986
Demanda semana 36	15,39459	29,47122	42,0946
Demanda semana 37	19,04975	30,19386	41,06898
Demanda semana 38	14,85411	30,76148	45,76556
Demanda semana 39	16,45432	28,94855	41,13977
Demanda semana 40	15,07017	29,75008	46,27419

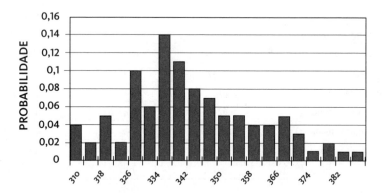

Gráfico 7.8 – Distribuição de probabilidade do custo médio simulado.

A distribuição probabilística pode ser dividida em incrementos iguais de probabilidade também chamados *percentis*. O valor do *percentil* indica a porcentagem dos resultados gerados que são menores ou iguais ao valor associado.

CAPÍTULO 7 – MODELOS DE SIMULAÇÃO DE MONTE CARLO APLICADOS À GESTÃO DE ESTOQUES

Para a célula B16 (Custo médio), tem-se que o valor do 20º *percentil* ou 20% do resultado será menor ou igual a $ 321,81 e 80% dos resultados serão maiores que $ 355,59.

O Gráfico 7.9 apresenta uma curva cumulativa ascendente, para a variável de custo médio. Tal gráfico indica a possibilidade de valores do custo médio. A curva cumulativa ascendente mostra a possibilidade de um resultado menor ou igual a qualquer valor no intervalo da distribuição.

Entende-se pelo modelo simulado que existe uma probabilidade do custo médio ser igual a $ 300 e 100% de probabilidade de que o valor será menor que $ 400.

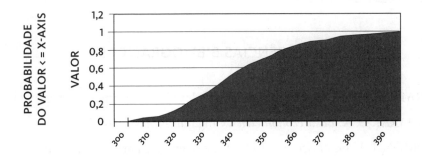

Gráfico 7.9 – Distribuição de custo médio/B16.

Considerações finais

O aumento da concorrência, oriunda da globalização dos mercados, trouxe novos desafios a serem vencidos que incorpora um atendimento otimizado ao cliente, cujo grau de informação não permite falhas de atendimento, pois sua migração ocorre quase instantaneamente e impõe ao critério de fidelização uma atenção permanente aos detalhes do ressuprimento.

Observa-se pelo presente capítulo que a complexidade, a instabilidade e a rapidez com que as mudanças ambientais se operam obrigam as empresas a adotar instrumentos mais eficientes de coleta e interpretação de dados e informações, que procurem incluir o risco nas análises organizacionais. Nesse sentido, especificamente com relação à gestão de estoques, em virtude das incertezas inerentes aos vários parâmetros que são estimados para se tomar decisões, associar o risco na gestão de estoques torna-se consideração essencial para fundamentar as estratégias de tais ativos.

Este capítulo objetivou apresentar a influência do risco na gestão de estoques, usando para isso o processo de simulação por meio do método de Monte Carlo (MMC). A partir dos níveis de "riscos aceitáveis" pela empresa, dado pela frequência de novos pedidos, pela extensão do *lead time*, pelo nível de atendimento ao consumidor desejado e, principalmente, pela variabilidade da demanda, o presente trabalho propôs formular uma estratégia específica e diferenciada, por meio dos valores máximos e mínimos do custo médio obtidos no processo de simulação.

Referências bibliográficas

BRATLEY, P. et al. *A guide to simulation*. Nova York: Springer-Verlag, 1983.

GUJARAT, D. N. *Basic econometrics*. Cingapura: McGraw-Hill, 1995.

JORION, P. *Value at risk*: a nova fonte de referência para o controle do risco de mercado. São Paulo: Bolsa de Mercadorias & Futuros, 1998.

KLEIJNEN, J. P. C. Statistical techniques in simulation. *Manual de metodologia*. Rio de Janeiro: Programa Anafin, 1974.

MARINS, J. M. et al. Comparação de técnicas de redução de variância para estimação do prêmio de opções de compra do tipo asiática. In: Congresso Brasileiro de Finanças, 3, 2003, São Paulo. *Anais*. São Paulo: 2003.

MCKAY, M. D. et al. A comparison of three methods for selecting values of input variables in the analysis of output from a computer code. *Technometrics*, v. 21, n. 2, p. 239-245, maio 1979.

MELO, A. C. G. et al. Análise financeira de projetos de investimento sob o enfoque de incertezas. In: *Seminário Nacional de Produção e Transmissão de Energia Elétrica*, 6, Paraná, out. 1999.

MOREIRA, F. *Estudo comparativo dos métodos de Quasi-Monte Carlo, amostragem descritiva, hipercubo latino e Monte Carlo clássico na análise de risco*. Rio de Janeiro, 2001. 135 f. Dissertação (Mestrado em Administração). Universidade Federal do Rio de Janeiro.

OWEN, A. B. A central limit theorem for latin hypercube sampling. *Journal of Royal Statistical Society Ser.*, 1992, p. 541-551.

PALISADE. *Risk analysis and simulation*. Palisade Corporation, 2000.

SALIBY, E. *A reappraisal of some simulation fundamentals*. Londres, 1980. Tese (Doutorado em Administração). University of Lancaster.

_____. *Repensando a simulação*. São Paulo: Atlas, 1989.

_____. Descriptive sampling: a better approach to Monte Carlo Simulation. *Journal of the Operational Research Society*, v. 41, n. 12, p. 1133-1142, 1990.

SANVICENTE, A. Z. *Administração Financeira*. 3. ed. São Paulo: Atlas, 1997.

TOBIN, J. Liquidity preference as behavior towards Risc. *The Review of Economics Studies*, v. 670, p. 65-86, fev. 1958.

VON NEUMANN, J.; MORGENSTERN, O. *Theory of Games and Economic Behavior*. Princeton, New Jersey: Princeton University Press, 1944.

WINSTON, L. W. *Operations Research*: Applications and algorithms. Belmont, Califórnia: Duxbury Press, 1994, 1312 p.

Capítulo 8

Gestão de riscos no gerenciamento de estoques

Hugo Ferreira Braga Tadeu
Felipe Melo Rocha

Objetivo do capítulo

O objetivo deste capítulo é a apresentação dos modelos de gestão de riscos para o controle de estoques, envolvendo o planejamento entre as áreas de estoques, produção, finanças e transportes, em ambientes econômicos incertos e de risco elevado.

Toda função de planejamento está inerentemente envolta por diferentes níveis de riscos e incertezas, não sendo diferente para o gerenciamento de estoque. Os dificultantes desse planejamento são vários, podendo-se citar as variabilidades nos volumes de pedidos na cadeia (*supply chain*) e no *lead time* de fornecimento, e alterações do cenário macroeconômico que influenciam a demanda e tornam mais complexa sua previsão. Em função destes e de outros fatores é que se tem desenvolvido modelos de apoio ao processo decisório dos gestores, sendo dois deles apresentados nos casos práticos deste trabalho.

Introdução

Com o alastramento da crise global, iniciada no setor imobiliário norte-americano e intensificada na esfera de crédito, o que se tem verificado, desde outubro de 2008, é uma onda de crescimento nos volumes de produção estocada, configurando, muitas vezes, em um acúmulo excessivo e desnecessário.

Esse aspecto da crise tem significativa influência sobre os setores produtivos, uma vez que, instaurado um novo momento na economia mundial com contornos específicos, as condições anteriores de oferta e de demanda já não se encaixam nos atuais padrões, especificamente os padrões de consumo e de modelos de gestão.

Os padrões de consumo têm-se ajustado a algumas restrições decorrentes dos efeitos da crise como aumento da dificuldade do acesso ao crédito e redução dos prazos de financiamento de bens como automóveis. A questão que se coloca, então, é buscar entender como as empresas e as indústrias, por sua vez, podem (e precisam) alinhar-se às novas realidades de mercado, estabelecendo diretrizes e modelos gerenciais capazes de responder prontamente às mudanças econômicas.

Logo, nesse novo cenário, os gerentes e os empresários defrontam-se com riscos e incertezas intensificadas pelo momento econômico mundial e devem, por sua vez, gerenciar essas questões de forma a garantir a competitividade das empresas. Como esses administradores podem proceder para alcançar esse objetivo em um ambiente em que o risco e a incerteza têm gerado elevações desnecessárias dos níveis de estoques e, consequentemente, a expansão dos custos de operação e de redução das margens de lucro é a base deste trabalho e o conteúdo que se expõe a seguir.

Cenário atual e suas exigências

O momento atual da economia, após o "boom" prenunciado da mais recente crise mundial, vem demonstrando sinais de uma discreta recuperação. Apesar disso, os alertas que continuam se propagando pelo setor produtivo e industrial ainda são de cautela.

Mesmo após o lançamento de informações consolidadas do IBGE sobre a produção industrial brasileira, relatório no qual foi registrado um decréscimo de 10% da produção no comparativo de março de 2009 com o mesmo período de 2008, observou-se um aumento de 0,7% da atividade fabril na comparação dessazonalizada de março com fevereiro de 2009 (Tabela 8.1).

Outros instrumentos de monitoramento utilizados como "termômetros" dos ânimos dos setores produtivos e do mercado são os chamados índices de confiança, com destaque para aqueles elaborados pela Fundação Getulio Vargas (FGV) por meio das Sondagens Conjunturais da Indústria.

CAPÍTULO 8 – GESTÃO DE RISCOS NO GERENCIAMENTO DE ESTOQUES

Tabela 8.1 – Produção industrial por categoria de uso, Brasil – março de 2009.

Categoria de uso	Variação (%)			
	Mês/mês*	Mensal	Acumulado ano	Acumulado 12 meses
Bens de capital	-6,3	-23,0	-20,8	4,9
Bens intermediários	0,3	-13,3	-18,1	-4,3
Bens de consumo	1,3	-1,5	-8,0	-0,9
Duráveis	1,7	-13,4	-22,5	-4,9
Semiduráveis e não duráveis	0,9	2,9	-3,0	0,4
Indústria geral	0,7	-10,0	-14,7	-1,9

Fonte: IBGE, Diretoria de Pesquisas, Coordenação de Indústrias.
* Série com ajuste sazonal.

Esses indicadores (Gráfico 8.1) mostram que, após o momento de maior impacto da crise na economia nacional (período que se estende do segundo semestre de 2008 até os dois primeiros meses do atual ano), os setores industriais e o próprio mercado estão voltando a se estabilizar em uma zona de neutralidade (eixo em torno de 100), isto é, em um cenário que não é otimista (índice acima de 100), mas nem por isso pessimista (índice inferior a 100).

Apesar das aparentes estabilizações dos ânimos (tanto por parte dos setores produtivos quanto do mercado consumidor), outra questão, entretanto, ainda

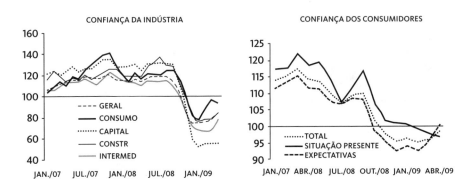

Gráfico 8.1 – Índices de confiança para a indústria e mercado.
Fonte: MCM.

se coloca como um reflexo agravante das condições operacionais das empresas: a falta de ajustamento nos níveis de estoque.

A Sondagem Conjuntural da FGV ainda destaca que, já a partir dos dois últimos trimestres de 2008, os estoques da indústria em geral têm-se elevado acima das necessidades reais das empresas e indústrias (Figura 8.2a), gerando um quadro crônico no qual uma crescente porcentagem de empresas tem-se queixado da expansão dos níveis excessivos de materiais e produtos estocados.

Quando se observa o caso específico da indústria automobilística (Gráfico 8.2b), por exemplo, percebe-se como a manutenção de uma base produtiva (nível de produção/operação) elevada, ainda que acompanhada pelo cresci-

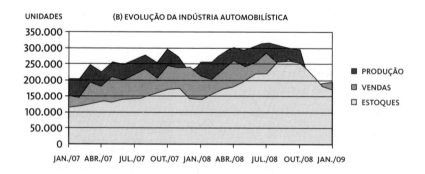

Gráfico 8.2 – Comparativo da evolução dos estoques.
Fonte: (a) MCM e (b) autores.

mento das vendas, continuou gerando um acúmulo de estoques de veículos nas concessionárias, segundo dados provenientes da Associação Nacional de Fabricantes de Veículos Automotivos (Anfavea) e da Federação Nacional da Distribuição de Veículos Automotores (Fenabrave).

Os impactos dessa nova crise foram (e estão sendo) sentidos, sem dúvidas, em economias de todo o mundo, porém de formas diversas e com reflexos heterogêneos. As ações econômicas anticíclicas tomadas pelo governo brasileiro, juntamente com as medidas de estímulo à venda e ao consumo (como a redução dos IPIs[1] de automóveis e materiais de construção civil), têm contribuído de modo contundente para a estabilização ante à crise, no entanto, entre as diversas dúvidas e incertezas que ainda pairam no ar, a principal questão está centrada no ajuste dos níveis de estoque e, dessa maneira, consequentemente, no alinhamento do nível de atividade com as novas realidades de mercado.

O PLANEJAMENTO E A PREVISÃO DE DEMANDA

Todo o processo de planejamento e previsão é inerentemente dotado de um grau de risco variável. Este é um *tradeoff* natural pelo qual passam empresários de todo o setor produtivo pelo simples fato de se optar por planejar a produção antecipadamente ou por processá-la no momento em que é solicitada, o que envolve sempre análises financeiras e de capacidade física, bem como a questão sobre economias de escala.

O fato é que, assim como um investidor que opta por entrar no mercado de ações e tem a liberdade de elaborar e gerir seu portfólio ou "carteira de ações", um empresário que opta por iniciar seu próprio negócio também está exposto a riscos e a incertezas como o investidor, tendo ele (o empresário) a responsabilidade de gerenciar o próprio portfólio de produtos, seu volume de produção, distribuição e venda.

Para que exista, contudo, um planejamento, é preciso que exista previsibilidade, ou seja, que algumas variáveis sejam passíveis de mensuração como demanda de mercado, tempo de entrega dos fornecedores, *lead time* da produção, entre outras variáveis-chave para os setores de produção da economia.

---

[1] A sigla IPI remete ao Imposto de Produtos Industrializados.

Nesse sentido é que se diferenciam riscos de incertezas[2], notoriamente na capacidade de calcular e atribuir probabilidade ao primeiro.

O planejamento, por outro lado, é dependente da obtenção, do processamento e do beneficiamento de dados recolhidos e sua posterior transformação em informações e conhecimento empresarial. Quanto a esse aspecto, Simchi-Levi et al. (2003) ressalta o valor das informações dentro dos processos de planejamento e previsão, uma vez que é por meio dessas informações que se estruturam previsões mais eficazes.

Para a gestão de materiais e estoques, uma das grandes questões que são colocadas diz respeito à necessidade de se manter estoques e quais são os níveis adequados de utilização destes. Wanke (2008) apresenta diversos modelos e filosofias para o tratamento dos estoques e ressalta a metodologia *Just-in-Time* (JIT) e o pensamento japonês como combatentes dos elevados níveis de estoques que são utilizados para encobrir as ineficiências tanto da produção quanto da distribuição. Este é também o posicionamento de Shingo (1996) que atribui aos estoques um "efeito narcotizante" exatamente por serem soluções não definitivas para os problemas de produção/distribuição e que, de modo semelhante aos efeitos dos entorpecentes, tornam seus usuários dependentes de doses cada vez maiores, ou seja, os estoques acabam por tornar os gestores reféns de níveis de estoques cada vez mais elevados para se sentir "mais seguros" sobre a produção/distribuição de sua empresa.

Como a questão do planejamento e controle das atividades empresariais é, por sua vez, dependente de estimativas dos volumes de produção que serão necessários para abastecer o mercado, são essas estimativas e previsões que vão compor a base do planejamento de negócios da empresa. Para permitir um bom plano de negócio, portanto, é indispensável que essas estimativas sejam bem estruturadas. Existem diversos modelos de previsão que, segundo Ballou (2006), podem ser agrupados em três categorias (qualitativos, projeção histórica e causais) e cada empresa deve buscar utilizar aquele(s) modelo(s) que

---

[2] Quanto à questão da análise de riscos e de incertezas, uma passagem é ilustrativamente esclarecedora. Para o conhecido economista Keynes, o risco se assemelharia a um jogo de roleta. Não é possível afirmar qual será o número sorteado, mas sabe-se a probabilidade de cada ocorrência, pois o resultado obedece a uma regra que é interpretável por um modelo cognitivo. A incerteza seria, em oposição ao risco, a situação em que não é possível associar a nenhum dos possíveis resultados uma probabilidade.

mais se adapte(em) à realidade da empresa, ao horizonte de previsão necessário, aos custos e à complexidade de sua implementação.

Gestão de riscos aplicada na previsão de demanda

Todo planejamento recai em alguma forma de risco ou incerteza e este é um fato inerente à atividade gerencial, cabendo aos gestores avaliar e mensurar os impactos de suas decisões em razão dos possíveis cenários paralelos que se estabelecem em decorrência desses riscos e dessas incertezas.

Esses riscos e essas incertezas, por outro lado, afetam a previsibilidade do sistema e potencializam a ocorrência de erros nos planejamentos que são traduzidos muitas vezes em custos para a empresa. Como muitos desses erros refletem diretamente nos estoques e promovem a elevação dos custos, deve-se buscar a excelência no planejamento e nas atividades de previsão, a fim de evitar que se incorra em custos como falta de produtos no mercado, não atendimento de clientes (redução do nível de serviço) ou mesmo no aumento do giro de estoque em razão do acúmulo excessivo de produtos.

Dessa forma, o gerenciamento de riscos está diretamente ligado à questão financeira e, portanto, à análise de custos. O caso prático a seguir refere-se a uma técnica de balanceamento entre os modelos de previsões. A temática financeira e os custos serão abordados no item "Cenário atual e suas exigências".

Caso prático

Para a análise da aplicação prática da gestão de riscos na previsão de demandas, usaremos um modelo de ponderação de previsões empregado por Ballou (2003). Em nosso modelo, utilizaremos a estrutura proposta por esse autor, para avaliar e balancear diferentes técnicas de previsão, analisando, ao final, as vantagens e desvantagens desse modelo.

Tomando por base a empresa hipotética "Têxtil S/A", do setor de vestuário, que utiliza diversas técnicas de previsão de demanda para planejar sua produção, deseja-se avaliar qual é a melhor opção de previsões a se seguir para orientar o setor de produção, de forma que se busque minimizar os erros de produção que acabam incorrendo em aumentos dos estoques e, consequentemente, elevação dos custos dessa companhia (Tabela 8.2).

Tabela 8.2 – Comparativo entre volume de venda real e previsões em 2008.

Período	Volume real de vendas	Pesquisa de mercado	Intenções de compra	Projeções de tendência	Diretoria Jeans
Janeiro	7.351	6.500	6.200	5.625	7.000
Fevereiro	6.789	6.000	6.500	6.642	7.500
Março	6.985	7.250	7.500	7.658	7.500
Abril	7.025	7.750	7.900	8.275	8.500
Maio	8.044	8.900	8.750	9.092	8.500
Junho	10.554	10.250	12.450	11.709	9.500
Julho	13.978	13.500	14.500	12.726	12.500
Agosto	15.012	14.750	16.500	12.351	15.000
Setembro	8.238	8.500	9.000	10.094	9.500
Outubro	7.091	7.250	8.450	8.836	9.000
Novembro	6.993	7.500	7.500	7.078	8.000
Dezembro	6.846	6.900	7.000	5.321	7.500

Para nosso modelo, analisaremos as vendas de calças jeans da empresa em questão. Esse produto tem suas principais previsões de demanda elaboradas pelos setores de Marketing e Design da "Têxtil S.A.", a saber: (a) pesquisa de mercado; (b) intenções de compra; e (c) projeções de tendências. É somado ainda, a essas três previsões, uma quarta gerada pela diretoria da plataforma de produtos em jeans, constituindo um total de quatro previsões para os meses do ano de 2008 (Tabela 8.2).

Quando calculamos as diversas formas de erro entre as previsões e a demanda real para cada período podemos perceber os diferentes graus de "acerto" das previsões. Duas formas comuns de cálculo desses erros são: (a) o erro de previsão, calculado em termos absolutos pela diferença entre demanda real e prevista (Equação 8.1a); e (b) erro-padrão de previsão, que corresponde a um número relativo de dispersão, ou seja, de amplitude das divergências (Equação 8.1b).

$$\text{Erro de previsão} = |\text{demanda real} - \text{demanda prevista}|$$

Equação 8.1a – Cálculo do erro de previsão.

CAPÍTULO 8 – GESTÃO DE RISCOS NO GERENCIAMENTO DE ESTOQUES

$$E_{pp} = \sqrt{\frac{\sum_{t}(Dr_t - P_t)^2}{N-1}}$$

Equação 8.1b – Cálculo para o erro-padrão da previsão.

onde:

Epp: erro-padrão de previsão;

Dr e *P*: são respectivamente a demanda real e a previsão para cada período *t* do intervalo de tempo considerado;

N: número de período do intervalo de tempo considerado.

Com base nessas informações, é possível calcular os erros absolutos (ou erro de previsão simplesmente) e médios dos modelos de previsão em torno das vendas reais. Os erros absolutos são calculados da subtração entre a demanda real (vendas efetivas do período) e a demanda prevista, extraindo-se o número absoluto, isto é, em módulo (ou sem sinal de positivo ou negativo) dessa subtração. Os erros médios representam a proporção desses mesmos erros absolutos em relação à demanda real.

A título de exemplo, no mês de janeiro foi observada uma venda real de 7.351 unidades e a pesquisa de mercado previu venda de 6.500 unidades. Assim, temos um erro absoluto (erro de previsão) de 851 unidades para o mês de janeiro, e dividindo-se o resultado encontrado (851) pela venda real do mês (7.351), obtemos o erro médio para o mês (aproximadamente 11,58%), que representa que se incorreu em um erro de pouco mais de 11% na previsão de vendas nesse modelo (pesquisa de mercado).

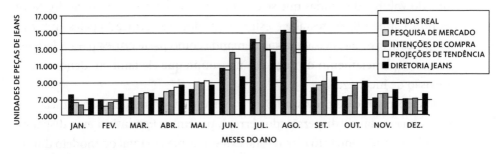

Gráfico 8.3 – Comparativo entre vendas reais e projeções de vendas.

As informações contidas na Tabela 8.3, a seguir, estão representadas no Gráfico 8.3 e, com base nessas informações, são calculados os erros médios de cada modelo de previsão. Esse resultado, por sua vez, é plotado no gráfico que também é apresentado logo após (Gráfico 8.4).

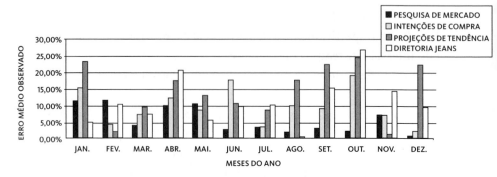

Gráfico 8.4 – Erro médio observado para os modelos de previsão.

A lógica de calcularmos esses erros, tanto absolutos quanto médios, é para compormos um cenário que permita que sejam analisados os diferentes modelos com suas respectivas projeções de vendas e a amplitude do erro entre o que foi previsto e o que foi efetivamente vendido no período.

Esse cenário servirá como uma base de apoio à decisão sobre quais modelos adotar para elaborar a previsão de vendas do período consecutivo e como balancear ou priorizar esses diferentes modelos, atribuindo pesos diferentes a cada um.

Cabe ressaltar o estreito vínculo que se estabelece entre as previsões de venda e as ordens de produção, visto que a produção tende a ser puxada em virtude do volume de vendas que se espera ter para determinado período. Nesse sentido, Ching (2006) ressalta o esforço que deve ser dedicado pelas empresas no que concerne à previsão de sua demanda como parte crítica para o *business planning* (planejamento de negócio) no campo que ele também denomina de previsão de incertezas.

O erro-padrão de previsão (*Epp*) e o erro total do modelo são indicadores da mesma variável (dispersão dos erros), porém, o *Epp* indica essa dispersão média por mês, enquanto o erro total exibe a dispersão total do modelo durante o ano. O uso dessa técnica de balanceamento entre modelos de previsão visa

CAPÍTULO 8 – GESTÃO DE RISCOS NO GERENCIAMENTO DE ESTOQUES

permitir aos gestores melhor aproveitamento de cada um dos seus próprios instrumentos de previsão, ponderando-os a partir da amplitude de dispersão dos erros encontrados.

Tabela 8.3 – Construção da tabela de análise dos modelos de previsão.

Tipo de modelo	Erro-padrão de previsão[a]	Erro total do modelo[b]	Proporção do erro[d]	Inversão[e]	Peso do modelo[g]
Pesquisa de mercado	557	5.512	0,1786	5,5987	0,4149
Intenções de compra	1.033	10.224	0,3313	3,0184	0,2237
Projeções de tendência	1.505	15.124,30	0,4901	2,0404	0,1512
Diretoria Jeans	1.098	10.884	0,3527	2,8354	0,2101
Total		30.860,30[c]		13,49[f]	1,00

(a) Erro-padrão de previsão calculado com base na Equação 8.1b.
(b) Erro total do modelo calculado a partir do somatório de todos os erros absolutos (erros de previsão) de cada mês.
(d) Calculado dividindo-se (b) de cada modelo por (c).
(e) Calculado fazendo-se o inverso de (d) de cada modelo, ou seja, dividindo-se 1 para cada (d) dos modelos.
(g) Calculado dividindo-se (e) de cada modelo por (f).

Assim, pelos resultados encontrados, é possível balancear a previsão de vendas do próximo trimestre a partir dos diferentes modelos e priorizando-os com os seus respectivos pesos calculados anteriormente. O balanceamento que obteríamos encontra-se na Tabela 8.4 a seguir.

Tabela 8.4 – Balanceamento da previsão trimestral a partir dos "pesos" dos modelos.

Tipo de modelo	Peso do modelo	Previsão mês 1	Previsão mês 2	Previsão mês 3	Total trimestre	Total trimestre balanceado[a]
Pesquisa de mercado	0,4149	12.000	9.500	8.000	29.500	12.240,66
Intenções de compra	0,2237	13.250	10.100	9.000	32.350	7.236,78
Projeções de tendência	0,1512	10.750	8.750	7.500	27.000	4.083,01
Diretoria Jeans	0,2101	11.750	10.000	8.500	30.250	6.356,66
Total						29.917,10[b]

(a) O Total do trimestre balanceado corresponde ao somatório da previsão dos três meses multiplicado pelo peso de cada modelo.
(b) O resultado final do balanceamento é a soma de todos os totais trimestrais já balanceados, ou seja, o somatório de (a).

Desse modo, procura-se equilibrar a previsão da empresa, priorizando aqueles modelos que apresentem menor participação no volume de erros totais, isto é, aquele modelo com menor margem de erros de previsão tem peso maior na composição da previsão de vendas/demanda final para a empresa, atribuindo-se a este maior "peso" para o balanceamento.

Uma ressalva, entretanto, deve ser feita quando se trabalha com a construção de cenários de previsão e de incertezas e concernente ao horizonte desse planejamento. A técnica de balanceamento de previsões apresentada aqui pode ser empregada de diferentes formas, em virtude do horizonte de planejamento que se deseja construir. Por exemplo, pode ser que se deseje fazer uma previsão de venda para o próximo trimestre ou uma previsão de demanda para todo o ano.

Nesse sentido, pode ser estabelecido um *tradeoff* entre confiabilidade e exatidão[3] dos modelos de previsão que o gestor deve avaliar, e optar por aquele que seja mais adequado para sua situação de negócio. Esse *tradeoff* é (de modo muito simplista) decidido pela linha histórica (horizonte de tempo), que será utilizada na estruturação de seu balanceamento. Exemplificando, caso deseje elaborar um planejamento para um horizonte de tempo longo como a previsão de vendas anual de um produto, pode ser que a gerência opte por priorizar a questão da confiabilidade dos modelos de previsão. De modo análogo, se o objetivo da empresa é elaborar uma previsão para a demanda de seus produtos para o próximo trimestre de vendas, pode ser que ela opte pela exatidão dos modelos em um intervalo de tempo menor.

Avaliação de riscos financeiros aplicada nas decisões de produção

Se, por um lado, é de grande importância para o planejamento empresarial manter-se atento às questões acerca das previsões de demanda/vendas, igualmente

---

[3] O *tradeoff* entre confiabilidade e exatidão refere-se à decisão de se adotar uma base histórica mais extensa ou menos extensa. De forma ilustrativa, um modelo que proporciona um peso maior, quando se utiliza uma base de dados pouco extensa, apresenta nessa base um nível considerável de exatidão de suas previsões, ou seja, oferece relativamente menos erros. Porém, é possível que, caso utilizasse uma base mais extensa, esse modelo poderia fornecer um agregado de erros maior que outros modelos no longo prazo, ou seja, no longo prazo, pode ser que existam outros modelos mais confiáveis (que apresentem erros menores agregados para um intervalo de tempo maior).

válido é a observância dos possíveis impactos dentro do gerenciamento de riscos/incertezas do ponto de vista de custos financeiros.

Nesses casos, é preciso avaliar como os diferentes cenários das previsões de venda/demanda podem influenciar as decisões dos gestores sobre as ordens de produção no que tange, principalmente, as oportunidades de lucros e prejuízos advindas das decisões gerenciais.

Caso prático

Dando continuidade à análise estabelecida no caso prático anterior (item "Gestão de riscos aplicada na previsão de demanda"), procura-se agora estabelecer uma avaliação dos riscos da perspectiva financeira das tomadas de decisão no setor de produção da "Têxtil S.A.", citada anteriormente. Essa próxima abordagem será feita na linha de produção em couros, especificamente para a fabricação de jaquetas de couro, e baseada no modelo presente em Simchi-Levi et al. (2003).

A construção de diferentes cenários será útil na busca de avaliar quais são os possíveis impactos financeiros da decisão de produção de jaquetas de couro para o próximo trimestre em função dos riscos de variação na demanda desse produto. Como ferramenta de apoio será utilizado o Excel para a elaboração de simulações com o objetivo de acompanhar a evolução da interação entre produção e impacto financeiro.

Para formular essas simulações são necessárias algumas informações provenientes principalmente dos setores de produção e comercial (muitas vezes sinônimos das áreas de marketing e/ou vendas). Essas informações são basicamente sobre os custos de produção, valores de venda, capacidade de produção e sobre as previsões de demanda para as jaquetas de couro. Algumas dessas informações foram tabeladas (como se pode ver na Tabela 8.5 a seguir), enquanto a previsão de demanda para o trimestre subsecutivo foi plotada para facilitar a visualização de sua distribuição (Gráfico 8.5).

GESTÃO DE ESTOQUES

Tabela 8.5 – Principais informações recolhidas na área de produção das jaquetas de couro

Informações de produção	
Custo fixo	R$ 65.000,00
Custo variável	R$ 75,00
Preço de venda	R$ 175,00
Valor residual (a)	R$ 35,00
Capacidade produtiva atual (trimestre)	1.500 unids.
Expectativa de produção p/ trimestre	1.160 unids.

(a) O valor residual é o valor pelo qual aquelas jaquetas, que não conseguiram ser vendidas (nesse caso, foram estocadas) pela "Têxtil S.A.", são então negociadas com empresas que fazem o tratamento e o beneficiamento das jaquetas para reaproveitamento do couro.

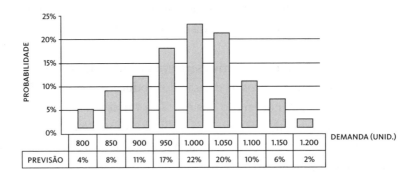

Gráfico 8.5 – Previsão de demanda por probabilidade de ocorrência (%).

Com base nas informações do Gráfico 8.5 é calculada a demanda média esperada para o trimestre consecutivo, ponderando-se a quantidade da demanda esperada pela sua respectiva probabilidade de ocorrência. Esses dados são provenientes de bases históricas associadas a expectativas de mercado futuro e a análises macroeconômicas.

De posse desse agregado de informações, já é possível começar a elaborar as simulações sobre possíveis oportunidades de lucro/prejuízo provenientes das decisões de produção, fixando-se a demanda média para o trimestre (média esperada ponderada) e variando-se os níveis de produção.

CAPÍTULO 8 - GESTÃO DE RISCOS NO GERENCIAMENTO DE ESTOQUES

A partir do Gráfico 8.5, calcula-se então a média esperada ponderada, chegando-se a um resultado de 993,5 unidades. Para fins de simulação, faremos a aproximação dessa demanda para 1.000 unidades. Para o cálculo de lucro/ /prejuízo, necessita-se avaliar duas possibilidades: (a) produção ser maior que a demanda; e (b) a produção ser menor ou igual a demanda. Para o primeiro caso, a quantidade de produtos que não for absorvida pelo mercado (não for comercializada) será vendida ao seu preço residual para uma empresa que compra as jaquetas para utilização do couro. No segundo caso, toda a produção é absorvida pelo mercado e vendida pelo seu preço de venda normal (Tabela 8.5).

Dessa forma, podemos calcular o lucro/prejuízo da seguinte forma:

Se $PROD <= DEM$

então: $L/P = PV^*PROD - CV^*PROD - CF$

Caso contrário, $(PROD > DEM)$

então: $L/P = PV^*DEM + VR^*(PROD - DEM) - CV^*PROD - CF$

onde:
$PROD$ = quantidade produzida de jaquetas pela empresa (volume de produção);
DEM = quantidade efetivamente demandada de jaquetas pelo mercado;
L/P = resultado financeiro da operação, podendo incorrer em Lucro ou Prejuízo;
PV = preço de venda por unidade de produto;
CV = custo variável de fabricação por unidade de produto;
CF = custo fixo de produção/fabricação;
VR = valor residual de venda por unidade de produto (surge quando $PROD > DEM$).

Com todas essas informações, é feita a simulação no Excel, fixando-se a demanda média esperada para o trimestre (1.000 unidades) e variando o volume de produção até atingir a restrição de capacidade produtiva de jaquetas de couro para o período (1.500 unidades/trimestre). O resultado dessa simulação é transcrito de forma resumida na Tabela 8.6, a seguir, e plotado no Gráfico 8.6.

Tabela 8.6 – Resumo dos resultados obtidos na simulação.

Volume de produção	Lucro ou prejuízo incorrido
700	R$ 5.000,00
780	R$ 13.000,00
860	R$ 21.000,00
940	R$ 29.000,00
1.020	R$ 34.200,00
1.100	R$ 31.000,00
1.160	R$ 28.600,00
⋮	⋮
1.500	R$ 15.000,00

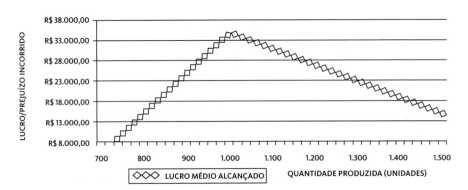

Gráfico 8.6 – Gráfico com os resultados das simulações de lucro/prejuízo.

Analisando os resultados obtidos dessa simulação e comparando-os com a política de produção esperada (expectativa de produção de 1.160 unidades) da "Têxtil S.A." para a linha de jaquetas de couro, chega-se a dois pontos-chave para a gestão de risco do ponto de vista financeiro. Primeiro, e mais nítido, existe um ponto em que se alcança um lucro máximo possível em função da demanda e da produção. Esse ponto corresponde ao momento em que a pro-

CAPÍTULO 8 – GESTÃO DE RISCOS NO GERENCIAMENTO DE ESTOQUES

dução se iguala à demanda (1.000 unidades), ou seja, toda quantidade produzida é absorvida pelo mercado pelo seu preço de venda. Em segundo lugar, existe um ponto em que se obtém um lucro equivalente ao esperado para a expectativa de produção de 1.160 unidades, porém a um nível menor de volume de produção. Conforme os resultados da simulação, com uma produção de 940 unidades é possível se chegar a um lucro equivalente, caso a produção fosse de 1.160 unidades (um lucro médio esperado de aproximadamente R$ 29.000,00).

Logo, em função desses resultados e das observações feitas, alguns questionamentos surgem a respeito de qual seria a melhor política de produção a ser adotada. A constatação a que se chega é que não existe uma resposta autoaplicável para essa questão, pois, tratando-se do campo da probabilidade, não existem fatores determinísticos que nos levam a tomar decisões com certezas e/ou garantias de resultados plenamente previsíveis, estando-se sempre cercado de riscos e de incertezas.

Apesar dessa conclusão aparentemente pouco animadora, o fato de não haver uma resposta genérica não implica que não haja uma solução para essa questão. Existe sim essa solução, mas esta é variável conforme a capacidade de exposição da empresa a riscos ou, como mais comumente é conhecida, sua "aversão a riscos".

Dessa forma, os gerentes devem sempre buscar avaliar os riscos inerentes às decisões de produção em relação aos possíveis impactos das variações de demandas, além (é claro) de avaliar outros parâmetros de significância em suas decisões como: volume de recursos necessários (não só financeiro, mas de maquinário e mão de obra disponibilizados), valor estratégico do produto para a empresa, características de mercado para o produto (como sazonalidade das vendas, se for um produto inovador/novo no mercado ou se se trata de um produto com mercado já consolidado etc.) e questões macroeconômicas em geral. A opção dos gerentes por uma ou outra decisão é resultante dessa avaliação de risco e seus condicionantes.

Para calcular os riscos envolvidos em cada uma das três opções de volume de produção (940, 1.000 e 1.160 unidades) que se deseja analisar, foi elaborada outra simulação, fixando-se, desta vez, o volume de produção para as três opções e variando a demanda esperada em torno das quantidades previstas (variação de 800 a 1.200 unidades pelas informações constantes no Gráfico 8.5).

Os resultados obtidos dessa simulação foram tabelados anteriormente (Tabela 8.7) e ilustrados no Gráfico 8.7.

Tabela 8.7 – Resultado da simulação para três opções de decisão de produção com variações na demanda.

		Lucro médio obtido para cada nível de produção		
		940 unidades	1.160 unidades	1.000 unidades
Variação da demanda média esperada	800	R$ 9.400,00	R$ 600,00	R$ 7.000,00
	850	R$ 16.400,00	R$ 7.600,00	R$ 14.000,00
	900	R$ 23.400,00	R$ 14.600,00	R$ 21.000,00
	950	R$ 29.000,00	R$ 21.600,00	R$ 28.000,00
	1.000	R$ 29.000,00	R$ 28.600,00	R$ 35.000,00
	1.050	R$ 29.000,00	R$ 35.600,00	R$ 35.000,00
	1.100	R$ 29.000,00	R$ 42.600,00	R$ 35.000,00
	1.150	R$ 29.000,00	R$ 49.600,00	R$ 35.000,00
	1.200	R$ 29.000,00	R$ 51.000,00	R$ 35.000,00

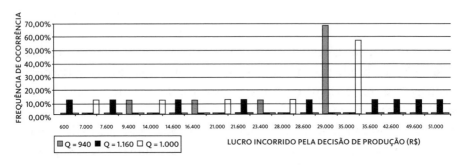

Gráfico 8.7 – Simulação para variações na demanda com adição da frequência de lucro.

O gráfico dado foi elaborado adicionando-se aos resultados da Tabela 8.7 anterior a frequência de ocorrência dos lucros em porcentagem. A título de exemplo, para o volume de produção de 950 unidades, incorreu-se seis vezes em um lucro de R$ 29.000,00 em um total de nove simulações (variações de 800 a 1.200 unidades), o que representa uma frequência de 66,67%.

CAPÍTULO 8 – GESTÃO DE RISCOS NO GERENCIAMENTO DE ESTOQUES

Avaliando os resultados obtidos até então, pode-se chegar a algumas conclusões, a saber:

◆ quando se analisa separadamente a opção de produção de 1.160 unidades, verifica-se que essa opção é a que permite alcançar maior lucro possível. Entretanto, é a opção que também está sujeita ao menor lucro registrado, caso a demanda seja a menor prevista;
◆ a opção que permite um lucro médio equivalente à produção de 1.160 unidades é a de produção de 940 unidades. Essa opção, apesar de não permitir alcançar um lucro máximo igual da opção anterior (1.160 unidades) está sujeita a um lucro mínimo maior que o daquela opção, caso a demanda seja a menor prevista;
◆ as opções de produção de 940 e 1.000 unidades apresentam concentração na frequência de lucros incorridos em R$ 29.000,00 (66,67%) e R$ 35.000,00 (55,56%) respectivamente.

Tomando por base esses resultados, verifica-se a coerência entre as relações que são intensamente difundidas entre risco e retorno. Esse conhecido *tradeoff* pode ser facilmente verificado nos resultados das simulações apresentadas neste trabalho. O risco é tomando a partir das decisões de produção e o retorno remete aos diferentes níveis de lucros incorridos dessas decisões. Quanto maior o volume de produção de uma decisão, maior o risco associado a essa decisão, pois os impactos da exposição à variação de demanda são intensificados, podendo-se gerar um lucro muito elevado ou irrisório, dependendo da demanda efetivamente verificada para o produto.

A fim de complementar a análise de risco sobre as decisões de produção, é acrescentado a esse modelo um monitoramento que incorpora as informações presentes no Gráfico 8.7 sobre as previsões de demanda para o trimestre com suas probabilidades de ocorrência. Desse modo, é possível verificar não apenas a frequência de um nível de lucro, mas também a probabilidade de ocorrência prevista para aquela demanda que originou tal nível de lucro. De maneira ilustrativa, expõe-se duas comparações: (a) entre as decisões de produção de 1.160 e 940 unidades; e (b) entre as decisões de 1.000 e 940 unidades, conforme pode ser visto nos dois gráficos a seguir (Gráfico 8.8).

GESTÃO DE ESTOQUES

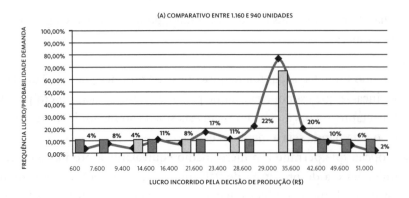

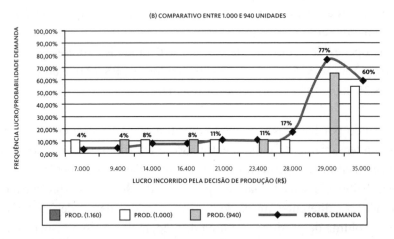

Gráfico 8.8 – Comparativo entre as decisões com inclusão da probabilidade de demanda.

Com essa adição ao modelo de avaliação de risco, permite-se dar mais solidez às análises sobre os resultados das simulações a respeito das oportunidades de lucros, uma vez que é possível avaliar paralelamente a porcentagem de frequência de ocorrência de determinado nível de lucro com a probabilidade (prevista) de ocorrência da demanda que permite alcançar o lucro médio calculado nos eixos "X" do gráfico exposto. Esse conjunto de simulações e avaliações forma o substrato de apoio para que gerentes e gestores possam executar suas atividades relacionadas ao processo decisório de forma mais sistematizada e fundamentada em critérios claros e mensuráveis, permitindo até mesmo uma avaliação posterior dos critérios e parâmetros adotados em diferentes fases de seu planejamento.

Considerações finais

Com os dois modelos apresentados neste trabalho, buscou-se evidenciar principalmente a importância de um planejamento bem estruturado com o objetivo de prestar apoio às decisões gerenciais presentes no cotidiano de empresas de todos os portes. Ambos os modelos podem ser adaptados facilmente às diferentes realidades e características de cada tipo de empresa e setor em que opere.

Alguns cuidados devem ser tomados sempre que se tratar de planejamento e não devem ser, portanto, desprezados ou ter sua importância minimizada. Isso é essencialmente verdadeiro para a utilização de bases históricas (banco de dados), para a construção de previsões de demanda e para o próprio tratamento estatístico das informações que vão compor esses dados. Como todo planejamento é fundamentado em torno dessas informações, garantir a confiabilidade dessas informações é vital para que todo o planejamento possa ser bem-sucedido, pois todo bom produto deve partir de insumos de qualidade. E com o planejamento não poderia ser diferente.

Quando se trabalha com gestão de estoques, deve-se estar sempre atento à questão do armazenamento e do dimensionamento dos depósitos, analisando-se os estoques tanto do ponto de vista de materiais físicos associados aos processos produtivos de uma cadeia (*supply chain*) quanto do ponto de vista de recursos financeiros imobilizados e que, portanto, devem ter seu retorno para a maximização do lucro da empresa. Em razão dos diferentes graus de riscos associados à variação na demanda, gerir estoques está constantemente associado não só à gestão de custos/financeira para as empresas, mas à própria gestão de riscos inerente à atividade de planejamento.

Referências bibliográficas

BALLOU, R. H. *Gerenciamento da cadeia de suprimentos/logística empresarial.* 5. ed. Porto Alegre: Bookman, 2006.

CHING, Hong Yuh. *Gestão de estoques na cadeia de logística integrada* – Supply Chain. 3. ed. São Paulo: Atlas, 2006.

SIMCHI-LEVI, D. et al. *Cadeia de suprimentos*: projeto e gestão – Conceitos, estratégias e estudos de caso. Porto Alegre: Bookman, 2003.

SHINGO, Shingeo. *Sistemas de produção com estoque zero*: o Sistema Shingo para melhorias contínuas. Porto Alegre: Artes Médicas, 1996.

WANKE, Peter. *Gestão de estoques na cadeia de suprimento*: decisões e modelos quantitativos. 2. ed. São Paulo: Atlas, 2008.

ASSOCIAÇÃO Nacional de Fabricantes de Veículos Automotivos – Anfavea. Disponível em: <www.anfavea.com.br>. Acesso em: 23 maio 2009.

FEDERAÇÃO Nacional da Distribuição de Veículos Automotores – Fenabrave. Disponível em: <www.fenabrave.com.br>. Acesso em: 23 maio 2009.

INSTITUTO Brasileiro de Geografia e Estatística – IBGE. Disponível em: <www.ibge.com.br>. Acesso em: 23 maio 2009.

CAPÍTULO 9

ANÁLISE DOS PROCESSOS DE S&OP (*SALES AND OPERATION PLANNING*): UM ESTUDO DE CASO NA VALE LOGÍSTICA

Hugo Ferreira Braga Tadeu
Fábio Rodrigues do Nascimento

OBJETIVO DO CAPÍTULO

A proposta deste capítulo é a apresentação do modelo S&OP em uma empresa de mineração, como diferencial competitivo para o processo de tomada de decisão envolvendo a área de suprimentos, de forma a maximizar os resultados operacionais das organizações.

INTRODUÇÃO

Atualmente, presenciamos o desenvolvimento de todos os segmentos que envolvem a logística, seja no transporte ou na armazenagem de materiais. Verificamos que as empresas vivem em um cenário totalmente diferente daquele do passado, em que as organizações disponham de maior conforto com relação a seus mercados e concorrentes. Esse novo cenário é caracterizado pela busca por maior competitividade, maior desenvolvimento tecnológico, maior oferta de produtos e serviços adequados às expectativas dos clientes.

Para superar esses desafios, algumas empresas, prestadoras de serviços logísticos, buscam tomar ações voltadas para a redução de custos e para o aumento de capacidade produtiva, agindo de forma isolada. Essas ações, às vezes, fazem-se necessárias, mas, como são tomadas de forma isolada, não garantem o resultado desejado. Por outro lado, temos empresas que enxergam a logística como uma estratégia competitiva bastante eficaz. Essas empresas planejam e coordenam suas ações operacionais de uma forma integrada, avaliando todo o processo do armazenamento do produto até a certeza de que o cliente teve suas necessidades e expectativas atendidas pelo serviço entregue.

Nesse contexto, as organizações necessitam, cada vez mais, melhorar seu planejamento operacional, garantir a boa utilização de seus ativos e manter ao máximo o alinhamento estratégico. Logo, a utilização de ferramentas gerenciais eficazes, alinhadas com os planos de transporte ou produção, faz que os operadores logísticos obtenham vantagens competitivas com relação a seus concorrentes. Uma dessas ferramentas é o *Sales and Operation Planning* (S&OP) ou planejamento de vendas e operações (PVO).

Quando a empresa decide definir seus objetivos estratégicos, surge a necessidade de se saber em que condição a organização está e aonde ela pretende chegar, definindo metas e ações que deverão ser seguidas por todas as áreas. Kotler (1975) propõe o seguinte conceito: "O Planejamento Estratégico é uma metodologia gerencial que permite estabelecer a direção a ser seguida pela Organização, visando maior grau de interação com o ambiente".

De forma similar ao planejamento estratégico da empresa e dele derivada, as várias estratégias funcionais de produção, comercial, financeira, manutenção, dentre outras, também devem ser integradas para gerar uma sinergia total no processo. Assim, o S&OP surge como um processo de planejamento, caracterizado por revisões mensais e ajustes contínuos da demanda, da disponibilidade de recursos e do suprimento de materiais, visando à integração total dos sistemas internos.

O que presenciamos hoje é uma conversação departamentalizada entre os setores, onde não interessa saber o que os colaboradores de departamentos diferentes pensam sobre o processo como um todo. Logo, é comum chegar a uma empresa e perceber que falta foco nos processos. Se todos os departamentos não tiverem foco para os objetivos, a empresa vende e não consegue atender seus pedidos. A realidade de cada colaborador é restrita à sua atividade diária na qual as pessoas trabalham fazendo somente a sua rotina. O S&OP auxilia no direcionamento estratégico de todos os setores envolvidos nas atividades-meio e atividades-fim da empresa.

O modal ferroviário, foco deste artigo, é caracterizado por sua capacidade de transportar grandes volumes e interligar grandes pontos de transbordo (portos e terminais de carga). Se o mesmo não tivesse um planejamento integrado

CAPÍTULO 9 - ANÁLISE DOS PROCESSOS DE S&OP (*SALES AND OPERATION PLANNING*)

de produção (S&OP), suas operações estariam destinadas à baixa produtividade e a altos custos.

No Brasil, segundo a ANTT (Agência Nacional de Transportes Terrestres, 2009), o sistema ferroviário nacional totaliza 29.706 quilômetros, concentrando-se nas Regiões Sul, Sudeste e Nordeste atendendo parte do Centro-Oeste e Norte. Trata-se de uma malha extensa e que demanda das concessionárias grande responsabilidade operacional.

Desde 1996, quando se iniciou o processo de desestatização do sistema ferroviário, a quantidade de carga movimentada nas ferrovias aumentou em 26% e os investimentos privados permitiram um incremento na produção, com novas linhas, terminais e maquinário operacional. Presenciamos, a partir do ano de 1996, um desenvolvimento considerável nas ferrovias, fato que contribuiu também para o desenvolvimento dos operadores logísticos que arrendaram o direito de circulação nas malhas federais.

A Vale Logística, como arrendatária de trechos federais (FCA) e dona de diversos trechos (EFC e EFVM), opera 9.820 km de ferrovia e gerencia cinco terminais portuários. É responsável por 68% da movimentação de cargas em ferrovias e 27% da movimentação portuária no Brasil (Vale, 2009). Sua malha ferroviária é composta pela EFVM (Estrada de Ferro Vitória a Minas), FCA (Ferrovia Centro-Atlântica) e EFC (Estrada de Ferro Carajás). Possui um sistema logístico complexo e integrado, que inclui as minas de minério de ferro das Regiões Sudeste (Quadrilátero Ferrífero) e Norte (Mina de Carajás – PA), os portos e, ainda, a prestação de serviços logísticos de carga em geral para os segmentos de agricultura, siderurgia, petróleo, construção civil e transporte de contêineres.

Este capítulo tem o objetivo de abordar as metodologias de *Sales and Operation Planning* (S&OP) utilizadas pela Vale Logística para gerenciar sua estrutura logística interna e de prestação de serviços logísticos. Além disso, citar os referenciais bibliográficos sobre o tema e explorar todo o seu macroprocesso.

BREVE HISTÓRICO DOS PROCESSOS DE GERENCIAMENTO DA PRODUÇÃO

O processo de S&OP está diretamente ligado ao Planejamento e Controle da Produção das organizações (PCP). Dentro das atividades de PCP, temos os módulos de PMP (Plano Mestre da Produção), MRP (Planejamento das

Necessidades de Materiais) e o atual MRP II. O MRP surgiu nos anos 1960 com a finalidade de permitir às empresas o cálculo e controle da quantidade de materiais necessários e do momento adequado de sua disponibilização para o processo produtivo. Durante os anos 1980 e 1990, o sistema e o conceito do planejamento das necessidades de materiais se expandiram e foram integrados a outros departamentos da empresa. Surge, então, o sistema MRP II, que é um prolongamento dos conceitos MRP, incluindo dados de custos dos produtos, fornecendo relatórios financeiros, bem como de material e de capacidade. O MRP II permite que as empresas avaliem as implicações da sua demanda futura nas áreas financeiras, de engenharia e produção.

O processo de S&OP funciona como uma ferramenta do MRP II, auxiliando na gestão correta dos ativos produtivos. Logo, o MRP II deixa de fornecer apenas informações referentes ao cálculo da necessidade de materiais e passa a atender também às necessidades de informação para a tomada de decisão gerencial sobre outros recursos necessários para as operações.

REVISÃO BIBLIOGRÁFICA

O *Sales and Operation Planning* (S&OP) ou **planejamento de vendas e operações (PVO)** consiste em uma das etapas mais importantes dentro do processo de planejamento e programação da produção, seja uma indústria ou prestador de serviços. Visa garantir que aquilo que foi decidido estrategicamente seja efetivamente realizado pelos procedimentos operacionais, interagindo com todos os envolvidos no processo.

Basicamente, podemos considerar o S&OP como o processo de alinhar as demandas comerciais dentro dos planos de capacidade de produção e de outros demais relacionados. Esses resultados gerais são alcançados pela melhora no processo de planejamento de vendas e produção, baseando-se no balanceamento não apenas entre demanda e disponibilidade de produto, mas também entre o volume e mix de produto. O processo busca atingir a quantidade certa de cada tipo de produto para o atendimento de sua respectiva demanda, mantendo assim o nível de serviço oferecido.

O S&OP tem como seu foco principal garantir que os planos sejam realísticos e envolver diversos departamentos da empresa, avaliando o desempenho operacional e buscando sempre melhorias contínuas. Também tem como objetivo gerar os planos de vendas, produção, financeiro, manutenção e marketing.

CAPÍTULO 9 - ANÁLISE DOS PROCESSOS DE S&OP (*SALES AND OPERATION PLANNING*)

Com sua implementação, as diversas áreas da empresa deixam de conversar somente na sua estrutura hierárquica vertical e passam também a dialogar em uma estrutura horizontal. Atualmente, as empresas possuem seus processos estruturados em departamentos onde cada um é responsável por realizar determinada atividade e o foco setorial é direcionado para solucionar os problemas locais, não considerando assim, todos os macroprocessos da organização. Com o S&OP, os departamentos da empresa conhecem os processos de importância das outras áreas, possibilitando maior interação e melhor entendimento sobre as responsabilidades que cada setor possui (Corrêa et al., 2001).

Para melhor entendimento acerca dos processos *Sales and Operation Planning* (S&OP), faz-se necessária a compreensão dos processos de planejamento, visto que se trata de um dos conceitos centrais da metodologia (Henrique Corrêa e Carlos Corrêa, 2006).

O CONCEITO DE PLANEJAMENTO

A função de planejamento possui quatro metas importantes: compensar incerteza e mudança, focalizar a atenção em objetivos, conseguir economicidade operacional e facilitar a execução do controle. Ele cobre o espaço entre onde estamos e aonde queremos ir, tornando possíveis eventos que, caso contrário, não ocorreriam.

O planejamento também se torna explícito quando ocorre a necessidade de decidir sobre os recursos físicos utilizados para a produção. Mudanças nos arranjos produtivos (compra de máquinas, alterações de capacidade ou mudanças no fluxo de chegada de matérias-primas) demandam tempo até sua efetiva operação. Por isso, o planejamento prévio antes das decisões é fundamental para não causar impactos na produção. Segundo Henrique e Carlos Corrêa (2006), é necessário que se tenha algum tipo de "visão" a respeito do futuro para que hoje se possa tomar as decisões adequadas que levam ao efeito desejado mais tarde. Esse conceito pode ser definido da seguinte forma:

◆ planejar é entender como a consideração conjunta da situação presente e da visão de futuro influencia as decisões tomadas no presente para que se atinjam determinados objetivos no futuro;
◆ planejar é projetar o futuro diferentemente do passado.

Logo, o processo de planejamento depende de uma visão adequada do futuro. E essa visão depende de sistemas de previsão alinhados com a realidade da organização, onde é fundamental ter claros os objetivos que se pretendam atingir. Como consequência, o planejamento trata de um processo que define como e onde os esforços devem ser concentrados para que os objetivos da empresa sejam alcançados, e onde serão adotas as medidas diferentes das adotadas no passado para que se tenha sucesso.

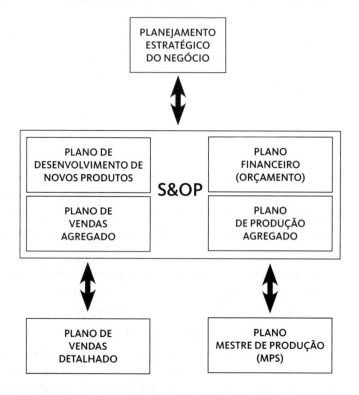

Figura 9.1 – S&OP no processo de planejamento.
Fonte: Adaptado de Henrique Corrêa e Carlos Corrêa, 2006.

A HIERARQUIA DO PLANEJAMENTO

Os diversos efeitos do processo decisório requerem períodos diferentes para se tornarem realidade e, portanto, necessitam de horizontes de planejamento

CAPÍTULO 9 - ANÁLISE DOS PROCESSOS DE S&OP (*SALES AND OPERATION PLANNING*)

também diferentes. Segundo Henrique Corrêa e Carlos Corrêa (2006), é preciso incluir no processo diversos "sub-horizontes". Um sub-horizonte de curto prazo para que, a partir deste, se tomem decisões que demandam pouco tempo para a implantação e um sub-horizonte de médio e longo prazos para suportar as decisões que demandam períodos maiores para sua efetivação.

Os processos de decisão são hierarquizados visando justamente os diferentes horizontes de planejamento. Como as decisões que requerem mais tempo de implantação em geral envolvem maiores recursos e são difíceis de reverter (decisões estratégicas), elas, em geral, passam a representar restrições às alternativas de decisões de maior importância. Sendo assim, essa hierarquia de decisões, em que as de maior importância vão hierarquicamente restringindo as decisões menores, deve ser respeitada, para que haja coesão no processo de planejamento em toda a sua totalidade (Henrique Corrêa e Carlos Corrêa, 2006).

O planejamento de um sistema produtivo também possui suas hierarquias e é considerado por diversos autores como algo fundamental para o sucesso empresarial. Corrêa e Gianesi (2001) citam os pontos-chave do planejamento:

- ◆ planejar as necessidades futuras de capacidade produtiva da organização;
- ◆ planejar materiais comprados;
- ◆ planejar os níveis de estoques de matérias-primas, semiacabados e produtos finais, nos pontos certos;
- ◆ programar atividades de produção para garantir que os recursos produtivos envolvidos estejam sendo utilizados, em cada momento, nas coisas certas e prioritárias;
- ◆ ser capaz de saber e informar corretamente a respeito da situação corrente dos recursos (pessoas, equipamentos, instalações, materiais) e das ordens (de compra e produção);
- ◆ ser capaz de prometer os menores prazos possíveis aos clientes e depois fazer cumpri-los;
- ◆ ser capaz de reagir eficazmente.

Ballou (1993) salienta que o problema da programação da produção impacta diretamente nos resultados operacionais e que deve estar completamente alinhado com os planos estratégicos da organização, sendo, assim, definido em planejamento de longo, médio e curto prazos.

O planejamento da produção a longo prazo (PPLP) relaciona-se com o horizonte de tempo maior ou igual a um ano. Nessa etapa, avalia-se a capacidade produtiva e compara-se com o planejamento estratégico. Podem-se criar cenários para três, cinco e dez anos, quando se determina ou não a necessidade de uma possível expansão da capacidade produtiva.

O planejamento da produção a médio prazo (PPMP) pode cobrir um período de três até 12 meses. O PPMP deve ser revisado e atualizado trimestralmente. Também, devem ser criados itens de controle para mensurar toda a produtividade do sistema.

O planejamento da produção a curto prazo (PPCP) determina geralmente o que será produzido nas próximas quatro semanas. Esse período varia de organização para organização em razão da flexibilidade do processo produtivo. A avaliação da disponibilidade de matéria-prima e o gerenciamento da eficiência do processo são suas funções mais importantes (Moreira, 1993).

Com os planejamentos de curto prazo definidos, a programação de produção utiliza-se de metodologias e ferramentas para elaborar efetivamente as ordens de serviço para a operação. Na Figura 9.2, podemos verificar a hierarquia do planejamento da produção.

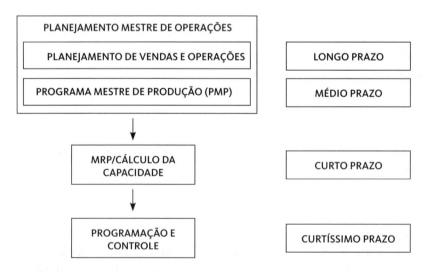

Figura 9.2 – Hierarquia do planejamento produtivo.
Fonte: Adaptado de Henrique Corrêa e Carlos Corrêa, 2006.

No planejamento mestre de operações, que se compõe de dois níveis hierárquicos: *Sales and Operation Planning* (S&OP) e o *Master Production Scheduling* (MPS) ou o programa mestre de produção (PMP), temos os sub-horizontes de longo e médio prazos. Logo após, há o MRP (planejamento das necessidades de materiais para o sistema produtivo) no sub-horizonte de curto prazo, que é o calculo da capacidade do sistema, mediante solicitações do planejamento mestre de operações. No planejamento de curtíssimo prazo, temos a programação e controle da produção, que toma as decisões do dia a dia da operação e mensura seu desempenho.

Objetivos do *Sales and Operation Planning* (S&OP)

Segundo os autores Henrique Corrêa e Carlos Corrêa (2006), o processo de *Sales and Operation Planning* tem alguns objetivos específicos que podem servir para caracterizá-lo, ou seja, somente estaremos executando eficazmente o S&OP se os seguintes objetivos estiverem sendo alcançados:

- suportar o planejamento estratégico do negócio;
- garantir que os planos sejam realísticos;
- gerenciar as mudanças de forma eficaz;
- gerenciar os estoques de produtos finais e a carteira de pedidos de modo a assegurar o bom desempenho das entregas (nível de serviço ao cliente);
- avaliar o desempenho do sistema produtivo.

Os resultados esperados de cada ciclo de S&OP devem ser claramente definidos e, ao final de cada etapa, devem ser mensurados. Dentre eles, o estabelecimento das metas mensais de faturamento e produção, projeção de lucros, estabelecimento de orçamentos de compras, despesas de capital e pontos críticos para o sistema devem também ser observados.

O S&OP pode ser visto como a resolução dos conflitos entre as áreas funcionais. O plano resultante do processo de S&OP, traduzido para diversas áreas, estabelece objetivos claros para cada uma dessas áreas: a operação deve atingir o plano de produção, a área financeira deve prover os recursos do orçamento e a área comercial deve atingir o plano de vendas. Definidos os planos mensais, os objetivos estarão coesos e integrados aos objetivos corporativos (Henrique Corrêa e Carlos Corrêa, 2006).

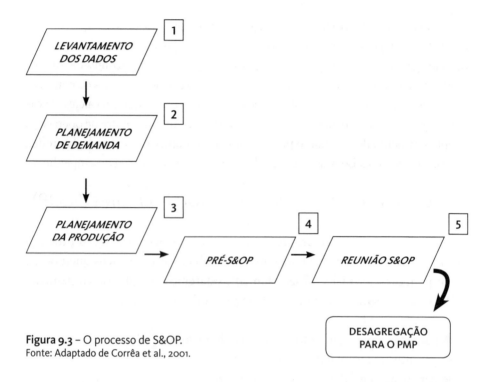

Figura 9.3 – O processo de S&OP.
Fonte: Adaptado de Corrêa et al., 2001.

O processo de *Sales and Operation Planning* (S&OP)

O processo de S&OP consiste em cinco etapas sucessivas, descritas a seguir.

Etapa 1 – Levantamento dos dados

Essa etapa deve ocorrer logo após o fechamento de vendas de cada mês ou período de planejamento. Consiste na atualização dos arquivos com os dados do mês anterior (vendas, volumes de produção, níveis de estoque), ou seja, geração das informações necessárias para que as equipes das áreas comerciais possam calcular a previsão de vendas, bem como a divulgação das informações para as pessoas apropriadas.

Etapa 2 – Planejamento da demanda

Basicamente, essa etapa consiste no processo de previsão de vendas da empresa. Seu objetivo é a elaboração de um plano de vendas. Como todo processo de previsão de vendas, espera-se uma combinação de previsões estatísticas obtidas por meio do tratamento de dados históricos, informações qualitativas de mercado (obtidas pela equipe comercial) e planejamento de ações promocionais.

Etapa 3 – Planejamento de produção

Consiste na elaboração de um ou mais planos alternativos de produção que procurem dar suporte ao planejamento de vendas gerado na etapa anterior e na geração dos níveis desejados de estoques. Também faz parte dessa etapa o monitoramento das capacidades de produção e suprimentos, buscando a identificação de falta da capacidade e, consequentemente, da necessidade de ações corretivas.

Etapa 4 – Reunião pré-S&OP

O principal objetivo da reunião prévia é a discussão de todos os pontos de atenção entre o planejamento da demanda e o planejamento de produção, assim como a avaliação dos impactos financeiros destes. Espera-se que os participantes cheguem à reunião já cientes desses pontos e, se possível, munidos de algumas alternativas.

Etapa 5 – Reunião executiva de S&OP

Como etapa final do processo, a reunião executiva de S&OP deve encerrar-se com todo o planejamento fechado e formalizado para toda a empresa. Enquanto a reunião prévia constitui-se em um fórum de discussão e trabalho, a executiva é composta por uma reunião de aprovações, decisões e acompanhamento. Dessa última reunião citada, participam as pessoas presentes na anterior, mais um comitê executivo formado pela alta gerência/direção da empresa.

Desagregação para o *Master Production Schedule* (MPS) ou planejamento mestre da produção (PMP)

O resultado final do S&OP é um plano atualizado de operações que deverá atender à demanda do mercado. Esse plano então é desagregado para dar origem ao plano mestre de produção, o MPS, que coordena os recursos internos da empresa de forma a adequar o sistema produtivo com a referida demanda (Henrique Corrêa e Carlos Corrêa, 2006).

O planejamento mestre da produção (PMP) é o componente central do planejamento da produção, gerado a partir do plano desagregado de produção. Dividido em produtos acabados ou carteira de clientes, guiará as ações do sistema de manufatura/serviços no curto prazo, estabelecendo quando e em que quantidade cada produto deverá ser produzido.

Basicamente, a principal função do MPS é coordenar ou balancear suprimento e demanda dos produtos acabados, período a período, para satisfazer à demanda dos planos comerciais desenvolvidos nos processos de S&OP.

Análise do processo de S&OP na Vale Logística

A Vale Logística

A Companhia Vale do Rio Doce (CVRD) foi criada em 1º de junho de 1952, pelo governo federal, para as atividades de extração de minério em Itabira-MG. Em 1997, tornou-se uma empresa privada. Ao longo de sua história, expandiu sua atuação do Sudeste para as Regiões Nordeste, Centro-Oeste e Norte, diversificando o portfólio de produtos minerais e consolidando a prestação de serviços logísticos. Em 2008, a companhia alterou seu nome fantasia para apenas Vale e modificou a logomarca. Tais mudanças demonstraram a nova posição estratégica da companhia diante do mercado mundial. A Figura 9.4, a seguir, mostra os complexos produtivos de mineração, os sistemas ferroviários e os seus terminais portuários.

Sistema Sul: é composto por seis complexos mineradores localizados no Quadrilátero Ferrífero, em Minas Gerais.
Sistema Sudeste: ferrovias EFVM e FCA.

CAPÍTULO 9 – ANÁLISE DOS PROCESSOS DE S&OP (*SALES AND OPERATION PLANNING*)

Sistema Norte: compreende o sistema integrado mina-ferrovia-porto, composto pela Mina de Ferro Carajás, Estrada de Ferro Carajás e Terminal Marítimo de Ponta da Madeira, em São Luís (MA).

Na Figura 9.4, podemos visualizar em amarelo o direito de passagem (circulação de trens) que a Vale tem com a ferrovia ALL (América Latina Logística), antiga Ferroban. Essa rota faz a circulação da produção oriunda da FCA para o Porto de Santos-SP, mercadorias para exportação e importação. Em vermelho, temos a Estrada de Ferro Carajás, que é responsável pelo escoamento do minério de ferro extraído na Mina de ferro de Carajás-PA até o Porto de São Luiz para exportação. Em verde está a EFVM, onde são transportados, aproximadamente, 110 milhões de toneladas por ano, sendo 80% da carga composta por Minério de Ferro oriundo das minas localizadas em Minas Gerais. É responsável pelo transporte de 37% de toda carga ferroviária no país e faz conexão com os portos do Espírito Santo (Tubarão e Praia Mole). Em azul, temos a FCA, que é a principal malha ferroviária utilizada para o escoamento da produção de soja e milho brasileira para o Porto de Tubarão (intercâmbio com a EFVM).

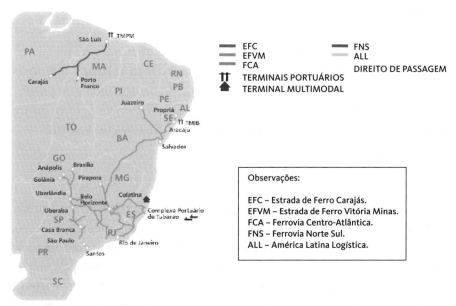

Figura 9.4 – Mapa da logística ferroviária Vale.
Fonte: Disponível em: <www.vale.com>. Acesso em: 2008.

O planejamento logístico integrado, utilizando-se da metodologia de S&OP, garante que os planos operacionais sejam realistas, considerando as inter-relações existentes entre todos os complexos logísticos (minas, ferrovias, portos – produção interna) e a demanda por transporte ferroviário pelos clientes (carga geral).

O PROCESSO DE S&OP NA VALE LOGÍSTICA

O processo de *Sales and Operation Planning* (S&OP) tem como objetivo garantir o planejamento de curto prazo integrado de todos os recursos logísticos da Vale, apoiando o planejamento estratégico do negócio por meio de análises e revisões periódicas garantindo sua viabilidade e efetividade (PGS-0002, Vale, 2008). A S&OP na empresa é composta por seis atividades principais:

1. Planejamento da demanda.
2. Programação.
3. Elaboração e validações das apresentações.
4. Reuniões Pré-S&OP.
5. Reunião executiva de S&OP.
6. Divulgação do planejamento.

Em virtude das operações da Vale, algumas dessas atividades são segmentadas em tipos de carga (produto a ser transportado) e sistema logístico (ferrovia ou porto). Dessa forma, as etapas de planejamento da demanda e de programação são realizadas de forma independente para minério de ferro (logística interna) e carga geral (logística externa – prestação de serviços) e porto.

PLANEJAMENTO DA DEMANDA

O enfoque dessa atividade dentro do processo de S&OP, é o de combinar previsões estatísticas com informações qualitativas e quantitativas de mercado, obtidas com as áreas comerciais. O processo consiste basicamente na geração de uma sugestão de demanda para cada fluxo, dos principais produtos, pela utilização do método de *decomposição clássica* (estratificação dos clientes em carteiras). Essa sugestão é então passada para as gerências comerciais que devem criticar os números e posteriormente enviar a demanda final validada para programação.

Programação

A programação é realizada a partir da demanda recebida das gerências comerciais, objetivando-se sempre maximizar a utilização dos ativos logísticos disponíveis e do volume transportado e embarcado. A quantificação dos recursos disponíveis se dá pelo cálculo da eficiência operacional dos equipamentos (viradores de minério, locomotivas, vagões etc.) de cada sistema. O principal ponto de conflito nessa etapa ocorre nos casos em que os recursos disponíveis não são suficientes para o atendimento de todas as demandas passadas. Após a ánalise, pode ocorrer cortes de demandas em decorrência de fluxos menos lucrativos e da priorização de outros mais rentáveis.

A programação de transporte da carga geral (EFVM, FCA e EFC) é feita da seguinte forma, respectivamente:

1. **Elaboração do plano de trens** – mapa dos ativos envolvidos, de acordo com suas disponibilidades.
2. **Recepção de *inputs*** – feita pela área responsável por elaborar a S&OP.
3. **Análises de capacidades** – avaliação da capacidade de produção de cada sistema (locomotivas, vagões, linhas e terminais).
4. **Análises de margem** – avaliação da rentabilidade de cada fluxo.
5. **Validação da programação** – revisão dos últimos detalhes.

A programação do minério de ferro engloba os sistemas: Estrada de Ferro Vitória Minas (EFVM), Estrada de Ferro Carajás (EFC), Mina de Carajás e Minas do Sistema Sul. Tal processo segue, respectivamente:

1. **A elaboração do plano de produção** – mapeamento das capacidades de produção.
2. **O planejamento de manutenção** – dimensionamento das paradas para manutenções periódicas.
3. **A elaboração da programação** – mapa de produção pelo qual o sistema deverá seguir.

Elaboração e validação das apresentações

As apresentações devem focar em três grandes aspectos:

- ◆ a apresentação da tendência de resultado do mês corrente – ressaltando e analisando os principais desvios da programação;
- ◆ a apresentação do planejamento para o mês seguinte;
- ◆ os pontos críticos para que esse planejamento seja concretizado.

Reuniões pré-S&OP

O principal objetivo das reuniões de pré-S&OP é a apresentação e a validação da programação para o mês seguinte em cada um dos sistemas. É bastante provável que o processo de validação passe por alterações de alguns parâmetros fornecidos anteriormente pelas áreas, como os parâmetros de eficiência operacional ou o corte de demanda. Dessa forma é fundamental a presença nessas reuniões de todas as gerências que possam afetar ou ser afetadas pela programação. É importante ressaltar que a programação aprovada nessa etapa será a versão apresentada na reunião executiva de S&OP.

Também é esperado que, em alguns casos, não seja possível chegar a um consenso com relação à programação por motivos tais como o conflito de interesse entre duas áreas com meta de desempenho distintas. Nesses casos, devem ser realizadas alternativas de programação com relação ao parâmetro não condensado, a serem levadas para a reunião executiva de S&OP.

Reunião executiva de S&OP

A reunião executiva de S&OP tem como objetivo apresentar ao diretor-executivo de logística e todos seus diretores subordinados a programação da produção para o mês seguinte de forma integrada, com sua validação e formalização. O processo de validação pode incluir alterações nas programações acordadas entre as diversas gerências gerais nas pré-S&OPs ou até mesmo definições quanto a pontos sobre os quais não foi atingido consenso anteriormente.

O material levado para a reunião executiva de S&OP deve conter todo o material discutido em todas as pré-SOP. Entretanto, deve ser apresentada uma versão resumida destas, focando os principais pontos.

Divulgação do planejamento

Após a reunião executiva de S&OP, a programação deve ser comunicada pela aréa de planejamento para todas as gerências de área envolvidas. Esta ocorre no dia seguinte à reunião. O programa mensal de produção é o principal insumo para a área de Planejamento e Controle da Produção (PCP) a realizar o Planejamento Mestre da Produção (PMP).

Visão temporal do processo de S&OP

A visão de tempo do processo S&OP é orientada de acordo com a reunião executiva de S&OP, pois é nessa reunião que as decisões críticas operacionais são tomadas ou validadas. Sendo assim, os passos anteriores à reunião executiva de S&OP, como o planejamento da demanda, a programação e as reuniões pré-S&OP, são etapas preparatórias para a reunião final do processo, com os diretores.

A definição dos prazos de execução das atividades do S&OP é, então, feita com base na data da reunião executiva de S&OP, que, geralmente, ocorre em um dos últimos dias úteis do mês. Desse modo, os prazos do processo são planejados para que tudo esteja pronto até a data da última reunião. Além disso, os outros fatores determinantes na estipulação de prazos são: a duração das atividades e a dependência destas em relação às outras.

A Figura 9.5 mostra a visão temporal do S&OP correspondente à data "D" da reunião executiva de S&OP do mês anterior. Vale ressaltar que as etapas de criação dos programas e reuniões pré-S&OP são segregadas por ferrovia e por sistema, respectivamente, o que resultaria em um prazo diferente para cada programação (EFC, FCA e EFVM) e para cada pré-S&OP (Norte, Sudeste e Sul). No entanto, para fins ilustrativos, o exemplo a seguir determina apenas um único prazo para cada uma dessas etapas.

A primeira etapa do S&OP é o planejamento da demanda iniciada pela previsão estatística. A previsão estatística depende da atualização da base de dados de movimentação nas ferrovias com os dados do mês anterior (M-1).

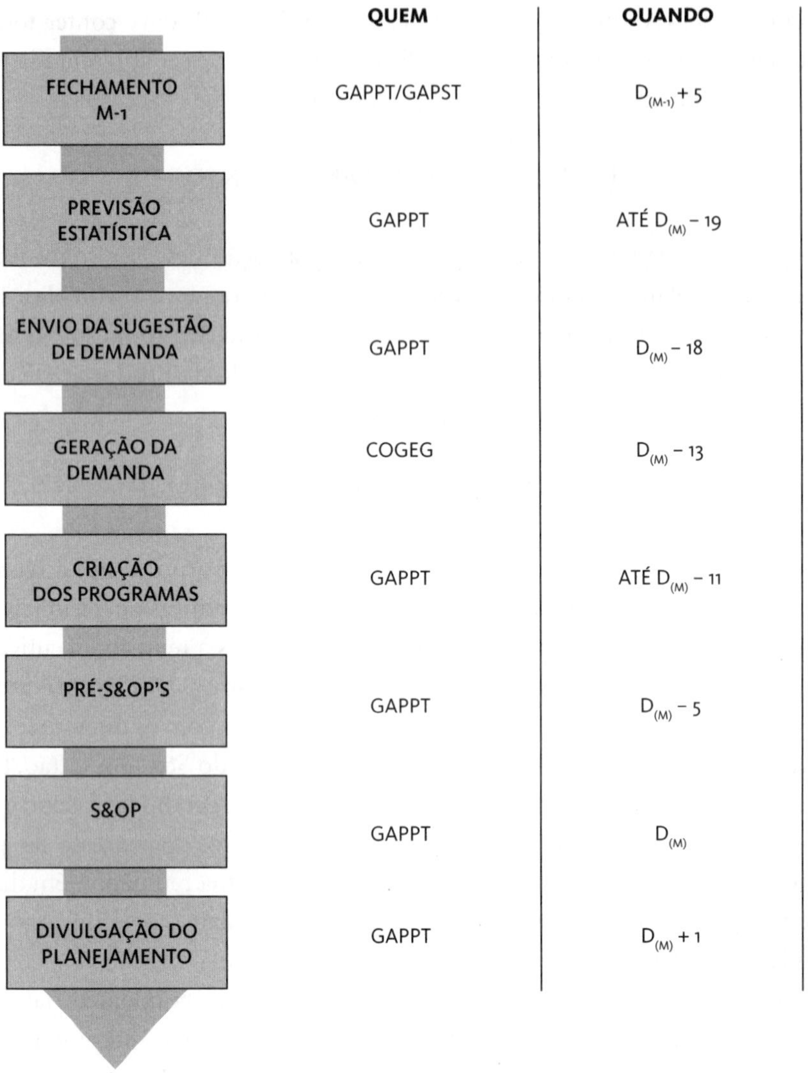

GESTÃO DE ESTOQUES

	QUEM	QUANDO
FECHAMENTO M-1	GAPPT/GAPST	$D_{(M-1)} + 5$
PREVISÃO ESTATÍSTICA	GAPPT	ATÉ $D_{(M)} - 19$
ENVIO DA SUGESTÃO DE DEMANDA	GAPPT	$D_{(M)} - 18$
GERAÇÃO DA DEMANDA	COGEG	$D_{(M)} - 13$
CRIAÇÃO DOS PROGRAMAS	GAPPT	ATÉ $D_{(M)} - 11$
PRÉ-S&OP'S	GAPPT	$D_{(M)} - 5$
S&OP	GAPPT	$D_{(M)}$
DIVULGAÇÃO DO PLANEJAMENTO	GAPPT	$D_{(M)} + 1$

Figura 9.5 – Visão temporal da S&OP na Vale.
Fonte: PGS-0002 (Vale, 2008).

A área comercial (COGEG) necessita dos números da previsão estatística até o dia "D-18", para, em seguida, com tempo suficiente, gerar a demanda em um prazo "D-13". A área de planejamento (GAPPT) recebe a demanda comercial, cria o programa e elabora as apresentações das reuniões de pré-S&OP, para todos os sistemas, em média, durante sete dias. Assim, os próximos passos são as reuniões (pré-S&OPs e S&OP) realizadas na última semana do mês.

Considerações finais

O objetivo do capítulo foi apresentar a definição do processo de planejamento de vendas e operações (S&OP) e os benefícios alcançados com sua implementação. Para tanto, foi conduzido um estudo de caso em uma empresa prestadora de serviços logísticos. A escolha da Vale, nesse caso, com o enfoque de operador logístico ferroviário, justifica-se pela dimensão dos ativos envolvidos e na complexidade de suas operações.

Na elaboração da estratégia de uma empresa, a adoção de um planejamento formalizado faz com que todas as diretrizes surtam efeito nos processos envolvidos. Por meio desta, a empresa consegue alcançar o sucesso desejado. Essa postura confere ao sistema logístico da Vale o alinhamento estratégico entre suas minas, ferrovias e portos, garantindo toda a sinergia operacional requerida no plano.

Seu processo-padrão de S&OP consiste em seis etapas básicas: (1) atualização de dados operacionais e planejamento da demanda (processo de previsão de vendas); (2) planejamento de produção (vendas *versus* capacidade de produção-programação); (3) validação das apresentações; (4) reunião prévia (planejamentos de demanda e produção); (5) reunião final (formalização de todo o processo, com o planejamento fechado e disseminado para toda a empresa); e (6) coerente com as referências bibliográficas sobre o tema, que enfatizam o "processo padronizado" como instrumento fundamental para o sucesso do S&OP.

Com relação aos custos operacionais, temos uma programação da produção enxuta, alinhada com as diretrizes definidas. A elevação do nível de serviço e o foco no cliente também podem ser considerados, visto que o volume de carga que a operação se compromete a realizar, para o cliente (interno ou externo), fica dentro das capacidades operacionais.

O objetivo principal do S&OP é promover a sinergia e a colaboração dos setores ligados às atividades-meio e atividades-fim da empresa. Logo, percebemos que essa sinergia é fundamental para que as coisas funcionem da maneira correta. Em uma competição olímpica de remo, há no barco um timoneiro (chefe de equipe) e alguns remadores que poderão ser em número de dois a oito por barco. A função do timoneiro é a de dar a direção ao barco. Você já pensou se cada um deles remasse do seu jeito? E o timoneiro tentasse assim mesmo levar seu barco para a frente? Seguramente o barco não sairia do lugar.

Podemos considerar cada setor como um remador, que trabalha para a empresa. O timoneiro (diretoria – S&OP), não é mais importante que os remadores, é quem dá a direção correta que o barco (a empresa) deve tomar. Daí a importância da sinergia, sem ela, seguramente, a empresa não alcançará o objetivo da vitória.

Para que se tenha sucesso em uma organização, todos os seus componentes deverão pensar e agir da mesma forma, buscando os objetivos comuns, canalizando seus esforços operacionais na busca do objetivo maior que é o da empresa. Concluindo, o S&OP passou a ser fundamental no planejamento logístico da Vale, pois a sua implementação foi capaz de potencializar os recursos, integrando e racionalizando as políticas comerciais e operacionais. Assim, podemos afirmar que o processo de S&OP está ligado à melhoria dos planos departamentais, no aumento da comunicação entre os departamentos, aumento dos níveis de atendimento ao cliente e maximização das receitas.

Referências bibliográficas

ANTT – Agência Nacional de Transportes Terrestres. Transporte Ferroviário. Disponível em: <http://www.antt.gov.br/carga/ferroviario/ferroviario.asp>. Acesso em: maio, 2009.

CORRÊA, Henrique L. et al. *Planejamento, programação e controle da produção*: MRPII/ERP: conceitos, uso e implantação. 4. ed. São Paulo: Atlas, 2001.

_____.; CORRÊA, Carlos A. *Administração de produção e operações* – Manufatura e serviços: uma abordagem estratégica. 2. ed. São Paulo: Atlas, 2006.

KOTLER, Philip. *Administração de marketing*. São Paulo: Atlas, 1975.

MANUAL DE REFERÊNCIA Vale Logística: ferramentas de Suporte ao Planejamento da Carga Geral. Disponível em: <http://www.vale.com/vale/cgi/cgilua.exe/sys/start.htm?sid=59>. Acesso em: jun. 2009.

MOREIRA, Daniel A. *Administração da produção e operações*. São Paulo: Pioneira, 1993.

OLIVEIRA, Djalma Pinho Rebouças de. *Planejamento estratégico*: conceitos, metodologia e prática. 6. ed. São Paulo: Atlas, 2006.

VALE, Logística. Departamento de Planejamento e Desenvolvimento Logístico – DILP: sales and Operations Planning, PGS-0002-GAPPT, 2008.

VALE, Institucional. Logística. Disponível em: <http://www.vale.com/vale/cgi/cgilua.exe/sys/start.htm?sid=59>. Acesso em: abr. 2009.

VALE, Logística: o setor de Planejamento, Programação e Controle. *Periódicos Vale*, v. VI, 2008.

VALE. História da Vale. 2008. Disponível em: <http://www.vale.com/vale/cgi/cgilua.exe/sys/start.htm?sid=10>. Acesso em: mar. 2009.

Capítulo 10
Gerenciamento de armazéns

Hugo Ferreira Braga Tadeu

Objetivo do capítulo

O objetivo deste capítulo é o de retratar de forma clara, objetiva e eficiente as etapas do recebimento, armazenagem e expedição para uma excelente gestão de armazéns, no controle de estoques, com redução de riscos, perdas e depreciação de materiais.

Introdução

A finalidade deste texto sobre gerenciamento de armazéns é analisar de forma clara, objetiva e eficiente a movimentação de estoques em depósitos, respeitando as seguintes etapas: (a) recebimento, (b) armazenagem e (c) expedição. Cada uma dessas etapas deve ser bem compreendida, para a redução de falhas e prejuízos organizacionais para o atendimento pleno às demandas de mercado.

A importância em avaliar o funcionamento do gerenciamento de armazéns está relacionada ao fluxo de materiais em toda a cadeia de suprimentos. Ou seja, os armazéns têm função estratégica, não como função de guarda-volumes, mas sim de movimentação contínua, para o atendimento ao consumo, no relacionamento colaborativo com fornecedores e nos aspectos de integração com os modais de transporte. O foco central está no árduo trabalho em busca de níveis adequados de serviço, respeitando os parâmetros adequados de qualidade, tempo e custo. Sendo estoque em dinheiro, este não pode ficar parado, pois representa o patrimônio e pode causar impactos no resultado líquido das organizações. A questão central está em como gerenciar e organizar de maneira ótima o fluxo operacional no gerenciamento de armazéns.

Desenvolvimento

Armazém, depósito e/ou centros de distribuição são palavras usuais na logística e, ao mesmo tempo, são sinônimas. Apesar das constantes dúvidas e do emprego errado de terminologias no setor, o maior desafio do "gerenciamento de armazéns" encontra-se na organização dos processos internos desses galpões. Ou seja, há a necessidade do emprego das metodologias da qualidade total, para evidenciar a situação atual de trabalho, corrigindo possíveis erros e na proposta de melhoria contínua. Diversas metodologias podem ser utilizadas, por exemplo, o ciclo PDCA (*Plan, Do, Check and Action*), diagrama de causa e efeito e controle estatístico de processos, com a participação de todos os envolvidos nas atividades operacionais, no estímulo à integração e no nível ótimo de execução de serviços.

Um dos sérios problemas da gestão de armazéns está interligado à percepção das organizações sobre a importância estratégica desse "elo" na cadeia de suprimentos. Há a necessidade de implementar modelos estratégicos de gestão, para um planejamento de longo prazo envolvendo desde o controle no cadastro de fornecedores, na execução do transporte, no recebimento de materiais, na movimentação interna na área de armazenagem, passando pela separação, expedição e até no planejamento da capacidade em volume. A estratégia e a qualidade total devem caminhar juntas, para a redução dos índices de perdas, roubos, depreciação, falha na estocagem e no atendimento excelente às demandas consumidoras.

Tecnicamente, um armazém tem como função principal a guarda momentânea para posterior movimentação externa de materiais. Porém, as empresas insistem em gerenciar seus estoques de qualquer maneira, sem a utilização de instrumentos qualitativos e quantitativos de controle.

Nos livros de logística, por exemplo, em *Logística empresarial:* o processo de integração da cadeia de suprimentos, de Donald Bowersox (2001), ou em *Logística empresarial:* transportes, administração de materiais, distribuição física, de Ronald Ballou (1993), o tema "Gerenciamento de armazéns" recebe o título de "Logística interna e fabril". Mas o que seria "logística interna e fabril"? Outros autores classificam esse mesmo assunto como gestão de operações ou armazenagem.

Pode-se dividir a atividade, *a priori*, e de maneira simplificada, em três subgrupos: (a) recebimento, (b) armazenagem e (c) expedição, que serão detalhados a seguir:

Recebimento

O grupo (a) consiste no recebimento fiscal e, *a posteriori*, no físico, quando conceituado de forma acadêmica. Na prática, as duas atividades ocorrem ao mesmo tempo. Essa etapa no fluxo fabril é essencial, pois é a porta de entrada para a movimentação de estoques. Deve ser realizada com absoluto rigor, para evitar futuros problemas de controle de estoque, na análise fiscal e até mesmo de inventário.

O processo fiscal limita-se a analisar a nota fiscal de recebimento do fornecedor e a confrontá-la com a ordem de compra interna emitida pela empresa compradora. Nesse caso, diversas perguntas devem ser levantadas: quem é o responsável pelo recebimento fiscal? Quais são os documentos utilizados para a conferência fiscal? E se existirem divergências no processo fiscal, quais as atitudes que devem ser tomadas?

Todo e qualquer processo fiscal é de responsabilidade da área fiscal, podendo ser representado nos organogramas empresariais pelas áreas financeira, de contabilidade, de compras e até mesmo comercial. Ou seja, o ato de conferir a nota fiscal com a ordem de compra é de responsabilidade dessas áreas.

Por um momento, pare e imagine um estoquista (outros sinônimos são almoxarife e "chapa"), com as suas condições de trabalho e o seu salário, movimentando um documento de suma importância para as organizações como uma ordem de conferência cega? Quais seriam as responsabilidades e as consequências para a empresa? Sendo assim, a função de estoquista deve ser bem clara: o estoquista deve fazer a movimentação física dos recursos materiais. As questões financeiras não são de sua responsabilidade!

Na possibilidade de divergências entre a nota fiscal do fornecedor com a ordem de compra, deve ser emitida, obrigatoriamente, uma nota fiscal de devolução. É um procedimento seguro, para se evitar problemas fiscais, de movimentação e até mesmo com o inventário futuro. Entretanto, a emissão desse documento pode ser realizada de duas maneiras: nota fiscal de devolução parcial ou total. Existem casos em que a própria nota fiscal encaminhada pelo fornecedor pode ser devolvida, desde que as mercadorias não tenham dado entrada no setor de armazenagem, com a disponibilidade do frete original, porém, realizando-se no próprio documento a justificativa e carimbo de devolução.

A nota fiscal de devolução total refere-se à emissão desse documento pela empresa recebedora dos materiais, devolvendo na totalidade os itens que deram entrada no armazém, passíveis de divergências diversas na movimentação. A nota fiscal de devolução parcial resume-se em devolver parte das mercadorias aos fornecedores, uma vez que outra parcela foi aceita. Para toda e qualquer movimentação de entrada e de saída de recursos materiais no armazém, a nota fiscal é um instrumento obrigatório.

O próximo passo é o recebimento físico, subdividido em quantitativo e qualitativo. Primeiro, deve ser verificada a quantidade de itens recebidos correspondente ao registro contido na nota fiscal de entrada e ordem de compra. Essa análise deve ser executada por meio de uma ordem de conferência cega, documento com os campos "descrição" (que deve ser preenchido) e "quantidade" (que deve ficar em branco, para posterior preenchimento), para contraste ao recebimento fiscal. Dependendo do volume do recebimento, este será feito por amostra, confiando na estatística e no bom relacionamento com fornecedores. Depois, serão feitos testes de qualidade, para posterior armazenamento.

Testes amostrais são de extrema importância. As grandes empresas devem utilizar-se desse simples modelamento, como garantia aos lotes recebidos. Nesse caso, a estatística básica serve de exemplo. Adotar critérios como população, amostra, desvio-padrão e variância são essenciais. Porém, não se deve esquecer de registrar esses testes estatísticos, como série histórica, no controle e acompanhamento com os fornecedores e o controle interno. Para todo e qualquer fornecedor, além desses testes de confiança, bons contratos de fornecimento e as garantias de envio de mercadorias devem ser executados, como segurança para o armazenamento e posterior expedição para o mercado consumidor.

Armazenagem

A atividade da armazenagem está relacionada, em um primeiro momento, com a guarda de recursos materiais. No entanto, essa função operacional tem relacionamento direto com a movimentação de recursos por ruas, estruturas de armazenagem, seus níveis, "boxes" e entrega aos consumidores finais.

É importante elucidar que as áreas de recebimento e expedição servem como conferência de mercadorias. O pulmão na gestão fabril é a área de armazenagem, onde os estoques estão em guarda momentânea.

CAPÍTULO 10 – GERENCIAMENTO DE ARMAZÉNS

Inicia-se o trabalho no setor de armazenagem, com movimentação horizontal e vertical de mercadorias por estruturas de armazenagem, por exemplo, porta-paletes, cantilever, dinâmica, *push-back*, entre outras, das quais existem no mercado empresas especializadas para o gerenciamento dessas demandas empresariais. O estudo da adoção de estruturas de armazenagem deve ser correlacionado com o tipo de recurso material estocado, por exemplo, se possuem periculosidade ou são perecíveis, bem como os itens de movimentação interna (paleteiras, empilhadeiras, ponte rolante, entre outros). Para os cálculos do volume interno, devem ser respeitadas as normas técnicas de qualidade aplicadas por instituições como a ABNT (Associação Brasileira de Normas Técnicas) e ISO (Organização Internacional para a Padronização; em inglês, International Organization for Standardization).

A movimentação de materiais pode ser feita manualmente, com a utilização de "escaninhos", devido ao baixo volume dos produtos, ou por empilhadeiras e/ou transelevadores, com capacidade variada e medida por tonelada. A atividade de armazenagem está relacionada com o ressuprimento de estoques, do qual as empresas devem utilizar técnicas adequadas de administração de materiais por meio da gestão por categoria, para calcular, com precisão, os níveis de estoque máximo, médio, mínimo, quantidade a ser comprada, estoque virtual, encomendas, lote econômico de compras e evitando o ponto de ruptura.

Ao tratar sobre administração de materiais, o primeiro passo fundamenta-se em realizar estudos sobre previsão de demanda e capacidade instalada. Para todo depósito, há a necessidade de área de folga, para a adequação às necessidades futuras de armazenagem. Realizar previsões refere-se ao registro e ao controle de uma base histórica de dados confiável, trabalhando com os modelos lineares, não lineares e curvas logísticas na previsão do comportamento futuro. Esses estudos, para se tornarem confiáveis e aplicáveis, devem ser correlacionados com um ótimo nível de entendimento sobre os conceitos do gráfico "dente de serra" e "efeito chicote".

Conceitualmente, o modelo "dente de serra" determina o comportamento dos estoques segundo as variáveis "quantidade" *versus* "tempo", do qual se controla o hoje e se prevê o futuro. Analisam-se os pontos de estocagens máxima, média, mínima, virtual e ruptura, conforme citação anterior. A problemática está centrada na não utilização de modelos matemáticos e até mesmo de programas computacionais para esses recursos. Muitos gestores ainda empregam a intuição no momento da compra e gestão de estoques, com sérios impactos na organização fabril.

Um segundo ponto a esclarecer é a necessidade da utilização de códigos de barra para facilitar e agilizar a movimentação de recursos. Existem em prática no mercado os códigos por classificação europeia, conhecidos como EAN (*European Article Numbering*), com segmentações de classificação por item unitário, fardo e palete. Os índices de redução de perdas e avarias com a utilização desse método chegam a 30%. Esse tipo de classificação vem evoluindo com o emprego de tecnologias de radiofrequência, com ganhos de confiabilidade.

Dentro do mesmo processo, as empresas executam a seleção do pedido, segundo a intenção de compra dos consumidores finais. Em uma cadeia logística, "consumidor final" pode ser interpretado como atacado/varejo ou até mesmo como os clientes do processo final na distribuição de mercadorias.

A seleção do pedido consiste em verificar a existência dos recursos materiais demandados e posterior confirmação para a venda. Com a realização desse processo, há a necessidade de separação de recursos, da área de armazenagem para a expedição. Essa atividade é conhecida como *picking*, da qual, 60% dos custos de armazenagem são gastos na atividade, devido à necessidade de conferência e exatidão para a expedição, evitando falhas operacionais. Salienta-se que, na logística, 62% dos custos são destinados ao setor de transportes, 20% para a armazenagem e 18% para outros. Ou seja, 60% dos custos de armazenagem são destinados ao *picking*!

A separação é de suma importância para destinar os recursos materiais em conformidade com os pedidos dos clientes. Essa atividade deve ser realizada com a máxima eficiência e a adoção de instrumentos de controle como os romaneios de separação. Nessa fase do gerenciamento de armazéns, esse documento deve ser empregado com os campos "descrição" e "quantidade" preenchidos e o campo "valor" deve ficar sem preenchimento. O objetivo é dificultar possíveis desvios e roubos de cargas.

O último passo na área de armazenagem corresponde ao empacotamento de recursos materiais, para facilitar a movimentação de volumes, em detrimento à movimentação fracionada de materiais. Estimula-se a redução do tempo das operações, dos custos e ganhos de escala. Esse processo final é conhecido como *packing*. Para ser executado, o *packing* demanda a utilização de instrumentos de movimentação como paletes e os filmes *stretch*, com a finalidade de envoltório aos recursos. Observa-se que os paletes devem respeitar o padrão nacional PBR (padrão Brasil), em conformidade com suas escalas (1,00 x 1,20), capacidade máxima de 1.500 kg e respeito à legislação ambiental na sua fabricação, quando forem fabricados em madeira.

Expedição

A última etapa baseia-se na expedição. Devem ser executados os processos de conferência física, logo após a separação (ou *picking*, como citado anteriormente), evitando o envio de materiais errados, extraviados ou até mesmo danificados, reduzindo os custos da logística reversa, e, por fim, o processo fiscal, com a emissão da nota fiscal e o envio das mercadorias para os consumidores.

A emissão da nota fiscal, em função do pedido de compra enviado pelos consumidores finais, antes mesmo do *picking* e do *packing*, é um erro comum nas organizações logísticas. A nota fiscal deve ser emitida somente com a verificação e a existência dos materiais em estoque e posterior conferência física dos volumes. Dessa forma, as organizações logísticas, podem se proteger das falhas nas entregas e da logística reversa, nesse caso, sendo um custo excessivo e desnecessário.

Por último, as mercadorias devem ser enviadas e disponibilizadas nas docas de expedição e acomodadas no modal de transportes selecionado, para envio e acompanhamento de carga aos consumidores finais.

Aspectos contemporâneos

Atualmente, o gerenciamento de armazéns, vem demandando inúmeros estudos acadêmicos e empresariais para o manuseio interno e correto de estoques. Há a necessidade de pessoas treinadas para se evitar prejuízos operacionais e na agilidade para a entrega de produtos, respeitando o nível de serviços na logística (qualidade, tempo e custo). Com o advento de sistemas de tecnologia, todo o armazém pode ser gerenciado, por meio de indicadores de desempenho e programas computacionais de alto desempenho. Por exemplo, softwares como WMS (*Warehouse Management Sistems*), RFID (*Radio Frequency Identification Data*) e até mesmo o processo de codificação (codificação EAN) podem ser citados.

Em especial, o WMS é um sistema que contempla de forma eletrônica toda a movimentação e a agilidade das cargas, do recebimento, da armazenagem e da posterior expedição. Sua utilização implica processos de automação e redução do número de pessoas em trabalho e, consequentemente, do custo total de armazenagem. Existem no mercado, diversas empresas especializadas no assunto, considerando-se a utilização desses sistemas como diferencial estratégico para as organizações logísticas.

Não obstante, as empresas devem preocupar-se em não criar gargalos nos seus depósitos. Para isso, devem programar até mesmo as docas de recebimento e a expedição, com as transportadoras e os fornecedores entregando no tempo certo, em virtude das previsões de demanda. Além disso, devem respeitar o princípio da gestão colaborativa, proposta por diversos autores do Brasil e do mundo.

Gerenciar armazéns de forma eficiente é colaborar com os fluxos de distribuição em toda a cadeia logística. É importante frisar que os armazéns são estruturas eficientes de redução de custos de transportes, respeitando o conceito de *clusters*, ou seja, a integração com fornecedores e consumidores finais nos processos de entrega. Em compensação, existe a tendência de aumento dos custos de armazenagem, devendo estes ser gerenciados conforme a explanação dada anteriormente.

Tudo isso parece tema de livro sobre ficção científica? Para responder a essa pergunta, procure empresas como Submarino, Americanas, Martins, Tambasa, Coca-Cola, entre outras (sem fazer propaganda delas), e verifique a realidade operacional de cada. Boa sorte!

Considerações finais

Pode-se concluir que o gerenciamento de armazéns é uma das principais funções das organizações logísticas. Essa atividade deve ser gerenciada com controles operacionais e de qualidade, para que as etapas de recebimento, armazenagem e expedição sejam realizadas em conformidade aos modelos de negócios empregados na logística. Pode-se concluir que gerenciar armazéns consiste ao mesmo tempo em administrar recursos físicos, financeiros e fiscais, para um ótimo atendimento às demandas de consumo. Caso existam falhas de procedimento, as empresas podem estar perdendo recursos, tempo e mercado.

Referências bibliográficas

ALVARENGA, A. C; NOVAES, A. G. N. *Logística aplicada* – Suprimentos e distribuição física. São Paulo: Edgard Blucher, 2000.

BALLOU, R. H. *Logística empresarial*: transportes, administração de materiais e distribuição física. São Paulo: Atlas, 1993. 388 p.

BERTAGLIA, P. R. *Logística e gerenciamento da cadeia de abastecimento*. São Paulo: Saraiva, 2003.

BOWERSOX, D. J. *Logística empresarial*: o processo de integração da cadeia de suprimentos. 2001. São Paulo: Atlas, 2001.

CHRISTOPHER, M. *A logística do marketing*: otimizando processos para aproximar fornecedores e clientes. 2. ed. São Paulo: Futura, 1999. 220 p.

FLEURY, P. F. et al. *Logística empresarial:* a perspectiva brasileira. 2000. São Paulo: Atlas, 2000.

PIRES, S. R. I. *Gestão da cadeia de suprimentos*: conceitos, estratégias, práticas e casos. São Paulo: Atlas, 2004.

Capítulo 11

Gerenciamento de armazéns: estatística aplicada ao recebimento de estoques

Hugo Ferreira Braga Tadeu
Felipe Melo Rocha

> **Objetivo do capítulo**
>
> Muitas metodologias têm auxiliado os responsáveis pela área de estoques a gerir os níveis de materiais armazenados de forma a manter determinado nível de serviço considerado eficiente pela empresa. Uma dessas ferramentas é a estatística, a qual vem sendo intensamente utilizada nos setores industriais e produtivos, notoriamente para fins de controle de processos e de qualidade. Este capítulo, por sua vez, visa destacar os pontos principais do gerenciamento de armazéns, enfatizando como o uso do ferramental estatístico pode ser empregado para trazer melhorias para os processos, servindo como poderoso instrumento de apoio às tomadas de decisão.

Introdução

Tem-se insistido de forma intensiva na importância da gestão eficiente de materiais para o alcance de ganhos em economias nos processos de compra e armazenagem e, consequentemente, em maior lucratividade para as empresas. Mas até que ponto essas ideias estão sendo fielmente compreendidas e seguidas?

Este não é um questionamento trivial, pois, apesar da grande ênfase teórica dada à necessidade de estruturação de planejamento e projetos de ação no sentido de alcançar melhores índices de desempenho, na prática, ainda se tem observado, com relativa frequência, alguns descuidos primários quanto às questões de gerenciamento. Exemplo disso é a não adoção de modelos gerenciais quali-quantitativos e sistemas computacionais (como pacotes de softwares conhecidos no mercado como WMS ou *Warehouse Management Systems*) que permitem tanto o acompanhamento quase instantâneo dos processos internos de gestão quanto a formação de um banco de dados para compor e apoiar os processos decisórios.

Em detrimento a esse modelo de gerenciamento estruturado (mais aconselhável), alguns gestores ainda optam por um embasamento intuitivo e subjetivo para as tomadas de decisão, opções estas mais passíveis de falhas e riscos por não sustentarem uma base sólida e sendo, portanto, pouco confiáveis.

Logo, um processo eficiente de gestão de materiais perpassa, necessariamente, pela utilização de modelos qualitativos e quantitativos. Nesse sentido, o presente capítulo visa evidenciar o papel e as implicações da adoção da estatística como modelagem aplicada no gerenciamento de armazéns.

Evolução do gerenciamento de armazéns

Os armazéns, bem como depósitos e centros de distribuição, constituem a área fundamental de armazenagem e movimentação de cargas, materiais e produtos em uma cadeia de suprimentos ou, como alguns preferem denotar, em uma rede logística.

Momentos históricos passados, notoriamente a partir do avanço tecnoindustrial do período entre guerras da primeira metade do século XX, salientam a dinamicidade do aumento nos volumes de produção de diversos setores da economia mundial. Isso se torna claro quando analisamos a evolução da produção de automóveis, eletroeletrônicos e produtos industrializados em geral.

Para dar vazão à produção e liberar as linhas para continuar o processamento, os centros de armazenamento, como depósitos e os próprios armazéns, por sua vez, foram sendo "hipertrofiados" devido à intensidade da expansão dos excedentes gerados pelo modelo de produção vigente – modelo *Push Systems* – no qual a oferta e a produção de bens são majoritariamente ditadas pela própria capacidade produtiva. Ou seja, produzia-se o tanto que era possível em razão da capacidade instalada e, então, escoava-se essa produção de forma "empurrada" para o mercado, daí a denominação de modelo de produção.

CAPÍTULO 11 – GERENCIAMENTO DE ARMAZÉNS – ESTATÍSTICA APLICADA AO RECEBIMENTO DE ESTOQUES

O modelo vigente nessa análise histórica, entretanto, apresenta-se incompatível com a realidade atual, principalmente em um cenário de crise global, em que tanto os mercados financeiros quanto o mercado convencional – setores industriais e produtivos – encontram-se penosamente abalados pelos reflexos desse colapso.

Nesse sentido, os próprios modelos de gestão e produção das empresas devem ser revistos e adaptados para modelos convergentes com a observância das realidades dos mercados, ou seja, sistemas "puxados" pelas demandas de mercado – *Pull Systems* – para uma readequação do nível de produção até um ponto de equilíbrio sustentável com a nova realidade econômica.

Que relações, porém, tudo isso guarda com o gerenciamento de armazéns? Os armazéns, bem como os depósitos e centros de distribuição, são os locais de estocagem momentânea da produção até o momento de venda e/ou distribuição, com o consequente envio aos clientes, os quais dentro de uma cadeia de suprimentos (rede logística) podem ser entendidos como os consumidores finais ou mesmo outro centro de processamento de componentes ou produtos nessa cadeia/rede.

A referência à estocagem momentânea foi feita, pois os armazéns não devem ser utilizados como simples galpões para se estocar quanto de material for possível. Estoques podem e devem ser entendidos como recursos financeiros despendidos e imobilizados na forma de produtos e materiais, possuindo atributos físicos, financeiros e fiscais. Logo, deve-se otimizar a utilização desses recursos e do espaço físico disponível, buscando-se sempre um elevado índice de giro de estoque, visando garantir a manutenção tanto de níveis adequados de produtos estocados quanto da liquidez do retorno financeiro desses ativos imobilizados por meio das vendas.

Para tanto, autores da literatura nas áreas de *Supply Chain* e gestão de materiais (Simchi-Levi et al., 2003; Viana, 2002; e Ballou, 2006) destacam a importância da utilização de métodos quantitativos para controle e determinação de níveis de estoques eficientes em virtude das características como consumo e valor de cada tipo de material.

A utilização desses métodos quantitativos é, segundo Viana (2002), convergente com a ideia de otimização dos recursos físicos e financeiros citada anteriormente, uma vez que esses modelos pressupõem a adequação dos níveis de materiais armazenados por meio de cálculos para a determinação de:

(a) estoque de segurança; (b) estoque máximo; (c) nível de ressuprimento; (d) índice de cobertura e sua eficiência; e (e) lote econômico de compras (LEC).

Existem outras ferramentas disponíveis para auxiliar no processo de estruturação e determinação dos níveis adequados de estoque de materiais, valendo-se ressaltar ainda a classificação de materiais pela curva ABC (também conhecida como curva de Pareto ou curva 80-20) e a determinação do custo do produto armazenado (CPA) e do fator de segurança "k" de cada material, componentes importantes que sustentam a modelagem de controle dos níveis de estoques.

Etapas no gerenciamento de armazéns

A importância dos armazéns dentro da cadeia de suprimentos é irrefutável, tendo em vista que estes constituem verdadeiras "pontes" entre os demais agentes da cadeia. Dessa forma, o gerenciamento de suas atividades impacta em todas as etapas posteriores, podendo gerar prejuízos ou economias consideráveis para toda a cadeia, dependendo da forma que for administrada, uma vez que se estima que 20% dos custos em logística se encontram nas atividades de armazenagem.

As atividades desenvolvidas dentro dos armazéns, depósitos e centros de distribuição podem ser sintetizadas e agrupadas em três conjuntos principais, que possuem características de competências e atividades internas próprias, sendo esses conjuntos: (a) recebimento; (b) armazenagem; e (c) expedição.

Recebimento

É a etapa inicial de todo o conjunto de atividade que venha a ser desenvolvido nos armazéns. Embora haja a conceituação acadêmica de separação entre o recebimento fiscal inicialmente e, logo em seguida, o físico, na prática, essas duas etapas são simultâneas no recebimento de materiais e produtos.

Uma questão que deve ser enfatizada nessa etapa é a atenção que deve ser dada à separação entre recebimento fiscal e físico por causa das especificidades de cada tipo. A competência sobre o recebimento fiscal é da área fiscal, podendo ser representada pela área financeira, comercial, compras ou contabilidade da empresa. Isso se deve por motivos de segurança e controle para a gerência do armazém no sentido de manter sigilo sobre informações referentes ao valor das mercadorias movimentadas pelos estoquistas, que realizam o recebimento físico e fazem a movimentação desses materiais pelas áreas do armazém.

Ainda dentro da etapa de recebimento fiscal, existe a possibilidade de a nota fiscal dos produtos fornecidos não coincidirem com a ordem de compra da empresa. Nesses casos, é indispensável a emissão da nota fiscal de devolução que pode ser total ou parcial, a fim de não causar complicações fiscais para empresa ou mesmo problemas no controle de inventário.

Após o recebimento fiscal, é feito o recebimento físico, que é dividido em qualitativo (verificação das condições de estado dos materiais enviados pelos fornecedores) e quantitativo (confrontação entre a quantidade solicitada e a efetivamente enviada). Essa verificação é feita por ordens de conferência cega para confrontação físico-fiscal.

Em razão do volume de cada tipo de mercadoria encaminhada para os armazéns, essa verificação pode ser direta por unidade de SKU – *Stock Keeping Units* (volumes pequenos) ou por amostragem (grandes volumes). Para os casos em que houver a necessidade do uso da amostragem, sua importância e principais implicações serão descritas posteriormente no item "A aplicabilidade da estatística nos modelos de gestão".

Armazenagem

Sem dúvidas, a área de armazenamento de mercadorias é o espaço mais importante de um armazém e um fator decisório na determinação dos custos logísticos de uma empresa. Conforme o posicionamento de Figueiredo et al. (2006) sobre o assunto, a etapa de armazenagem é considerada determinante da lucratividade em uma *Supply Chain* ou cadeia de suprimentos.

Por causa da intensidade das atividades de movimentação de mercadorias realizadas nessa área, especial atenção deve ser dada a alguns fatores como: (a) planejamento prévio da adoção de estruturas de armazenagem compatíveis com as características de cada material estocado como fragilidade, se o produto é perecível ou durável; (b) observância das normas técnicas de qualidade vigentes como normas ISO (Organização Internacional para a Padronização; em inglês, International Organization for Standardization) e da ABNT (Associação Brasileira de Normas Técnicas), que, além de garantir a qualidade dos estoques, são também sinônimos que refletem o aumento tanto das exigências das empresas quanto da própria competitividade de mercado; e (c) estruturação de uma arquitetura industrial eficiente, incorporando os itens (a) e (b) ao desenho de um layout físico que promova a dinamicidade e a segurança nos processos de localização, armazenamento e movimentação dos materiais, gerando economias de tempo e recursos, promovendo a redução dos custos de operação dessa área.

Sendo a finalidade maior do armazenamento de materiais sua guarda para posterior ressuprimento dos estoques, é imprescindível, conforme ressalva Ballou (2006), a utilização de modelos quantitativos para a determinação dos níveis mais eficientes e adequados de materiais estocados, o que converge para a modelagem proposta por Viana (2002).

Ballou (1993) também enfatiza a necessidade de se dar atenção às questões de planejamento empresarial, principalmente para a importância das previsões de demanda, podendo-se estender esse planejamento para outros pontos como utilização da capacidade instalada e planos de expansão futuros (em que deve ser observada a presença de áreas de folga) para os casos dos armazéns, centros de distribuição e depósitos.

Outro ponto a ser explorado é quanto à utilização e ao gerenciamento de um banco de dados robusto com informações relevantes não apenas para a área de armazenamento, mas para todo o armazém. Como será mencionado posteriormente no item "A aplicabilidade da estatística nos modelos de gestão", a utilização de uma base histórica confiável é a chave para a utilização eficiente da modelagem estatística aplicada no gerenciamento de armazéns, no que se refere, por exemplo, à previsão dos tempos de entregas dos fornecedores e à qualidade (medida, nesse caso, como coerência em relação à ordem de compra e condições físicas) dos produtos enviados.

Ainda, dentro da área de armazenagem, a utilização de códigos de barras (principalmente a classificação europeia conhecida como EAN – *European Article Numbering* – com sua respectiva segmentação) e da tecnologia RFID – *Radio Frequency Identification Data* – são ferramentas que foram desenvolvidas no intuito de promover maior agilidade e facilidade, tanto na localização quanto na movimentação de mercadorias pelas áreas internas dos armazéns.

As últimas etapas do processo de armazenamento desenvolvidas nessa área são, respectivamente, o *picking* e o *packing*. A primeira consiste na seleção do pedido, verificando-se a existência dos materiais solicitados e sua posterior confirmação para a venda. A segunda refere-se à separação propriamente dita do material solicitado e confirmado para a venda, e seu posterior empacotamento unitizado em volume, o que facilita sua movimentação em relação a movimentações de unidades fracionadas.

Vale ressaltar que, novamente, como na fase de recebimento, os estoquistas que realizam a separação do material a ser vendido/distribuído pelo armazém não devem ter controle (preferencialmente, nem mesmo informação) sobre o valor da carga/produto movimentado, no intuito de evitar possíveis extravios de mercadorias.

Além disso, a realização do *picking* de forma correta contribui para evitar custos significativos e desnecessários (às vezes, nem mesmo calculados/planejados) para as empresas, como no caso da logística reversa, em virtude da necessidade de recolher as mercadorias enviadas erroneamente e enviar novamente o pedido correto. Existe ainda um segundo risco que consiste na geração de outros custos devido às falhas no processo de *picking*, custos estes quase sempre intangíveis, ou seja, de difícil mensuração, como custos de perda de cliente e perda de confiança no mercado (descrédito da empresa pelos clientes e consumidores).

Expedição

Assim como na área de recebimento, também na etapa de expedição é de grande relevância para fins operacionais delinear-se com clareza os limites das competências entre o pessoal que cuida da movimentação e conferência física e os que gerem a parte fiscal.

Ressalta-se que os cuidados com o *picking* são fundamentais para a redução dos riscos com perdas, danos e extravios e, consequentemente, para a redução dos custos com falhas. Da mesma forma, é de suma importância que a emissão da nota fiscal seja a última etapa de todo o processo que ocorre dentro dos armazéns.

Ao emiti-la (a nota fiscal) somente ao final do processo, garante-se que já tenha conhecimento sobre a disponibilidade do material/produto solicitado na área de armazenamento e, em caso positivo, sua efetiva separação e conferência para expedição, a fim de se minimizar as probabilidades de ocorrência de erros que resultem em custos logísticos.

Tomados todos esses cuidados, resta por fim disponibilizar as mercadorias nas docas de expedição para sua alocação no respectivo modal de transporte.

Cabe ainda lembrar que esses mesmos cuidados com as mercadorias que chegam nas áreas de recebimento dos armazéns devem ser tomados nas áreas de expedição, uma vez que o armazém é um ponto-chave dentro de uma cadeia de suprimentos. A manutenção da qualidade total gera eficiência não só nas operações do armazém, mas de toda a rede à frente.

A ESTATÍSTICA COMO MODELAGEM

Apesar da intensa utilização da estatística não só no meio acadêmico, mas em quase todas as grandes áreas de conhecimento, não é de estranhar que, em alguns momentos, os indivíduos se questionem sobre os porquês de se estudar e aplicar essa ferramenta.

Dentro do escopo deste trabalho, algumas dessas razões podem ser levantadas, das quais três são fundamentais. São elas:

- ◆ O processo decisório é uma questão complexa e, deve-se fazer valer de análises objetivas dentro das quais a estatística tem relevante peso, constituindo uma base sustentável e de credibilidade para a tomada de decisões. Em consequência à primeira, a utilização da estatística deve, por primazia, destituir de qualquer caráter subjetivo ou intuitivo o processo decisório, substituindo a fundamentação da tomada de decisão baseada em empirismos por um banco de dados sólido e robusto, com registros de séries históricas das informações relevantes.
- ◆ Permitir realizar análises com maior confiabilidade em função dos bancos de dados disponíveis, bem como estruturar cenários de planejamento futuro em virtude de suas probabilidades de ocorrência.

Antes da estruturação de análises estatísticas, porém, alguns conceitos e noções devem ser caracterizados. A seguir, encontram-se aqueles considerados mais importantes em decorrência de sua maior aplicação prática.

MEDIDAS DE DISPERSÃO

Conforme Stevenson (1981), as medidas de dispersão são indicadores de quão relativamente próximos ou distantes entre si estão os valores observados.

Em razão do grau de dispersão desses valores, é possível realizar análises sobre as características do processo observado, e, ainda juntamente com a construção de gráficos de controle (Gráfico 11.1), verificar se tal processo[1] está sob controle ou não.

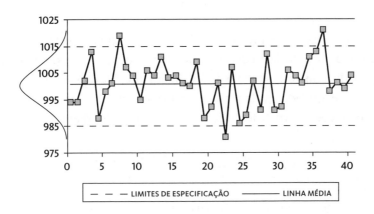

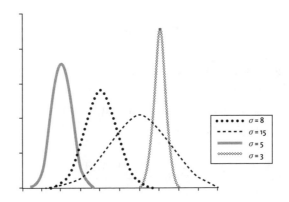

Gráfico 11.1 – Exemplo de um gráfico de controle e, abaixo, diferentes distribuições normais.

---

[1] Por processos subentende-se um conjunto de atividades genéricas, como produção de determinado produto/componente (análise de conformidade em relação às dimensões-padrão) ou processo de distribuição dos fornecedores (análise dos tempos de entrega) para ilustrar processos gerais.

Existem variados tipos de medidas de dispersão. Para fins deste texto, foram selecionadas três delas, as quais têm a média como ponto de referência, sendo elas: desvio médio, variância e desvio-padrão.

Média

Corresponde ao valor médio dos elementos de uma amostra. Cabe ainda lembrar que a fórmula da média apresentada na Equação 11.1 se refere a dados não agrupados, ou seja, tratados individualmente. Stevenson (1981) ressalta a ideia de que, quando os dados são agrupados em intervalos, por exemplo, ocorre a perda de informação devida à segmentação dos dados em classes.

$$Média = \bar{x} = \frac{1}{n}\sum_{i=1}^{n} x_i = \frac{x_1 + x_2 + ... + x_n}{n}$$

Equação 11.1 – Cálculo da média para os dados não agrupados.
Fonte: Zentgraf, 2001.

Desvio médio

Também denotado como desvio médio absoluto (DMA) mede o desvio dos valores observados em relação à média do grupo/amostra, ignorando-se o sinal do desvio. Ou seja, calcula-se o grau de dispersão, em módulo, dos valores em relação à média (Equação 11.2).

$$DMA = \frac{\sum |x_i - \bar{x}|}{n}$$

Equação 11.2 – Cálculo do desvio médio.
Fonte: Stevenson, 1981.

Variância

Mede o desvio quadrado médio em relação à média dos valores observados em uma amostra. Seu cálculo para dados não agrupados é mostrado na Equação 11.3 a seguir, lembrando que, assim como o desvio médio absoluto, a variância também é sempre positiva.

CAPÍTULO 11 – GERENCIAMENTO DE ARMAZÉNS – ESTATÍSTICA APLICADA AO RECEBIMENTO DE ESTOQUES

$$s^2 = \frac{1}{n-1}\sum_{i=1}^{n}(x_i - x)^2$$

Equação 11.3 – Cálculo da variância.

Fonte: Zentgraf, 2001.

DESVIO-PADRÃO

É a unidade de dispersão mais utilizada, sendo calculada a partir da raiz quadrada da variância (Equação 11.3).

TESTES AMOSTRAIS

Uma das aplicações intensamente utilizada dentro da estatística é a construção de intervalos de confiança em função dos dados amostrais recolhidos e das informações da população[2] observada. Alguns conceitos devem ser bem fixados para viabilizar a utilização dessas ferramentas, destacando-se a importância do teorema do limite central na inferência estatística e da estimação do desvio-padrão da distribuição amostral de média em função do desvio-padrão populacional e do tamanho da amostra (Equação 11.4).

$$E(s_{\bar{x}}) = \frac{\sigma}{\sqrt{n}}$$

Equação 11.4 – Estimação do desvio-padrão da distribuição amostral.

Fonte: Zentgraf, 2001.

Tendo conhecimento desses conceitos, torna-se mais fácil a utilização da modelagem estatística. Dentro da estatística existe ainda um ponto que vale ser destacado. Apesar de o uso do estimador do desvio-padrão populacional (Equação 11.4) não gerar distorções significativas, principalmente para grandes amostras, bem como para amostras de tamanho 30 e inferiores, essas distorções tornam-se significativas.

---

[2] População refere-se a todo o conjunto de valores ou variáveis a serem observados, da mesma forma que um censo representa a análise de todos os elementos de um grupo.

Para esses casos, a distribuição normal deve ser substituída por similar denotada de distribuição *t*, ou, como é mais conhecida, distribuição *T* de Student. Apesar de guardar grande semelhança com a distribuição normal, a distribuição *T* de Student tem uma especificidade: ela é dinamicamente sensível ao tamanho da amostra, ou seja, enquanto a distribuição normal é padronizada, há ligeiras diferenças nas distribuições *t*, conforme os tamanhos de amostras, sendo as divergências mais significativas para os tamanhos de amostra iguais ou menores que 30 (trinta). Cabendo assim destacar:

- quando o tamanho da amostra for maior que 30 e o desvio-padrão populacional for conhecido, utiliza-se a distribuição normal;
- quando o tamanho da amostra for igual ou inferior a 30, ainda que o desvio-padrão populacional seja conhecido, recomenda-se o uso da distribuição *t*.

Verifica-se que o fator tamanho da amostra é decisório para a escolha do modelo de distribuição a se seguir. Feitas essas observações, a modelagem estatística pode ser prontamente aplicada, uma vez que os valores para os cálculos de probabilidade, tanto da distribuição normal quanto da *T* de Student, são tabulados e encontrados com facilidade em qualquer livro ou manual da área de estatística.

Assim, a construção dos intervalos de confiança para as análises em diferentes tamanhos de amostras pode ser feita especificando-se a confiança desejada e utilizando-se os valores tabelados dos respectivos coeficientes, conforme o tipo de distribuição correspondente ao tamanho da amostra (Equações 11.5 e 11.6).

$$IC = \overline{X} \pm z_{\frac{\alpha}{2}} \cdot \frac{\sigma}{\sqrt{n}} = \left(\overline{X} - z_{\frac{\alpha}{2}} \frac{\sigma}{\sqrt{n}}, \overline{X} + z_{\frac{\alpha}{2}} \frac{\sigma}{\sqrt{n}} \right)$$

Equação 11.5 – Cálculo do intervalo de confiança para a distribuição normal.
Fonte: Zentgraf, 2001.

$$IC = \overline{X} \pm t_{\frac{\alpha}{2}} \cdot \frac{s}{\sqrt{n}} = \left(\overline{X} - t_{\frac{\alpha}{2}} \frac{s}{\sqrt{n}}, \overline{X} + t_{\frac{\alpha}{2}} \frac{s}{\sqrt{n}} \right)$$

Equação 11.6 – Cálculo do intervalo de confiança para distribuição *T* de Student.
Fonte: Zentgraf, 2001.

CAPÍTULO 11 – GERENCIAMENTO DE ARMAZÉNS – ESTATÍSTICA APLICADA
AO RECEBIMENTO DE ESTOQUES

Duas considerações devem ainda ser feitas: (a) os coeficientes $z_{\alpha/2}$ e $t_{\alpha/2}$ são tabulados geralmente para intervalos bilaterais, ou seja, quando se especifica um grau de confiança desejado de 90%, tem-se uma área em ambas as caudas//bandas igual a 10%, ou seja, 5% de probabilidade de estar abaixo do limite inferior e outros 5% de probabilidade de estar acima do limite superior; e (b) a distribuição T de Student leva um parâmetro a mais que a distribuição normal chamado graus de liberdade (gL), que é o número do tamanho da amostra subtraído de uma unidade (ou seja, gL = $n - 1$).

TAMANHO DA AMOSTRA

Embora para muitas análises de fenômenos e processos o tamanho da amostra seja um dado do próprio sistema, é possível inverter a lógica utilizada nos testes amostrais e inferências de intervalos para se obter a flexibilidade necessária em alguns casos para determinar o tamanho da amostra (Equação 11.7) em função do grau de confiança e da adoção de um similar para ser utilizado nas inferências e testes.

$$n = \frac{z_{\alpha/2}^2 \sigma^2}{E^2}$$

Equação 11.7 – Cálculo para determinação do tamanho da amostra.
Fonte: Zentgraf, 2001.

Esse similar é conhecido como "margem de erro", ou simplesmente "erro" (Equação 11.8), e segue a lógica inversa daquela utilizada na inferência. Se, para a determinação dos intervalos de confiança, o nível de confiança desejado for alto, consequentemente o intervalo calculado será tanto maior para englobar a máxima quantidade possível de ocorrências. Já quanto ao erro, se você permite uma margem de erro relativamente alta em sua análise/teste, o tamanho da amostra necessário para testar sua observação não será significativo.

$$E = z_{\frac{\alpha}{2}} \cdot \frac{\sigma}{\sqrt{n}}$$

Equação 11.8 – Cálculo para a determinação do tamanho do erro.
Fonte: Zentgraf, 2001.

Assim, verifica-se que grande parte do tratamento estatístico dado está diretamente relacionada à variabilidade dos processos/fenômenos observados. Processos que apresentam grande variabilidade, geralmente conduzem à construção de inferências e formulação de análises pouco significativas. Em razão do grau de variabilidade desses processos, estes podem ser considerados como processos "controlados" ou "fora de controle". Em ambos os casos, as empresas devem despender esforços e recursos para monitorar e controlar a variabilidade de seus processos, a fim de não prejudicar a continuidade de suas atividades.

Analisando essa questão do ponto de vista do gerenciamento de armazéns, caso seja verificado por meio da análise de registros históricos que a distribuição de um produto por determinado fornecedor tenha grande variabilidade, a empresa deve tomar medidas a fim de buscar, junto com o fornecedor, uma forma de diminuir essas variações para garantir que os materiais estarão sempre disponíveis nos armazéns dentro do prazo planejado, evitando redução do nível de serviço[3], perdas e custos para toda a cadeia de suprimentos ligada a esse armazém, como bem apontado por Simchi-Levi et al. (2003) e corroborado por Ballou (2006).

A APLICABILIDADE DA ESTATÍSTICA NOS MODELOS DE GESTÃO

Com o acirramento da competitividade entre as empresas no mercado atual, têm-se buscado constantemente a adoção de técnicas aplicadas para a redução dos custos, com o consequente aumento na margem de lucratividade das operações, enfatizando a questão da melhoria da qualidade dos processos.

Por detrás desse conceito amplamente difundido de "melhoria de qualidade", entretanto, encontra-se um denso aparato instrumental para o tratamento

---

[3] Simchi-Levi et al. (2003) e Ballou (2006) argumentam que, dentro de armazéns e depósitos, um nível de serviço que é utilizado é a capacidade de atender aos pedidos de mercadorias dentro do prazo de *lead time* de entrega dos fornecedores. Dessa forma, se o processo de distribuição dos fornecedores não for muito seguro, ou seja, for marcado por significativas variâncias nos tempos de entrega, podem ocorrer, com frequência, atrasos no fornecimento e, desse modo, todo o planejamento de distribuição e logística da cadeia de suprimentos ligada ao armazém/depósito acaba sendo afetado. Uma forma de contornar esse risco é o aumento dos volumes de estoques, porém essa medida eleva os custos com a armazenagem. Assim, outra medida apresentada é a utilização de ferramentas de melhoria contínua da qualidade e seleção criteriosa dos fornecedores, a fim de reduzir os riscos e custos advindos da variabilidade do processo de fornecimento de material.

CAPÍTULO 11 – GERENCIAMENTO DE ARMAZÉNS – ESTATÍSTICA APLICADA AO RECEBIMENTO DE ESTOQUES

estatístico de dados, que vai desde a simples construção de gráficos e histogramas para visualização das características dos processos até a construção de sistemas de monitoramento e controle dinâmicos e de complexos modelos para análises multivariadas.

Dessa forma, a variação entre os programas de qualidade utilizados nas empresas é consequência da combinação de diferentes fatores, principalmente aqueles relacionados com a disponibilidade de recursos a serem destinados à implantação desses programas e a complexidade do(s) processo(s) a serem observados e corrigidos, o que, consequentemente, repercute no nível do tratamento estatístico a ser empregado.

Ainda que o próprio conceito de "qualidade" seja algo fluido (destituído de um sentido fixo ou universal, como se pode observar pela análise das definições dadas pelos conhecidos "gurus" clássicos da qualidade, como Taguchi, Deming e Juran), essa "qualidade" é definida na etapa de projeto do produto ou processo. Estabelecida nessa etapa o que vem a ser a qualidade, é então possível lançar mão das técnicas estatísticas para monitorar a conformidade do processo/produto com as especificações exigidas, controlando-o quando necessário.

Projetos voltados para a implantação de programas de qualidade têm alcançado êxito em empresas nacionais e internacionais de todos os portes, destacando-se: (a) os Círculos de Controle de Qualidade e os Programas de Gestão da Qualidade Total – *Total Quality Management* ou TQM – desenvolvidos no Japão e incorporados ao gerencialismo norte-americano; (b) Programas Seis Sigma (6%); e (c) Projetos de Implantação do Controle Estatístico de Qualidade.

Como já mencionado, esses programas são baseados, fundamentalmente, na utilização da modelagem estatística e outras técnicas complementares (como o diagrama de Ishikawa) para a identificação de falhas e/ou "gargalos" nos processos, suas causas e efeitos para então combatê-los, buscando minimizar tanto quanto possível a variabilidade observada.

Na busca por melhorias do gerenciamento de armazéns, depósitos e centros de distribuição, a utilização da modelagem estatística tem ganhado espaço e avançado em muitas frentes, sendo empregada em diversas áreas e para diversos fins, podendo-se ilustrar tal fato da seguinte forma:

- ◆ uso de amostragem nos depósitos para a execução de testes de quantidade e qualidade das mercadorias enviadas pelos fornecedores;

- determinação do nível de serviço ótimo para os clientes;
- análise da variação de demanda (variabilidade do consumo) para cada tipo de mercadoria;
- análises de probabilidade para a determinação dos *setups* (tempos) médios de entrega das mercadorias pelos fornecedores para compor o planejamento dos tempos de processamento e distribuição do armazém.

De forma geral, pode-se verificar que a aplicabilidade da estatística, não apenas para o gerenciamento de armazéns, mas em todos os seus demais campos de extensão enquanto ferramenta empregada como suporte de análise de dados, vem constantemente acompanhada de outras técnicas (quantitativas e qualitativas) e de um eficiente banco de dados para sustentar e apoiar as decisões gerenciais.

Estudo de caso

Para ilustrar o que foi estruturado até então, é proposto um estudo de caso de uma empresa hipotética, a qual chamaremos "MyStore". Essa empresa hipotética é terceirizada e é responsável pela montagem de equipamentos eletrônicos para automóveis, além de receber componentes de diversos fornecedores e distribuir os produtos após sua montagem para a montadora contratante.

A gerência da "MyStore" deseja que seja realizada uma análise em seu armazém principal para saber qual é a situação atual do fornecimento de dois componentes específicos, pois ela (a gerência) estima que dois problemas têm ocorrido com significativo impacto para as relações com a montadora. Esses componentes serão caracterizados como componentes "A" e "B", buscando-se saber: (a) a situação sobre a quantidade de componentes "A" fornecidos; (b) o tempo médio de fornecimento do componente "B"; e (c) qual é o melhor posicionamento para a empresa em função dos resultados obtidos.

Análise para o componente "A"

Para iniciar a análise de "A", foi solicitada à diretoria comercial da "MyStore" a coleta de todas as notas fiscais correspondentes ao fornecimento desse componente. Foi recolhida, ao final, uma amostra de 35 notas fiscais referentes

CAPÍTULO 11 – GERENCIAMENTO DE ARMAZÉNS – ESTATÍSTICA APLICADA AO RECEBIMENTO DE ESTOQUES

aos fornecimentos semanais de "A"com as respectivas quantidades fornecidas, como mostra a Tabela 11.1 a seguir.

Tabela 11.1 – Amostragem das notas fiscais recolhidas de "A".

Nº nota fiscal	Qtde.	Nº nota fiscal	Qtde.	Nº nota fiscal	Qtde.	Nº nota fiscal	Qtde.	Nº nota fiscal	Qtde.
NF001	388	NF008	395	NF015	389	NF022	356	NF029	397
NF002	379	NF009	364	NF016	384	NF023	372	NF030	355
NF003	384	NF010	375	NF017	374	NF024	362	NF031	375
NF004	372	NF011	385	NF018	395	NF025	372	NF032	357
NF005	389	NF012	375	NF019	380	NF026	379	NF033	374
NF006	351	NF013	363	NF020	379	NF027	356	NF034	387
NF007	394	NF014	385	NF021	384	NF028	367	NF035	371

Foi feito um levantamento, ainda, por meio da análise dos contratos com o fornecedor do componente "A", em que este (o fornecedor) se compromete com o envio de quantidades semanais entre 350 e 400 unidades com um desvio-padrão do processo (ou seja, da população) de 20 unidades. Essa variação nas quantidades semanais enviadas foi aceita durante as negociações em função da capacidade produtiva e da variabilidade natural do processo de produção do fornecedor.

Separados esses dados, é então calculada a média observada na amostragem de 35 notas fiscais. Com o conhecimento do desvio-padrão populacional (do processo) e usando uma amostragem de tamanho superior a 30 observações, é possível utilizar a distribuição normal para calcular a quantidade média de "A", enviada pelo fornecedor por meio da modelagem estatística das Equações 11.7 e 11.8 apresentadas nas seções anteriores.

Com base nessa modelagem e com as informações recolhidas até o momento, pode-se calcular os intervalos de confiança para os quais se estima encontrar a média de componentes "A" fornecidas. O resultado desses cálculos pode ser visto na Tabela 11.2 a seguir.

GESTÃO DE ESTOQUES

Tabela 11.2 – Resultados da amostragem de 35 notas fiscais do fornecimento de "A".

Número de notas fiscais recolhidas	35 unidades
Média observada na amostragem	376,1143 unidades
Média esperada do processo	375 unidades
Desvio-padrão observado na amostragem	12,5880 unidades
Desvio-padrão do processo (fornecedor)	20 unidades
Desvio-padrão da distribuição amostral	2,1278 unidades
Intervalo de confiança (90%) – limite inferior	370,5532 unidades
Intervalo de confiança (90%) – limite superior	381,6754 unidades
Intervalo de confiança (99%) – limite inferior	367,4058 unidades
Intervalo de confiança (99%) – limite superior	384,8228 unidades
Erro de estimação (90%)	3,5002 unidades
Erro de estimação (99%)	5,4811 unidades

Esses cálculos permitem algumas análises e inferências, como: (a) com um índice de confiança de 90%, pode-se inferir que a média de componentes "A" enviados pelo fornecedor esteja entre 371 e 382 unidades; (b) para um índice de 99% de confiança, esse intervalo aumenta para 367 e 385 unidades; (c) a variabilidade para a análise de 35 notas fiscais parece não ser significativa, o que pode ser verificado pelos valores demonstrados na Tabela 11.2 para os erros de estimação com índice de confiança de 90% e 99% (ver também o Gráfico 11.2, a seguir, com linhas verticais de erro de estimação de 5,5 unidades) e o desvio-padrão da distribuição amostral.

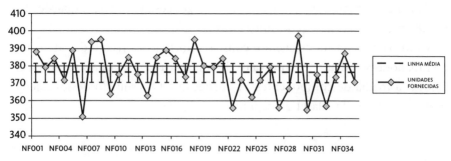

Gráfico 11.2 – Gráfico das quantidades fornecidas de "A" com média e erro de 5,5 unidades.

Análise para o componente "B"

Para o componente "B", um novo aspecto deve ser abordado. A questão solicitada pela gerência da "MyStore" para a análise diz respeito ao tempo de fornecimento do componente "B". Deseja-se obter mais informações sobre a distribuição desse componente por seu fornecedor e, para tanto, foram recolhidas informações com a área operacional de recebimento de mercadorias do armazém da "MyStore".

Como o fornecimento é programado para ocorrer semanalmente, foi buscada nos registros históricos da área de recebimento do armazém uma forma de mensurar os atrasos nas entregas. A opção feita para essa análise será o tempo de atraso (em minutos) em relação ao horário programado para a entrega. Por exemplo, caso uma entrega qualquer esteja programada para as 8 horas, mas seja executada às 8h50, verifica-se um atraso de 50 minutos em relação ao programado.

Os tempos de atraso inferiores a 10 minutos foram desconsiderados para fins dessa análise. A seguir, são mostrados os registros dos tempos de atraso por semana de entrega, como exposto na Tabela 11.3.

Tabela 11.3 – Resultados da amostragem de 20 registros de entrega de "B".

Atraso(min)	Frequência	Freq.(%)	Atraso(min)	Frequência	Freq.(%)
10	0	0,00%	45	2	13,33%
15	0	0,00%	50	2	13,33%
20	1	6,67%	55	2	13,33%
25	2	13,33%	60	1	6,67%
30	2	13,33%	65	1	6,67%
35	3	20,00%	70	0	0,00%
40	4	26,67%	75	0	0,00%

Foi possível levantar uma amostra de 20 registros de atrasos (verificar o somatório das colunas de frequência) mais recentes, observados pelo armazém da "MyStore". Após plotados os dados tabulados anteriores em um histograma de frequência, verifica-se que é possível fazer uma aproximação dessa distribuição para uma distribuição normal, como se pode visualizar por meio do Gráfico 11.3 a seguir.

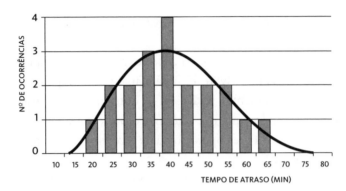

Gráfico 11.3 – Gráfico da distribuição dos tempos de atraso no fornecimento de "B".

Cabe fazer, neste ponto, uma observação: como exposto no item "A estatística como modelagem", deste capítulo, que remete aos conceitos introdutórios e apresenta a modelagem estatística, existe uma separação quanto à distribuição normal para fins de sua aplicação no campo da estatística. Essa separação é feita distinguindo-se quando se deve usar a distribuição normal padrão e quando se deve optar pela distribuição t ou T de Student.

Relembrando a ideia exposta naquele item e aplicando-a a este estudo de caso, verifica-se que o número de registros recolhidos (e, portanto, o tamanho da amostra) sobre o tempo de atraso no fornecimento do componente "B" é inferior a 30 observações. Mais ainda, como o armazém da "MyStore" não tem o registro de um número representativo de todos os atrasos de fornecimento que já ocorreram, não é possível se conhecer, *a priori*, o desvio-padrão populacional (ou seja, do processo de fornecimento) dos tempos de atraso.

Em razão desses dois fatores, deve-se optar pela aproximação para uma distribuição do tipo t (T de Student) para esse caso da frequência nos atrasos registrados do fornecedor de "B". Diante do exposto e prosseguindo com o estudo de caso, foram feitos levantamentos dos dados sobre os tempos de atraso e foram realizados os cálculos para se extrair algumas informações sobre o processo de distribuição do componente "B", sendo estes transcritos para a Tabela 11.4.

CAPÍTULO 11 – GERENCIAMENTO DE ARMAZÉNS – ESTATÍSTICA APLICADA AO RECEBIMENTO DE ESTOQUES

Tabela 11.4 – Resultados da amostragem de 35 notas fiscais do fornecimento de "A".

Número de atrasos (>10 min) registrados	20 registros
Média aritmética dos atrasos amostrados	41 minutos
Média ponderada dos atrasos amostrados	41 minutos
Desvio-padrão observado na amostragem	12,2044 minutos
Desvio-padrão estimado da distribuição amostral	2,7290 minutos
Coeficiente T Student (90%)	1,7291
Intervalo de confiança (90%) – limite inferior	36,2812 minutos
Intervalo de confiança (90%) – limite superior	45,7188 minutos
Erro de estimação (90%)	4,7188 minutos

Para o cálculo do coeficiente T de Student, associado a um nível de confiança de 90%, foi utilizada a função INVT do Excel. Essa função opera com dois parâmetros que são: a probabilidade bilateral de cauda/banda e os graus de liberdade referenciados pelo tamanho da amostra subtraído de uma unidade. Informada sobre esses parâmetros, a função INVT do Excel retorna o coeficiente procurado, denominado, algumas vezes, de inverso da distribuição T de Student.

Logo, a um nível de confiança de 90%, é possível estimar que os atrasos no fornecimento do componente "B" ocorrem, em média, com um intervalo de tempo entre 36 e 46 minutos. Ressalta-se ainda que essa análise foi feita, pois a gerência da "MyStore" constatou que os atrasos estavam ocorrendo com significativa frequência (a razão entre o número de atrasos e o número de entregas é expressiva) e que seria importante saber qual a intensidade (em tempo decorrido) desses atrasos.

Suponha, agora, outra situação, na qual a "MyStore" tenha contratado uma consultoria externa de logística para avaliar o processo de distribuição do fornecedor para o componente "B" e que essa consultoria tenha constatado que o processo de fornecimento para a empresa tenha um desvio-padrão do processo (e, logo, populacional) de 18 minutos.

A diretoria do armazém da "MyStore" deseja saber, de posse dessas novas informações, a um nível de confiança de 95% e um erro máximo de cinco minutos, o tempo médio de atraso nos fornecimentos de "B". Para que se obtenha essa informação, utiliza-se a Equação 11.7 anterior para determinar o número de amostras necessárias para estimar o tempo médio de atrasos, dados o nível de confiança e o erro máximo assumidos.

Pela Equação 11.7, chega-se ao resultado de 56,7745 ou, aproximadamente, 57 amostras. Isso significa que, para obter o atraso médio dadas as restrições informadas anteriormente, será preciso a análise de uma amostra de 57 registros de atraso no fornecimento do componente "B".

Estes são alguns exemplos das análises possíveis de se fazer com base nas informações disponíveis de uma empresa hipotética como a "MyStore". Esses exemplos, a despeito de sua modelagem simples, são ilustrações da aplicação de um ferramental de grande valor para as empresas e indústrias. Poderiam ser feitos outros estudos, por exemplo, em função do tempo médio de atraso no fornecimento, poder-se-ia calcular a probabilidade de esse atraso encontrar-se entre determinado intervalo de tempo ou de exceder um limite máximo ou ser inferior a um mínimo de tempo. Para evitar um delongamento excessivo do trabalho, foram selecionados os exemplos apresentados, dos quais muitos outros são facilmente encontrados na literatura acadêmica e prática da área de estatística.

As análises estatísticas podem ainda ser utilizadas como poderosas ferramentas de apoio decisório, visualizadores gráficos de processos, auxiliados por cartas de controle, tratamento de informações e suporte para relatórios operacionais e gerenciais, entre uma infinidade de outras aplicações.

Considerações finais e recomendações

Os campos de aplicação da estatística são múltiplos, podendo ser esta aplicada em praticamente todas as áreas de conhecimento. Todavia, destaca-se que a estatística não é uma ferramenta única e de aplicação isolada. Outras técnicas e modelos complementares devem ser constantemente empregados paralelamente à análise estatística com o objetivo de solidificar a aplicação dessa ferramenta.

Sendo a estatística baseada fundamentalmente na análise de registros e dados históricos, é de suma importância para o sucesso de sua aplicação o cuidado que se deve dar à questão da manutenção de bancos de dados sólidos e robustos. Deve-se resguardar ainda que essa manutenção de bancos de dados eficientes deve ser feita de forma quantitativa (armazenando grande volume de registros) e qualitativa (garantindo que os registros a serem armazenados sejam de relevância e com dados confiáveis).

CAPÍTULO 11 – GERENCIAMENTO DE ARMAZÉNS – ESTATÍSTICA APLICADA AO RECEBIMENTO DE ESTOQUES

A esse respeito, diversos alertas são feitos sobre um perigo muito comum, quando se inicia a aplicação de modelos estatísticos e o gerenciamento de banco de dados: o risco de vício quanto ao uso intensivo e extensivo de modelos quantitativos, podendo ocasionar o que se chama de uma *overdose de estatística*. Logo, manter o foco é a recomendação unânime de todos aqueles que adentraram ao complexo mundo das questões gerenciais.

Não obstante, as empresas (principalmente aquelas que movimentam grandes volumes de mercadorias) devem constantemente voltar sua atenção para seus armazéns, depósitos e centros de distribuição, a fim de evitar a formação de "gargalos" nas áreas de movimentação de mercadorias.

Esses cuidados podem ser tomados por meio da adoção de sistemas/modelos que busquem sincronizar o fluxo de produtos em uma cadeia de suprimentos/rede logística, convergindo para o princípio proposto por diversos autores nacionais e internacionais de gestão colaborativa. Outros cuidados podem ainda ser destacados, como:

- processos eficientes de negociação e elaboração de contratos (adjudicação);
- seleção criteriosa dos fornecedores, optando-se preferencialmente por um reduzido número de fornecedores confiáveis em detrimento a um grande número de fornecedores heterogêneos;
- em razão do disposto anteriormente, a criação de vínculos de parceria e confiança com o(s) fornecedor(es);
- foco em questões que envolvam custos relevantes para as empresas, especialmente questões ligadas ao transporte (geralmente 60% dos custos incorridos) e armazenagem (20%).

A estatística apresentada da forma como foi aplicada neste capítulo é apenas introdutória, e tem o objetivo de destacar a aplicação dessa área de conhecimento como poderosa ferramenta de apoio decisório. A extensão e a complexidade de sua aplicação, porém, são muito maiores do que este texto buscou demonstrar. Existem grandes entidades que procuram difundir a aplicabilidade da estatística por meio de programas e de projetos de sucesso em diversas empresas de todo o mundo. Como exemplo, temos a American Society for Quality (ASQ), que tem expandido a modelagem estatística voltada para a qualidade por meio de programas como o *Six Sigma* (Seis

Sigma ou 6%) e os treinamentos e certificações para os envolvidos com esse tipo de programa.

Por fim, já se tem à disposição no mercado uma considerável quantidade de pacotes de programas para o tratamento estatístico de dados, uns mais simples e de fácil manuseio e outros um pouco mais complexos e robustos, que necessitam de algum tipo de treinamento específico. Exemplos desses dois lados são o Excel e o Minitab. O primeiro é parte integrante do pacote Office da Microsoft e de simples utilização; já o segundo, pertencente à empresa de mesmo nome (Minitab Inc.), é um robusto programa para tratamento estatístico com uma enorme gama de ferramentas que permite as mais variadas formas de análise de dados.

REFERÊNCIAS BIBLIOGRÁFICAS

BALLOU, R. H. *Gerenciamento da cadeia de suprimentos/logística empresarial.* 5. ed. Porto Alegre: Bookman, 2006.

_____. *Logística empresarial*: transportes, administração de materiais e distribuição física. São Paulo: Atlas, 1993.

COSTA, A. F. B. et al. *Controle estatístico de qualidade.* 2. ed. São Paulo: Atlas, 2005.

FIGUEIREDO, K. F. et al. *Logística e gerenciamento da cadeia de suprimentos*: planejamento do fluxo de produtos e dos recursos. 1. ed. São Paulo: Atlas, 2006.

SIMCHI-LEVI, D. et al. *Cadeia de suprimentos*: projeto e gestão – Conceitos, estratégias e estudos de caso. Porto Alegre: Bookman, 2003.

STEVENSON, W. J. *Estatística aplicada à administração.* São Paulo: Harper & Row do Brasil, 1981.

VIANA, J. J. *Administração de materiais*: um enfoque prático. 1. ed. São Paulo: Atlas, 2002.

ZENTGRAF, R. *Estatística objetiva.* Rio de Janeiro: ZTG, 2001.

Capítulo 12
Manuseio de materiais e equipamentos

Jurema Nery

Objetivo do capítulo

O objetivo deste capítulo é apresentar o manuseio de matérias como diferencial competitivo para as organizações, contemplando equipamentos de movimentação interna e seus auxiliares, otimizando os estoques e a área de suprimentos, evitando perdas, depreciações e prejuízos.

Introdução

As operações logísticas começam, esclarece Bowersox (1998), com o carregamento inicial de materiais ou componentes de um fornecedor e terminam quando um produto processado é entregue ao consumidor final.

A partir da compra inicial dos materiais ou componentes pelos fornecedores, os processos logísticos envolvidos acrescentam valor ao movimentarem os materiais. Um material ou componente adquire valor em cada passo da sua transformação até se tornar um produto acabado. Para que esse processo de produção possa existir, é necessário que os materiais em processamento sejam transportados ao longo da linha de montagem.

O custo de cada componente e do seu transporte tornam-se parte do processo de valor acrescentado. Para um grande produtor, as operações logísticas podem consistir em milhares de movimentações dos materiais, as quais terminam com a entrega dos produtos a um consumidor industrial, revendedor, negociante ou outro cliente. Independentemente do tamanho ou do tipo de empresa, ou negócio, a logística é fundamental e exige atenção contínua na sua gestão (Bowersox, 1998).

A evolução da logística empresarial tem início a partir de 1980, com as demandas decorrentes da globalização, alteração estrutural da economia mundial e desenvolvimento tecnológico, tendo como consequência a segmentação da logística empresarial em três grandes áreas:

- **Administração de materiais:** conjunto de operações associadas ao fluxo de materiais e informações, desde a fonte de matéria-prima até a entrada na fábrica. Participam dessa área os setores de suprimentos, transportes, armazenagem e planejamento e controle de estoques.
- **Movimentação de materiais:** transporte eficiente de produtos acabados do final de linha de produção até o consumidor; dos quais fazem parte o PCP (Planejamento e Controle da Produção), estocagem em processo e embalagem.
- **Distribuição física:** conjunto de operações associadas à transferência dos bens objeto de uma transação do local de sua produção ao local designado no destino e no fluxo de informação associado, devendo garantir que os bens cheguem ao destino em boas condições comerciais, oportunamente e a preços competitivos. É formado pelos setores de planejamento dos recursos da distribuição, armazenagem, transportes e processamento de pedido.

EMBALAGEM

Embalar um produto significa dar-lhe forma para sua apresentação, proteção, movimentação e utilização, a fim de que possa ser comercializado e manipulado durante todo o seu clico de vida. A embalagem precisa ser idealizada, levando-se em conta que uma mercadoria deverá passar, quando comercializada, por três fases de manuseio:

- no local da produção, quando será embalada e armazenada;
- no transporte, quando sofrerá os efeitos do seu deslocamento de um ponto a outro, incluindo os transbordos;
- no seu destino final, quando terá outras manipulações.

Moura (1997) define embalagem como: "o sistema integrado de materiais e equipamentos com que se procura levar os bens e produtos às mãos do con-

CAPÍTULO 12 – MANUSEIO DE MATERIAIS E EQUIPAMENTOS

sumidor final, utilizando-se dos canais de distribuição e incluindo métodos de uso e aplicação do produto".

A embalagem pode ser primária, de consumo, e proteger diretamente o produto. Ou secundária, de transporte, servindo para proteger a embalagem primária. A embalagem primária tem finalidade de identificar o produto, informando suas características; demonstrar o modo de usá-lo; conferir-lhe uma aparência atraente para a venda e apresentá-lo, já que muitas vezes isso não será possível sem uma embalagem. A embalagem pode ter os mais variados tamanhos e formatos e ser constituída pelos vários tipos de materiais, como vidro, plástico, alumínio, papel, papelão, PET (polietileno tereftalato) etc. A embalagem secundária é aquela que visa unitizar as embalagens primárias em pequenas unidades, de maneira uniforme, o que permite a sua comercialização, possibilita ou facilita a manipulação mais adequada da mercadoria.

Gurgel (1996) considera que o sistema de embalagem interage com todas as atividades ligadas à logística industrial, e esta deve preencher algumas funções, tais como:

- ◆ **econômica:** manter o custo da embalagem controlado criteriosamente, pois, muitas vezes, a embalagem custa mais que o próprio manufaturado;
- ◆ **mercadológica:** exercer função de comunicação do conceito mercadológico. Está relacionada com as atividades de venda;
- ◆ **tecnológicas:** proteger por meios mecânicos, físicos e químicos as mercadorias.

Moura e Banzato (2000) encaram a embalagem como um elemento de custo, mas que permite a distribuição da produção nas condições mais adequadas, com ganhos da eficiência. Para eles, as parcelas que compõem o custo total da embalagem são:

- ◆ custo da embalagem vazia;
- ◆ custo de armazenagem e movimentação da embalagem vazia;
- ◆ custo de embalagem, movimentação, transporte e armazenamento de materiais;
- ◆ custo de seguro e perdas.

Um dos grandes motivos de perdas ou avaria nas mercadorias durante a armazenagem, manuseio e transporte é a concepção da embalagem, que pode ser inadequada para determinado produto ou não atender aos requisitos mínimos de proteção e segurança.

A embalagem está intimamente ligada à logística de distribuição de mercadorias, recebendo tratamento diferenciado das embalagens destinadas ao comércio exterior e as desenvolvidas para o mercado doméstico. No mercado doméstico, os produtos são tratados de acordo com as normas do próprio país de origem, sem maiores sobressaltos e com problemas e virtudes conhecidos. No comércio exterior, deve-se levar em conta o transporte de longa distância que exige mais resistência das embalagens, pois estarão sujeitas a condições desconhecidas de manipulação, e eventuais avarias por inadequação da embalagem poderão trazer problemas ao lote exportado, assim como à imagem da empresa e à continuidade das vendas.

Outro ponto importante, no que tange às embalagens no comércio exterior, é o atendimento às exigências e às características especiais solicitadas pelos importadores e à legislação em vigor nesses países.

As cargas para o transporte devem ser unitizadas, sempre que possível, para facilitar o seu transporte e dar maior proteção às mercadorias, o que pode ser feito por meio de contêineres e *big bags*.

Unitização

Corresponde à alocação de um conjunto de mercadorias em uma única unidade com dimensões padronizadas, o que facilita as operações de armazenamento e movimentação da carga sob forma mecanizada. Não constitui propriamente uma embalagem, é um acessório para o deslocamento ou transporte de carga, não integrando o produto ou o conjunto de produtos armazenados.

Paletização

Utilização de plataforma ou estrado destinado a suportar carga, fixada por meio de cintas. Isso permite a sua movimentação mecânica com o uso de garfos de empilhadeira ou guindastes mecânicos específicos para esse fim. Além do mais, obedece a padrões nos quais o palete pode ser movimentado por dois

CAPÍTULO 12 – MANUSEIO DE MATERIAIS E EQUIPAMENTOS

ou por quatro lados, o que possibilita ainda que a carga seja paletizada, envolvida em filme PVC.

Características dos paletes

As características dos paletes são:

- **composição:** o material do palete pode ser de papelão, madeira, aço, alumínio ou metal;
- **número de entradas:** esse número corresponde às entradas para os garfos da empilhadeira ou do carro hidráulico;
- **com reforço:** é quando há, no meio do palete e por baixo dele, uma tábua mais larga para reforçar a estrutura, devido ao peso do produto a ser paletizado. Ela é colocada em sentido contrário as tábuas da superfície;
- **dupla face:** refere-se ao palete com tábuas em cima e embaixo, que pode ser reversível ou não;
- **reversível:** trata-se do palete que tem a mesma configuração em cima e embaixo, ou seja, o mesmo número e tamanho de tábuas em cima e embaixo.

Características palete-padrão PBR

O palete-padrão PBR é o resultado de um trabalho que se iniciou em abril de 1988, realizado por profissionais de diferentes origens, empresas e associações. Foi introduzido no mercado em 1990, pela Abras e por entidades que fazem parte do Comitê Permanente de Paletização (CPP), com a assessoria do Instituto de Pesquisas Tecnológicas (IPT), conforme Costa (2002). O objetivo foi o de criar um palete mais versátil, que atendesse o maior número de segmentos da indústria, sendo economicamente viável.

O PBR é circulante e, dentro desse conceito, a padronização é essencial. Em sua expectativa de vida útil, permite várias viagens, reduzindo substancialmente seu investimento inicial. Sua versatilidade torna possível a utilização em quase todos os segmentos da cadeia produtiva e distribuição.

As características do palete PBR são: não reversível, face dupla, quatro entradas, nove blocos, 1.000 mm x 1.200 mm. As tábuas da face inferior são espaçadas de tal forma que possibilitam a movimentação dos paletes com diferentes tipos de equipamentos, paleteiras, empilhadeiras, transelevadores etc.

Tipos de paletes

Os tipos de paletes disponíveis estão descritos no Quadro 12.1 a seguir.

Quadro 12.1 – Tipos de paletes disponíveis.

Tipo	Características	Vantagem	Desvantagem
Palete de papelão	• Reciclado ou Kraft, é indicado para o transporte de mercadorias dos setores cosmético, farmacêutico, alimentício etc. • Fabricado sobre plataforma intermediada com colmeia de papel, o acabamento pode ser plastificado ou totalmente resinado para maior resistência à umidade e pés tubulares sobre deslizes de alta resistência. • Peso: ±7 kg, ideal para transporte aéreo.	• Elimina a necessidade de tratamento térmico, fumigação e incineração. • Ideal para exportação. • 100% reciclável. • Alto desempenho no transporte de cargas leves e pesadas. • Pesa em média menos de 50% que o palete de madeira. • Economia no frete aéreo e marítimo. • Superfície totalmente lisa, sem pregos ou farpas. • Reduz avarias nas embalagens e é fácil de montar. • Modelos e formatos variados.	• Durabilidade inferior aos demais tipos.
Palete PBR normal	• Os paletes de madeira são os mais utilizados e os mais tradicionais. • Por esse motivo, são os mais acessíveis em termos de custos.	• Custo de aquisição baixo.	• Manutenção alta, vida útil de três anos e absorvem líquidos. • Não é recomendado, por exemplo, para indústria frigorífica.
Palete PBR peroba	• Os paletes de madeira são os mais utilizados e os mais tradicionais. • Por esse motivo, são os mais acessíveis em termos de custos.	• Manutenção baixa, vida útil de dez anos.	• Custo de aquisição três vezes superior ao do PBR normal; • Permeável.

CAPÍTULO 12 – MANUSEIO DE MATERIAIS E EQUIPAMENTOS

Palete de plástico	• São normalmente retornáveis, pois representam alto custo para empresa. • Muito usado para a armazenagem de cargas em armazéns. • Ideal para armazenamento no piso. • Utilizado também em baixas temperaturas (sob consulta). • Peso: 25 kg. • São mais utilizados na Europa que no restante do mundo.	• Manutenção muito baixa, fornecido em várias cores, impermeável, vida útil alta. • São mais fáceis de serem higienizados – laváveis. • São resistentes a odores. • Maior vida útil. • Menor peso, proporcionando menores custos de transporte e movimentação.	• Custo de aquisição alto.
Palete de aço	• São usados para cargas pesadas, cargas com grandes empilhamentos, armazenagem em locais secos por longos períodos e em cargas movimentadas por sistemas logísticos abusivos. • São frequentemente utilizados para munição militar. • Formato simplificado – melhor higienização, evita absorção de umidade e elimina a presença de fontes de proliferação de fungos e bactérias. • Ideal para atender às necessidades de armazenagem de indústrias de alimentos, indústrias químicas e farmacêuticas, indústrias de móveis etc.	• Manutenção muito baixa. • Aceita cargas elevadas – acima de 2.500 kg. • Vida útil alta. • Impermeável. • Não sujeito ao ataque de fungos. • Capacidade estrutural de cargas com pesos elevados. • Paletes de aço são mais fortes e resistentes a deformações.	• Sujeito à oxidação quando não galvanizado.

Palete de alumínio	• São mais resistentes que os de madeira ou plástico, mais leves que os de aço e resistem ao tempo, deformações e corrosões. • É utilizado no frete aéreo, armazenagem externa ou no mar por longos períodos ou, ainda, no transporte militar.	• Manutenção praticamente inexistente. • Leveza. • Não oxida. • Vida útil extensa. • Cargas altas.	• Custo de aquisição relativamente alto.
Palete de metal	• Para uso no setor hortifrutícola, indústria química, frigorífica e farmacêutica.	• Manutenção baixa. • Vida útil alta. • Impermeável. • Não sujeito ao ataque de fungos. • Capacidade estrutural de cargas com pesos relativamente altos.	• Custo de aquisição alto.

A madeira tem sido a matéria-prima mais antiga para a fabricação de paletes. Com o passar do tempo, o foco de quem compra palete mudou e, em sua maioria, está procurando substituir a madeira, e os fornecedores de palete estão criando soluções ambientalmente responsáveis, a um custo eficaz, satisfazendo às necessidades da movimentação de materiais.

Por exemplo, os paletes de folha rígida (*slip sheets*) são geralmente escolhidos para aplicações nas quais o palete será descartado e onde o peso, a altura e a possibilidade de reciclagem são fatores críticos. Madeira, aglomerados e plásticos compõem 97% do mercado de paletes. Os outros 3% são paletes metálicos e de outros materiais.

A comparação entre paletes plásticos e de madeira pode ser verificada no Quadro 12.2.

Quadro 12.2 – Comparação entre paletes plásticos e de madeira.

Características	Paletes plásticos	Paletes de madeira	Observações
Conserto ou reciclagem	menor	maior	Os paletes de madeira são consertados e readequados para o propósito planejado original inúmeras vezes.

CAPÍTULO 12 – MANUSEIO DE MATERIAIS E EQUIPAMENTOS

Custo de identificação	maior	menor	Os paletes de madeira podem ser marcados facilmente com o logotipo de empresa a um custo também baixo.
Facilidade de limpeza e descontaminação	menor	maior	Adoção de fornos que tratam o palete de madeira para evitar contaminação.
Fricção de superfície de carga	menor	maior	O palete de plástico não oferece as vantagens da madeira.
Geração de lascas	menor	maior	Os paletes soltam lascas quando são fabricados com material de má qualidade ou quando são utilizados indevidamente.
Geração de pó	menor	maior	Como medida paliativa, faz-se necessário que o fornecedor varra o palete durante a sua fabricação.
Custo nas mudanças de utilização	menor	maior	Palete de madeira: variações ilimitadas a um custo baixo. Paletes plásticos: têm estampagem que elevam o custo.
Neutralidade ambiental	menor	maior	A neutralidade ambiental de um produto reciclável é medida pela quantidade de energia exigida para sua reciclagem e a energia térmica necessária para seu conserto ou reciclagem.
Peso	menor	maior	Solução: fabricar com madeira seca e que atenda ao peso exigido.
Custo de aquisição	maior	menor	–
Reaproveitamento/ reutilização	–	–	O palete de madeira poderá ser desmontado e suas partes aproveitadas para o conserto de outros paletes ou ser moídos e seu pó utilizado para adubo ou ser misturado em compostos orgânicos, entre outras utilidades.
Tamanhos precisos	menor	maior	Utilização de equipamentos de produção que possibilitam a construção dos paletes em dimensões precisas.
Vida útil	menor	maior	Se o palete de madeira for conservado corretamente, sua vida útil será superior a dez anos.

Indiferentemente à questão do material, é bom lembrar que a função do palete é "estocar, proteger e facilitar o deslocamento de materiais".

Controle de paletes

Algumas maneiras de se fazer o controle de paletes são:

- acrescentar no preço dos produtos o valor correspondente aos paletes, no caso de pontos de venda, onde seja complicado haver a devolução destes, pela falta de controle maior do cliente, muitas vezes porque repassa de imediato para os seus clientes;
- fazer constar na nota fiscal as quantidades de paletes que acompanham os produtos, para o caso de garantia de ressarcimento pela perda de parte ou totalidade destes;
- emitir nota fiscal de simples remessa dos paletes acompanhando a nota fiscal dos produtos, e também devolução de simples remessa por parte dos clientes, ao devolver as quantidades correspondentes;
- terceirização do controle dos paletes com a locação destes, em que uma empresa é contratada para abastecer e controlar o fluxo dos paletes.

Existem formas de identificação dos paletes que auxiliam no controle e na administração destes, que são efetuadas por: cores, numeração e plaqueta de identificação. As plaquetas de identificação, normalmente por código de barras, permitem o controle e o rastreamento do ativo retornável através de leitura óptica e consistência na base de dados.

As transportadoras ou os pontos de venda descartam os paletes ou vendem a qualquer preço para se livrar destes, quando não há controle por parte da empresa proprietária dos paletes, causando assim um prejuízo para o proprietário e ao meio ambiente, se tratados como lixo.

Quando o palete tiver oficialmente sua vida útil encerrada, faz-se necessário que seja baixado no controle central, para efeito de inventário físico.

Os cuidados com paletes

Os cuidados com os paletes devem:

- assegurar-se de que a carga unitizada não seja empilhada em alturas maiores que a especificada;

CAPÍTULO 12 – MANUSEIO DE MATERIAIS E EQUIPAMENTOS

- evitar estocar paletes vazios ou com carga à intempérie;
- fornecer boa iluminação nas áreas de estocagem para facilitar a movimentação rápida e eficiente dos produtos;
- não utilizar paletes fora dos padrões preestabelecidos;
- padronização das cargas unitizadas para adequação aos paletes utilizados;
- treinar os operadores no uso adequado do equipamento de movimentação de paletes.

VANTAGENS DA PALETIZAÇÃO DOS MATERIAIS

A paletização dos materiais tem as seguintes vantagens:

- maior densidade de carga no armazenamento;
- melhora a utilização dos espaços verticais, aumentando o uso dos espaços destinados ao armazenamento dos materiais e uniformizando o local de estocagem.
- menores custos de manutenção do inventário, possibilitando melhor o controle destes;
- permite a padronização e a automação dos sistemas de recebimento e fornecimento dos materiais e melhor aproveitamento dos equipamentos de movimentação;
- reduz os custos de manuseio e movimentação, além de diminuir o tempo de transporte e permitir maior rapidez nas operações de carga e descarga;
- reduz as avarias na produção, as paradas em sistemas automatizados, as reclamações trabalhistas dos operadores e os obstáculos na colocação e na retirada de paletes das estruturas porta-paletes e veículos.

DESVANTAGENS DA PALETIZAÇÃO DOS MATERIAIS

A paletização dos materiais possuem as seguintes desvantagens:

- pouca eficiência para o armazenamento de produtos de baixo giro;
- aumento do valor do frete devido ao peso do palete e ao seu volume;
- o custo operacional pode ser elevado em fase da vida útil dos paletes e mesmo no controle de paletes vazios que retornam após utilização;

- depende da utilização de equipamentos especiais para a sua movimentação, tais como empilhadeira, paleteira e carrinhos porta-paletes;
- custos dos paletes e necessidade de investimentos em equipamentos adequados ao seu manuseio.

Conteinerização

A colocação da carga em contêiner ("cofre de carga"), que é um recipiente construído em material resistente o suficiente para suportar uso repetitivo, destinado a propiciar o transporte de mercadorias com segurança, inviolabilidade e rapidez, permitindo fácil carregamento e descarregamento e adequado à movimentação mecânica e ao transporte por diferentes equipamentos. As opções de utilização no transporte marítimo são os contêineres de 20" e 40" (pés), com sua classificação para cada tipo de carga, como descrito a seguir:

Tipos de contêineres

Para cada tipo de carga, temos contêineres:

- **de teto aberto (*Open Top*)**: para cargas pesadas em sua totalidade, com encerado para cobertura na parte de cima deste. Muito utilizado para máquinas e equipamentos que são maiores que as dimensões da porta do contêiner e são colocadas pela parte superior;
- **para granéis sólidos**: como cereais, pós, farinhas, açúcar etc;
- **seco**: para cargas secas, contêiner normal;
- **tanque**: para cargas líquidas a granel;
- **térmico (aquecido ou refrigerado)**: destinado a produtos que requerem temperatura constante durante seu transporte, para não alterar sua qualidade e apresentação, muito comum para produtos perecíveis;
- **ventilado**: evita a condensação do ar em seu interior, utilizado para transporte de frutas, legumes, animais vivos etc.

Mariner-slings

São cintas de material sintético, que formam uma rede, com dimensões padronizadas, geralmente utilizadas para sacaria. Dependendo do embarque, seguem com a carga até o destino ou apenas até o porão do navio, quando são retiradas.

BIG-BAG

São sacos de material sintético, com fundo geralmente circular ou quadrado, utilizados frequentemente para produtos industrializados em grãos e pós, em substituição à sacaria. Permitem o reaproveitamento e cada unidade de carga tem uma variação de peso de 800 kg até 2,0 t. Seu custo é superior ao dos *mariner-slings* e, por isso, em operações de comércio exterior, às vezes, não embarcam com a carga. Sua capacidade em geral é superior à dos *mariner-slings*.

ARMAZENAGEM

A armazenagem é a administração do espaço necessário para manter os estoques. O planejamento de armazéns inclui: localização, dimensionamento de área, arranjo físico, baias de atracação, equipamentos para movimentação, tipo e sistemas de armazenagem, sistemas informatizados para localização de estoques e mão de obra disponível. O funcionamento adequado do armazém exige que disponha de um sistema rápido para transferência da carga, imobilizando o veículo durante o menor tempo possível. A armazenagem define-se como:

> [...] denominação genérica e ampla, que inclui todas as atividades de um ponto destinado à guarda temporária e a distribuição de materiais depósitos, centros de distribuição etc. E estocagem como uma das atividades do fluxo de materiais no armazém e ponto destinado à locação estática dos materiais. Dentro de um armazém, podem existir vários pontos de estocagem (Moura, 1997, p. 3).

Moura (1997) menciona dois fatores importantes no processo de estocagem: um em função das características do material, que explora possibilidades de agrupamentos por tipo, tamanho, frequência de movimentação ou mesmo até a estocagem por tipo de material que seja usado em um departamento específico; e o outro em função das características do espaço, e a forma com que se pretende utilizar esse espaço, considerando-se o tamanho, as características da construção (paredes, pisos etc.), a localização em consonância às demais áreas de empresa que se relacionam, os critérios de disponibilidade (a existência de filas para atendimento) etc.

As atividades envolvidas no processo de armazenagem são: recebimento, inspeção, endereçamento, estocagem, separação, embalagem, carregamento, expedição, emissão de documentos e inventários, que, agindo de forma integrada, atendem às necessidades logísticas, evitam falhas e maximizam os recursos, como afirmam Guarnieri et al. (2006). Pode-se ainda considerar os seguintes atributos da armazenagem e movimentação física dos materiais: recebimento, identificação, transporte e movimentação física para as áreas de armazenagem, armazenamento, controle de localização física e fornecimento dos materiais.

A atividade de *picking*, responsável pela coleta do mix correto de produtos, em suas quantidades corretas na área de armazenagem, é uma atividade crítica no processo em razão da necessidade de um trabalho manual e da movimentação de materiais intensiva e em virtude da redução do tempo de ciclo. No sistema de *picking* é traçada uma estratégia para a coleta e a separação de produtos de modo a atender às exigências de produtividade e flexibilidade do sistema.

O objetivo do armazenamento é utilizar o espaço nas três dimensões (comprimento, largura e altura), de maneira eficaz. As instalações do armazém devem propiciar a movimentação ágil de suprimentos do recebimento até a expedição. Alguns fatores podem influenciar na produtividade dos almoxarifados como: eficácia no emprego dos equipamentos de movimentação e transporte; maximização do uso do espaço cúbico disponível e utilização de pessoal qualificado e treinado para realizar as operações internas.

A movimentação para Lambert et al. (1998) trata de todos os aspectos do manuseio ou fluxo de matérias-primas, estoques de produtos dentro de uma fábrica ou armazém. A movimentação de materiais procura atingir os seguintes objetivos:

- ◆ aumentar a capacidade de utilização do armazém;
- ◆ aumentar a produtividade;
- ◆ eliminar o manuseio onde possível;
- ◆ melhorar a segurança com a redução dos riscos de acidentes e utilização de critérios de ergonomia com a finalidade de reduzir a fadiga dos trabalhadores;

- melhorar o fluxo dos materiais no armazém, envolvendo o recebimento, a movimentação e a expedição;
- minimizar distâncias e estoque de produtos em processo;
- minimizar perdas com refugo, quebra, desperdício e desvio;
- proporcionar um fluxo uniforme, livre de gargalos;
- reduzir custos.

Moura (1997) menciona que a maior parte do trabalho executado em um armazém consiste na movimentação de materiais. É nessa área que as soluções para os problemas devem ser buscadas. O modo pelo qual os materiais são localizados, estocados e movimentados tem uma influência decisiva sobre como é efetivamente utilizado o espaço. Algumas características operacionais podem otimizar a operação de um armazém, tais como: acessibilidade, equipamentos de movimentação e armazenamento e tipos de embalagem usadas no armazenamento.

Estruturas de armazenagem

As estruturas de armazenagem são elementos básicos para a paletização e o uso racional de espaço, atendendo aos mais diversos tipos de carga. São estruturas constituídas em perfis em "L", "U", tubos modulares e perfurados, dispostos de modo a formar estantes, berços ou outros dispositivos de sustentação de cargas.

Os principais tipos são:

A. Porta-paletes convencional

- Trata-se de uma estrutura pesada ou leve, na qual as prateleiras são substituídas por um plano de carga, constituído por um par de vigas, que se encaixam em colunas com possibilidade de regulagem na altura. Os paletes são armazenados e retirados individualmente por empilhadeiras que se movimentam por meio de corredores ou manualmente, dependendo do tipo de produto a ser estocado.
- O sistema porta-paletes de estantes para paletização representa a melhor resposta para os armazéns em que é necessário armazenar produtos

paletizados com uma grande variedade de referências, sendo a estrutura mais utilizada. Empregada quando é necessária a seletividade nas operações de carregamento, isto é, quando as cargas dos paletes forem muito variadas, permitindo a escolha da carga em qualquer posição da estrutura sem nenhum obstáculo – movimentação dentro dos armazéns.
◆ Apesar de necessitar de muita área para corredores, compensa por sua seletividade e rapidez na operação. Para armazenar maior número de paletes, é possível instalar estantes de dupla profundidade, que permitem armazenar um palete em frente ao outro de cada lado do corredor.
◆ Vantagens:
  • acesso direto e unitário a todas as referências;
  • facilita o controle do estoque;
  • adapta-se a qualquer espaço peso ou tamanho da mercadoria.

B. Porta-paletes para corredores estreitos

◆ Otimiza o espaço útil de armazenagem, em virtude da redução dos corredores para movimentação. Entretanto, o custo do investimento torna-se maior por causa dos trilhos ou dos fios indutivos que são necessários para a movimentação das empilhadeiras trilaterais.

C. Porta-paletes para transelevadores

◆ Permite a armazenagem e recolha automática de caixas, bandejas ou caixas de papelão em estantes altas ou dinâmicas. Também otimiza o espaço útil, já que seu corredor é ainda menor que da empilhadeira trilateral.
◆ Em virtude de alturas superiores às estruturas convencionais, possibilita elevada densidade de carga com rapidez na movimentação e o aproveitamento do espaço vertical, e propiciando segurança no manuseio do palete, automação e controle do FIFO (*first in, first out* – primeiro a entrar, primeiro a sair).

D. Porta-paletes autoportante

◆ Nesse sistema, são as próprias colunas das estruturas de armazenagem que suportam todos os esforços próprios do edifício, seja nas laterais ou

na cobertura. Por causa disso, a estrutura tem de ser estudada especialmente para que possa receber diretamente as paredes exteriores.
◆ É utilizado para alturas acima de 20 metros e há tolerância tanto no projeto quanto na fabricação das estruturas mínimas. Essas exigências são necessárias, pois são utilizados transelevadores nesse nível de altura.
◆ Permite o aproveitamento do espaço vertical, a altura dos armazéns autoportantes está limitada em razão da altura máxima permitida pelas leis locais ou da altura de elevação das empilhadeiras ou transelevadores, sendo possível a construção de armazéns com uma altura superior a 30 metros.
◆ O tempo de construção é menor e pode-se conseguir, também, redução no valor do investimento, uma vez que a estrutura de armazenagem vai ser utilizada como suporte do fechamento lateral e da cobertura, possibilitando uma maior distribuição de cargas no piso, traduzindo em economia nas fundações.
◆ **Vantagens:**
  • armazenagem a grande altura, máximo aproveitamento da superfície disponível;
  • não é necessária a construção de um edifício prévio;
  • possibilita a aplicação de sistemas convencionais ou automáticos.

E. **Porta-paletes deslizante**

◆ A estrutura de armazenagem porta-palete é fixada sobre carros móveis motorizados eletricamente, que se movimentam sobre trilhos aplicados no piso, ao qual facilitam o quantitativo da estocagem, pois se trata de um sistema que utiliza somente um corredor para movimentação da empilhadeira.
◆ De acordo com a necessidade, é acionada de maneira automática ou manualmente a abertura de outro corredor. O palete fica mais protegido, pois, quando não se está movimentando, a estrutura fica na forma de blocado.
◆ A blocagem nesse tipo de sistema é de 95% do espaço físico disponível com a vantagem de uma seletividade de 100%.
◆ **Vantagens:**
  • pequena área destinada à circulação;

- muito utilizado em espaços extremamente restritos para armazenagem de produtos de baixo giro e alto valor agregado;
- alta densidade.

F. **Estrutura tipo *drive-trough/drive-in***

◆ É um sistema constituído por um bloco contínuo de estruturas, não separadas por corredores intermediários. Composto por pórticos e braços que sustentam trilhos destinados a suportar os paletes, exige paletes uniformes e mais resistentes. A estrutura é uniforme, porque a distância entre os trilhos é fixa e resistente, pois é onde serão apoiados apenas pelas bordas. Esse tipo de estrutura não deve ultrapassar os 12 metros.
◆ As empilhadeiras movimentam-se dentro da própria empresa, ao longo de ruas; não há vigas bloqueando o acesso da máquina para depositar ou retirar as cargas. Os paletes são apoiados pelos braços em balanço, fixados nos montantes.
◆ O sistema de armazenagem compacto é muito utilizado em câmaras frigoríficas, tanto de refrigeração como de congelamento, que necessitam aproveitar ao máximo o espaço destinado à armazenagem dos seus produtos a uma temperatura controlada;
◆ **Vantagens:**
   - possui alta densidade de armazenagem de cargas iguais e propicia grande aproveitamento volumétrico para os armazéns, máxima utilização do espaço disponível (até 85%), tanto em superfície como em altura;
   - ideal para produtos homogêneos com rotação baixa e grande quantidade de paletes por referência, além de não haver a necessidade de alta seletividade ou velocidade;
   - eliminação dos corredores entre as estantes;
   - rigoroso controle de entradas e de saídas;
   - são estruturas para verticalizar cargas paletizadas por acumulação, com movimentação interna (ruas) da empilhadeira, ideais para trabalhar com grandes quantidades de um mesmo produto.
◆ Além disso, existem dois sistemas de gestão da carga, denominados *drive-in*, com um único corredor de acesso, e *drive-through*, com dois acessos à carga, um de cada lado da estante. Assim, esse sistema é da seguinte forma:

- **Estrutura tipo *drive-trough***: esse sistema deve ser utilizado preferencialmente quando o sistema de inventário obrigue a adoção do tipo FIFO. Semelhante à estrutura tipo *drive-in*, porém, tem acesso também por trás, possibilitando corredores de armazenagem mais longos.
- **Estrutura tipo *drive-in***: deve ser utilizada preferencialmente quando o sistema de inventário for do tipo LIFO (*last in, first out* – último a entrar, primeiro a sair).

G. Estrutura dinâmica

- As estantes são constituídas por uma plataforma de roletes, com uma ligeira inclinação que permite o deslizamento dos paletes, por gravidade e a velocidade controlada, até o extremo oposto.
- A principal característica é a rotação automática de estoques, permitindo a utilização do sistema FIFO, pois, pela sua configuração, o palete é colocado em uma das extremidades do túnel e desliza até a outra por uma pista de roletes com redutores de velocidade, para manter o palete em uma velocidade constante.
- Possibilita grande concentração de carga, porque necessita somente de dois corredores, um para abastecimento e outro para a retirada do palete.
- É empregada, principalmente, para estocagem de produtos alimentícios, com controle de validade e cargas paletizadas.
- Sem dúvida, é uma das mais caras, mas muito utilizada na indústria de alimentos, para atender aos prazos de validade dos produtos perecíveis.
- **Vantagens:**
  - perfeita rotação dos paletes (sistema FIFO);
  - máxima capacidade, por ser um sistema de armazenagem compacto;
  - economia de espaço e tempo na manipulação dos paletes;
  - esse sistema é aplicável a qualquer setor da indústria ou da distribuição (alimentação, setor automobilístico, indústria farmacêutica, química etc.).

H. Estrutura tipo Cantilever

- Estruturas especialmente concebidas para a armazenagem de unidades de carga de grande comprimento ou com medidas variadas. É destinada

às cargas armazenadas, pela lateral, preferencialmente por empilhadeiras, como: madeiras, barras, tubos, trefilados, pranchas, perfis metálicos, tubos, molduras, tabuleiros de madeira, pranchas metálicas ou de material de plástico etc.
- Em virtude da altura e do peso da mercadoria, pode-se escolher entre a estante leve ou a pesada. Ambas oferecem a possibilidade de situar os níveis (braços) em um só lado ou em ambos os lados da estrutura.
- É estrutura de preço elevado, composta por colunas centrais e braços em balanço para suporte das cargas, formando um tipo de árvore metálica.
- Em alguns casos, pode ser substituída por uma estrutura com cantoneiras perfuradas, montadas no sentido vertical e horizontal, formando quadros de casulos e possibilitando armazenar os mais variados tipos de perfis pela parte frontal. Esse tipo de estrutura é extremamente mais barato, porém exige carregamento e descarregamento manual, tornando a movimentação mais morosa que a da estrutura tipo Cantilever, na qual se movimenta vários perfis de uma só vez.
- **Vantagens:**
  - possibilita a armazenagem de cargas de grande comprimento;
  - permite boa seletividade e velocidade de armazenagem;
  - sistema perfeito para armazenagem de produtos com dimensões, formas, volumes e pesos variados, tais como tubos metálicos ou de PVC, madeiras, móveis etc.

I. Estrutura tipo *Push-Back*

- Sistema de armazenagem por acúmulo que permite armazenar até quatro paletes em profundidade por nível. Todos os paletes de um mesmo nível, exceto o último, são depositados em um conjunto de carros que se deslocam, por impulso, sobre os trilhos de rodagem. Esses trilhos estão montados com uma ligeira inclinação, sendo a parte dianteira a de menor altura, para permitir o avanço dos paletes posteriores, ao retirar o palete mais próximo do corredor.
- Ideal para a armazenagem de produtos de rotação média, com dois ou mais paletes por referência. A utilização dos perfis de aço laminado estrutural é absolutamente necessária para garantir o perfeito funcionamento de trilhos, carros e rodízios dos sistemas.

CAPÍTULO 12 – MANUSEIO DE MATERIAIS E EQUIPAMENTOS

◆ Sistema utilizado para armazenagem de paletes semelhante ao *drive-in*, porém, com inúmeras vantagens, principalmente relacionadas à operação, o que possibilita uma seletividade maior por permitir o acesso a qualquer nível de armazenagem. Também conhecida por *Glide In* (*Gravity feed, Push Back* – alimentada por gravidade, empurra e volta).
◆ Esta é uma opção para o aumento da densidade de armazenagem sem a necessidade de investimentos em equipamentos de movimentação, pois os paletes ficam sempre posicionados nos corredores com fácil acesso, isto é, qualquer nível é completamente acessado sem a necessidade de descarregar o nível inferior.
◆ Permite a utilização do LIFO nas operações de transferências entre o centro de distribuição e as lojas ou os depósitos;
◆ **Vantagens:**
 • economia de espaço;
 • alta densidade de armazenagem;
 • a carga e descarga realizam-se em um corredor central;
 • permite o aumento da ocupação volumétrica da fábrica (relação entre o volume total do armazém e o volume da carga estocada);
 • maior produtividade operacional (itens movimentados por homem-hora);
 • maior agilidade no fluxo de materiais, maior organização dos estoques, maior produtividade nas operações de inventário.

J. Estrutura tipo *Flow-Rack*

◆ Sistema de armazenagem dinâmico ideal para rotação automática de pequenos volumes e grande rotatividade. Os artigos são carregados por uma das extremidades e deslizam sobre gravidade sobre rodízios até a zona de coleta ou *picking*, praticando o princípio FIFO.
◆ É usada com movimentações manuais e mantém, sempre, uma caixa à disposição do usuário, facilitando, assim, o *picking*, ou seja, a montagem de um pedido, como se fosse um supermercado. Como elas precisam ter pouca altura, pois são usadas manualmente, é bastante comum montá-las na parte inferior de uma estrutura porta-paletes convencional, com o intuito de usar a parte superior para estocagem do mesmo produto, em paletes, simulando, assim, um atacado na parte superior e um varejo na parte inferior.

◆ **Vantagens:**
  • grande seletividade e controle de estoque;
  • ideal para produtos fracionados;
  • são utilizadas geralmente para armazenagem manual de caixas plásticas em conjunto com linhas de transportadores para produtos que serão embalados e posteriormente expedidos.

K. Estante

◆ As estantes são dispostas formando conjuntos de diversas secções, monofrontal e bifrontais, até uma altura facilmente alcançável pelo ser humano em pé, ou com o auxílio de uma pequena escada. Normalmente, as estantes leves são confeccionadas com colunas em formato de "L" e podem ter também pisos intermediários ou superiores, que resultam em mezaninos com escadas de acesso. Possuem opcionais que auxiliam na separação e organização como divisores, escaninhos, gavetas, painéis etc.
◆ É um sistema estático de armazenagem geralmente manual, utilizado para a estocagem de itens de pequeno tamanho e cargas consideradas baixas e de pouca rotatividade.
◆ Possibilita a montagem de mais de um nível, com pisos intermediários. Dentre alguns dos exemplos de uso das estantes leves podemos citar: almoxarifados de pequenas peças, arquivos mortos etc.
◆ **Vantagens:**
  • são adequadas para armazenar itens leves, manuseáveis sem ajuda de qualquer equipamento;
  • a capacidade de carga é uniformemente distribuída por prateleira em uma estante leve, podendo variar entre 50 kg a 300 kg.

Alguns exemplos de estruturas de armazenagem podem ser verificados na Figura 12.1.

Manuseio de materiais

Nos últimos 50 anos, o campo do manuseio de materiais transformou-se em uma área importante e altamente sofisticada da indústria. O impacto do

CAPÍTULO 12 – MANUSEIO DE MATERIAIS E EQUIPAMENTOS

Figura 12.1 – Estruturas de armazenagens.

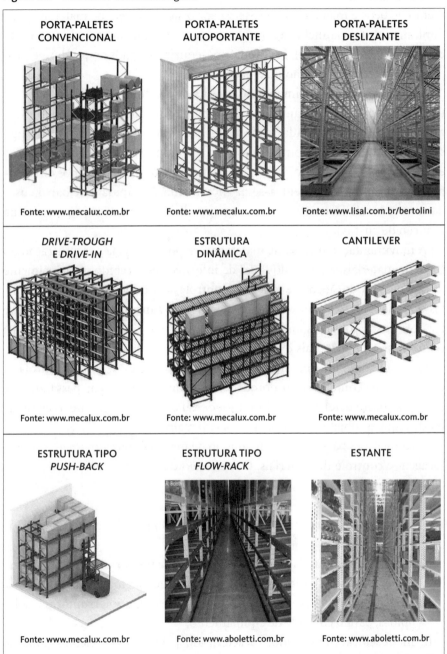

Fonte: Adaptado dos sites: www.aboletti.com.br, www.mecalux.com.br e www.lisal.com.br/bertolini, 2009.

manuseio de materiais vai muito além do simples deslocamento e armazenamento de bens e materiais. Um sistema eficaz de manuseio de materiais pode diminuir substancialmente a duração de ciclos de fabricação, reduzir o custo do produto, baixar o nível do inventário, reduzir os danos ao produto e proporcionar melhor utilização do espaço.

O manuseio ou a movimentação interna de produtos e materiais significa transportar pequenas quantidades de bens por distâncias relativamente pequenas, quando comparadas com as distâncias na movimentação de longo curso executadas pelas companhias transportadoras. É atividade executada em depósitos, fábricas e lojas, bem como no transbordo entre tipos de transporte. Seu interesse concentra-se na movimentação rápida e de baixo custo das mercadorias (o transporte não agrega valor e é um item importante na redução de custos).

A movimentação interna de materiais é responsável pela administração do fluxo de materiais, a partir do fluxo de informações recebido principalmente das áreas de produção, planejamento e controle da produção, assim como muitas vezes das áreas de compras e engenharia. A movimentação de material deve ter dois fluxos paralelos, independentemente do tamanho ou complexidade: o fluxo físico de materiais e o correspondente fluxo de informação (Kulwiec, 1985). O fluxo de informação fornece as bases para que se possa controlar a operação, tais como saber o porquê de um componente estar passando por dado ponto, em determinada altura, aonde vai e o que vai ser feito a seguir, de modo a que os objetivos da operação sejam realizados.

As dimensões básicas para o manuseio de materiais são movimentação, estocagem e controle de materiais. O manuseio de materiais evoluiu de forma cronológica como:

I. **manuseio de materiais manual**: caracterizado por alto grau de atividade humano;

II. **manuseio de materiais apoiado por assistência mecânica**: tais como transportes e caminhões industriais, para movimentar materiais; prateleiras, *racks* de estocagem e carrosséis, para a estocagem; interruptores e solenoides, para o controle de equipamento;

III. **manuseio automatizado**: caracterizado pelo uso de veículos guiados, paletizadores automatizados, equipamentos automatizados de estocagem e retirada, e identificação automatizada dos materiais; a integração de "ilhas" de automação, assim, cria sinergia entre as várias atividades de manuseio de materiais;

IV. **manuseio inteligente**: por meio do uso de inteligência artificial e sistemas associados específicos.

O controle do sistema pode ser manual, mecanizado ou automático e apresenta os seguintes benefícios:

◆ fluxo contínuo de materiais e informação;
◆ melhor adaptação para controlar;
◆ melhor coordenação com fornecedores e clientes;
◆ níveis de utilização de equipamento superiores;
◆ procedimentos de trabalho mais sistemáticos e seguros;
◆ redução de atrasos entre operações e departamentos;
◆ redução de produtos estragados e custos de trabalho;
◆ retorno ótimo do investimento.

Moura (1997), ao propor a equação de movimentação de materiais, material (o quê?) + movimento (onde? e quando?), resulta no método (como? quem?), para solucionar a questão, por que movimentar? A Figura 12.2 mostra que movimentar materiais, estejam eles em seu estado sólido, líquido ou gasoso, requer um ciclo completo de operações que necessariamente passam pela fonte de matérias-primas, pelo seu recebimento e estocagem, e pela sua movimentação entre as diversas fases de processamento até o produto acabado, administrando ainda a embalagem, armazenagem e distribuição.

OBJETIVOS DE UM SISTEMA DE MOVIMENTAÇÃO DE MATERIAIS

Um sistema de movimentação de materiais tem de cumprir as seguintes finalidades básicas:

A. **Capacidade produtiva**: sistema de movimentação eficiente que permite aumento de produção, capacidade de armazenagem e melhor distribuição de armazenagem.

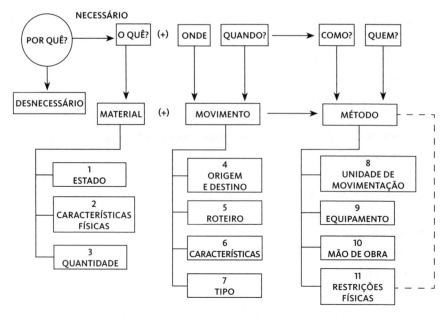

Figura 12.2 – A equação da movimentação de materiais.
Fonte: Moura, 1997.

B. **Condições de Trabalho:** maior segurança, redução da fadiga e maior conforto pessoal são melhorias possíveis de serem acrescentadas no processo de produção pelos sistemas de movimentação de material.
C. **Distribuição:** atividade que se inicia na recepção dos materiais e que se estende até a expedição do produto, permitindo melhoria na circulação, localização estratégica de almoxarifados e melhoria nos serviços ao usuário.
D. **Redução de custos:** melhor utilização de equipamentos, acondicionamento, racionalização de movimentação interna e armazenagem, permitem obter redução de custos de mão de obra, materiais e despesas gerais.

Segundo Dias (1993), na movimentação interna de materiais, destacam-se:

◆ recebimento e estocagem;
◆ distribuição interna dos materiais;
◆ movimentação e estocagem durante o processo;

CAPÍTULO 12 – MANUSEIO DE MATERIAIS E EQUIPAMENTOS

- ◆ movimentações: ao local de trabalho, interdepartamental, intradepartamental, interna da fábrica, relacionada com funções auxiliares e entre plantas de um mesmo complexo industrial;
- ◆ embalagem (para consumo e para o transporte);
- ◆ armazenagem de produtos acabados;
- ◆ carregamento e expedição.

CLASSIFICAÇÃO DE UM SISTEMA DE MOVIMENTAÇÃO DE MATERIAIS

A classificação da movimentação e o transporte de material, conforme Dias (1993) e de acordo com a atividade funcional a que se destina, podem ser:

A. **Granel** – abrange os métodos e equipamentos de transportes usados desde o recebimento, estocagem e transporte interno de toda a espécie de materiais a granel, incluindo gases, líquidos e sólidos;

B. **Cargas unitárias** – cargas acondicionadas em um recipiente de paredes rígidas ou individuais ligadas entre si, formando uma única unidade para manipulação;

C. **Embalagem** – Recipientes usados para o transporte de produtos no processo de produção ou de produtos acabados;

D. **Acondicionamento ou armazenamento** – corresponde ao empilhamento ou colocação em prateleiras ou em suportes especiais, assim como a expedição de cargas de qualquer forma, em qualquer fase do processo de manufatura, desde o recebimento da matéria-prima até a expedição do produto;

E. **Vias de transporte** – abrange o estudo do carregamento, desembarque e transferência interna de qualquer tipo de material por qualquer tipo de modal de transporte;

F. **Análise de dados** – nessa área estão contidos todos os aspectos analíticos da movimentação interna de materiais, como: levantamento de mapas de movimentação e manuseio, disposição física de equipamentos, organização, segurança, treinamento, manutenção, análise de custos e outras técnicas para o desenvolvimento de um sistema eficiente de movimentação de materiais.

Equipamentos de movimentação

Métodos e equipamentos de movimentação interna ineficientes podem acarretar altos custos para a empresa devido ao fato de que a atividade de manuseio deve ser repetida muitas vezes e envolve a segurança e integridade dos produtos. Assim, a utilização adequada dos recursos contribui para o aumento da capacidade produtiva e oferece melhores condições de trabalho para os funcionários da empresa.

Dessa forma, movimentar os materiais é uma tarefa que demanda grande esforço. A utilização de equipamentos adequados para cada tipo de material a ser transportado pode contribuir para melhor execução dessa tarefa. Cada vez mais, novos equipamentos, mais modernos e sofisticados, são introduzidos no mercado, e a escolha do melhor equipamento depende de muitas variáveis, como: o custo, o produto a ser manuseado, a necessidade ou não de mão de obra especializada, espaço disponível, entre outros. Assim, o projeto de movimentação de materiais deve, portanto, considerar no investimento de equipamentos, a sua efetiva necessidade.

Seleção de sistemas de manuseio de materiais

O sistema de manuseio de materiais deve ser selecionado para ser parte integral de toda a atividade do sistema de estocagem. Não é necessariamente o ponto inicial do projeto do sistema de estocagem nem seu ponto final. Entretanto, o cliente pode fazer as primeiras aproximações grosseiras para o projeto final sem tentar equilibrar todos os fatores simultaneamente. Nessa análise, deve-se levar em consideração diversos fatores, como:

- ◆ As características dos produtos são determinantes para a concepção do armazém?
- ◆ O projeto do armazém impõe restrições na escolha dos equipamentos?
- ◆ O sistema a ser utilizado deve ser manual, semiautomatizado ou totalmente automático?
- ◆ Os sistemas de manuseio de materiais adotados impõem restrições?
- ◆ Qual sistema de entrega os principais fornecedores utilizam?

CAPÍTULO 12 – MANUSEIO DE MATERIAIS E EQUIPAMENTOS

Existe ampla variedade de equipamentos de movimentação de materiais com tamanhos, volumes e formas diversas. Os tipos mais comuns são:

SISTEMAS DE TRANSPORTADORES CONTÍNUOS

São mecanismos destinados ao transporte de granéis e volumes em percursos horizontais, verticais ou inclinados, fazendo curvas ou não e com posição de operação fixa, consistindo na movimentação constante entre dois pontos predeterminados, onde haja grande fluxo de material a ser transportado em percursos fixos. São formados por um leito, onde o material desliza em um sistema de correias ou correntes sem-fim acionadas por tambores ou polias.

Usos e aplicações

- Utilizados onde haja grandes fluxos contínuos ou montagens seriadas em percursos fixos: mineração, indústrias, terminais de carga e descarga, terminais de recepção e expedição ou em armazéns.
- São particularmente interessantes no movimento de grandes quantidades ao longo de uma mesma rota.
- **Vantagens**: possuem baixo custo por unidade transportada, podem-se conectar a outros sistemas de movimentação, podem ser automatizados ou instalados acima do nível do piso e não dependem da habilidade de um operador.
- **Desvantagens**: exigem alto investimento inicial, são onerosos em caso de reforma ou modificação, são pouco flexíveis na variação do tipo de carga e de peso etc.

Exemplos
A. *Esteiras transportadoras*:

- são equipamentos de ampla aplicação, podem ser de correia, fita ou de tela metálica, utilizadas geralmente para grandes quantidades de material;
- as esteiras transportadoras apresentam a desvantagem de possuir uma pequena flexibilidade na trajetória;

- as fitas metálicas podem ser feitas de aço-carbono, aço inoxidável e aço revestido por borracha. Nas esteiras, o ângulo máximo de inclinação é função das características do material (entre 20º e 35º).

B. *Transportadores de roscas*:

- são indicados para a movimentação de materiais pulverizados não corrosivos ou abrasivos;
- utilizados em silos, moinhos, indústria farmacêutica etc.;
- o transporte é feito através da rotação do eixo longitudinal do equipamento.

C. *Transportadores magnéticos*:

- utilizados para a movimentação de peças e recipientes de ferro e aço;
- consiste em duas faixas de ferro magnetizadas por ímãs permanentes colocados na parte posterior de um transportador de fita, com um polo em cada faixa, assim, o material ferroso é conduzido e atraído simultaneamente, podendo seguir em trajetórias verticais e horizontais, ser virado etc.
- **Vantagens**: é silencioso, requer pouco espaço e manutenção, trabalha até embaixo d'água.
- **Desvantagens**: só transporta materiais ferrosos.

D. *Transportadores pneumáticos*:

- utilizados para transporte de materiais granulados em silos, moinhos e portos;
- constituem-se em um conjunto de tubulações e de um sistema motor que produz a corrente de ar.
- **Vantagens**: funcionam em qualquer tipo de trajeto, vedação completa, requer pouco espaço, baixos custos de manutenção.
- **Desvantagens**: somente utilizado para materiais de pequena granulometria e não abrasivos.

E. *Transportadores de roletes livres*:

- não há mecanismo de acionamento – somente a força da gravidade ou manual;

CAPÍTULO 12 – MANUSEIO DE MATERIAIS E EQUIPAMENTOS

- é um sistema de transporte econômico, não há manutenção, permite o transporte de todos os materiais não a granel;
- A superfície de fundo do material deve ser dura e plana e no mínimo três roletes devem estar agindo simultaneamente sobre a carga.

F. *Transportadores de correntes*:

- evita problemas de contaminação;
- permitem o aproveitamento do espaço aéreo;
- gasto inicial e manutenção baixos.

Alguns exemplos de transportadores contínuos podem ser verificados na Figura 12.3.

Figura 12.3 – Transportadores contínuos.

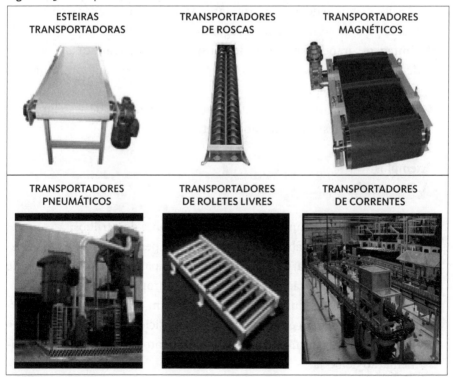

Fonte: Adaptado do site: www.logismarket.ind.br, 2009.

Sistemas de manuseio para áreas restritas

Descrição

São equipamentos utilizados para elevação e transferência de produtos para quaisquer pontos dentro de uma área fixa e aplicados onde se deseje transferir materiais pesados, volumosos e desajeitados em curtas distâncias dentro de uma fábrica onde a área é elemento crítico: por isso são bastante utilizados em almoxarifados.

Usos e aplicações

- Transferir dentro de uma distância curta materiais muito pesados, ou volumosos e muitas vezes desajeitados; como de navios para o cais, canteiros de obras, carregamento de veículos industriais etc.
- Equipamentos que geralmente operam sobre as áreas de armazenagem, não necessitando do uso de corredores para movimentar cargas extremamente pesadas com agilidade e segurança.
- **Vantagens:** grande capacidade de transporte, versatilidade quanto ao tipo de material a ser transportado, em condições ideais agilizam o fluxo e ocupam pouco espaço no piso.
- **Desvantagens:** em geral, são muito caros, possuem raio de ação limitado, requerem infraestrutura muito cara etc.

Exemplos
A. *Pontes rolantes:*

- viga suspensa sobre um vão livre, que roda sobre dois trilhos;
- são empregadas em fábricas ou depósitos que permitem o aproveitamento total da área útil (armazenamento de ferro para construção, chapas de aço e bobinas, recepção de carga de grandes proporções e peso).
- **Vantagens:** elevada durabilidade, movimentam cargas ultrapesadas, carregam e descarregam em qualquer ponto, posicionamento aéreo.
- **Desvantagens:** exigem estruturas, investimento elevado, área de movimentação definida.

B. Stacker Crane:

- consiste em uma torre apoiada sobre um trilho inferior e guiada por um trilho superior;
- pode ser instalada em corredores com menos de 1 metro de largura e algumas torres atingem até 30 metros de altura;
- exige alto investimento, mas ocasiona uma grande economia de espaço.

C. *Pórticos:*

- são vigas elevadas e autossustentáveis sobre trilhos;
- possuem sistema de elevação semelhante ao das pontes rolantes;
- são utilizados no armazenamento em locais descobertos.
- possuem maior capacidade de carga que as pontes rolantes, não requerem estrutura;
- são menos seguros, interferem com o tráfego no piso, e são mais caros.

D. *Semipórticos:*

- são pórticos rolantes em que um dos lados possui cabeceira de ponte rolante, ou seja, quando, pelo menos, em um dos lados se tem condições de instalar vigas de rolamento, ou a diferença da ponte rolante e do pórtico situa-se no nível do apoio ou, ainda, um movimento encontra-se elevado e o outro apoiado no solo.

E. *Plataformas de carga e descarga:*

- utilizadas no recebimento e na expedição de mercadorias, facilitando o trabalho. Geralmente são fixas.

F. *Talhas:*

- similares às pontes rolantes e possuem menor capacidade de carga;
- podem possuir intercambialidade de trilhos que permitam maior flexibilidade, que está limitada às regiões cobertas pelos trilhos.

G. *Troles:*

◆ carro mecânico composto por corpo de aço e rodas com mancais de rolamentos.

Alguns exemplos de sistemas de manuseio para áreas restritas podem ser verificados na Figura 12.4.

Figura 12.4 – Sistemas de manuseio para áreas restritas.

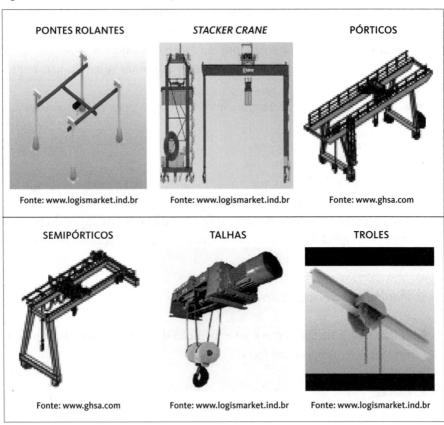

Fonte: Adaptado dos sites: www.logismarket.ind.br e www.ghsa.com, 2009.

CAPÍTULO 12 – MANUSEIO DE MATERIAIS E EQUIPAMENTOS

Sistemas de Manuseio entre Pontos sem Limites Fixos

São equipamentos que podem ser motorizados ou não, utilizados para movimentar cargas intermitentes, em percursos variáveis e em espaços e superfícies apropriadas. É o mais versátil dos sistemas.

São utilizados tanto no processo de produção como no de armazenagem para não só transportar cargas, mas também colocá-las em posição conveniente. Sua principal característica é a flexibilidade de percurso e de carga e descarga.

Classificação

- energia manual, elétrica ou a combustão;
- controle operador (sentado ou em pé), pedestre ou sem operador;
- deslocamento unidirecional, bidirecional ou multidirecional, deslocamento dirigido, repuxo fronto-horizontal.

Usos e aplicações

- muito difundidos, podem ser encontrados em qualquer produção ou armazém. São bastante recomendados em plantas que possuem muitos cruzamentos, são bastante rápidos e flexíveis em relação a percurso e a carga/descarga;
- meios mecânicos para movimentar materiais, evitando operações manuais lentas e cansativas. Variam desde pequenas plataformas manuais até pequenos tratores.
- **Vantagens:** podem transportar cargas muito variadas e possuem uma facilidade muito grande de manobras e, em alguns casos, podem ser controlados remotamente.
- **Desvantagens:** dependem, na maioria dos casos, da habilidade do operador, requerem o uso de corredores largos e de superfícies muito regulares e resistentes, além de perderem eficiência em caso de congestionamentos.

Exemplos
A. *Carrinhos*:

- são os equipamentos mais simples;
- consistem em plataformas com rodas e um timão direcional.
- **Vantagens:** baixo custo, versatilidade, manutenção quase inexistente.
- **Desvantagens:** capacidade de carga limitada, baixa velocidade e produção, exigem mão de obra.

B. *Autocarrinhos (AGV– Automatic Guided Vehicles)*:

- são utilizados desde 1950, podendo carregar até 100 toneladas;
- os AGVs modernos são controlados por computador, possuem microprocessadores e gerenciadores de sistema, que podem até emitir ordens de transporte e recolher ou descarregar cargas automaticamente.
- **Vantagens:** existem diversos modelos, com os mais variados tipos de sensores e até por radiofrequência.
- **Desvantagens:** o custo e manutenção elevados.

C. *Paleteiras*:

- carrinhos com braços metálicos em forma de garfo e um pistão hidráulico para a elevação da carga (pequena elevação);
- as paleteiras podem ser motorizadas ou não.

D. *Empilhadeiras*:

- podem ser elétricas ou de combustão interna (verificar ventilação);
- são usadas quando o peso e as distâncias são maiores (se comparadas com o carrinho). As mais comuns são as frontais de contrapeso.
- **Vantagens:** possuem livre escolha do caminho, exigem pouca largura dos corredores, fornecem segurança ao operário e à carga, diminuem a mão de obra.
- **Desvantagens:** retornam quase sempre vazias, exigem operador especializado, requerem paletização de cargas pequenas.

CAPÍTULO 12 – MANUSEIO DE MATERIAIS E EQUIPAMENTOS

E. *Guindastes*:

◆ são compostos por coluna e lança com guincho, acionado por dispositivo mecânico ou elétrico;
◆ geralmente, são montados sobre veículos com motor a explosão, que fornece também a força necessária para operação do guindaste;
◆ são recomendados no transporte interno e são equipamentos bastante utilizados nas atividades de elevar e transferir cargas de um ponto a outro;
◆ possuem as mais diferentes formas, respeitando-se o conceito básico de ser uma viga, treliça ou lança acoplada a uma estrutura de sustentação em uma extremidade, mantendo a outra extremidade livre;
◆ usados em pátios, construção pesada, portos e oficinas de manutenção;
◆ o veículo pode ser motorizado ou não;
◆ **Vantagens**: operam cargas não paletizadas, são versáteis e alcançam locais de difícil acesso.
◆ **Desvantagens**: exigem espaço e são lentos.

Alguns exemplos de sistemas de manuseio entre pontos sem limites fixos podem ser verificados na Figura 12.5.

Figura 12.5 – Sistemas de manuseio entre pontos sem limites fixos.

Fonte: Adaptado dos sites: www.logismarket.ind.br e www.equitecguindastes.com.br, 2009.

Considerações finais

A função da logística é responder por toda a movimentação de materiais, seja no ambiente externo ou no ambiente interno da empresa. Falhas de planejamento ou de detalhes mal encaminhados podem afetar o processo como um todo. Assim, em qualquer local de fabricação, a movimentação de materiais tem uma grande importância. Ela compreende todas as operações básicas envolvidas de qualquer tipo de material por qualquer meio – da recepção da matéria-prima até a expedição e a distribuição do produto acabado. Torna-se necessário, portanto, que a logística seja gerenciada de forma integrada.

O manuseio de materiais pode reduzir custos se for realizada por meio de uma análise criteriosa e técnica visando obter ganhos de custos, produtividade e segurança. Um dos primeiros passos a ser realizado é a análise do fluxo da movimentação de materiais, layout, embalagem, equipamentos de movimentação e estocagem, os quais muitas vezes, por não serem eficientes, para determinadas situações, são responsáveis pela geração de custos e perdas durante a movimentação de materiais.

A interface da embalagem e da movimentação de materiais é um componente vital na logística, no sistema de fluxo de material. Moura e Banzato (2000) relatam que o gerenciamento da interface entre embalagens e movimentação de materiais se depara com três preocupações inter-relacionadas:

- Como embalar o produto para melhor movimentação?
- Como embalar o produto para causar menores danos e melhor utilização de mão de obra, equipamento, espaço e capital?
- Como embalar e manipular o produto para melhor interação com outras funções do sistema (por exemplo, transporte, armazenagem, manufatura etc.) para o melhor desempenho geral do sistema?

Conseguir respostas efetivas para esses assuntos é o caminho para a redução de custos e maior produtividade.

A armazenagem, como ressaltam Gasnier e Banzato (2001), é tida como uma importante função para atender com efetividade à gestão da cadeia de suprimento. Sua importância reside em ser ela um sistema de abastecimento em relação ao fluxo logístico, que serve de base para a uniformidade e a continuidade deste, assegurando um adequado nível de serviço e agregando valor ao produto. As estruturas de armazenagem são elementos básicos para a paletização e o uso racional de espaço, atendendo aos mais diversos tipos de carga. A armazenagem de materiais e a escolha das estruturas de armazenagens devem ser planejadas, envolvendo todos os detalhes: localização, layout, equipamentos e métodos de trabalho.

A ligação entre a movimentação de material e os equipamentos de movimentação permite atingir níveis de produtividade que eram impensáveis anteriormente, bem como tornou possível automatizar fábricas e armazéns. Para isso, existe uma grande variedade de equipamentos. Deve-se avaliar o custo-benefício, pois o aumento da produtividade pode compensar gastos um pouco maiores. Em alguns casos, a escolha fica limitada por causa do tipo de material, espaço disponível ou o próprio custo. Não basta ter o equipamento certo, é preciso utilizá-lo de forma racional e otimizada.

A perfeita integração entre equipamentos de movimentação, estruturas de armazenagem, embalagem, espaço físico e produtos, determina a escolha do sistema de armazenagem ideal. Desse modo, a maneira pela qual os materiais são embalados, localizados e estocados tem uma grande influência nos resultados operacionais obtidos pelas organizações.

Referências bibliográficas

BOWERSOX, D. J.; CLOSS, D. J. *Logistical management*: the integrated supply chain process. Cingapura: McGraw-Hill, 1998.

COSTA, F. J. C. L. *Introdução à administração de materiais em sistemas informatizados*. São Paulo: Atlas, 2002.

DIAS, M. A. P. *Administração de materiais*: uma abordagem logística. São Paulo: Atlas, 1993.

GASNIER, D. G. J.; BANZATO, E. Armazém inteligente. *Revista LOG Movimentação e Armazenagem*. São Paulo, n. 128, p. 16, junho 2001.

GUARNIERI, P. et al. WMS – Warehouse Management System: adaptação proposta para o gerenciamento da logística reversa. In: *Produção*, v. 16, n. 01, p. 126-139, 2006.

GURGEL, F. A. *Administração dos fluxos de materiais e de produtos*. São Paulo: Atlas, 1996.

KULWIEC, R. A. *Materials handling book*. 2. ed. Nova York: John Wiley & Sons, 1985.

LAMBERT, D. M. et. al. Supply Chain Management: Implementation issues and research opportunities. *International Journal of Logistics Management*, v. 9, n. 2, 1998.

MOURA, R. A. *Manual de Logística:* armazenagem e distribuição física. São Paulo: IMAN, 1997.

_____.; BANZATO, J. M. *Embalagem, unitização & conteinerização*. São Paulo: IMAM, 2000.

Capítulo 13

Código de barras aplicado à gestão de estoques

Hélio Alessandro Ribeiro

> **Objetivo do capítulo**
>
> O objetivo do capítulo é apresentar a tecnologia por código de barras como um mecanismo facilitador e para ganhos de confiabilidade nas operações logísticas, através da redução dos tempos de movimentação de estoques e nos custos envolvidos.

Introdução

Fundamentos aplicados aos códigos de barra – EAN

A identificação por código de barras e a leitura óptica são mecanismos que facilitam a coleta e a troca e informações, de forma automática, e que auxiliam no processo de consistência e de confiabilidade das informações logísticas. Através dos sistemas de identificação (ID), aliada ao sistema informatizado de gerenciamento ERP (*Enterprise Resource Planning*), a codificação por barras é aplicada em toda a cadeia logística, dos fornecedores ao cliente final. Anteriormente, a alimentação dos sistemas era de forma manual pela digitação dos códigos das mercadorias, o que foi substituído pelo recurso da leitura óptica.

Com o aumento da concorrência da economia interna e global, a codificação, juntamente com a leitura óptica, impulsionou de maneira geral todos os entes envolvidos na cadeia logística de suprimentos – tais como embarcadores, produtores, transportadores, atacadistas, varejistas e fornecedores – a estar capacitados a movimentar e a operar todos os seus produtos codificados e a estar aptos para leitura óptica. Essa difusão da tecnologia na economia veio acompanhada dos sistemas de leitura óptica e sistemas de computadores. Hoje, tanto os leitores quanto os sistemas informatizados são facilmente encontrados desde as grandes empresas até em microempresas.

Para a identificação dos produtos nos sistemas informatizados, foi desenvolvido o SGC (Sistema de Geração de Códigos de barras), que tem a finalidade de gerar códigos de barras para os produtos e ou serviços de toda natureza, como também gerar a codificação dos subitens envolvidos em todo o processo produtivo da organização. Para a estruturação do processo informacional, é necessário aliar o SGC a um sistema gerencial, que necessariamente receberá e tratará todas as informações transitadas no processo de movimentação física e de movimentação de informações. Para exemplificar a necessidade e utilidade de um sistema como este, basta imaginar o gerenciamento de um supermercado de médio porte de uma metrópole, que pode movimentar até 250 mil dados por dia, entre recebimento, armazenamento, movimentação, venda, contabilização e requisição, o que tornaria inviável se tais processos fossem realizados de forma mecânica.

Com o sistema de identificação automática, é possível rastrear um item ou dado no sistema rapidamente que transita na cadeia de suprimentos ou na rede informacional. Atualmente, tanto os consumidores como os clientes esperam ser capazes de rastrear a evolução de suas cargas de modo on-line. No Brasil, várias transportadoras já possuem sistemas de rastreamento e localização de cargas on-line (EDI) com suporte de sistemas de GPS (*Global Position System*) ou por triangulação de antenas e via internet. O resultado desse processo de localização é traduzido em maior segurança e acessibilidade para os usuários desses serviços.

Aspectos gerais

Embora as facilidades e benefícios do uso do código de barras na economia sejam evidentes, para a sua aplicabilidade existe uma infinidade de softwares disponíveis com características próprias e distintas uns dos outros, que proporcionam uma gama de informações não uniformizadas. Portanto, a convergência para uma padronização deverá ser um caminho natural entre todos os envolvidos, pois, com a padronização, evitaria vários problemas de comunicação entre as empresas na identificação e na interpretação da informação, uma vez que, nos moldes atuais, cada empresa adota um sistema gerador de códigos distintos.

Para o funcionamento dos sistemas de leitura e gerenciamento das informações, são necessários processos para a leitura do código de barras que normalmente é realizada por equipamentos de leitura óptica. Esses equipamentos captam as informações dos códigos de barras e transferem para os sistemas de computador, onde serão realizadas as atividades gerenciais como: baixa nos estoques, solicitação de expedição, emissão de notas fiscais, registros contábeis e reposição de materiais. Hoje em dia, existem dois tipos de equipamentos de leitura: o de mão e o de leitura fixa. E a mais nova tecnologia de leitura para identificação já é possível através de comandos de voz, e cada tipo pode utilizar de tecnologias de contato ou sem contato. Essas tecnologias são aplicadas em toda a cadeia logística, mas esse recurso de leitura automática, em especial, traz muitos benefícios no ponto de venda, uma vez que, após a rápida leitura dos itens, é imediatamente impressa a nota fiscal de venda do cliente, com rapidez e segurança nas informações. Já no sistema gerencial, tais informações coletadas abatem automaticamente os estoques da empresa, alimentam a contabilidade, o fluxo de caixa, contas a receber e proporcionam informações que auxiliam os sistemas de reabastecimento automático, conforme parametrização interna do sistema.

Com a rápida difusão da tecnologia e os benefícios auferidos, existem organizações que se propõem a desenvolver uma padronização internacional para amenizar os problemas de comunicação entre as empresas, são elas: a European Article Numbering (EAN – numeração europeia de artigos) e a Uniform Code Council (UCC – Conselho de Códigos Padrão). Essas organizações são voltadas para o desenvolvimento de padrões globais para produtos e transações. Ambas têm realizado um importante papel para a consolidação e padronização do comércio internacional.

Com a evolução do processo de padronização, o Auto-ID Center do Massachusetts Institute of Technology colaborou no desenvolvimento de uma infraestrutura de rastreamento inteligente para as cadeias de suprimentos, onde as organizações EAN e UCC formaram uma nova organização, a EPCglobal INC, que trabalha para a difusão e implementação da Rede EPCglobal. O EPC (código eletrônico de produtos), fruto dessa nova organização, contém 96 bits e possui a capacidade de representar todos os produtos existentes atualmente e em um futuro razoável, além de ter incluído todas as chaves EAN.UCC existentes, como Serial Shipping Container Code (SSCC) e o GTIN (Global Trade Identification Number); ao contrário dos códigos UPC, que contêm apenas o fabricante e o modelo do produto, essa padronização é um importante passo na evolução para uma padronização da codificação mundial, tanto para as empresas, os governos como para o cliente final.

No Brasil, em 1983, foi criado, por meio de decreto-lei, a EAN Brasil, uma associação multissetorial e sem fins lucrativos, que tem a finalidade de gerenciar a numeração de código de barras e também promover a utilização do EDI – Intercâmbio Eletrônico de Dados no país.

Tipos de código de barras

Hoje, usa-se com maior frequência os códigos tipo EAN 13, EAN 14 e UCC//EAN 128, cada um com uma aplicabilidade específica. Para melhor entendimento da composição e utilização para cada código, as organizações interagem os processos e tecnologia para assim implementar nos seus procedimentos internos.

O Código EAN 13 (Figura 13.1), em que 13 é a quantidade dígitos, é formado por barras verticais para a identificação pelos leitores ópticos e números impressos na parte inferior das barras, para a identificação visual. A composição da sequência dos dígitos do EAN 13 é

País + Empresa + Produto + Dígito de controle

Quando a transação for para comércio internacional, espera-se o uso da padronização EAN, em que foi definido o código 789 para o Brasil. Sua maior utilização é verificada na indústria e no comércio, que, pela identificação por código de barras, gerenciam toda a cadeia de suprimentos do fornecedor ao cliente final.

Figura 13.1 – EAN 13.
Fonte: www.gs1am.org

CAPÍTULO 13 – CÓDIGO DE BARRAS APLICADO À GESTÃO DE ESTOQUES

O Código EAN/UCC 14 (Figura 13.2) é utilizado para identificar volumes tipo fardo, caixas, paletes e contêineres. Com esse código, estabelece-se uma padronização das quantidades de itens movimentados na cadeia logística de suprimentos. Como visto, esse recurso é utilizado com maior frequência na logística interna das empresas, portanto, para o uso com o cliente final normalmente emprega-se o EAN 13.

Figura 13.2 – EAN 14.
Fonte: https://ssl197.locaweb.com.br/linhabase/images/ean14.jpg

O Código EAN/UCC 128 (Figura 13.3) é capaz de armazenar um grande volume de informações em um espaço relativamente pequeno, como data de validade, fabricante, data de fabricação, lote e o que mais as empresas necessitarem gerenciar. Esse código vem com a possibilidade de utilizar códigos alfa-numéricos, portanto os leitores dos códigos EAN 128 são específicos.

Figura 13.3 – EAN 128.
Fonte: http://www.sensorcentral.com/barcode/img/EAN-128_diagram.gif

Com a adesão do Brasil ao modelo EAN, ficou estabelecida, por meio do Decreto nº 90095/1984, a criação do código nacional de produtos padrão EAN e, pela Portaria 153, do Ministério da Indústria e Comércio, foi delegada a ABAC (Associação Brasileira e Automação Comercial) como responsável por gerar e administrar a numeração dos produtos e os códigos das empresas.

A ABAC estabeleceu que os três primeiros dígitos referem-se aos países, os seguintes cinco para empresas e os demais para controle interno das empresas onde podem atribuir aos produtos, cores, quantidade, valor etc., e o último dígito será verificador.

Benefícios da utilização dos códigos de barras

A tecnologia de código de barras deu uma nova configuração no quesito identificação de um item na economia. É certo que os benefícios como agilidade e confiabilidade são facilmente notados pelo cliente final na hora da compra. Já as organizações envolvidas extraem uma gama muito maior de benefícios por meio da gestão da informação.

A seguir, são apresentados os principais benefícios dos entes envolvidos da cadeia de suprimentos:

Na indústria:

- melhora a eficiência operacional e logística;
- torna mais consistente os processos de controle de estoques e inventários;
- reduz custos operacionais e administrativos;
- aplicação com foco em gestão de negócios;
- estudos de comportamento de vendas;
- padroniza o sistema de informações e facilita para as exportações.

No varejo, nos distribuidores e varejistas:

- automação do ponto de vendas;
- rapidez no processamento de vendas;
- eliminação de erros de digitação para identificação dos produtos no sistema;
- proporciona uma gestão de estoques em tempo real;

CAPÍTULO 13 – CÓDIGO DE BARRAS APLICADO À GESTÃO DE ESTOQUES

- aplicação com foco em gestão de negócios;
- proporciona a uma reposição automática dos estoques;
- estudos de comportamento de vendas, que podem auxiliar na disposição de produtos, na estratégia de promoções e conhecer o perfil dos clientes;
- reduz custos operacionais e administrativos;
- estudos de comportamento de vendas;
- rapidez no recebimento de mercadorias.

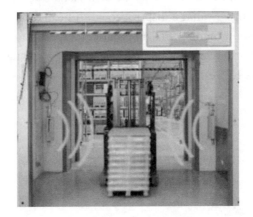

Figura 13.4 – Leitor de RFID.
Fonte: http://paginas.fe.up.pt/~eeo3141/images/rfid.jpg

Para o cliente final:

- rapidez no caixa;
- confiabilidade das informações na nota de venda.

Os benefícios aferidos pelo uso da tecnologia de códigos de barras são vários e volumosos, uma tecnologia que auxilia de maneira estratégica, tática e operacional. Uma tecnologia com grande amplitude na economia, pois envolve toda a cadeia de suprimentos de forma que os entes envolvidos usufruam de maneira consistente os benefícios proporcionados do código de barras, conforme relacionados anteriormente.

Impressão das etiquetas e rótulos

Para o uso do código de barras, estes devem estar afixados em etiquetas, nos rótulos ou impressos diretamente na embalagem dos produtos, como também podem ser impressos diretamente nos produtos. A impressão pode ser por meio de várias tecnologias como: impressão térmica, jato de tinta, eletrostática, impacto, laser, matricial e fluxografia faixa estreita.

Um aspecto importante a ser considerado é o posicionamento do código de barras na embalagem. Este deverá ser de fácil visualização, preferencialmente em superfícies planas. Avaliar a disposição em função do manuseio do produto, quanto ao peso, tamanho, maleabilidade, temperatura e fragilidade, é de fundamental importância para determinação do posicionamento do código de barras (Figuras 13.5 e 13.6).

Figura 13.5 – Tipo de etiquetas.
http://www.etiquetasdalla.com.br/fotos/produtos/renner.jpg

CAPÍTULO 13 – CÓDIGO DE BARRAS APLICADO À GESTÃO DE ESTOQUES

Figura 13.6 – Impressora de rótulos e etiquetas de código de barras.
Fonte: http://www.logismarket.ind.br/ip/genoa-impressora-rfid-impressora-rfid
-printronix-sl4m-369152-FGR.jpg

Uso da internet

Com o amplo acesso à rede mundial de computadores e a gradual evolução do volume de informações e qualidade das interfaces entre as empresas, a internet está se tornando o melhor dispositivo de troca e transmissão de informações, com agilidade, custo e acessibilidade excelentes.

Pela internet, muitas organizações já optaram por comprar e vender via portais de troca, com obtenção de benefícios diretos na cadeia logística, por meio de informações alinhadas e atualizadas entre todos os envolvidos, estendendo aos fornecedores e subfornecedores de toda a cadeia de suprimentos.

Atualmente, os sistemas, até então instalados na intranet, estão sendo disponibilizados na internet como uma ferramenta estratégica de gerenciamento das informações. Na internet, as empresas já se comunicam, negociam e localizam produtos e serviços, portanto um ambiente extremamente favorável para o tratamento gerencial do fluxo de informações e materiais do sistema logístico. Entretanto, é importante que se dotem de recursos e mecanismos de defesa contra vírus e *hackers*, pois uma invasão nos sistemas informatizados pode ter consequências negativas para a empresa invadida.

O uso dos códigos de barras na gestão interna das organizações

A aplicabilidade dos códigos de barras nas empresas passa por questões estratégicas tanto externas como internas. Como estratégia externa, passa pela facilidade de comunicação com os parceiros envolvidos, facilidades que proporcionam ganhos significativos na identificação, no processo de recebimento/expedição, na alimentação de informações nos sistemas informatizados que, se bem estruturados, proporcionam ganhos em escala nas gestões de materiais, de movimentação, de pessoas, contábil, financeira e estratégica das organizações.

Como estratégia interna, as organizações podem utilizar os códigos de barras para controle interno de fluxo de materiais, identificação de centros de custos, de setores e de unidades de processamento e produção. Portanto, com os geradores de códigos, cada empresa pode utilizar essa tecnologia em prol de melhorar a gestão interna e, consequentemente, proporcionar melhores resultados.

Código 39 – Códigos de uso específicos

O Departamento de Defesa dos Estados Unidos usa o Código 39, conforme a norma Military Standart 1.189.

O Código 39 pode utilizar caracteres alfanuméricos, inclusive caracteres especiais, e permite alocar informações como ponto de origem, ponto de destino e sequência de operações. Na sua estrutura, o Código 39, cada caracter é representado por cinco barras e quatro espaços e, no máximo, três espaços ou barras podem ser largos, além disso, não existe limite de tamanho, portanto pode-se ter quantos dígitos forem necessários (Figura 13.7).

Figura 13.7 – EAN 39.
Fonte: Intermec

Radiofrequência RFID
(Radio Frequency Identification Data)

Com a forte adesão ao uso da codificação de barras, foi desenvolvida a tecnologia de comunicação por radiofrequência, que compreende em etiquetas eletromagnéticas e receptores colocados em locais predeterminados, em ambientes relativamente pequenos. Para Coronado (2007), o processo depende das etiquetas inteligentes (*intelligent tags*), onde está armazenada a identificação eletrônica dos produtos, dos receptores de sinal RFID (*Radio Frequency Identification Data*) e de uma rede para transmissão denominada EPC (*Electronic Product Code* ou Código Eletrônico de dados). Esse conjunto de tecnologias aliadas a um programa de computador auxilia na identificação e no rastreamento dos produtos na cadeia logística de suprimentos (Figura 13.8).

Figura 13.8 – Leitores de RFID – externos.
http://deandonaldson.files.wordpress.com/2008/03/rfid_cameras.jpg

Segundo Barthel (2003), o uso da tecnologia RFID depende de quatro fatores: a existência de normas técnicas, acesso à tecnologia, regulamentação para uso e normas de aplicação. Logo, perante esses fatores condicionantes, é pertinente destacar que há uma necessidade da regulamentação do uso da tecnologia por meio de um órgão, de maneira que a aplicação possa ser aberta e bem-sucedida. Siqueira (2002) adverte que, diante da não existência de um padrão, corre-se o risco do uso restrito dessa tecnologia, como aconteceu com as etiquetas eletrônicas de identificação de produtos pelos sistemas de segurança contra roubo.

A GS1 Brasil, responsável pela disseminação e implantação do RFID no Brasil, criou grupos de trabalho com empresas para estruturar juntos o uso e aplicação no ambiente empresarial. Entre os grupos formados têm-se: (1) Grupo de Adoção do EPC (*Eletrônic Product Code* – Código Eletrônico de Produto) – Alto Valor Agregado; (2) Grupo de Adoção EPC – Distribuição e Varejo; (3) Grupo de Adoção EPC – Exportadores; (4) Grupo de Adoção EPC – Operadores Logísticos; e (5) Grupo de Adoção EPC – Provedores de Solução. Os trabalhos desses grupos já estão bem evoluídos, visto que o interesse dos provedores e dos envolvidos é muito grande. Após a finalização, as organizações poderão adquirir toda a tecnologia envolvida que garante a funcionalidade do sistema RFID, sejam elas: produtos, serviços, etiquetas, leitoras, softwares e consultorias.

A tecnologia RFID opera com etiquetas com *chips* passivos e ativos, e as etiquetas ativas emitem constantemente ondas de rádio que são captadas pelos receptores que, através do sistema informatizado, localiza o produto agregado à etiqueta, enquanto as etiquetas passivas são detectadas quando passam pela zona de percepção dos receptores. Além do uso na movimentação na cadeia de suprimentos, essa tecnologia é utilizada para identificar a saída de mercadorias do estabelecimento sem o pagamento – um importante recurso que os empresários podem utilizar para evitar roubos.

O custo das etiquetas com *chips* ainda é um entrave para o uso com maior frequência entre as empresas. Entretanto, com o frequente aumento do comércio internacional e as exigências bilaterais, o uso do RFID está ganhando maiores proporções e, consequentemente, com o ganho de escala no uso dessa tecnologia, o custo ficará mais acessível. Essa tendência pode ser detectada na rede Wallmart, que já vem exigindo dos seus principais fornecedores que coloquem as etiquetas RFID em suas caixas para facilitar o processamento em armazéns de distribuição, o recebimento nas lojas e o reabastecimento das prateleiras. A seguir, é mostrado um quadro comparativo entre as etiquetas inteligentes e os códigos de barra (ver o Quadro 13.1 e as Figuras 13.9 e 13.10).

CAPÍTULO 13 - CÓDIGO DE BARRAS APLICADO À GESTÃO DE ESTOQUES

Quadro 13.1 – Quadro comparação etiqueta inteligente/código de barras.

Etiqueta inteligente – *chip*.	Código de barras.
Custa entre US$ 0,20 e US$ 0,50	Praticamente preço zero (impresso no código na embalagem do produto).
Alta capacidade de armazenamento de informações. Lê e grava.	Realiza somente leitura, sem armazenar dados.
Para leitura, não é preciso estar no campo visual do leitor.	O código precisa estar no campo visual do leitor.
Elimina intervenção humana no processo de recebimento, expedição e armazenagem.	Precisa de intervenção humana em todo o processo.

Fonte: Morita, 2004.

Figura 13.9 – Etiqueta eletrônica.
Fonte: http://www.official-bs.com/blog/wp-content/uploads/2008/09/rfid_tag_blue_security.jpg

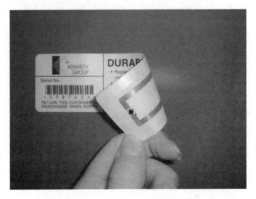

Figura 13.10 – Etiqueta eletrônica.
Fonte: http://www.themajorlearn.info/pic/RFID2.jpg

333

Na cadeia logística de suprimentos, uma aplicação importante do RFID é observada pela comunicação entre operadores logísticos móveis, como empilhadeiras, esteiras e caminhões, que, ao passarem pela zona de atuação dos receptores, as informações contidas nas etiquetas eletromagnéticas são colhidas e transmitidas on-line para o sistema gerencial nos computadores, que proporcionam um nível de informações atualizadas, confiáveis e rastreáveis dos estoques de materiais.

Outra importante aplicação da tecnologia RFID, aliada ao GPS (*Global Position System*), está localizada no transporte terrestre onde o motorista recebe instruções on-line, seja por rádio, mensagem ou via computador de bordo, a respeito da malha rodoviária, previsão do tempo, informações diretas das empresas, como também o sistema de coleta nos pontos específicos a evolução do transporte, informando a posição geográfica, tempo de deslocamento e velocidade. Novas alternativas estão sendo testadas através da RFDC (radiofrequência) por voz, que atua com comandos bidirecionais por comandos de voz, por meio de palavras-chave e ajustadas às vozes dos operadores, que falam os comandos e recebem as instruções de forma audível, evitando assim a necessidade de terem de inserir dados via teclado e deixando as mãos livres para maior efetividade no exercício do trabalho.

A seguir, são apresentados exemplos de leitores de etiquetas RFID internos (Figuras 13.11 a 13.14).

Figura 13.11 – Leitor de mão – RFID.
Fonte: http://rfidusa.com/superstore/images/jett-rfid2.jpg

CAPÍTULO 13 – CÓDIGO DE BARRAS APLICADO À GESTÃO DE ESTOQUES

Figura 13.12 – Leitor de mão – RFID.
Fonte: http://www.barcode.com/wp-content/uploads/2008/07/intermec-rfid.jpg

Figura 13.13 – Leitor RFID ativo.
Fonte: http://www.kimaldi.com/var/kimaldi/storage/images/productos/sistemas_rfid/lectores_rfid_y_tags_activos/lectores_de_rfid_activos/lector_rfid_activo_syrd245_1n/63517-69-esl-ES/lecteur_rfid_actif_syrd245_1n_medium.jpg

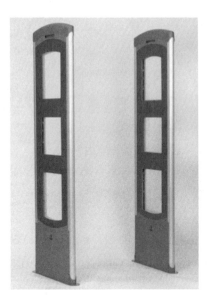

Figura 13.14 – Leitor RFID – uso interno.
Fonte: http://www.logismarket.pt/in/3m-portugal-3m-rfid-para-um-melhor-servico-em-bibliotecas-3m-rfid-366708-FGR.jpg

Considerações finais

A tecnologia de códigos de barra está bastante difundida na economia, traduzindo em inúmeras facilidades de gestão e de controle. O GPS e a RFID já são uma realidade em alguns setores da economia, uma vez que o custo de acesso e de utilização é um limitador para outros setores. Sobre os benefícios que podem ser extraídos das tecnologias, ninguém tem dúvidas quanto a isso, e, a cada dia, tem-se encontrado maior utilização para elas. Para maior acesso e ampliação de uso, serão necessárias uma adequação e uma padronização das informações, de maneira que, com uma demanda maior e com a produção em larga escala, os custos de aquisição possam ser amenizados e a maioria das organizações e interessados também possa ter acesso a essas tecnologias.

Na administração moderna, o uso e o acesso às tecnologias do código de barras são traduzidos em melhores estratégias e ganhos de rentabilidade, por meio da gestão da informação em tempo real e qualidade.

Referências bibliográficas

BARTHEL, H. *Automação*: EAN Brasil. São Paulo: Gama, 2003.

CORONADO, O. *Logística integrada*: modelo de gestão. São Paulo: Atlas, 2007.

DAVID, P. *Logística internacional*. São Paulo: Cengage, 2009.

GURGEL, F. *Administração de embalagem*. São Paulo: Thomson Learning, 2007.

LUDOVICO, N. *Logística internacional:* um enfoque em comércio exterior. São Paulo: Saraiva, 2007.

MORITA, A. Etiquetas inteligentes. *Revista Supermercado Moderno*, set. 2004.

SIQUEIRA, J. P. *Automação*: EAN Brasil. São Paulo: Gama, 2002.

Capítulo 14

Tecnologia da informação aplicada à gestão de estoques

Regina Célia Nazar Fialho
Weslley Monteiro Pereira

Objetivo do capítulo

O objetivo deste capítulo é demonstrar a importância da gestão de estoques para as organizações públicas ou privadas, evitando excessos destes recursos. Logo, torna-se essencial a utilização de ferramentas da tecnologia da informação para a otimização dos controles de estoques e ganhos econômicos empresariais.

Introdução

A gestão de estoques é um assunto vital para as organizações públicas e privadas, segundo Ballou (2006). Decisões relativas à gestão de estoques têm alto risco e impacto no gerenciamento da cadeia de suprimentos, pois afetam significativamente o nível de serviço ao cliente e a rentabilidade do negócio. Sem um nível de estoque adequado haverá perda de venda. Em contrapartida, estoques excessivos aumentam custos financeiros e logísticos, reduzindo a lucratividade.

Frequentemente, os estoques absorvem parte substancial do orçamento operacional de uma organização. Quanto menor o nível de estoques com que um sistema produtivo conseguir trabalhar, mais eficiente ele será. Além disso, uma eficiência em sua administração poderá melhorar o nível de serviço, reduzindo tempos, custos, entre outros fatores, oferecendo, assim, uma vantagem competitiva para a própria empresa.

Os estoques existem pela simples diferença nos níveis de serviços entre taxa de fornecimento (suprimento) da taxa de demanda (entrega). O grande desafio é aproximar essas duas taxas e manter o mínimo estoque possível e garantir alto índice de disponibilidade de produtos para os clientes.

O controle de estoques é parte essencial do composto logístico, pois podem absorver de 25% a 40% dos custos totais, representando uma porção substancial do capital da empresa. Portanto, é importante a correta compreensão do seu papel na logística e de como devem ser gerenciados.

Controlar estoques então é fundamental para os resultados da empresa. Com a crescente competitividade entre as organizações e a expansão de portfólios, à medida que são adicionados novos produtos no mercado, mais estoque são necessários. Para se ter uma ideia, só em 2006, na indústria de consumo, houve um crescimento de 17% de novos produtos. Com o aumento de SKUs (Stock Keeping Units), os investimentos em estoques têm crescido substancialmente, o que torna a função dos estoques, mais complexa e significativa em termos de custos.

Existem muitas maneiras de gerenciar estoques. Muitas políticas e ferramentas auxiliam as empresas na mensuração de quantidades de estoques para reposição. Entretanto, uma das formas de melhorar a produtividade dos estoques nas organizações é por meio do intercâmbio de informações e do uso de automação para controlar os processos. Os sistemas de informações aplicados à gestão de estoques e aos dispositivos de rastreabilidade de processos relativos a estoques permitem melhor acuracidade. Este será o assunto a ser tratado neste capítulo.

ACURACIDADE NO GERENCIAMENTO DOS ESTOQUES

Para saber qual a quantidade de estoque existente em seu negócio, as empresas realizam os inventários periódicos. O inventário é a contagem física dos itens que se encontram em estoque para serem confrontados com as informações contábeis. Os inventários periódicos ocorrem pelo menos uma vez ao ano para as empresas de capital aberto.

É importante antes de tudo definir qual é a tolerância máxima nas divergências encontradas entre estoque físico e contábil e acompanhar a evolução ano a ano. Essa tolerância depende dos recursos e dos dispositivos que a empresa utiliza para controlar os estoques e de como é o processo de contagem empregado por ela.

CAPÍTULO 14 – TECNOLOGIA DA INFORMAÇÃO APLICADA À GESTÃO DE ESTOQUES

Há vários tipos de inventários: Desde os inventários gerais, em que são contados todos os itens e que ocorrem em períodos que a empresa não está faturando, até inventários rotativos de acordo com a relevância dos itens no volume de negócio ou mesmo no volume de movimentações do produto.

Para a logística, os processos de inventários rotativos são muito eficientes. Mediante um plano de contagens, os itens são classificados em grau de importância em valor (curva ABC) e em movimentações internas (curva PQR). O conceito da curva ABC evidencia que os itens têm relevâncias diferentes dentro do processo logístico, principalmente com relação aos estoques. Portanto, devem ser tratados diferentemente quanto aos inventários de estoques. A classificação dos itens facilita o processo de contagem dos produtos e a apuração de eventuais divergências, o que possibilita maior foco e solução das causas. Com base nessas classificações, os itens classificados como C são inventariados pelo menos duas vezes por ano. Os itens de curva B são contados seis vezes por ano e os de curva A, 12 vezes por ano. O sistema de gestão de armazém, de forma aleatória, escolhe os itens que serão auditados diariamente. Dessa forma, serão poucos itens por dia, o que traz vantagens como: apuração minuciosa em caso de divergências, avaliação de onde o processo falhou e tomada de ações corretivas. Os inventários rotativos são uma excelente ferramenta para se alcançar índices elevados de acuracidade nos inventários gerais.

Além dos inventários, ferramentas de automação interferem diretamente na acuracidade dos estoques. A acuracidade dos estoques é diretamente proporcional ao refinamento dos processos e de ferramentas utilizadas nas movimentações. Cada movimentação é uma chance do item apresentar algum problema. Do processo de entrada do item, a paletização, as atividades de ressuprimento, a separação e a expedição influenciam diretamente na qualidade da informação dos estoques. Nesse sentido, as empresas têm investido em processos, treinamentos e principalmente em métodos que proporcionem melhor qualidade e confiabilidade nessas movimentações, dentre elas, a utilização de modernos sistemas de gerenciamento de armazéns e processos automatizados.

Para aumentar a eficiência na detecção de erros e reduzir os custos envolvidos, uma das técnicas disponíveis é o uso de leitores de códigos de barras. A utilização de leitores de códigos de barras, conectados a sistemas em modo on-line, torna as contagens mais rápidas e seguras, pois a leitura por meio do código de barras possibilita a identificação inequívoca do produto.

Automação na gestão de estoques

Com o uso de ferramentas de automação no controle de estoques, é possível obter controle instantâneo dos itens armazenados, reduzindo erros nas entregas. A automação organiza melhor os estoques, racionalizando as compras e aumentando a acuracidade das informações.

Dentre os principais dispositivos usados na automação, aplicados à gestão dos estoques, pode-se mencionar o uso dos códigos de barra, sendo, porém, objeto de estudo do Capítulo 13. Além disso, esses dispositivos dependem da utilização de leitores de códigos de barras e softwares de apoio, entre eles o WMS (*Warehouse Management System*), o foco deste texto.

Leitores de códigos de barra

Segundo o GS1 Brasil, os leitores de radiofrequência são equipamentos interpretadores de códigos de barras, dotados de softwares para a decodificação de diferentes simbologias. Os leitores ou escâneres emitem luz ou laser para captura das barras. Para a decodificação de um código de barras, primeiro, mede-se a quantidade de tempo que um escâner permanece sobre as barras impressas e os espaços. Em seguida, converte-se esse tempo em imagem. O leitor de código de barras verifica se a imagem está de acordo com as regras para o código que foi lido e, em seguida, converte a imagem em caracteres.

Dentre os tipos de leitores de códigos de barras existem: leitores de mesa ou estáticos (vertical ou horizontal), são montados na parede ou em uma mesa por onde passam os códigos de barra; pistolas manuais, com um suporte manual e com um interruptor tipo gatilho para ligar o laser; leitores de tipo esferográfico, em forma de caneta que são usados para varrer o código de barras; e leitores tipo CCD (*Charged Coupled Device*). Esses últimos, através de pequenos sensores de luz alinhados, medem a luz ambiente refletida pelo código de barras (Figura 14.1).

WMS (*Warehouse Management System*)

O WMS (*Warehouse Management System*) é a integração de software, hardware e equipamentos para gerenciar estoques e todo o processo operacional de

CAPÍTULO 14 - TECNOLOGIA DA INFORMAÇÃO APLICADA À GESTÃO DE ESTOQUES

Figura 14.1 - Exemplos de coletores para rádio frequência.

movimentação e armazenagem de um depósito. Considerando-se as atividades típicas de um armazém, o WMS otimiza todas essas atividades operacionais e administrativas, tais como: recebimento, inspeção, endereçamento, estocagem, separação de pedidos, embalagem, carregamento, expedição, emissão de documentos e inventário. O sistema opera em tempo real, o que possibilita uma visão global e setorial da mercadoria em um armazém, além de agilizar a estocagem e a retirada de itens, em função do giro dessas mercadorias. Outro aspecto importante é que o sistema leva em conta o espaço físico do depósito, os operadores, os equipamentos e os produtos e se integra aos demais sistemas da empresa. Trata-se de uma ferramenta útil na redução de erros de separação de itens, inventários e atendimento a pedidos.

O uso de um sistema WMS em um armazém pode proporcionar as seguintes vantagens para uma organização: aumento de acuracidade de informações relativas ao estoque, aumento de velocidade das operações das atividades de um armazém e crescimento da produtividade do pessoal e dos equipamentos de um depósito.

Levando-se em consideração as funções executadas pelo software, a Figura 14.2 demonstra quais são as principais funcionalidades de um WMS, que são descritas a seguir.

Recebimento: o sistema permite receber documentos dos fornecedores, de forma a programar as operações de recebimento de um armazém com antecedência.

Guarda: a partir do mapeamento do armazém e das características dos itens recebidos, o sistema identifica um endereço destinado a cada item.

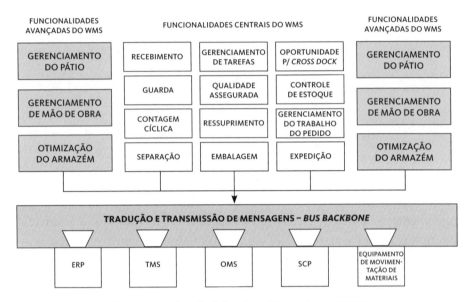

Figura 14.2 – Principais funcionalidades de um WMS.

Contagem cíclica: por meio de parâmetros definidos pelo usuário, o sistema convoca operadores para a realização de inventários rotativos, que podem ser orientados por item ou por endereço.

Separação: o sistema possibilita que se faça a separação das mercadorias da área de armazenagem para a expedição ou da área de armazenagem para uma área de separação de pedidos ou *picking*.

Gerenciamento de tarefas: todas as atividades cadastradas no sistema podem ser controladas e rastreadas, identificando o operador e o equipamento responsável por determinada tarefa.

Qualidade assegurada: o sistema mantém o registro de cada item armazenado, desde as informações de lotes de fabricação até termos de aprovação, quarentena, rejeição, com base a termos de bloqueio definidos pelo processo.

Ressuprimento: como as mercadorias deixam de ter locais fixos de armazenagem, pois os locais passam a ter uma identificação devidamente cadastrada e controlada pelo sistema, não há mais a necessidade de reserva de espaços para o estoque máximo de cada item. O sistema admite trabalhar com volumes baseados no estoque médio dos itens.

CAPÍTULO 14 – TECNOLOGIA DA INFORMAÇÃO APLICADA À GESTÃO DE ESTOQUES

Embalagem: o sistema possibilita o cálculo de embalagens necessárias para acondicionar as diversas mercadorias, gerando listagem de conteúdos e pesos de cada embalagem.

Oportunidades para *cross-docking*: pelo cadastramento de docas de recebimento e de expedição, de operadores e empilhadeiras e do consumo de cada uma das tarefas envolvidas, o sistema permite planejar atividades também relacionadas a modalidades do tipo *cross-docking*.

Controle de estoque: o sistema envia informações de baixa de estoque ao módulo responsável pelo controle de estoque da empresa.

Gerenciamento trabalho do pedido: mediante o cadastro de tipo de endereços e do endereço de apanha ou *picking*, o WMS faz a alocação do produto, procurando o endereço mais próximo do *picking*, a fim de otimizar o ressuprimento no momento da expedição. O sistema define a rota ótima a ser seguida pelo operador, bem como os produtos que devem ser coletados no trabalho de separação de pedidos.

Expedição: uma vez que os itens são baixados do estoque da empresa, o sistema gera a tarefa de emissão de notas fiscais para futura entrega.

Pelos parâmetros e pelo cadastro de produtos, o WMS trata todas as etapas do processo, do recebimento à expedição de mercadorias. Em geral, cada produto tem aproximadamente 20 informações cadastrais, tais como: unidade de venda, caixa master, peso das embalagens, dimensões de cada embalagem, tipo de armazenagem, restrições de armazenagem, código de barras de cada embalagem, norma de paletização, data de validade etc.

A Figura 14.3, a seguir, exemplifica quais são as atividades típicas de um armazém. O processo de armazenagem começa com a chegada da mercadoria no depósito. Em seguida, os itens são direcionados para a armazenagem propriamente dita, a partir de sua movimentação. Na área de armazenagem acontece o endereçamento da mercadoria. Uma vez que tenha chegado um pedido do cliente no depósito, dá-se início ao processo de separação ou *picking*. Os itens são separados e, logo após, são embalados para seguir para o carregamento e a expedição.

A gestão das movimentações e o controle dos estoques, em cada uma das etapas do processo descrito anteriormente, é o fundamento principal do WMS. Em geral, os processos e os conceitos não variam muito entre as empresas, porém o WMS deve estar preparado para gerenciar itens com perfis, processos de

GESTÃO DE ESTOQUES

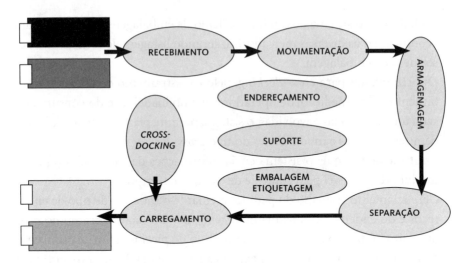

Figura 14.3 – Atividades básicas do armazém e gerenciamento via WMS.

armazenagem e separação diferentes. A seguir, será detalhado como acontece cada uma das etapas dadas, considerando-se o papel do WMS em um depósito de uma empresa atacadista.

Conforme demonstrado na Figura 14.4, na fase de recebimento, o WMS, já de posse de informações do fornecedor, repassa as informações ao operador, que confere as mercadorias e as libera para serem armazenadas no depósito.

Figura 14.4 – Processo do recebimento via WMS.

Uma vez que o operador tenha conferido as mercadorias e as liberado para a armazenagem, o operador, via radiofrequência, dá *input* ao sistema para a definição do endereço de cada item. Os endereços e paletização serão determinados com base em características definidas previamente para cada mercadoria, como: data e lote de fabricação, data de vencimento, número de série

CAPÍTULO 14 – TECNOLOGIA DA INFORMAÇÃO APLICADA À GESTÃO DE ESTOQUES

etc. e disponibilidade de endereços vagos. Uma vez estabelecido o endereço de armazenagem, o sistema convoca os operadores para a tarefa (Figura 14.5).

Figura 14.5 – Processo da armazenagem via WMS.

Os paletes serão então armazenados em áreas definidas pelo sistema. Uma vez que o pedido do cliente chegue ao depósito, por um módulo do sistema do tipo ERP da empresa, o sistema de controle de estoque (subsistema do ERP) verifica se os itens estão disponíveis no estoque. Então, dá-se *input* ao sistema WMS para a separação dos pedidos. O WMS encontra os itens dentro do depósito e determina como eles serão recolhidos no menor tempo possível. As instruções são transmitidas aos aparelhos sem fio dos operadores, por radiofrequência. O funcionário separa o material que está registrado no seu coletor de dados, utilizando um equipamento de movimentação, levando os itens para a área de seleção ou de carregamento (dependendo do caso). Após a embalagem dos itens, conforme mostra a Figura 14.6, haverá a conferencia e em seguida o carregamento e expedição do item.

Figura 14.6 – Processo da expedição via WMS.

Um sistema de endereçamento de mercadorias, aliado à rastreabilidade e ao controle de cada uma das etapas do processo do armazém, proporciona altos índices de acuracidade dos estoques. Além disso, o controle de produtividade das equipes (remuneração variável, chegando ao nível individual) está diretamente proporcional à acuracidade dos estoques. No armazém moderno, tudo precisa estar onde deveria estar. Erros no estoque geram retrabalhos, perda de produtividade e problemas de fornecimento.

Considerando-se que, em média, as empresas gastam mais tempo na separação de pedidos a outras funções, como expedição, estocagem e recebimento, vale a pena investir em softwares com as funcionalidades de um WMS. Além de permitir maior controle e produtividade do operador, reduz tempos de processamento de pedidos, melhorando o nível de serviço ao cliente.

IMPACTOS DO USO DA AUTOMAÇÃO NO GERENCIAMENTO DE ESTOQUES

Segundo Coronado (2007), o setor atacadista é um dos que mais investe em automação. No segmento, 68% usam amplamente a automação, 27% a empregam parcialmente e apenas 5% não a utilizam.

A seguir, são apresentados os dados de uma empresa atacadista, denominada "Atacadista Exemplar". Os dados que foram utilizados são hipotéticos e somente para a realização do estudo de caso.

Tabela 14.1 – Dados hipotéticos da "Atacadista Exemplar".

Ano referência	2000	2004	2008	2009
Faturamento anual (em milhares)	71.209,00	216.422,00	310.265,00	330.000,00
Nº de funcionários	71	155	190	178
Produtividade mão de obra				
Faturamento/homens/ano	1.002,94	1.396,27	1.632,97	1.853,93
Evolução		39%	17%	14%
Evolução acumulada		39%	63%	85%
Produtividade dos equipamentos de movimentação				
Nº de empilhadeiras	3	6	7	6
Faturamento/empilhadeira/ano	23.736,33	36.070,33	44.323,57	55.000,00
		52%	23%	24%
		52%	87%	132%

CAPÍTULO 14 – TECNOLOGIA DA INFORMAÇÃO APLICADA À GESTÃO DE ESTOQUES

Histórico/eventos	Implantação WMS para o gerenciamento de todos os processos do armazém (via papel)		
		Utilização de conferência e movimentação de carga paletizada com coletores de dados via radiofrequência.	
			Gestão efetiva da produtividade individual em todas as funções produtivas do armazém

Os resultados apresentados na Tabela 14.1 mostram a evolução dos índices de produtividade atingidos pela empresa "Atacadista Exemplar", após a implantação do WMS para o gerenciamento de todas as atividades do armazém. As medidas utilizadas para demonstrar o ganho de produtividade nesse período foram:

◆ produtividade por homem/ano;
◆ produtividade das empilhadeiras.

O início dessa implantação do WMS se deu no ano 2000, que é o ponto de partida para o comparativo para os anos subsequentes. Nos três anos que se seguiram, o foco foram o ajuste e o pleno funcionamento do sistema, com todas as movimentações sendo realizadas por meio de mapas e romaneios (via papel).

O período entre 2004 e 2008 também foi significativo na escalada em busca dos índices de produtividade e assertividade. Em 2004, iniciou-se a implantação dos códigos de barras nas atividades de conferência (entrada e saída) e posteriormente em todas as movimentações horizontais e verticais, desde a chegada do produto, passando pela armazenagem, ressuprimento de *picking* e expedição. A implantação foi gradativa, e a leitura dos códigos de barras e das consistências das informações em todos os processos era realizada por coletores de dados, comunicando em tempo real com o WMS, via radiofrequência.

Em 2008, teve início o processo de gestão da produtividade por meio de controles em tempo real de todo processo realizado no armazém. Hoje, os coletores de dados fornecem ao WMS índices de produtividade individual de cada colaborador e/ou equipe em tempo real, possibilitando a tomada de decisão no momento em que as coisas estão acontecendo.

O crescimento de 85% da produtividade da mão de obra, nesses últimos oito anos, deve-se à racionalização de processos, eliminação de tempos ociosos, alocação e controle efetivo do que cada colaborador realiza e a gestão dessa produtividade.

Outro indicador importante apresentado na Tabela 14.1 diz respeito à quantidade de empilhadeiras utilizada no processo. Nesse caso, o conceito básico de que as empilhadeiras foram feitas para a movimentação vertical e não para movimentação horizontal é levado à risca pelo WMS. A divisão do armazém em áreas geográficas com equivalência do número de movimentações e realização simultânea das operações de entrada e de saída maximiza o uso dos equipamentos, chegando a ganhos de produtividade na ordem de 132%.

Outro fator que caminha lado a lado com os altos índices de produtividade é a acuracidade dos estoques. Esta é uma busca constante na "Atacadista Exemplar". Tudo precisa estar exatamente onde o sistema aponta. Produtos não encontrados no momento da movimentação e colocados em locais errados são os principais fatores de baixa produtividade e divergências nos estoques. Atualmente, nos inventários rotativos, a "Atacadista Exemplar" apura 99,78% de acuracidade dos endereços. Os métodos utilizados, o treinamento e a qualificação das pessoas, aliados a um bom sistema de gerenciamento do armazém, são fundamentais para se alcançar índices dessa natureza.

REFERÊNCIAS BIBLIOGRÁFICAS

BALLOU, R. H. *Gerenciamento da cadeia de suprimento logística empresarial.* Porto Alegre: Bookman, 2006.

CORONADO, O. *Logística integrada*: modelo de gestão. São Paulo: Atlas, 2007.

Capítulo 15

Análise financeira em contratações de obras públicas

Hugo Ferreira Braga Tadeu
Poueri do Carmo Mário
Tiago Cançado Diniz

Objetivos do capítulo

A seleção, o desenvolvimento e a manutenção de bons fornecedores são condições necessárias para a eficácia do gerenciamento de suprimentos. No que se refere especificamente à seleção, percebe-se a existência de um risco relevante em contratos de longo prazo, ou seja, aquele decorrente da escolha de fornecedores com estrutura financeira inadequada para execução do objeto contratual.

A contratação de obras públicas, assim como todos os demais tipos de bens e serviços adquiridos pelas entidades de direito público no Brasil, possui regulamentação específica – a Lei nº 8.666/1993. Na referida lei, é exigida a qualificação econômico-financeira das licitantes durante a fase de habilitação do processo licitatório, requisito este que visa garantir o cumprimento dos compromissos estabelecidos em contrato pela empresa selecionada, evitando impactos negativos aos projetos e consequentemente à sociedade.

Percebe-se, contudo, a utilização de critérios subjetivos e sem fundamentação teórica por diversos entes federativos quando da definição de indicadores financeiros em editais de licitação. Pretende-se, ao longo do capítulo, apresentar técnicas que permitam aos agentes públicos a utilização de critérios mais objetivos na fase de qualificação econômico-financeira, fundamentados nas teorias da contabilidade e da regulação econômica.

Introdução

Sabe-se que os agentes econômicos possuem recursos escassos para a realização de investimentos de sua preferência, o que implica que devem fazer escolhas com base em prioridades definidas. Os órgãos públicos também possuem essa característica e, por disporem de um orçamento limitado, torna-se desejável que as prioridades definidas para o gasto público sejam aquelas que maximizam o bem-estar da sociedade. Espera-se também a eliminação dos gastos públicos improdutivos, que podem ser compreendidos como a parcela do gasto decorrente de ineficiências gerenciais, que oneram o custo total da provisão dos serviços públicos (Cândido Júnior, 2001, p. 12).

Presume-se que uma restrição excessiva da participação de empresas nos procedimentos licitatórios pode onerar o custo da contratação (custo de transações), tendo em vista a redução do número de propostas acerca do objeto, o que reflete uma redução da concorrência. Também, a ausência de avaliação da capacidade econômico-financeira de cumprimento do objeto contratual pode elevar o custo de aquisição, visto que a falência de empresa contratada demandaria a realização de uma nova licitação e aumentaria o prazo de execução de um serviço.

No Brasil, a Lei nº 8.666/1993 é o instrumento legal que estabelece normas gerais sobre licitações e contratos da administração pública em toda a federação e em todas as suas esferas. Uma das fases do procedimento licitatório é a habilitação, e, nesta, o órgão público define, por meio de critérios objetivos, quais entidades estão credenciadas a realizar propostas referentes ao objeto da licitação. O artigo 27 da referida lei estabelece os critérios a serem atendidos para que os interessados possam participar do certame, sendo eles:

◆ a habilitação jurídica;
◆ a qualificação técnica;
◆ a qualificação econômico-financeira;
◆ a regularidade fiscal;
◆ o cumprimento do disposto no inciso XXXIII do artigo 7º da Constituição Federal[1].

---

[1] Constituição Federal, artigo 7º, inciso XXXIII: "proibição de trabalho noturno, perigoso ou insalubre a menores de dezoito e de qualquer trabalho a menores de dezesseis anos, salvo na condição de aprendiz, a partir de quatorze anos".

CAPÍTULO 15 – ANÁLISE FINANCEIRA EM CONTRATAÇÕES DE OBRAS PÚBLICAS

Como visto, um dos critérios exigidos é a qualificação econômico-financeira. Esse critério tem como objetivo garantir que a empresa vencedora seja capaz de prestar o serviço público de forma continuada, impedindo que interrupções na execução venham onerar os custos e estender o cronograma da contratação, um risco a ser minimizado, portanto.

Nas contratações realizadas pelos órgãos públicos brasileiros, a qualificação econômico-financeira apresenta-se como instrumento de seleção de fornecedores. Com o objetivo de avaliar se as empresas interessadas em participar das licitações dispõem de situação financeira adequada para a execução do objeto contratual, diversos órgãos públicos definem alguns índices financeiros, devendo as licitantes apresentar demonstrações contábeis que satisfaçam os limites estabelecidos naqueles. Cabe ressaltar, porém, que a lei brasileira permite a exigência de índices apenas para a comprovação da capacidade de prestação do serviço, não sendo permitidas restrições quanto a outros aspectos do desempenho passado da empresa, como faturamento ou rentabilidade e lucratividade (artigo 31 da Lei nº 8.666/1993, inciso I, §§ 1º e 5º). Segundo Meirelles (2006, p. 300),

> Qualificação econômico-financeira é a capacidade para satisfazer os encargos econômicos decorrentes do contrato. O essencial é que a Administração não estabeleça exigências descabidas na espécie, nem fixe mínimos de idoneidade financeira desproporcionais ao objeto do certame, a fim de não afastar os interessados de reduzida capacidade financeira, que não é absoluta, mas relativa a cada licitação.

A afirmação anterior retrata a característica relativa que devem possuir os critérios de definição de índices financeiros a serem exigidos nos editais de licitação. O autor explica que os índices devem ser proporcionais ao objeto licitado e reavaliados para cada licitação.

A utilização de índices financeiros como critério para a participação em licitações é instrumento relevante, portanto, no contexto das licitações, para a aferição da "saúde financeira" das licitantes, assumindo-se que a análise das demonstrações financeiras de uma empresa é uma forma eficaz de avaliar sua situação econômico-financeira geral, conforme Matarazzo (2003). Para esse autor, "a Análise de Balanços objetiva extrair informações das Demonstrações

Financeiras para a tomada de decisões" (Matarazzo, 2003, p. 17). O mesmo autor afirma que o governo poderá utilizar a análise de balanços para acompanhar a situação financeira das empresas vencedoras de concorrências públicas durante o desenvolvimento dos trabalhos, podendo, dessa forma, obter informações sobre a capacidade de a empresa continuar os trabalhos para os quais se candidatou.

Percebe-se que o governo pode utilizar a referida técnica não apenas para a seleção de empresas na fase de habilitação, mas também como instrumento de aferição contínua da empresa durante o cumprimento do objeto contratual (prestação do serviço).

Contudo, caso esses índices sejam mal definidos, pode-se ter a geração de impactos negativos para o processo de contratação, considerando que somente essa avaliação é permitida para fins da qualificação econômico-financeira.

Portanto, a exigência de índices muito elevados pode impedir que empresas com capacidade financeira de prestação do serviço participem do certame e causem o aumento do custo da contratação. A situação oposta permitiria que empresas sem capacidade financeira de prestação do serviço participem do processo licitatório, o que aumentaria o risco de não cumprimento do objeto contratual. Nesse *tradeoff*, a regulação apenas indica que o nível ideal para os índices financeiros exigidos seria aquele que não impedisse a participação de nenhuma empresa com boa situação financeira e proibisse qualquer empresa com situação financeira ruim de concorrer no certame.

Também, devido às especificidades de cada ramo de atividade empresarial, os índices financeiros médios de cada setor serão distintos e, quando analisados ao longo tempo, apresentarão variações de forma a refletir o impacto das oscilações econômicas no patrimônio das empresas desses setores. Por isso, a utilização de índices-padrão, segundo Matarazzo (2003), permite adequada avaliação e proporciona ao usuário da análise informação objetiva do seu desempenho (da empresa no setor).

O setor de obras públicas é apresentado como foco de análise devido ao fato do elevado custo das aquisições e dos períodos extensos de execução dos serviços, em que a contratação de uma construtora com capacidade financeira inadequada para realização de uma obra de custo elevado e de longo prazo poderá gerar impactos negativos relevantes para o orçamento público.

CAPÍTULO 15 – ANÁLISE FINANCEIRA EM CONTRATAÇÕES DE OBRAS PÚBLICAS

Busca-se apresentar aspectos relevantes preconizados pela teoria contábil e pela teoria da regulação no que se refere à utilização de índices financeiros em licitações e contratos de obras públicas. Espera-se, dessa forma, fornecer um arcabouço teórico para auxiliar os gestores de contratos governamentais nas decisões em relação à escolha desses indicadores. Assume-se que esses índices sejam específicos para cada ramo de atividade e que necessitam ser atualizados periodicamente, para fins de gerar a melhor informação possível para o modelo de decisão em discussão. Assim, é fator preponderante que existam limitações temporais e setoriais na utilização do modelo que apresentaremos.

A TEORIA DA REGULAÇÃO APLICADA À CONTRATAÇÃO DE OBRAS PÚBLICAS

A partir do momento em que o Estado deixa de prover serviços de forma direta e transfere a execução destes para a iniciativa privada, ele assume a função de regulador dos serviços concedidos. Portanto, cabe ao Estado definir os mecanismos utilizados na contratação dos fornecedores e acompanhar a execução das atividades contratadas de modo a garantir que o serviço prestado atenda às expectativas da sociedade. No que se refere especificamente ao setor de construção de obras públicas, o estabelecimento de bons modelos de contratação e o monitoramento contínuo das intervenções possui relevância acentuada em relação aos demais setores, decorrente dos elevados custos dos serviços contratados e do prazo extenso de realização destes. As características específicas desse setor acentuam os custos decorrentes de falhas do processo regulatório, devendo o governo desenvolver mecanismos para reduzir a ocorrência destas de forma a minimizar seus impactos.

A regulação justifica sua necessidade diante da existência de falhas de mercado que distorcem os resultados esperados de uma transação econômica. A premissa é de que, em determinadas situações, a atuação exclusiva das forças de mercado é incapaz de conduzir os agentes à maximização de seu bem-estar. A regulação passa a ser compreendida como uma interferência planejada na dinâmica natural de mercado que objetiva corrigir as falhas existentes e conduzir a economia a um desempenho melhor em relação ao momento anterior, com ausência de regulação. Compreender quais são os interesses existentes, de que forma os agentes devem atuar para garantir que suas demandas sejam atendidas e quais as dificuldades inerentes à regulação fazem parte da análise da atividade regulatória. Estes são aspectos que geraram correntes de pensamentos diferentes sobre a regulação. Bregman (2006) faz uma leitura dessas correntes, que sintetizamos no Quadro 15.1 a seguir.

Quadro 15.1 – Correntes e pensamentos sobre a regulação.

Corrente	Visão principal
NPT (*Normative Analysis as a Positive Theory*)	Para Olson *apud* Bregman (2006), um grupo de interesse é uma associação que visa promover o interesse comum de seus membros. [...] Um determinado grupo se organiza com vistas a se apropriar de determinada renda econômica, ou seja, o retorno obtido além do custo de oportunidade de um recurso econômico. A primeira constatação é de que os agentes regulados atuarão com o intuito de que a regulação os favoreça de modo a elevar os resultados econômicos obtidos em cada transação. Como os reguladores sabem disso, eles desenvolverão mecanismos para inibir a atuação dos regulados. Os autores da NPT apontam para a existência de um problema de assimetria de informações, situação na qual o comprador e o vendedor possuem informações diferentes sob uma transação (Pindyck e Rubinfeld, 2006). Como exemplo, consideremos que o Estado deseje contratar uma empresa para a construção de uma rodovia. De acordo com a NPT, as empresas participantes do procedimento licitatório atuarão de forma a maximizar o resultado econômico obtido com a prestação do serviço, enquanto o governo, por meio de seus agentes públicos, atuará de modo a bloquear esse "lucro exorbitante", a fim de garantir que o serviço prestado à sociedade seja aquele com a melhor relação qualidade–custo. A pergunta que se faz é: os reguladores dispõem de todas as informações necessárias para a determinação do valor a ser pago pela obra executada? Em uma situação onde o valor inicial do contrato seja insuficiente para conclusão da obra, e que, devido a algum fato superveniente, a empresa contratada solicite um aditivo contratual, o Estado possui informações precisas acerca dos custos efetivamente incorridos nessa obra?

CAPÍTULO 15 – ANÁLISE FINANCEIRA EM CONTRATAÇÕES DE OBRAS PÚBLICAS

Teoria da captura	A teoria da captura, vertente teórica que se contrapõe à NPT, não atribui a existência da regulação exclusivamente à necessidade de correção das falhas de mercado. Os teóricos salientam que os responsáveis pela atividade regulatória também defendem seus interesses. Os legisladores podem beneficiar-se por meio das normas e procedimentos estabelecidos na legislação, já os órgãos responsáveis, por conferir materialidade a tais regras, podem receber benefícios por garantir que os interesses de determinados grupos sejam atendidos. Para seus adeptos, haveria captura do legislador quando o aparato regulatório fosse criado para atender à demanda por regulação da indústria e do regulador quando a agência atendesse aos interesses da indústria com o tempo.
Teoria econômica da regulação e suas variações	Para o criador da teoria econômica da regulação, Prof. Stigler, não é apenas o mercado que possui falhas; criou-se o conceito de falhas de governo, ao definir que os políticos atuam de modo a "maximizar suas funções utilidade" e não em defesa do bem-estar coletivo. Stigler explica que os políticos são suscetíveis a interferência de grupos de interesse, por incentivos diversos, e que por isso tenderão a favorecê-los em suas decisões. Peltzman, baseando-se nos trabalhos de Stigler, cria um modelo em que o regulador maximiza seu apoio político com o objetivo de conferir continuidade ao seu cargo. Para tanto, ele confere benefícios a grupos de interesse diversos, fixando os preços regulados entre o ponto de concorrência perfeita (onde não haveria apoio algum) e o ponto de monopólio (onde seu apoio seria ameaçado por consumidores e concorrentes). Newbery (2000), Holburn e Spiller (2003), complementando, sinalizam para a possibilidade de os consumidores serem o grupo favorecido pela atividade regulatória em detrimento dos fornecedores. Isso pode ocorrer principalmente na indústria de infraestrutura onde se presencia a existência de *sunk costs* (gastos pré-operacionais ou irrecuperáveis, ligados a um ativo específico). O governo, sabendo que o investimento já teria sido realizado, poderia fixar um preço que superasse apenas os custos operacionais, não remunerando o aporte inicial de recursos realizado pelo fornecedor. Nessa situação, o governo poderia obter o apoio dos consumidores, pelo fato de a tarifa estar subvalorizada; contudo, essa estratégia tenderá a comprometer os contratos futuros do governo. Por fim, para Douglas North, as instituições são responsáveis por balizar o comportamento dos diversos agentes econômicos, cabendo ao desenho institucional a redução do nível de incerteza com que os agentes se deparam diante de um processo decisório. Caso o governo atuasse de forma a beneficiar os consumidores em busca pelo seu apoio, causando prejuízo nos contratos futuros, o aparato institucional inviabilizaria a decisão governamental.

Fonte: Adaptado de Bregman, 2006.

Como relatado no Quadro 15.1, um problema central presente na atividade de regulação é a *assimetria de informações* existente entre regulados e reguladores. Os principais problemas decorrentes da assimetria de informações apontados pela teoria econômica são as situações de seleção adversa e risco moral.

Em nível pré-contratual, verifica-se a existência de *seleção adversa*, compreendida na "forma de 'falha de mercado' que ocorre quando, devido a informações assimétricas, produtos de diferentes qualidades são vendidos a um preço único; dessa maneira vendem-se inúmeros produtos de baixa qualidade e pouquíssimos de alta qualidade" (Pindyck e Rubinfeld, 2005, p. 532).

Durante a vigência do contrato podem ocorrer problemas relacionados ao **risco moral**. Para Pindyck e Rubinfeld (2005, p. 539) "a situação de risco moral ocorre quando uma parte apresenta ações que não são observadas e que podem afetar a probabilidade ou a magnitude de um pagamento associado a um evento".

Presume-se que a má utilização de índices financeiros enquanto critério para a participação em licitações pode acentuar o problema de *seleção adversa* da seguinte forma: os índices financeiros exigidos atuam como mecanismo de restrição à participação; sua função é garantir que a empresa selecionada possua capacidade para prestação do serviço. Contudo, caso esses índices estejam abaixo do nível ideal que divide as licitantes de boa e má situação financeira, empresas com situação financeira ruim poderão participar do procedimento licitatório.

Pode-se esperar que as licitantes com pior situação financeira devam aceitar a prestação do serviço por um valor contratual inferior ao que as possuidoras de boa situação financeira se sujeitariam para a execução deste. Nesse caso, as empresas com pior situação financeira possuiriam uma vantagem em relação às empresas em situação oposta. Para uma entidade prestes a falir, qualquer entrada de recursos pode ser desejada, ao passo que, para outra com boas condições financeiras, um contrato que não supere seus custos operacionais apresenta-se como inviável.

Segundo essa hipótese, empresas com situação financeira ruim "expulsariam" aquelas com boa situação financeira, ficando a grande maioria dos contratos com aquelas em detrimentos destas. Caso o índice esteja muito acima de seu nível ideal, ele pode atuar como uma barreira à entrada, de modo a excluir do certame entidades com a devida capacidade de prestação do serviço. Nesse caso, o que se espera, devido à redução da concorrência, é uma elevação do preço cobrado pelas participantes, o que se traduz em maior custo para o contratante.

CAPÍTULO 15 - ANÁLISE FINANCEIRA EM CONTRATAÇÕES DE OBRAS PÚBLICAS

Em seu aspecto pós-contratual, pode ser verificado um problema de *risco moral*, da seguinte forma: após vencer um contrato, determinada empresa, sabendo da possibilidade de aditamento desse contrato, atuará de forma a obter esses aditivos a um custo menor. Ou seja, a empresa tem incentivos em aumentar sua renda econômica durante a execução do contrato.

Como a empresa "vendedora do serviço" possui mais informações acerca dos custos reais do serviço em questão, ela pode apresentar para o Estado, no momento da solicitação de novos recursos, um quadro pior do que o ocorrido de fato, de forma a obter lucros maiores. Durante a realização de propostas as empresas com capacidade financeira ruim podem prever a possibilidade de se beneficiar da situação descrita anteriormente e, com base nessa expectativa, reduzir ainda mais o preço proposto.

É importante ressaltar que, em contratos de longo prazo, a avaliação da capacidade financeira deve ser periódica, não se limitando ao momento da licitação, de modo a conferir ao Estado informações acerca da possibilidade de interrupções na prestação do serviço. Dessa maneira, os impactos de tais interrupções para a sociedade poderiam ser reduzidos por meio de medidas corretivas.

Ressalta-se, também, que a atividude de fiscalização tem por objetivo impedir que tais tipos de irregularidades aconteçam de modo a preservar o interesse público. Contudo, os agentes responsáveis por fiscalizar a execução dos contratos também possuem seus interesses pessoais, podendo atuar de forma a maximizar o benefício individual em detrimento do benefício público/coletivo. Portanto, é imprescindível o estabelecimento de mecanismos eficazes de controle e avaliação da ação desses agentes (monitoramento) de modo a garantir que as contratações realizadas pelos órgãos públicos sejam efetuadas durante o prazo acordado e possuam a melhor relação qualidade-custo.

ÍNDICES FINANCEIROS COMO CRITÉRIO PARA A AVALIAÇÃO DA SITUAÇÃO ECONÔMICO-FINANCEIRA DE EMPRESAS

Quando se deseja conhecer a "saúde financeira" de uma empresa com vistas a conceder-lhe crédito ou contratá-la para o fornecimento de um serviço de longo prazo, os índices financeiros apresentam-se como instrumental relevante de análise da situação econômico-financeira atual da entidade e de seu comportamento histórico. Cabe ressaltar que a análise por índices não é capaz de fornecer garantias acerca do desempenho futuro de uma empresa, mas sim um efeito de sinalização, obtido por meio de padrões observados, sob o qual é possível dizer se a empresa possui tendência a determinado nível de desempenho positivo ou negativo.

Para se conhecer a situação econômico-financeira de uma empresa, torna-se necessário analisar as demonstrações contábeis mediante três aspectos essenciais apresentados na Figura 15.1. São eles: a análise da *liquidez*, que tem como propósito a avaliação da situação financeira da empresa, a da *rentabilidade*, que, por sua vez, fornece informações a respeito da situação econômica, e a do *endividamento* cujo propósito é evidenciar a estrutura de capital da entidade.

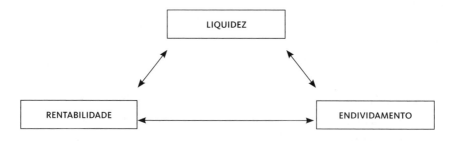

Figura 15.1 – Pontos fundamentais da análise econômico-financeira.
Fonte: Adaptado de Machado, 2006.

Para se alcançar uma análise completa desses três pontos fundamentais, pode-se ter como visão geral do processo de análise econômico-financeira a proposição ou esquema seguinte, representados pela Figura 15.2.

São diversos os índices possíveis de utilização em análise financeira, sendo vasta a literatura sobre estes. Todos representam uma relação entre contas patrimoniais (Balanço patrimonial), entre contas de resultados (Demonstração do resultado) ou destas com aquelas, perfazendo possibilidades consideráveis de combinações, por meio de quocientes ou coeficientes. O importante na seleção de indicadores é que se consigam aqueles que refletirão melhor a análise da empresa, sendo desejados os que possam gerar mais informação em determinado aspecto.

Na Figura 15.2, destacamos a finalidade de capacidade de solvência, haja vista que se espera da empresa sua continuidade durante a execução da obra, de maneira a minimizar incentivos às ocorrências de seleção adversa e de risco moral.

CAPÍTULO 15 – ANÁLISE FINANCEIRA EM CONTRATAÇÕES DE OBRAS PÚBLICAS

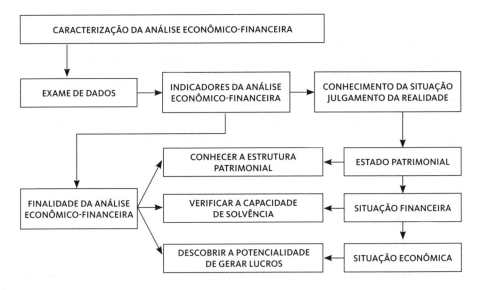

Figura 15.2 – Visão geral do processo de análise econômico-financeira.
Fonte: Adaptado de Machado, 2006.

Como já destacado, não apenas se deve avaliar o indicador da empresa e sua evolução no tempo, mas como este está em relação ao setor no qual aquela empresa se insere. Essa análise denomina-se análise de índice-padrão. Implica também em se apontar uma técnica para a seleção dos melhores indicadores da situação desejada, considerando-se a capacidade de indicar futuros problemas de insolvência.

A AVALIAÇÃO DE EMPRESAS POR MEIO DA TÉCNICA DE ÍNDICES-PADRÃO

Para Matarazzo (2003), a análise de balanços por meio de índices só pode ser consistente quando estes são comparados com padrões, caso contrário, as conclusões serão limitadas e estarão sujeitas à opinião e ao humor do analista. No caso de licitações, em que os interesses diversos estão em campo, não é desejável que se tenha incentivos pessoais para o comportamento adverso aos interesses do coletivo por parte do "analista", ou "o responsável pela escolha".

Dessa maneira, o cálculo de índices em um único período e sem a criação de grupos com características comuns (ramo de atividade, porte, região de atuação) não permite ao analista determinar com segurança se a situação de uma empresa é boa ou ruim, sob o aspecto financeiro. Portanto, após cálculos dos índices de uma empresa, deve-se buscar comparabilidade para estes, preferencialmente dentro do setor daquela empresa, o que é facilmente executado por meio de índices-padrão.

Os índices-padrão, obtidos a partir de medidas estatísticas (média, mediana, moda), demonstram o comportamento de um setor de atividade em um período, permitindo assim a comparação do desempenho de uma empresa em relação ao padrão de mercado ou do setor. De forma simplificada, suas etapas são: separam-se as empresas em ramos de atividade; de cada empresa, dentro de um mesmo ramo, toma-se determinado índice financeiro; os índices assim obtidos são colocados em ordem crescente de grandeza; e os índices-padrão são dados pelos decis dessa relação crescente.

O primeiro decil, por exemplo, indicará que 10% das empresas da amostra estão abaixo de seu nível e assim sucessivamente. Perspicaz é Matarazzo (2003), ao comentar que cada decil representa o padrão de comportamento de uma faixa de empresas de um segmento, sendo esse padrão compreendido como instrumento que subsidia as avaliações e não como exemplo ou situação ideal, pois cada setor terá seu próprio e inerente padrão, não havendo, portanto, condições de se pensar em uma regra ou número ideal para um índice financeiro.

A TÉCNICA DE ANÁLISE DISCRIMINANTE COMO INSTRUMENTO PARA A PREVISÃO DA INSOLVÊNCIA DE EMPRESAS

A aplicação de técnicas de análise estatística a índices financeiros proporcionou uma evolução nos instrumentos utilizados para avaliação econômico-financeira de empresas. No que se refere à análise de insolvência empresarial, esta foi bastante desenvolvida no Brasil a partir da década de 1970, principalmente em razão do grande interesse das entidades concedentes de crédito. Lemes Jr. et al. (2002, p. 570) definem o conceito de insolvência como sinônimo de dificuldades financeiras. Para eles, "dificuldades financeiras são situações pelas quais passam uma empresa em que seus fluxos de caixa operacionais são insuficientes para atender a seus compromissos financeiros nas datas de vencimentos".

Conhecer quais são os índices financeiros característicos das empresas com dificuldades financeiras é informação de grande relevância para instituições no momento da concessão de crédito, seleção de fornecedores, para acionistas em suas decisões de investimento, entre outros usuários da informação contábil. Com o intuito de atender ao interesse dos agentes econômicos descritos anteriormente, modelos microeconômicos têm sido estimados para identificar os principais índices contábeis capazes de predizer a insolvência empresarial.

A principal técnica utilizada para a criação de modelos de avaliação de solvência empresarial é a análise discriminante. Esta consiste em uma metodologia estatística que utiliza variáveis independentes (variáveis explicativas) para estimar o valor de uma variável dependente categórica (variável explicada). Seu objetivo é obter uma equação de regressão capaz de, a partir dos dados amostrais, discriminar se uma empresa com determinados indicadores deverá pertencer ao grupo de solventes ou insolventes. As etapas para operacionalização dessa técnica são descritas a seguir.

◆ Selecionar uma amostra de empresas e constituir dois grupos segundo a situação financeira destas. Empresas com dificuldades financeiras ou que passaram por processos judiciais (falência, concordata, recuperação judicial) constituirão o grupo insolventes. Empresas com atividades em andamento, que não estejam passando pelos processos anteriormente apresentados, constituirão o grupo solventes. Posteriormente, devem-se calcular os índices financeiros das empresas em estudo para cada grupo.
◆ Construção de uma amostra de controle/validação do modelo. Essa amostra deverá conter empresas pertencentes aos dois grupos, solventes e insolventes. Seu objetivo é avaliar a capacidade preditiva do modelo desenvolvido.
◆ Efetuar cálculo de média simples de cada índice financeiro por grupo.
◆ Realização de teste estatístico (por exemplo, Teste t) para verificar se existem diferenças significativas de médias entre os dois grupos. Os índices que não possuírem diferenças significativas de médias devem ser excluídos, em virtude da incapacidade de diferenciar os grupos.
◆ Estimar uma regressão com os índices que apresentaram diferenças significativas de médias. A equação obtida pela regressão estimada (onde serão determinados os valores dos parâmetros) é denominada função discriminante, do tipo:

$$Z_i = \beta_0 + \beta_1 X_{1i} + \beta_2 X_{2i} + \ldots + \beta_k X_{ki}$$

onde:

Z representa o escore discriminante estimado;
β_0 é o intercepto da função;
β_1 são os coeficientes angulares (pesos) associados às variáveis explicativas (índices) do modelo;
i é o índice que indica à qual das n empresas da amostra se referem às variáveis (i = 1, 2, 3, ..., n).

◆ Cálculo dos escores discriminantes (valores assumidos pela variável dependente quando se insere na função os índices de cada empresa da amostra) e observação do coeficiente de correlação, calculado para verificar a associação entre as variáveis independentes com a variável dependente.
◆ Cálculo do ponto (ou escore) de corte, definido como "critério em relação ao qual os escores discriminantes de cada objeto são comparados para determinar em qual grupo (solventes ou insolventes) o objeto deve ser classificado" (Hair et al. 2005, p. 224). Formalmente,

Para grupos de mesmo tamanho:

$$Z^* = Z_0 + Z_1/2$$

Para grupos de tamanhos diferentes:

$$Z^* = n_1 Z_0 + n_0 Z_1\, n_0 + n_1$$

onde:
Z^* = ponto de corte;
Z_0 = média dos escores discriminantes das empresas do grupo solvente;
Z_1 = média dos escores discriminantes das empresas do grupo insolvente;
n_0 = número de empresas solventes;
n_1 = número de empresas insolventes.

◆ Elaboração de uma matriz de classificação para indicar os erros e acertos da função estimada para cada grupo. Os valores dos escores discriminantes, que forem maiores que o ponto de corte para o grupo no qual este é o limite superior, serão considerados como erro do modelo, assim como valores dos escores discriminantes menores que o ponto de corte para o grupo no qual este é o limite inferior. Ressalta-se que na existência de amostra de validação deverá ser realizado o mesmo procedimento com esta amostra.

◆ Mensuração do percentual de erros do Tipo 1 (classificação de empresa insolvente como solvente) e de Tipo 2 (classificação de empresa solvente como insolvente) e o percentual total de acerto do modelo, ou seja, sua capacidade preditiva. (Observação: na existência de amostra de validação, deve-se realizar o mesmo procedimento.)

◆ Por fim, deve-se comparar o percentual de acerto do modelo com algum critério de chance que determine um percentual esperado de acerto sem a utilização da função de discriminante. Segundo o critério de chance máxima, o modelo de análise discriminante só pode ser considerado útil caso seja capaz de classificar corretamente mais que a fração do maior grupo da amostra. Já para o critério de chance proporcional, o modelo só terá utilidade se for capaz de classificar corretamente mais que o somatório do quadrado das proporções de cada grupo em relação à amostra total. A fórmula de cálculo do modelo de chance proporcional é a seguinte:

$$Cpro = p^2 + (1 - p)^2$$

onde:
$Cpro$ = chance proporcional;
p = proporção de indivíduos do grupo 0;
$(1 - p)$ = proporção de indivíduos do grupo 1.

A técnica descrita anteriormente foi utilizada por diversos autores na elaboração de modelos microeconômicos para a avaliação financeira de empresas brasileiras, dentre os quais se destacam Altman (1968), Kanitz (1978), Elisabetsky (1976), Silva (1982), citados por Mário (2002).

Ao final deste capítulo, a técnica de análise discriminante é aplicada em um exemplo simulado, no qual serão demonstradas as etapas descritas e realizados os devidos cálculos.

A EXPERIÊNCIA DE ENTES FEDERATIVOS BRASILEIROS NA AVALIAÇÃO DA CAPACIDADE FINANCEIRA DAS LICITANTES

O **Estado do Rio Grande do Sul**, desde 1996, utiliza uma metodologia para a avaliação da capacidade financeira das organizações que desejam atuar como fornecedoras para as instituições integrantes da administração pública desse Estado. A regulamentação jurídica é o Decreto nº 36.601/1996, que estabelece os procedimentos por meio dos quais a avaliação das licitantes é realizada.

A Contadoria e a Auditoria Geral do Estado do Rio Grande do Sul realizaram estudo com base em análise das demonstrações contábeis de empresas, nos diversos setores de atividade econômica em que o Estado atuava como adquirente de bens e serviços, com o intuito de criar indicadores de avaliação da capacidade dos potenciais fornecedores para a execução do objeto contratual. Utilizou-se a Classificação Nacional de Atividades Econômicas (CNAE) do Instituto Brasileiro de Geografia e Estatística (IBGE) para a determinação dos setores de atividade econômica.

A metodologia utilizada no trabalho foi o desenvolvimento de índices-padrão e a divisão dos valores encontrados em decis para cada setor de atividade. Foi elaborada uma Tabela de Índices Contábeis, sendo esses índices ponderados segundo sua relevância para a determinação da Capacidade Financeira Relativa, que tem por propósito aferir a saúde financeira das licitantes. Foram utilizados os índices apresentados no Quadro 15.2, a seguir, com seus respectivos pesos.

Quadro 15.2 – Índices utilizados pelo Estado do Rio Grande do Sul para a determinação da capacidade financeira relativa das empresas licitantes.

Índice	Fórmula[2]	Peso
Liquidez corrente	ILC = AC – DA/PC	0,3
Liquidez geral	ILG = AC – DA + ARLP/PC + PELP	0,2
Grau de imobilização	IGI = AP/PL – DA + REF	0,1
Endividamento de curto prazo	IEC = PC/PL – DA + REF	0,2
Endividamento geral	IEG = PC + PELP/PL – DA + REF	0,2

Fonte: Decreto nº 36.601, de 10 de abril de 1996.

---

[2] AC = Ativo Circulante; DA = Despesas Antecipadas de Curto Prazo; ARLP = Ativo Realizável de Longo Prazo; AP = Ativo Permanente; PC = Passivo Circulante; PELP = Passivo Exigível de Longo Prazo; PL = Patrimônio Líquido; REF = Resultados de Exercícios Futuros.

CAPÍTULO 15 - ANÁLISE FINANCEIRA EM CONTRATAÇÕES DE OBRAS PÚBLICAS

Atribui-se uma nota de 1 a 10 para cada índice anteriormente apresentado de acordo com o decil que a empresa se encontra, e as empresas com a pior situação em um índice recebem nota 1 e aquelas com melhor situação recebem nota 10. Posteriormente, a nota obtida é multiplicada pelo peso determinado para cada índice, a fim de se obter a nota total.

Construiu-se um índice específico para as contratações de obras e projetos de engenharia que considera a quantidade de contratos que a licitante deseja participar, o valor orçado definido para estes e a estrutura patrimonial de cada empresa.

Acredita-se que mesmo apresentando boa saúde financeira, uma construtora/consultoria em projetos de engenharia, para ser considerada segura, também precisa apresentar patrimônio condizente com o aspecto da obra ou do serviço a serem executados. Como exemplo, imaginemos uma construtora de pequeno porte, que pode apresentar uma excelente capacidade financeira relativa (como o próprio nome diz, resultado de uma relação, que independe de um valor absoluto específico) aferida pelos índices dados anteriormente, mas pode possuir um patrimônio líquido insuficiente (valor absoluto) para conferir ao Estado garantia na execução de um contrato de obra de valor e prazos elevados. Para aferição dessa capacidade de execução do objeto contratual, foi desenvolvido um Indicador de Avaliação da Capacidade Financeira Absoluta, obtido por meio da seguinte fórmula:

Índice de capacidade de contratação (ICC) = $(K * PL/MCE + PO) * (n/12)$

onde:
K = Fator de rotação anual do Patrimônio Líquido;
MCE = Montante dos contratos a executar;
PO = Preço Orçado constante do Edital do certame que interessar ao licitante;
n = Prazo em meses estipulado para a execução das obras e serviços em licitação;
PL = Patrimônio Líquido.

A nota mínima que habilita a participação da empresa no processo licitatório estabelecida para o Índice de Capacidade Financeira Relativa, no Decreto nº 36.601, de 10 de abril de 1996, foi igual a 4 (quatro), já para o Índice de Capacidade Financeira Absoluta, a participação no certame foi condicionada a uma nota superior a 1 (um). O Decreto nº 39.734, de 23 de setembro de 1999, alterou a nota mínima do Índice de Capacidade Financeira Relativa de 4 (quatro) para 2 (dois), o que pode significar que os valores mínimos definidos no primeiro decreto estavam elevados de modo a excluir do certame empresas com capacidade de prestação de serviços. Atualmente, o Estado do Rio Grande do Sul possui um portal eletrônico específico para a avaliação da capacidade financeira dos licitantes nos órgãos da administração pública, o Sistema de Avaliação de Licitantes (Sisacf), permite o cadastramento pela internet de informações dos fornecedores, o envio de Demonstrações Contábeis e a Emissão do Certificado de Sistema de Avaliação de Capacidade Financeira Relativa de Licitante quando alcançado os níveis exigidos para os indicadores contábeis/financeiros.

Outro ente, o **Estado de Santa Catarina**, por meio da Instrução Normativa (IN) 003/2002/SEA, da Secretaria de Estado da Administração, vinculada ao Decreto do Governo do Estado nº 3.492/1998, estabeleceu os critérios a serem adotados pelos órgãos públicos para o cadastramento de empresas que desejam participar de procedimentos licitatórios. A instrução normativa determina que o cadastramento de cada empresa seja realizado de acordo com o segmento de atuação e com sua classificação, que é dada pela aplicação de uma fórmula, o Fator de Insolvência de Kanitz, sobre índices referentes às demonstrações contábeis do último exercício social.

A instrução estabelece três segmentos/áreas para o cadastramento, que são: de materiais, de serviços e de obras e serviços de engenharia. A fórmula para cálculo do Fator de Insolvência é apresentada no artigo quinto, sendo a seguinte:

$$FI = 0{,}05RP + 1{,}65LG + 3{,}55LS - 1{,}06LC - 0{,}33GE$$

onde:
FI = Fator de Insolvência;
RP = Rentabilidade do Patrimônio = Lucro Líquido/Patrimônio Líquido;
LG = Liquidez Geral = (Ativo Circulante + Realizável de Longo Prazo)/(Passivo Circulante + Exigível de Longo Prazo);
LS = Liquidez Seca = (Ativo Circulante − Estoques)/Passivo Circulante;
LC = Liquidez Corrente = Ativo Circulante/Passivo Circulante;
GE = Grau de Endividamento = (Passivo Circulante + Exigível de Longo Prazo)/Patrimônio Líquido.

A classificação definida pela aplicação do Fator de Insolvência é apresentada no Quadro 15.3, a seguir, em que a classe A e a classe D representam, respectivamente, a melhor e a pior classificação em relação ao nível de solvência empresarial.

Quadro 15.3 – Critérios de classificação da empresa em função do Fator de Insolvência.

Natureza do objeto	Classe A	Classe B	Classe C	Classe D
I. Materiais/compras	FI > 2	FI <= 2 e FI > 0,5	FI >= 0,5 e FI<-1	FI <= -1
II. Serviços	FI > 2	FI <= 2 e FI > 0,5	FI >= 0,5 e FI < -0,5	FI <= -0,5
III. Obras e serviços de engenharia	FI > 3	FI <= 3 e FI > 1,5	FI >= 1,5 e FI < 0	FI <= 0

Fonte: Baseado em Machado (2006, p. 115).

A norma evidencia que poderão ser estabelecidos critérios específicos para a análise das demonstrações financeiras das licitantes durante a fase de habilitação em procedimentos licitatórios. Cabe ressaltar a atenção dada pela instrução às empresas recém-constituídas, solicitando destas a apresentação do balanço de abertura.

A metodologia adotada pelo Estado de Santa Catarina também possui embasamento teórico, sendo este o Fator de Insolvência desenvolvido pelo então professor da FEA/USP, Stephen C. Kanitz, em 1978. Contudo, a definição de apenas três setores de atividade (materiais/compras, serviços, obras e serviços de engenharia) reduz o grau de especificidade da análise. Empresas com características patrimoniais e financeiras distintas são avaliadas por meio dos mesmos critérios, o que contraria as recomendações da teoria, mas, nessa metodologia, percebe-se menos subjetividade se comparada a outros Estados da Federação.

> **APLICAÇÃO NO SETOR PÚBLICO**[4]
> *Reflexão sobre um exemplo prático*
>
> Para a realização do edital de licitação, que tem como objeto a contratação de uma obra pública de grande porte, o gestor público X foi designado como responsável pela definição dos critérios para fase de qualificação econômico-financeira. Ele acredita ser →

---

[4] Os dados utilizados nesse exemplo são apenas ilustrativos e não representam a situação econômico-financeira das empresas do setor de construção.

relevante exigir que as licitantes possuam estrutura financeira adequada para a participação no projeto. Contudo, ele não sabe quais índices e quais valores utilizar. O gestor X realizou pesquisa sobre indicadores financeiros para a avaliação da solvência e liquidez empresarial e verificou alguns indicadores com bom potencial de explicação, que são: Liquidez geral, Liquidez corrente, Solvência geral e Endividamento geral. Ele também utilizou o histórico de contratações de seu órgão, de órgãos semelhantes e de bancos de dados externos, e observou um padrão de comportamento entre tais índices que parecia diferenciar as empresas com boa situação financeira (solventes) das empresas com má situação financeira (insolventes). O gestor X elaborou então uma amostra para seu estudo conforme Tabela 15.1 a seguir.

Tabela 15.1 – Índices financeiros de empresas da amostra segundo a condição financeira.

Liquidez geral – LG		Liquidez corrente – LC		Solvência geral – SG		Endividamento geral – EG[5]	
Solvente	Insolvente	Solvente	Insolvente	Solvente	Insolvente	Solvente	Insolvente
6,5	1,9	12,1	1,5	7,6	2,3	21,0	21,7
2,7	3,5	5,2	2,4	5,2	4,3	20,0	22,3
8,5	3,0	14,9	2,6	9,5	1,1	18,0	19,0
4,5	3,2	3,7	3,6	6,9	4,4	19,0	18,5
5,0	2,6	13,0	1,6	6,2	5,7	23,0	18,7
2,3	2,1	2,3	3,5	15,7	3,6	22,6	27,9
3,6	1,6	5,9	1,6	5,2	4,6	23,8	18,2
2,7	1,5	2,1	1,9	5,1	3,6	21,7	17,0
2,5	2,0	4,0	3,3	3,6	2,9	27,9	13,7
1,6	1,6	1,5	1,9	1,7	4,5	20,8	22,7

De posse da Tabela 15.1, o gestor realizou teste estatístico para verificar a existência de diferenças significativas de médias entre os índices e conclui (ver resultados dos testes no anexo adiante) que apenas o Índice de Endividamento Geral não apresentou diferenças significativas de médias ao nível de 5% de significância. Ele conclui então que deveria considerar apenas os Índices de Liquidez Geral,

---

[5] LG = (Ativo Circulante + Realizável de Longo Prazo)/(Passivo Circulante + Exigível de Longo Prazo); SG = Ativo Total/(Passivo Circulante + Exigível de Longo Prazo); LC = Ativo Circulante/Passivo Circulante; GE = (Passivo Circulante + Exigível de Longo Prazo)/Patrimônio Líquido.

Liquidez Corrente e Solvência Geral para a construção de uma fórmula (equação discriminante) que o permitisse prever a capacidade financeira das licitantes em cumprir as obrigações contratuais. O gestor então padronizou as informações que deveria levar em conta em seu estudo, como mostra a Tabela 15.2.

Tabela 15.2 – Índices financeiros segundo sua classificação ordenados para realização de regressão.

Empresa	Situação	Grupo	LG	LC	SG
A	Solvente	1	6,5	12,1	7,6
B	Solvente	1	2,7	5,2	5,2
C	Solvente	1	8,5	14,9	9,5
D	Solvente	1	4,5	3,7	6,9
E	Solvente	1	5,0	13,0	6,2
F	Solvente	1	2,3	2,3	15,7
G	Solvente	1	3,6	5,9	5,2
H	Solvente	1	2,7	2,1	5,1
I	Solvente	1	2,5	4,0	3,6
J	Solvente	1	1,6	1,5	1,7
K	Insolvente	0	1,9	1,5	2,3
L	Insolvente	0	3,5	2,4	4,3
M	Insolvente	0	3,0	2,6	1,1
N	Insolvente	0	3,2	3,6	4,4
O	Insolvente	0	2,6	1,6	5,7
P	Insolvente	0	2,1	3,5	3,6
Q	Insolvente	0	1,6	1,6	4,6
R	Insolvente	0	1,5	1,9	3,6
S	Insolvente	0	2,0	3,3	2,9
T	Insolvente	0	1,6	1,9	4,5

O gestor X estimou uma regressão a partir dos dados da Tabela 15.2, obtendo a seguinte equação discriminante:

$$Z = 0,01813 - 0,02021 LG + 0,05783 LC + 0,05597 SG$$

GESTÃO DE ESTOQUES

Ao calcular o ponto de corte e obter o valor de 0,5, ele chegou à conclusão de que as empresas insolventes que possuírem o valor Z superior a esse montante e as empresas solventes que possuírem o valor Z inferior a este seriam consideradas erro do modelo. Os resultados da análise de erros para a amostra são apresentados na Tabela 15.3.

Tabela 15.3 – Erros verificados na classificação da amostra pela equação discriminante.

Empresa	Situação	Grupo	LG	LC	SG	Escore discriminante	Grupo previsto	Erro
A	Solvente	1	6,5	12,1	7,6	1,013066675	1	Não
B	Solvente	1	2,7	5,2	5,2	0,552264539	1	Não
C	Solvente	1	8,5	14,9	9,5	1,237523722	1	Não
D	Solvente	1	4,5	3,7	6,9	0,530570145	1	Não
E	Solvente	1	5,0	13,0	6,2	1,012384667	1	Não
F	Solvente	1	2,3	2,3	15,7	0,985446338	1	Não
G	Solvente	1	3,6	5,9	5,2	0,573435549	1	Não
H	Solvente	1	2,7	2,1	5,1	0,368759948	1	Sim
I	Solvente	1	2,5	4,0	3,6	0,396973643	1	Sim
J	Solvente	1	1,6	1,5	1,7	0,172240255	1	Sim
K	Insolvente	0	1,9	1,5	2,3	0,193738215	0	Não
L	Insolvente	0	3,5	2,4	4,3	0,322069945	0	Não
M	Insolvente	0	3,0	2,6	1,1	0,173866513	0	Não
N	Insolvente	0	3,2	3,6	4,4	0,409333961	0	Não
O	Insolvente	0	2,6	1,6	5,7	0,378447535	0	Não
P	Insolvente	0	2,1	3,5	3,6	0,378005765	0	Não
Q	Insolvente	0	1,6	1,6	4,6	0,333661345	0	Não
R	Insolvente	0	1,5	1,9	3,6	0,294457211	0	Não
S	Insolvente	0	2,0	3,3	2,9	0,328632587	0	Não
T	Insolvente	0	1,6	1,9	4,5	0,345121441	0	Não

Como indica a técnica de análise discriminante, o gestor X utilizou uma amostra para a validação a fim de testar seu modelo. Os resultados para a amostra de validação são mostrados na Tabela 15.4.

Com o propósito de avaliar a eficácia de seu modelo, o gestor X construiu as Matrizes de Classificação da amostra do estudo e da amostra de validação, como se pode observar nas Tabelas 15.5 e 15.6.

CAPÍTULO 15 – ANÁLISE FINANCEIRA EM CONTRATAÇÕES DE OBRAS PÚBLICAS

Tabela 15.4 – Erros verificados na classificação da amostra de validação pela equação discriminante.

Empresa	Situação	LG	LC	SG	Escore discriminante	Grupo previsto	Erro
U	Solvente	6,1	14,1	11,6	1,360690162	1	Não
V	Solvente	1,7	8,2	5,2	0,745969818	1	Não
W	Solvente	8,5	5,6	2,4	0,305113551	1	Sim
X	Insolvente	4,7	3,9	2,9	0,312106082	1	Não
Y	Insolvente	5,2	3,8	6,2	0,479795578	1	Não
Z	Insolvente	2,7	2,3	3,4	0,288023425	1	Não

Tabela 15.5 – Matriz de classificação dos resultados da amostra.

Grupos reais	Grupos previstos 1	Grupos previstos 0	Tamanho real do grupo	% de acerto	Erro tipo I	Erro tipo II
1 (Solvente)	7	3	10	70%	–	30%
0 (Insolvente)	0	10	10	100%	0%	–
Total	7	13	20	85%		

Tabela 15.6 – Matriz de classificação dos resultados da amostra de validação.

Grupos reais	Grupos previstos 1	Grupos previstos 0	Tamanho real do grupo	% de acerto	Erro tipo I	Erro tipo II
1 (Solvente)	2	1	3	67%	–	33,3%
0 (Insolvente)	0	3	3	100%	0%	–
Total	2	4	6	83%		

O gestor então concluiu que seu modelo apresentou elevado percentual de acerto (85% para amostra do modelo e 83% para a amostra de validação, resultado superior ao obtido pelo critério de chance proporcional, 50%), decidindo, portanto, utilizá-lo na elaboração do edital, bem como em outras contratações cujo objeto contratual possua características semelhantes.

Anexo
Análise estatística do exemplo prático

Teste t para a diferença de médias – Índice Liquidez Geral – Nível de Significância = 5%

Teste t: duas amostras presumindo variâncias diferentes

	Solvente	Insolvente
Média	3,994	2,296
Variância	4,657071	0,52676
Observações	10	10
Hipótese da diferença de média	0	
Gl	11	
Stat t	2,358372	
$P(T<=t)$ unicaudal	0,018961	
t crítico unicaudal	1,795885	
$P(T<=t)$ bicaudal	0,037923	
t crítico bicaudal	2,200985	

Teste t para a diferença de médias – Índice Liquidez Corrente – Nível de Significância = 5%

Teste t: duas amostras presumindo variâncias diferentes

	Solvente	Insolvente
Média	6,468	2,386
Variância	24,64384	0,67656
Observações	10	10
Hipótese da diferença de média	0	
Gl	9	
Stat t	2,565297	
$P(T<=t)$ unicaudal	0,015211	
t crítico unicaudal	1,833113	
$P(T<=t)$ bicaudal	0,030422	
t crítico bicaudal	2,262157	

Teste t para a diferença de médias – Índice de Solvência Geral – Nível de Significância = 5%

Teste t: duas amostras presumindo variâncias diferentes

	Solvente	Insolvente
Média	6,661	3,681
Variância	14,62812	1,7397433
Observações	10	10
Hipótese da diferença de média	0	
Gl	11	
Stat t	2,329272	

CAPÍTULO 15 – ANÁLISE FINANCEIRA EM CONTRATAÇÕES DE OBRAS PÚBLICAS

$P(T <= t)$ unicaudal	0,01996		
t crítico unicaudal	1,795885		
$P(T <= t)$ bicaudal	0,03992		
t crítico bicaudal	2,200985		
Teste t para a diferença de médias – Índice Endividamento Geral – Nível de Significância = 5%			
Teste t: duas amostras presumindo variâncias diferentes			
	Solvente	Insolvente	
Média	21,78331	19,955292	
Variância	7,790535	14,910166	
Observações	10	10	
Hipótese da diferença de média	0		
Gl	16		
Stat t	1,213277		
$P(T <= t)$ unicaudal	0,121316		
t crítico unicaudal	1,745884		
$P(T <= t)$ bicaudal	0,242632		
t crítico bicaudal	2,119905		
Resumo dos resultados			

Estatística de regressão	
R múltiplo	0,60707
R-Quadrado	0,36853
R-Quadrado ajustado	0,25013
Erro-padrão	0,44422
Observações	20

Anova

	gl	SQ	MQ	F	F de significação
Regressão	3	1,84267	0,61422	3,11261	0,05577
Resíduo	16	3,15733	0,19733		
Total	19	5			

	Coeficientes	Erro-padrão	Stat t	valor P	95% inferiores	95% superiores	Inferior 95,0%	Superior 95,0%
Intersecção	0,01813	0,25285	0,07172	0,94371	-0,51789	0,55416	-0,51789	0,55416
LG	-0,02021	0,13482	-0,14992	0,88270	-0,30602	0,26559	-0,30602	0,26559
LC	0,05783	0,05811	0,99515	0,33448	-0,06536	0,18102	-0,06536	0,18102
SG	0,05597	0,03538	1,58190	0,13324	-0,01904	0,13097	-0,01904	0,13097

Resultados de resíduos			
Observação	Previsto(a) Grupo	Resíduos	Resíduos-padrão
1	1,01307	−0,01307	−0,03205
2	0,55226	0,44774	1,09834
3	1,23752	−0,23752	−0,58267
4	0,53057	0,46943	1,15156
5	1,01238	−0,01238	−0,03038
6	0,98545	0,01455	0,03570
7	0,57344	0,42656	1,04641
8	0,36876	0,63124	1,54850
9	0,39697	0,60303	1,47929
10	0,17224	0,82776	2,03058
11	0,19374	−0,19374	−0,47526
12	0,32207	−0,32207	−0,79007
13	0,17387	−0,17387	−0,42651
14	0,40933	−0,40933	−1,00414
15	0,37845	−0,37845	−0,92837
16	0,37801	−0,37801	−0,92729
17	0,33366	−0,33366	−0,81851
18	0,29446	−0,29446	−0,72234
19	0,32863	−0,32863	−0,80617
20	0,34512	−0,34512	−0,84662

REFERÊNCIAS BIBLIOGRÁFICAS

BRASIL. Lei nº 8.666, de 21 de junho de 1993. Regulamenta o artigo 37, inciso XXI, da Constituição Federal, institui normas para licitações e contratos da Administração Pública e dá outras providências. Disponível em: <https://www.presidencia.gov.br/ccivil_03/Leis/L8663cons.htm>. Acesso em: 15 fev. 2005.

BRASIL. Lei nº 8.883, de 8 de junho de 1994. Altera dispositivos da Lei nº 8.666, que regulamenta o artigo 37, inciso XXI, da Constituição Federal, institui normas para licitações e contratos da Administração Pública e outras providências. Disponível em: <https://www.presidencia.gov.br/ccivil_03/Leis/L8883.htm>. Acesso em: 15 fev. 2005.

BREGMAN, D. Algumas questões sobre a captura regulatória. Artigo apresentado no Seminário Internacional de Reestruturação e Regulação do Setor de Energia Elétrica e Gás Natural. 2006.

CAPÍTULO 15 - ANÁLISE FINANCEIRA EM CONTRATAÇÕES DE OBRAS PÚBLICAS

CÂNDIDO JÚNIOR, J. O. Os gastos públicos no Brasil são produtivos? Texto para discussão do instituto de pesquisa econômica aplicada. Brasília: 2001. p. 12-20.

DINIZ, T. C. *Índices financeiros como critério para participação em processos licitatórios*: análise da metodologia utilizada na contratação de obras públicas pelo governo do estado de Minas Gerais. Belo Horizonte: FJP, 2008. 95 p.

_____. C. et al. Análise da metodologia baseada em índices financeiros para processos licitatórios na contratação de obras públicas pelo governo do Estado de Minas Gerais. In: *XII Congresso de Contabilidade e Auditoria de Portugal*, 2008, Aveiro. XII Congresso de Contabilidade e Auditoria de Portugal, 2008.

KANITZ, S. C. *Como prever falências*. São Paulo: McGraw-Hill, 1978.

MACHADO, L. S. Z. P. Contribuição à análise da qualificação econômico-financeira realizada no âmbito das licitações públicas, na modalidade de concorrência, divulgadas pelo governo do Estado de Santa Catarina, no período de janeiro de 2003 a outubro de 2005. Florianópolis, 2006. p. 51-115.

MÁRIO, P. C. *Contribuição ao estudo da solvência empresarial*: Uma análise de modelos de previsão – Estudo exploratório aplicado em empresas mineiras. São Paulo: Faculdade de Economia, Administração e Contabilidade/ Universidade de São Paulo, 2002.

MATARAZZO, D. C. *Análise financeira de balanços*: abordagem básica e gerencial. 6. ed. São Paulo: Atlas, 2003.

MEIRELLES, H. L. *Direito administrativo brasileiro*. 32. ed. São Paulo: Malheiros, 2006. p. 300.

PINDYCK, R. S., RUBINFELD, D. L. *Microeconomia*. 6. ed. São Paulo: Pearson/ Prentice-Hall, 2006. p. 530-539.

RIO GRANDE DO SUL. Decreto nº 36.601, de 10 de abril de 1996. Institui, no âmbito da Administração Pública Estadual, procedimentos para avaliação da capacidade financeira de licitantes e dá outras providências.

SANTA CATARINA. Instrução Normativa 003/2002/DIAM/SEA, de 27 de março de 2002. Dispõe sobre o Cadastro Geral de Fornecedores do Estado de Santa Catarina. Disponível em: <http://www.sea.sc.gov.br/cadfornece/instr003_2002.asp>. Acesso em: 10 abr. 2008.

Capítulo 16

Gestão do conhecimento e a identificação de conhecimentos para o setor de estoques[1]

Rivadávia Correa Drummond de Alvarenga Neto

Objetivo do capítulo

O objetivo deste capítulo é a busca por soluções inovadoras relacionadas a criação de um contexto capacitante para a gestão de estoques, com a adoção dos modernos conceitos da gestão do conhecimento, através de um estudo de caso para a ONS (Operador Nacional do Sistema).

Introdução

A gestão do conhecimento (GC) é um assunto controverso, polêmico e multifacetado. Apesar de o termo ainda não ser estável, percebe-se crescente interesse mundial nas últimas duas décadas na gestão do conhecimento e seus tópicos relacionados, por exemplo, epistemologia organizacional (Tsoukas, 2005), processos de criação do conhecimento (Choo, 1998, 2002), teorias da firma baseadas no conhecimento (Grant, 1996; Nonaka et al., 2006), condições capacitadoras (Von Krogh et al., 2000; Von Krogh, 1998), ativos de conhecimento (Boisot, 1998) e taxonomias do conhecimento (Alavi e Leidner, 2001), entre outros.

Iniciativas de GC vêm sendo adotadas mundialmente com concepções, objetivos, práticas, ênfases e métricas distintas (Alvarenga Neto, 2002, 2005, 2008). Há iniciativas de sucesso reportadas em estudos de natureza qualitativa

---
[1] O autor gostaria de agradecer ao ONS, à FDC e à Fapemig, pelo apoio amplo, geral e irrestrito concedido para a realização deste trabalho.

(Alvarenga Neto, 2005, 2008), elegantes estudos quantitativos em aspectos específicos (Chou e Wang, 2003), estudos de caso em profundidade (Peltokorpi et al., 2007) e estudos enviesados que combinam miopia, defesa de território e unicamente a tecnologia da informação como conceito central (Souza e Alvarenga Neto, 2003).

Percebe-se também crescente interesse na discussão e na adoção de sistemas de informação e na gestão do conhecimento aplicado às funções empresariais básicas (Laudon e Laudon, 1999; Alavi e Leidner, 2001; Turban et al., 2004), como recursos humanos, finanças, marketing e logística/produção. Nesse último, especial interesse desta obra, tópicos abordados variam em um contínuo envolvendo questões como *Supply Chain Management*, logística reversa, sistemas de planejamento de recursos materiais, sistemas de fabricação e produção (compras, controle de qualidade e de processos, estoque etc.), dentre outros. Em recente trabalho, Alvarenga Neto e Choo (2009) encontraram conceitos de teoria da firma baseado no conhecimento, na criação e na gestão do conhecimento aplicados à cadeia de suprimentos (Wu, 2008).

Este capítulo tem por objetivos apresentar e discutir (i) uma modelagem conceitual integrativa para a gestão do conhecimento – resultante de pesquisas do autor em organizações de classe mundial na última década; e (ii) uma metodologia de implementação de GC que foca a identificação de conhecimentos organizacionais críticos. Tal metodologia foi aplicada com sucesso no Operador Nacional do Sistema Elétrico (ONS) – organização genuinamente brasileira (Alvarenga Neto et al., 2009), que possui questões logísticas atinentes às suas diretrizes estratégicas:

> O Operador Nacional do Sistema Elétrico é uma entidade de direito privado, sem fins lucrativos, criada em 26 de agosto de 1998, responsável pela coordenação e controle da operação das instalações de geração e transmissão de energia elétrica no Sistema Interligado Nacional (SIN), sob a fiscalização e regulação da Agência Nacional de Energia Elétrica (Aneel)[2].

Espera-se contribuir com uma metodologia de identificação de conhecimentos críticos que possa ser adaptada à vasta gama de possibilidades logísticas, do

---

[2] Disponível em: <www.ons.org.br>. Acesso em: nov. 2009.

controle de produção e distribuição ao gerenciamento da cadeia de suprimentos. Dessa maneira, ao conhecer e identificar conhecimentos críticos da operação, ações de retenção, compartilhamento e criação de conhecimento podem ser endereçados em tempo hábil, evitando-se assim a perda de conhecimentos críticos, a duplicação de esforços, o retrabalho e o aumento de custos. Além disso, os resultados contribuirão para a redução do ciclo de inovações, a redução do tempo de entrega de soluções aos clientes e a geração de valor para os colaboradores, para a organização e para os acionistas (Alvarenga Neto, 2005, 2008).

Daqui para a frente, faz-se necessário um recorte epistemológico. Conhecimento, para os objetivos deste trabalho, é visto como domínio da mente humana. O conhecimento reside na mente humana e nos espaços imaginários entre mentes criativas em sinergia de propósitos. A partir desse recorte, é mister que se diferencie também a gestão da informação e a gestão do conhecimento. Há uma longa tradição de interpretações equivocadas que consideram a gestão da informação e a gestão do conhecimento como sinônimas. Tal equívoco pode ser denominado "reducionismo informacional", uma vez que "o mapa não é o território" (Tsoukas, 2005; Weick, 1990). A gestão da informação é apenas um dos componentes da gestão do conhecimento, visto que esta envolve questões como criação, compartilhamento e criação de contextos favoráveis ao conhecimento organizacional (Alvarenga Neto, 2008).

Na próxima seção, discutir-se-á uma modelagem conceitual integrativa para a gestão do conhecimento.

Gestão do Conhecimento: proposta de mapeamento conceitual integrativo

Alvarenga Neto (2002, 2005, 2008), Souza e Alvarenga Neto (2003) e Alvarenga Neto et al. (2008) propuseram um mapeamento conceitual integrativo para a GC baseado em suas pesquisas de múltiplos estudos de caso conduzidos nos últimos dez anos em organizações de classe mundial. Esses casos envolviam iniciativas de GC de 23 empresas internacionais, como 3M, Dow Chemical, Xerox, PricewaterhouseCoopers, Siemens, CTC (Centro de Tecnologia Canavieira), Ernst & Young, British Telecom, Microsoft, Novartis e Chevron, dentre outras. Tal mapeamento foi posteriormente desenvolvido e ampliado por este autor em seu trabalho na Fundação Dom Cabral em uma modelagem compreensiva de GC utilizada para a educação de executivos e intervenções organizacionais em empresas como Embrapa, Anglo American, Mittal Steel, Astra Zeneca, Linde Group, NEC, Petrobras, Prosegur, Santander-ABN Amro Bank, governo do Estado de Minas Gerais e ONS, dentre outras. O modelo foi intitulado "The SET KM Model"[3], um modelo dinâmico para colocar a estratégia de GC em ação pela unificação da tríade expressa em sua denominação originalmente em língua inglesa: SET (*Strategy-Environment-ToolBox*) cuja tradução para a língua portuguesa é expressa também pela tríade Estratégia--Contexto Capacitante-Caixa de Ferramentas (Modelo ECC de GC).

Como mencionado no parágrafo anterior, o "SET KM Model" é fundamentado em três concepções básicas, a saber:

- ◆ **estratégia:** uma concepção estratégica acerca do uso da informação e do conhecimento em organizações, como proposto por Choo (1998) em seu *Knowing Organization Model*;
- ◆ **contexto capacitante:** o ambiente ou contínuo tempo-espaço necessário à criação do conhecimento organizacional. Os contextos capacitantes – denominados Bas por Nonaka e Konno (1998) – são "contextos compartilhados em movimento" em que o conhecimento organizacional é criado, compartilhado e utilizado, acrescido das condições capacitadoras que devem ser propiciadas pelas organizações para energizar e dar suporte aos distintos elementos que as compõem, como cuidado, confiança, comprometimento, tolerância aos chamados "erros honestos" e diversidade de formações e informações, dentre outros;
- ◆ **caixa de ferramentas:** a provisão de ferramentas de tecnologia da informação (TI) e práticas/processos de gestão para efetiva operacionalização da estratégia de GC, como intranets, portais corporativos, sistemas de informação, *yellow pages* ou sistemas localizadores de *expertise*, repositórios de melhores práticas, *storytelling*, comunidades de prática etc. Esses componentes do modelo serão discutidos em detalhes a seguir.

---

[3] A escolha da denominação em idioma inglês deve-se ao fato de as publicações terem sido originalmente veiculadas em *journals* internacionais.

Parte I
"The SET KM Model": uma concepção estratégica para o uso da informação e do conhecimento em organizações

Choo (1998) sugere que as organizações do conhecimento são aquelas que usam estrategicamente a informação no contexto de três arenas distintas, porém imbricadas, a saber:

(a) construção de sentido ou *sensemaking*;
(b) criação do conhecimento; e
(c) tomada de decisão.

No que diz respeito ao item (a) construção de sentido, seu objetivo de longo prazo é a garantia de que a organização se adaptará e prosperará em um ambiente dinâmico e complexo por meio de atividades de prospecção e interpretação de informações relevantes que a capacitarão a compreender mudanças, tendências e cenários acerca de clientes, fornecedores, concorrentes e demais atores do ambiente organizacional externo. As organizações enfrentam questões como redução da incerteza e gerenciamento da ambiguidade.

A criação do conhecimento, no item (b), é o processo que permite à organização criar ou adquirir, organizar e processar a informação com vistas à geração de novo conhecimento pela aprendizagem organizacional. O novo conhecimento gerado, por sua vez, possibilita à organização o desenvolvimento de novas habilidades e capacidades, a criação de novos produtos e serviços, a melhoria de produtos e serviços existentes e o redesenho de seus processos organizacionais. Tal processo revela o "potencial para agir" da organização. O terceiro componente do modelo de Choo (1998) – item (c) – refere-se à tomada de decisão. A organização deve escolher a melhor opção entre todas as plausíveis e persegui-la com base em sua estratégia. O processo de tomada de decisões em uma organização e constrangida pelo princípio da racionalidade limitada, como advogada por March e Simon (1975). Segundo esses autores, há limites cognitivos à racionalidade. Tal perspectiva abordada na sociologia organizacional, na perspectiva de sistemas racionais, abre um leque de inferências, muitas das quais listadas por Choo (1998), por exemplo:

- o processo decisório é dirigido pela busca de alternativas satisfatórias, em detrimento da busca pela melhor alternativa;
- a escolha de uma única alternativa implica a renúncia das demais e concomitantemente na emergência de custos de oportunidade ou *tradeoffs*;
- uma decisão completamente racional demandaria uma capacidade de coleta de informações além da capacidade organizacional e um processamento de informações acima da capacidade humana de execução.

Assim sendo, o processo decisório revela o comprometimento organizacional com a ação. É imperativo a inclusão do modelo de Choo (1998) no contexto dos níveis/estrutura organizacionais no "Set KM Model", como demonstrado na Figura 16.1 ao fim desta seção.

Saber o que fazer não é suficiente (Pfeffer e Sutton, 2000), pois a organização deve transformar o seu conhecimento em ação e resultados. Como pode ser observado na Figura 16.1, o nível tático se interpõe entre os níveis estratégico e operacional. A argumentação aqui colocada é a de que entre as visões//intenções estratégicas da alta administração e a realidade caótica do dia a dia dos trabalhadores do nível operacional, o papel da liderança no nível tático é o da criação de um ambiente/contexto que não somente capacite, mas também energize a criação e o compartilhamento do conhecimento organizacional.

As condições e os contextos ambientais são traduzidos no conceito japonês do "ba", a ideia de um contexto capacitante ou "espaço organizacional para o conhecimento" (Nonaka e Konno, 1998; Nonaka et al., 2006). Dessa forma, o "ba" ou contexto capacitante configura-se como a ponte que liga a estratégia à ação e tal constatação redefine o papel de liderança dos gerentes de nível médio como capacitadores para o conhecimento ou ativistas do conhecimento. Essa concepção será discutida na parte II do "SET KM Model".

Parte II
"The SET KM Model": a criação do "ba" ou contexto capacitante para a criação e compartilhamento do conhecimento organizacional

O conceito do "ba" foi, inicialmente, introduzido na literatura de gestão por Nonaka e Konno (1998) e, mais tarde, ampliado e desenvolvido até a inclusão

CAPÍTULO 16 – GESTÃO DO CONHECIMENTO E A IDENTIFICAÇÃO DE CONHECIMENTOS PARA O SETOR DE ESTOQUES

do conceito em uma compreensiva, embora contestada (Tsoukas, 2005; Snowden, 2003), teoria da firma baseada no conhecimento (Nonaka et al., 2006). Esses últimos sugerem que o conhecimento sem um contexto é sem significado. O conhecimento precisa de um contexto para ser criado e esse contexto é o "ba".

De acordo com Nonaka et al. (2006), o "ba" é definido como um contexto compartilhado em movimento no qual o conhecimento é criado, compartilhado e utilizado; pode ser físico (espaço de escritório, unidade de negócios dispersa) e/ou virtual (e-mail, videoconferência) e/ou mental (ideais compartilhados e ideias); pode emergir em indivíduos, grupos de trabalho, equipes de projeto, círculos informais e no contato da linha de frente com os clientes; existem quatro tipos de "ba" (originação, interação ou diálogo, ciber e exercitação) e cada um deles corresponde a cada um dos métodos de conversão do conhecimento expressos no modelo Seci (socialização, externalização, internalização e combinação) de Nonaka e Takeuchi (1995). Ao conceito de "ba", ativistas do conhecimento devem acrescentar as condições capacitadoras ou facilitadoras (por exemplo, cuidado, confiança, compromisso, piedade no julgamento, tolerância aos "erros honestos", gerenciamento das conversas e *storytelling*, dentre outros) que devem ser providos pela organização com o objetivo de energizar e suportar seus diferentes tipos de "ba". É condição *sine qua non* que se compreenda que os conceitos do "ba" e das condições capacitadoras não são sinônimos.

Os diferentes tipos de "ba" necessitam de diferentes tipos/combinações de condições capacitadoras e a criação do conhecimento organizacional é a ampliação do conhecimento criado pelos indivíduos, se satisfeita uma gama de condições contextuais que devem ser providas pela organização. Isso é o que Von Krogh et al. (2000) denominam de condições capacitadoras para a criação e o compartilhamento de conhecimentos. A definição de Alvarenga Neto (2005, 2008) de contexto capacitante se espelha nas definições de Von Krogh et al. (2000) e Nonaka et al. (2006), com a ressalva de que Alvarenga Neto e Choo (2009) revisitaram e ampliaram o conceito do "ba" na literatura de gestão desde a sua introdução:

> o conjunto de condições favoráveis que devem ser criados pelas lideranças da organização para favorecer, estimular e recompensar questões como o compartilhamento, a aprendizagem, a abertura a novas idéias e inovações, a tolerância aos denominados "erros honestos" e a solução colaborativa de problemas (Alvarenga Neto, 2005, 2008).

Sugere-se que o "ba" e os diferentes grupos de condições capacitadoras são necessários no nível tático – e alcançados por meio da liderança dos gerentes de nível médio – com vistas a conectar o hiato existente entre estratégia e ação. Nesse contexto, a compreensão da palavra "gestão", quando associada com a palavra "conhecimento", não dever significar controle, mas promoção e estímulo de atividades de criação e compartilhamentos de conhecimentos no espaço organizacional. Assim, a GC assume uma nova perspectiva hermenêutica – de conhecimento como recurso para conhecimento como uma capacidade ou competência, da gestão do conhecimento a uma gestão para o contexto e a prontidão no qual o conhecimento emerge é socialmente construído. Nonaka e Takeuchi (1995) e Von Krogh et al. (2000) também listam elementos que modelam e dão forma ao contexto capacitante, como caos criativo, redundância, layout, cultura organizacional e comportamento humano, liderança, intenção ou visão de futuro, autonomia e estrutura organizacional, dentre outros.

PARTE III
"THE SET KM MODEL": A CAIXA DE FERRAMENTAS DE TI (TECNOLOGIA DA INFORMAÇÃO) E PRÁTICAS/PROCESSOS GERENCIAIS QUE OPERACIONALIZAM A ESTRATÉGIA

Por fim e não menos importante, a metáfora da "caixa de ferramentas" assume que os trabalhadores do conhecimento necessitam de ferramentas de TI e práticas/processos de gestão para alavancar o conhecimento existente em ação organizacional. É importante que se tenha em mente o recorte epistemológico aqui apresentado: advoga-se que, fora da mente humana e fora do "ba", o conhecimento não só não possui significado, como é igualado à informação.

A GC abarca em sua égide práticas/processos de gestão e ferramentas de TI, que dizem respeito ao uso da informação e do conhecimento nas atividades diárias e rotineiras das organizações do conhecimento. Alvarenga Neto (2005, 2008) destaca algumas ferramentas e práticas gerencias consideradas em seus estudos sobre a GC, às quais denomina "guarda-chuva de práticas e ferramentas da GC": intranets, portais, sistemas de informação, gestão de documentos, sistemas localizadores de *expertise* ou *yellow pages*, programas de ideias e sugestões, universidades corporativas e comunidades de prática, dentre outras. Tais ferramentas e práticas, que metaforicamente pertencem à caixa de ferramentas da organização,

CAPÍTULO 16 – GESTÃO DO CONHECIMENTO E A IDENTIFICAÇÃO DE CONHECIMENTOS PARA O SETOR DE ESTOQUES

são orquestradas – individual ou coletivamente – nas atividades e rotinas criativas de organizações comprometidas com a GC. O uso e a ênfase poderão variar dependendo das orientações estratégicas da alta administração e coordenadas pelos gerentes de nível médio ao nível tático.

A título de exemplo, se uma organização foca a sua estratégia na arena do *sensemaking* ou construção de sentido – com o propósito de coleta e interpretação de informações acerca dos distintos atores do ambiente externo – ela pode se utilizar – no nível operacional – de ferramentas específicas para alcançar coordenação de ações, como ferramentas e práticas atinentes à inteligência competitiva, pesquisa de mercado ou agentes inteligentes. O mesmo se aplica quando a organização enfatiza a arena estratégica da criação do conhecimento – comunidades de prática e repositórios de melhores práticas são ferramentas

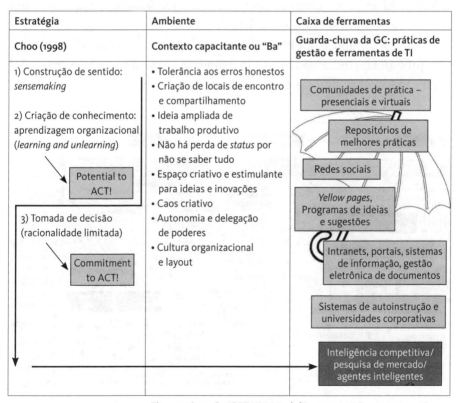

Figura 16.1 – O "SET KM Model".
Fonte: Alvarenga Neto, 2008.

ou práticas de gestão que conduzem o conceito estratégico "criação do conhecimento" para a ação no nível operacional.

É exatamente a inter-relação e a permeabilidade entre todos esses temas que capacitam e delimitam o surgimento da modelagem conceitual ora proposta e intitulada de "SET KM Model".

A Figura 16.1 ilustra o "SET KM Model" como um processo organizacional multifacetado que envolve (a) a estratégia; (b) o contexto capacitante; a quintessência, que preenche o hiato entre estratégia e ação; e (c) a caixa de ferramentas. Assim sendo, substitui-se os termos tático por ambiente e operacional por caixa de ferramentas.

A Figura 16.2 atualiza a proposta de mapeamento conceitual integrativo originalmente feita por Alvarenga Neto (2005, 2008). Essa ontologia é também uma evolução e proposta ampliada do estudo de Souza e Alvarenga Neto (2003) e foi utilizada tanto como modelagem teórico-conceitual como um guia para a pesquisa de campo e coleta de dados.

O "SET KM Model" foi utilizado como a base para o desenvolvimento de uma proposta metodológica para a implementação de um processo de GC. Tal discussão será aprofundada na próxima seção.

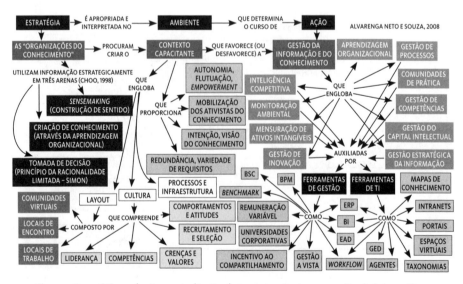

Figura 16.2 – GC: evolução e ampliação dos mapeamentos conceituais integrativos propostos por Alvarenga Neto (2005, 2008) e Alvarenga Neto e Souza (2003).

CAPÍTULO 16 – GESTÃO DO CONHECIMENTO E A IDENTIFICAÇÃO
DE CONHECIMENTOS PARA O SETOR DE ESTOQUES

Implementação de GC: uma proposta de desenho de processo

A proposta ora apresentada para o desenho de um processo de implementação de gestão do conhecimento é derivada do "SET KM Model" aqui discutido. Ele é composto por seis partes genéricas (Figura 16.3) que podem ser intercambiadas, acrescidas, excluídas, combinadas, redefinidas, suprimidas e "servidas a gosto do cliente", considerando-se as especificidades atinentes à cada organização. Essa proposta não é nem hermética e muito menos prescritiva. Trata-se apenas de um ponto de partida – uma carta de navegação ou uma bússola –, que pode ser utilizado para auxiliar os gestores envolvidos com o processo de implementação de GC.

Figura 16.3 – Processo de implementaçõ de GC.
Fonte: Alvarenga Neto et al., 2009.

Eis os seis componentes/partes básicas do processo de implementação:

1. *Recorte epistemológico e constituição de um Comitê Pluridisciplinar de Governança do Processo de GC.* É condição *sine qua non* que a organização defina a sua compreensão acerca dos termos "conhecimento" e "informação" e como tais conceitos diferem (ou não!). Não se trata aqui de banalizar a instigante discussão filosófica/sociológica a respeito do contínuo dado-informação-conhecimento, mas é fundamental que se construa um vocabulário comum na organização. Dessa forma, evitar-se-á que um mesmo termo/conceito tenha interpretações ambíguas no ambiente organizacional, por exemplo, na Siemens Brasil, o conhecimento explícito é sinônimo de informação, enquanto o conhecimento tácito é aquele que reside nas cabeças das pessoas (Alvarenga Neto, 2005). Isso confirma a opinião deste autor sobre a importância da epistemologia organizacional, a qual necessita de mais pesquisa e debate. Outra pedra angular para o sucesso da implementação do processo de GC é o apoio da alta administração. É pelo apoio amplo, incondicional e irrestrito – ao processo de GC e a um Comitê Pluridisciplinar para a Governança do Processo de GC – que a alta administração comunica à organização que o processo de GC será nutrido, estimulado e que também receberá o suporte necessário para gerar os resultados delineados na estratégia. O Comitê Pluridisciplinar de Governança do Processo de GC – doravante denominado apenas "Comitê de GC" – deve ser constituído por membros de diferentes partes da organização, com formações e informações suficientemente distintas para abarcar a complexidade do contexto de negócios do século XXI e prontidão para agir como corretores e/ou ativistas do conhecimento. Recomenda-se o envolvimento dos gestores de nível-médio (Nonaka e Takeuchi, 1995) e que o comitê de governança se reúna periodicamente, instância na qual o processo de GC será discutido e cursos de ação traçados e perseguidos com base na estratégia. É importante também que a alta administração receba relatórios regulares acerca do desenvolvimento do processo de GC. A constituição e legitimação de um Comitê Pluridisciplinar para a Governança de um Processo de GC conectam-se ao "contexto capacitante" ou ao "ambiente facilitador" propostos no "SET KM Model".

2. *Identificação e mapeamento dos macroconhecimentos da organização (The Knowledge Map)*. O macroconhecimento é aqui definido como as grandes categorias de conhecimento intrínsecas à sobrevivência e ao sucesso da organização em um ambiente cada vez mais complexo e dinâmico. Percebe-se aqui uma conexão imediata dessa etapa com a concepção estratégica do "SET KM Model". Os macroconhecimentos são normalmente derivados de fontes como a estratégia, BSC e mapas de macroprocessos, dentre outros. A questão imposta é a reposta à seguinte pergunta: "Quais são os grandes grupos de conhecimento que fazem a organização funcionar e gerar valor?". A título de exemplo, se o negócio de uma organização envolve a indústria de energia elétrica, pode-se supor que um dos macroconhecimentos derivados de sua estratégia seja a "matriz energética" ou mesmo "novas tecnologias de geração ou transmissão".

3. *Desdobramento do mapa de macroconhecimentos pelas diretorias/áreas funcionais em conhecimentos mais específicos (taxonomia de conhecimento)*. Os macroconhecimentos identificados na etapa anterior são, em geral, muito amplos. Assim, é necessário refiná-los e desdobrá-los em níveis mais específicos passíveis de incorporação ao planejamento e à ação organizacionais concernentes aos processo de conhecimento de uma organização. Taxonomias de conhecimento são criadas com vistas ao desdobramento das amplas categorias geradas na etapa de identificação dos macroconhecimentos em conhecimentos de nível mais específico, por exemplo, o macroconhecimento atinente ao setor elétrico "novas tecnologias de geração e transmissão" é muito amplo e pode ser desdobrado em um nível mais específico de "tecnologias de transmissão". Se esse segundo nível ainda estiver amplo, ele não se constitui em objeto de ação organizacional para o processo de GC de uma organização. Faz-se necessário o desdobramento em um terceiro nível ainda mais específico, e assim sucessivamente, até que um conhecimento mais específico possa ser alcançado.

4. *Definição da ênfase do processo de conhecimento – **retenção, compartilhamento, criação de conhecimento***. Uma vez desdobrados os macroconhecimentos em conhecimentos de nível mais específico e se alcançado uma taxonomia de conhecimentos, cabe ao Comitê de GC a escolha dos

conhecimentos de nível mais específico que serão privilegiados (com critérios que podem variar de "indisponibilidade do conhecimento específico na organização" ou "conhecimento com risco de perda iminente"). Para cada conhecimento específico selecionado para a ação organizacional de GC, espera-se do Comitê de GC a indicação da ênfase desejada: retenção, compartilhamento ou criação daquele conhecimento de nível mais específico. Uma única ênfase ou qualquer combinação entre elas pode resultar das decisões do Comitê de GC, desde de que tais decisões sejam submetidas à alta administração. Se um conhecimento de nível mais específico for escolhido – por exemplo, "modelos de otimização usando a ferramenta XYZ" – uma ênfase ou uma combinação de ênfases (retenção, compartilhamento ou criação de conhecimento) deve ser delineada.

5. *Seleção e escolha das práticas de gestão e/ou ferramentas de TI e métricas.* Escolhida(s) a(s) ênfase(s) em dado conhecimento de nível específico – como ênfase no compartilhamento e na criação de conhecimento –, a organização pode optar por (a) compartilhar aquele conhecimento via *on-the-job-training*, intranet ou sistemas de informação e/ou (b) criar novo conhecimento a partir daquele conhecimento de nível mais específico pela constituição de uma força-tarefa ou equipe de projeto. No que concerne a indicadores e métricas, partir-se-á do princípio que uma organização acaba se tornando aquilo que ela mede. É fundamental que se meça aquilo que é mais importante, não o que é mais fácil de se medir. Quando a GC é considerada, recomenda-se a escolha de métricas quantitativas e qualitativas. As métricas de GC ainda não são claramente definidas e/ou frutos de consenso na literatura, mas variam em um contínuo que vai do BSC, passando por número de "hits" em portais do conhecimento e intranets, chegando até mesmo às conversas informais nas organizações. Destaca-se aqui a conexão dessa etapa com a denominada "caixa de ferramentas" do "SET KM Model".

6. *Implementação de um projeto piloto.* A ideia subjacente à essa etapa é iniciar a implementação em pequenas etapas progressivas. Resume-se à filosofia "pense grande, implemente pequeno". Recomenda-se que um projeto piloto seja colocado à prova em uma área ou em um setor da or-

ganização onde tenha maior a probabilidade de sucesso (ou até mesmo onde o insucesso seja mais provável!). A retroalimentação ou *feedback* é alcançada e o processo se inicia novamente.

A aplicação da metodologia de implementação de GC aqui apresentada será descrita e analisada pela apresentação, na próxima seção, de um estudo de caso único no ONS (Operador Nacional do Sistema Elétrico).

UM ESTUDO DE CASO ÚNICO: A EXPERIÊNCIA BRASILEIRA DO ONS (OPERADOR NACIONAL DO SISTEMA ELÉTRICO) COM A IMPLEMENTAÇÃO DE GC

É mister que se esclareça que, embora a opção tenha sido feita pela apresentação de um único caso, a metodologia utilizada é fruto de estudos de casos conduzidos pelo autor e seu grupo de pesquisas ao longo de uma década em organizações de classe mundial. A metodologia de natureza qualitativa é baseada no estudo de múltiplos casos com unidades de análise incorporadas e três critérios foram observados para o julgamento da qualidade do projeto de pesquisa: validade do construto, validade externa e confiabilidade (Yin, 2001; Eisenhardt, 1989). Múltiplas fontes de evidência foram utilizadas – entrevistas semiestruturadas, observações direta e participante, pesquisa documental – e a análise de dados consistiu em três fluxos concomitantes de atividades, tais como: redução de dados, display de dados e conclusões/verificações com base em inferências a partir de evidências e/ou premissas (Miles e Huberman, 1984). Além de outras organizações citadas na introdução deste capítulo, o estudo de caso conduzido no ONS é destacado com o propósito de se apresentar e discutir uma iniciativa de sucesso na implementação de GC, ainda que em seus estágios iniciais.

O ONS (Operador do Sistema Nacional Elétrico), já apresentado na introdução deste capítulo, gerencia uma rede formada por seus membros associados em diferentes categorias – produção, transporte, distribuição, dentre outros – e trabalha para garantir o fornecimento contínuo, seguro e econômico de energia elétrica a milhões de brasileiros por todo o território nacional. Sua missão é a de "Operar o Sistema Interligado Nacional de forma integrada, com transparência, equidade e neutralidade, de modo a garantir a segurança, a continuidade e a economicidade do suprimento de energia elétrica no país"[4].

Dentre os seus vários objetivos estratégicos, destacam-se:

- ◆ aumentar a segurança eletroenergética;
- ◆ responder aos desafios decorrentes do aumento da complexidade da operação do SIN (Sistema Interligado Nacional), perante a diversificação da matriz energética e de sua expansão;
- ◆ aperfeiçoar a ação do ONS como gestor da rede de instalações e sua atuação nas redes de agentes e de instituições; e
- ◆ implantar a gestão do conhecimento e do desenvolvimento tecnológico.

Cabe ressaltar que a GC sempre foi uma questão estratégica para o ONS. Tal afirmação é confirmada pela pesquisa documental que levantou uma tipologia de conhecimentos desenvolvida internamente e denominada "Tipologia de Conhecimentos do ONS". Essa tipologia define quatro diferentes tipos de conhecimento pertencentes ao "Domínio de Conhecimentos do ONS" (Figura 16.4):

I. *Conhecimentos estratégicos*: são aqueles relacionados aos objetivos estratégicos do ONS. Mais amplamente, correspondem ainda a recursos que permitem inovar, ou seja, criar novos produtos, processos e responder a mudanças ambientais. Dizem respeito, também, a conhecimentos novos que possam vir a ser necessários futuramente para o ONS, no cumprimento de sua missão.

II. *Conhecimentos de responsabilidade específica*: são recursos de valor, evidenciando-se como singulares e valiosos, construídos na organização. O ONS possui um compromisso ético de manter, disseminar e aprimorar esses conhecimentos.

III. *Conhecimentos críticos*: existem na organização e são necessários à execução dos processos, independentemente de serem para atividades-fim ou atividades-meio, mas que se encontram em estado de criticidade, de acordo com os seguintes critérios:

---

[4] Disponível em: <www.ons.org.br>. Acesso em: nov. 2009.

CAPÍTULO 16 – GESTÃO DO CONHECIMENTO E A IDENTIFICAÇÃO
DE CONHECIMENTOS PARA O SETOR DE ESTOQUES

a. conhecimentos com *gaps* expressivos (corresponde à indisponibilidade do conhecimento quando este é requerido aos processos);
b. conhecimentos com risco de perda iminente: concentrados em profissionais mais experientes, em poucos profissionais e em pessoas jurídicas;
c. conhecimentos que estão associados a gargalos de produtividade.

IV. *Conhecimentos de foco prioritário*: apresentam algum aspecto de criticidade, **e que também são apontados como centrais ao ONS**, por serem estratégicos ou de responsabilidade específica (singulares) à organização. Estes requererão, portanto, maior enfoque por parte das ações de GC.

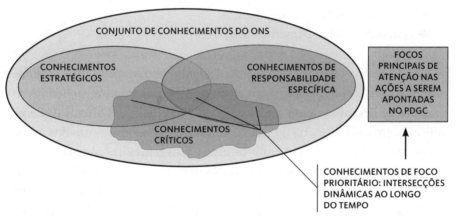

Figura 16.4 – Tipologia de conhecimentos do ONS.
Fonte: Alvarenga Neto et al., 2009.

Conhecida a tipologia de conhecimentos do ONS, prosseguir-se-á com a descrição passo a passo do processo de implementação de GC no ONS a partir da metodologia de implementação ora proposta:

(i) *Recorte epistemológico e constituição de um Comitê Pluridisciplinar de Governança do Processo de GC*: para o ONS, o conhecimento existe somente na mente humana e entre mentes criativas em sinergia de propósitos. Um Comitê Pluridisciplinar de Governança do Processo de GC foi instituído pela alta administração e seus membros componentes designados por todos os diretores do ONS, conferindo ao comitê a representatividade organizacional. O Comitê de GC do ONS se reúne com periodicidade regular.

(ii) *Identificação e mapeamento dos macroconhecimentos da organização (The Knowledge Map)*: após discussões embasadas no planejamento estratégico e no mapa de macroprocessos do ONS, quatro categorias de macroconhecimentos foram selecionados pelo Comitê de GC e mais tarde aprovados pela alta administração, respectivamente:

- segurança eletroenergética;
- matriz energética e novas tecnologias de geração e transmissão;
- gestão de redes e relacionamentos;
- gestão de ambiente interno (gestão corporativa).

(iii) *Desdobramento do mapa de macroconhecimentos pelas diretorias/áreas funcionais em conhecimentos mais específicos (taxonomia de conhecimento)*: matrizes de desdobramento foram desenvolvidas usando o Microsoft Excel e aplicadas em cada diretoria do ONS com vistas ao desdobramento dos macroconhecimentos em conhecimentos de níveis mais específicos. Após a atividade de desdobramento, cada diretoria do ONS deveria também classificar seus resultados (os níveis mais específicos de conhecimentos) pela utilização de uma matriz de tipologia (também desenvolvida no Microsoft Excel), baseada na tipologia de conhecimentos do ONS com o objetivo de se identificar e justificar a escolha dos conhecimentos de foco prioritário. Como o Comitê de GC do ONS é constituído por membros indicados para cada uma de sua diretorias, as atividades de desdobramento dos macroconhecimentos em conhecimentos de nível mais específico e a identificação dos conhecimentos de foco-prioritário dentro de cada diretoria se constituíram em prioridades dos diretores e suas equipes. A lógica subjacente ao processo é a de que cada diretoria do ONS sentiu a necessidade de garantir que suas visões e opiniões fossem representadas no Comitê de GC do ONS, uma vez que cada diretoria seria afetada pelas decisões e cursos de ação definidos por tal comitê. Após discussões e conclusões, os membros do comitê de GC representantes de cada uma das diretorias foram responsáveis por apresentar seus resultados na reunião seguinte do comitê. Após a apresentação de cada diretoria, é tarefa do Comitê de GC reunir

CAPÍTULO 16 – GESTÃO DO CONHECIMENTO E A IDENTIFICAÇÃO DE CONHECIMENTOS PARA O SETOR DE ESTOQUES

e analisar os resultados gerais que constituirão o "mapa de conhecimentos de foco prioprítário do ONS". Após a montagem e visualização do mapa de conhecimentos de foco prioritário do ONS, a escolha e decisão de dois ou três conhecimentos de foco prioritário para imediata ação organizacional era de responsabilidade do Comitê de GC e tal decisão deveria ser submetida à aprovação ou não pela alta administração. A Figura 16.5 ilustra as matrizes de desdobramento e de tipologia utilizadas por uma das diretoria do ONS – DOP (Diretoria de Operações) – nessa etapa do processo.

Matrizes de desdobramento e de tipologia – Classificações de terceiro nível					Planilha 1 de 4		
Taxonomia GC/ONS			DOP (Diretoria de Operações)				
Group:							
Macroconhecimentos (Primeiro nível)	Segundo nível de conhecimento	Terceiro nível de conhecimento	Conhecimento estratégico	Conhecimento crítico	Conhecimento de responsabilidade específica	Conhecimento de foco prioritário
Segurança eletroenergética	Coordenação e controle da geração e transmissão	Ferramenta Organon	x	x	x	x

Figura 16.5 – Matrizes de desdobramento e tipologia utilizadas no processo de implementação de GC do ONS.
Fonte: Alvarenga Neto et al., 2009.

A Diretoria de Operações (DOP) do ONS justificou a escolha do conhecimento de nível mais específico denominado "Ferramenta Organon" como conhecimento de foco prioritário pelo fato de que essa ferramenta foi desenvolvida internamente no ONS e que o conhecimento a seu respeito está, no presente momento, totalmente concentrado em um único profissional. Dessa maneira, há dificuldades em novos desenvolvimentos e manutenção em consequência da baixa produtividade, configurando-se em conhecimento com alto risco de perda iminente. A decisão da DOP foi então submetida ao Comitê de GC do ONS e posteriormente aprovada.

O produto final dessa etapa é o mapa de conhecimentos do ONS exibido na Figura 16.6. É importante observar que um mapa de conhecimentos de uma organização deve ser revisado em uma base contínua, visto que o conhecimento organizacional e a própria GC são processos extremamente dinâmicos.

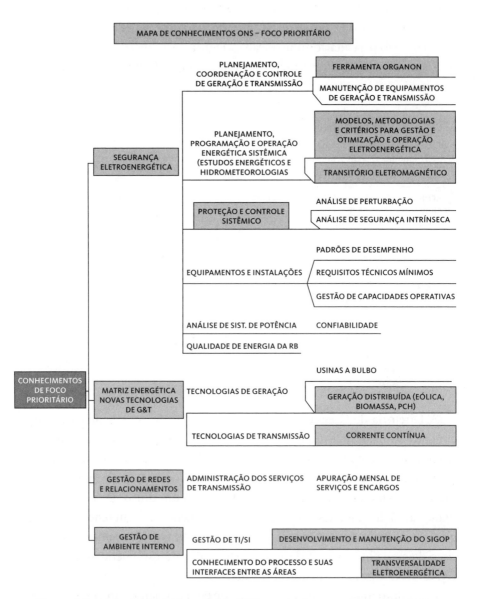

Figura 16.6 – Mapa de conhecimentos do ONS e conhecimentos de foco prioritário.
Fonte: Alvarenga Neto et al., 2009.

(iv) *Definição da ênfase do processo de conhecimento – **retenção, compartilhamento, criação de conhecimento***: dois conhecimentos de foco prioritário – entre os sete destacados na Figura 16.6 – foram escolhidos pelo Comitê de GC do ONS como ponto de partida para as iniciativas de GC do ONS. As ênfases selecionadas para os dois conhecimentos de foco prioritário escolhidos e aprovados pela alta administração recaíram nas três ênfases propostas na metodologia de implementação: criação, compartilhamento e retenção.

As duas últimas etapas da metodologia de implementação de um processo de GC aqui apresentadas não foram ainda executadas pelo ONS. É mister que se entenda que o ONS encontra-se atualmente trabalhando em seu processo de implementação de GC e que enfrenta também um processo estratégico de mudança organizacional.

Considerações finais

Objetivou-se, neste capítulo, apresentar e discutir (i) uma modelagem conceitual integrativa para a gestão do conhecimento – resultante de pesquisas do autor em organizações de classe mundial na última década e (ii) uma metodologia de implementação de GC que foca a identificação de conhecimentos organizacionais críticos. Tal metodologia foi aplicada com sucesso ao Operador Nacional do Sistema Elétrico (ONS) – organização genuinamente brasileira (Alvarenga Neto et al., 2009) que possui questões logísticas atinentes às suas diretrizes estratégicas.

Esperou-se contribuir com uma metodologia de identificação de conhecimentos críticos que possa ser adaptada à vasta gama de possibilidades logísticas, do controle de produção e distribuição ao gerenciamento da cadeia de suprimentos. Assim, ao conhecer e identificar conhecimentos críticos da operação, ações de retenção, compartilhamento e criação de conhecimento podem ser endereçados em tempo hábil, evitando-se assim a perda de conhecimentos críticos, a duplicação de esforços, o retrabalho e o aumento de custos. Essas questões contribuirão para a redução do ciclo de inovações, a redução do tempo de entrega de soluções aos clientes e a geração de valor para colaboradores, organização e acionistas.

As conclusões sugerem que não se gerencia conhecimento, apenas se promove ou estimula o conhecimento por meio da criação de contextos organizacionais favoráveis. Em outras palavras, o que é gerenciado são unicamente o contexto e a prontidão com que o conhecimento se manifesta na organização. Há fortes evidências qualitativas de uma mudança no contexto das organizações pesquisadas pelo autor na última década: de "gestão do conhecimento" para a "gestão de contextos capacitantes ou 'bas'" e das condições capacitadoras que favorecem a inovação, o compartilhamento, o aprendizado, a solução colaborativa de problemas e a tolerância aos erros honestos, dentre outros

Recomenda-se que metodologias de implementação de processos de GC sejam "amarradas" aos pilares da modelagem conceitual de GC adotada pela organização, bem como também sejam definidas macrodiretrizes e políticas de GC.

Embora o ONS tenha tido sucesso em sua iniciativa de implementação de GC aqui relatada, cabe ressaltar que a organização não completou todo o seu processo de implementação. Ainda que conclua todo o processo de implementação de GC, o ONS tem pela frente uma longa jornada até que o seu processo de GC atinja um estágio de maturidade. Recomenda-se que os modelos aqui apresentados sejam testados em diferentes organizações de diferentes tipos e tamanhos, pertencentes a diferentes setores da economia.

Referências bibliográficas

ALAVI, M.; LEIDNER, D. E. Review: Knowledge management and knowledge management systems: Conceptual foundations and research issues. *MIS Quarterly*, v. 25, n. 1, p. 107-136, mar. 2001.

ALVARENGA Neto, R. C. D. *Gestão do conhecimento em organizações:* proposta de mapeamento conceitual integrativo (Knowledge management in organizations: an integrative conceptual mapping proposition). São Paulo: Saraiva, 2008.

_____. *Gestão do conhecimento em organizações:* proposta de mapeamento conceitual integrativo (Knowledge management in organizations: an integrative conceptual mapping proposition). Belo Horizonte, 2005. Tese (Doctoral thesis in Information Science). PPGCI, Escola de Ciência da Informação da UFMG.

_____. *Gestão da informação e do conhecimento nas organizações:* análise de casos relatados em organizações públicas e privadas. Belo Horizonte, 2002. Mestrado (em Ciência da Informação). PPGCI, Escola de Ciência da Informação da UFMG.

_____.; CHOO, C.W. *Beyond the Ba*: managing enabling Contexts in knowledge organizations. University of Toronto, Canada, 2009 (no prelo).

_____. et al. Strategic knowledge management: in search of a knowledge-based organizational model. *Comportamento organizacional & gestão*. v. 14, n. 2, 2008.

_____. et al. Implementation of a knowledge management process within the Brazilian organizational context: the ONS (National Operator of the Interconnected Power System) Experience. In: 6th International Conference on Intellectual Capital, Knowledge Management & Organisational Learning, 2009, Montreal. 6th International Conference on Intellectual Capital, Knowledge Management & Organisational Learning, 2009.

BOISOT, Max. *Knowledge assets:* securing competitive advantage in the Information economy. Oxford: Oxford University Press, 1998.

CHOO, C. *The knowing organization:* how organizations use information for construct meaning, create knowledge and make decisions. Nova York: Oxford Press, 1998.

CHOO, C. W. *Information management for the intelligent organization*: the art of scanning the environment. 3. ed. New Jersey: Information Today, 2002.

CHOU, S. W.; WANG, S. J. Quantifying 'ba': an investigation of the variables that are pertinent to knowledge creation. *Journal of Information Science*, n. 29, p. 167-180, 2003.

EISENHARDHT, K. M. Building theories from case study research. *Academy of Management Review*, v. 14, n. 4, p. 532-550, 1989.

GRANT, Robert M. Toward a knowledge-based theory of the firm. *Strategic Management Journal*. Special Issue: Knowledge and the Firm, v. 17, p. 109-122, inverno de 1996).

LAUDON, K.; LAUDON, J. *Sistemas de informação*. Rio de Janeiro: LTC, 1999.

MARCH, J.; SIMON, H. Limites cognitivos da racionalidade (Cognitive limits of rationality). In: *Teoria das organizações (Organizational Theory)*. Rio de Janeiro: Fundação Getulio Vargas, 1975.

MILES, M. B.; HUBERMAN, A. M. *Qualitative data analysis*: a sourcebook of new methods. Newbury Park, Califórnia: Sage Publications, 1984.

NONAKA, I., KONNO, N. The concept of 'ba': Building a foundation for knowledge creation. *California Management Review*, v. 40, n. 3, p. 40-54, 1998.

_____.; TAKEUCHI, H. *The Knowledge-creating company*: how Japanese companies create the dynamics of innovation. New York: Oxford University Press, 1995.

_____. et al. Organizational knowledge creation theory: evolutionary paths and future advances. *Organization Studies*, v. 27, p. 1179-1208, 2006.

ONS – Operador Nacional do Sistema Elétrico – A Empresa. Disponível em: <www.ons.org.br>. Acesso em: nov. 2009.

PELTOKORPI, V. et al. NTT DoCoMo's launch of i-mode in the Japanese mobile phone market: a knowledge creation perspective. *Journal of Management Studies*, n. 44, p. 50-72, 2007.

PFEFFER, J.; SUTTON, R. I. *The knowing-doing gap*. Boston: Harvard Business School Press, 2000.

SNOWDEN, D. (2003). Managing for Serendipity: or why we should lay off "best practice" in Knowledge Management. In: *Journal of Knowledge Management*, ARK, maio 2003.

SOUZA, R. R. et al. (2003). A construção do conceito de gestão do conhecimento: práticas organizacionais, garantias literárias e o fenômeno social (Building the concept of knowledge management: organizational practices, literary warranties and the social phenomenon). In: *Knowledge Management Brasil, Anais*. São Paulo, nov. 2003. (CD-ROM).

TSOUKAS, Haridimos. *Complex knowledge*: studies in organizational epistemology Nova York: Oxford University Press, 2005.

TURBAN, E. et al. *Tecnologia da informação para gestão*. Porto Alegre: Bookman, 2004.

VON KROGH, G. Care in knowledge creation. *California Management Review*. v. 40, p. 133-154, 1998.

VON KROGH, G. et al. *Enabling knowledge creation*: how to unlock the mystery of tacit knowledge and release the power of innovation. Nova York: Oxford University Press, 2000.

WEICK, K. Introduction: cartographic myths in organizations. In: HUFF, A. S. (Ed.). *Mapping strategic thought*. Chichester: Wiley, 1990, p. 1-10.

WU, C. N. Knowledge creation in a supply chain. *Supply Chain Management an International Journal*, n. 13, p. 241-250, 2008.

YIN, Robert K. *Estudo de caso*: planejamento e métodos. Porto Alegre: Bookman, 2001.